J.B.METZLER

Wolfgang Matzat

Perspektiven des Romans:
Raum, Zeit, Gesellschaft

Ein romanistischer Beitrag zur Gattungstheorie

Verlag J.B. Metzler
Stuttgart · Weimar

Gedruckt mit Unterstützung des Förderungs- und Beihilfefonds Wissenschaft der VG Wort

Gedruckt auf chlorfrei gebleichtem, säurefreiem und alterungsbeständigem Papier

Bibliografische Information der Deutschen Nationalbibliothek
Die Deutsche Nationalbibliothek verzeichnet diese Publikation in der Deutschen Nationalbibliografie; detaillierte bibliografische Daten sind im Internet über http://dnb.d-nb.de abrufbar.

ISBN 978-3-476-02538-8

© 2014 J.B. Metzler'sche Verlagsbuchhandlung
und Carl Ernst Poeschel Verlag GmbH in Stuttgart
www.metzlerverlag.de
info@metzlerverlag.de

Einbandgestaltung: Willy Löffelhardt/Melanie Frasch
Satz: typopoint GbR, Ostfildern
Druck und Bindung: Kösel, Krugzell · www.koeselbuch.de

Printed in Germany
August 2014

Verlag J.B. Metzler Stuttgart · Weimar

Inhalt

Einleitung

Das Anliegen, das in diesem Buch verfolgt wird, ergibt sich aus meiner langjährigen Beschäftigung mit der Gattung des Romans in Forschung und Lehre.
Sie hat in mir den Eindruck entstehen lassen, dass unser Verständnis dieser Gattung, obwohl sie seit dem 19. Jahrhundert eine fast exklusive Stellung erlangt
hat, immer noch eingeschränkt ist. Wir wissen, dass lyrische Texte primär zur
Modellierung von Formen der subjektiven Selbstaussprache dienen, wir wissen, dass Dramen die gesellschaftliche Existenz des Menschen durch Dialog
und Rollenspiel zur Darstellung bringen. Für den Roman sind solche Aus-
sagen ungleich schwieriger. Das liegt natürlich zunächst daran, dass der Roman weniger durch seine literarische Form definiert ist als die anderen großen
Gattungen. Man hat daher immer wieder die besondere Offenheit und Flexi-
bilität des Romans sowohl im Hinblick auf seine formalen Möglichkeiten als
auch auf die in ihm gestalteten Inhalte betont. Diese Einschätzung ist sicherlich richtig, doch verstellt sie den Blick darauf, dass sich der Roman im Lauf
seiner Entwicklung sehr wohl eine immanente Poetik gegeben hat, indem bestimmte Verfahren in der Weise entwickelt wurden, dass sie zu einer Reihe typischer Formen fiktionaler Weltentwürfe dienen konnten.

Interessiert man sich für das Funktionsspektrum der Gattung, wie es durch
seine kanonischen historischen Realisationen vor Augen geführt wird, so sieht
man sich vor allem auf die älteren Beiträge zur Romantheorie verwiesen.[1] In
ihnen wird der Roman in erster Linie als eine moderne Form des Erzählens
charakterisiert, die vor allem durch den Vergleich mit der älteren Form des
Epos näher bestimmt werden kann. Dies gilt schon für Henry Fieldings Definition des Romans als »comic epic in prose«, die u. a. dadurch begründet wird,
dass hier durch die Einführung von Menschen einfachen Standes (»by intro-
ducing persons of inferior rank, and consequently of inferior manners«[2]) eine
niedere Wirklichkeit zur Darstellung kommt. In eine ähnliche Richtung weist
im Kontext der deutschsprachigen poetologischen Diskussion des 18. Jahrhunderts Johann Karl Wezels Formulierung von der »bürgerlichen Epopöe«,
die sich »ihre Materialien« aus »dem gewöhnlichen Menschenleben« nimmt[3],
da damit wiederum der Gegensatz zwischen den vergleichsweise niederen und
alltäglichen Welten des Romans und dem erhabenen Status der vergangenen

---

1   Zum Folgenden vgl. Matthias Bauer, *Romantheorie*, Stuttgart: Metzler, 1997, S. 8–73.

2   Henry Fielding, »Author's Preface«, in: Fielding, *Joseph Andrews*, London: Dent, 1962,
S. XVII–XXI, hier: S. XVIII.

3   Johann Karl Wezel, »Vorrede zu ›Herrmann und Ulrike, ein komischer Roman‹«, in:
Dieter Kimpl/Conrad Wiedemann (Hg.), *Theorie und Technik des Romans im 17. und
18. Jahrhundert*, 2 Bde., Tübingen: Niemeyer, 1970, Bd. 2, S. 23–27.

epischen Welt als Merkmal dient. Ebenfalls wurde wiederholt betont, dass der Roman im Gegensatz zu der historisch-öffentlichen Handlung des Epos die Privatsphäre und die innere Welt des Individuums zum Gegenstand habe. Das Thema des Romans – so formuliert Friedrich von Blanckenburg in seinem *Versuch über den Roman* – sind nicht »öffentliche Thaten und Begebenheiten«, sondern »das Seyn des Menschen« und vor allem »sein innrer Zustand«.[4] Auch Mme de Staël stellt mit Blick auf die englischen Romane des 18. Jahrhunderts fest, dass sie in der Erfindung von Ereignissen und Charakteren des privaten Lebens (»l'invention des caractères et des événemens de la vie privée«) gegründet seien und daher den »affections privées«, den Gefühlen der privaten Sphäre wie der Liebe, den zentralen Platz einräumen.[5] Vor diesem Hintergrund markiert die romantische Sicht des Romans einen entscheidenden Schritt in der gattungsgeschichtlichen Reflexion, indem sie die Merkmale der privaten Gefühlswelt und der prosaischen Wirklichkeit zusammenführt; denn damit kann nun die Opposition zwischen der inneren Welt des Individuums und der äußeren gesellschaftlichen Welt zum zentralen Thema des Romans erhoben werden. Diese Konzeption wird am deutlichsten von Hegel zum Ausdruck gebracht, wenn er im Anschluss an Wezel von der »modernen *bürgerlichen* Epopöe« spricht, die »eine bereits zur *Prosa* geordnete Wirklichkeit« [Hervorhebungen im Original] voraussetzt und sie zum Rahmen der individuellen Schicksale macht. So ergibt sich als typische thematische Konstellation des Romans der »Konflikt zwischen der Poesie des Herzens und der entgegenstehenden Prosa der Verhältnisse sowie dem Zufalle äußerer Umstände«.[6] Im 20. Jahrhundert wird diese auf der Spannung von Individuum und Gesellschaft beruhende Konzeption der Gattung besonders eindringlich in der *Theorie des Romans* des jungen Lukács fortgeschrieben. Er sieht das romanspezifische Verhältnis von Individuum und Gesellschaft darin, dass ein nach einem idealen Sinn des Lebens suchender Held mit einer sinnentleerten gesellschaftlichen Wirklichkeit konfrontiert wird. Für die folgenden Ausführungen besteht hierin ein zentraler Ausgangspunkt.

Mit der Welle des Strukturalismus sind solche thematisch orientierten Bestimmungen aus der Mode gekommen, was dazu geführt hat, dass die sich mit den formalen Merkmalen der Gattung verbindenden Gestaltungsmöglichkeiten weitgehend aus dem Blick geraten sind. Sicherlich ist der Beitrag der strukturalistischen Erzählanalyse zur Romanforschung unverzichtbar. Doch wie das einflussreichste Werk dieser Forschungsrichtung, Gérard Genettes *Discours du récit*, deutlich zu erkennen gibt, bringt es die Konzentration auf die

---

4   Friedrich von Blanckenburg, *Versuch über den Roman*, Faksimiledruck der Originalausgabe von 1774, mit einem Nachwort von Eberhard Lämmert, Stuttgart: Metzler, 1965, S. 17–18.

5   Mme de Staël, *De la littérature considérée dans ses rapports avec les institutions sociales*, hg. v. Paul van Tieghem, 2 Bde., Genf: Droz, 1959, Bd. 2, S. 228–230.

6   Georg Wilhelm Friedrich Hegel, *Ästhetik*, 2 Bde., hg. v. Friedrich Bassenge, Frankfurt/M.: Europäische Verlagsanstalt, 2. Auflage (o.J.), Bd. 2, S. 452.

Beschreibung und Klassifizierung der verschiedenen Erzählverfahren nun gerade mit sich, dass die einzelnen Komponenten eines Erzähltexts, deren Zusammenspiel erst dem jeweiligen Romantypus seine Gestalt gibt, überwiegend isoliert betrachtet werden. Das gilt sowohl für die einzelnen Mittel des Erzählens, bei Genette die Verfahren der Zeitgestaltung, des Modus und der Stimme, als auch für den Zusammenhang dieser Erzählverfahren mit den Merkmalen der erzählten Welt. So hat gerade die Unterscheidung von Geschichts- und Erzähllebene dazu beigetragen, dass das Funktionsspektrum der jeweiligen Erzählverfahren im Hinblick auf den fiktionalen Weltentwurf in nur sehr eingeschränkter Weise berücksichtigt wurde. Essentielle Fragen wie die nach den Effekten, die sich aus der Wahl einer allwissenden oder perspektivisch eingeschränkten Erzählposition für das Gepräge und den Status der erzählten Welt ergeben, nach den ideologischen Funktionen einer oppositiven Raummodellierung bzw. ihrer Durchbrechung oder nach den besonderen Implikationen der Nachzeitigkeit des Erzählens für die Wahrnehmung der fiktiven Lebensgeschichten durch den Leser sind daher viel zu wenig behandelt worden. Thesenbildungen wie die von Michail Bachtin, der der Perspektiven- und Sprachenvielfalt des Romans eine der Gattung inhärente Tendenz zur Infragestellung geschlossener Diskursuniversen und der mit ihnen verbundenen gesellschaftlichen Systeme zuordnet, sind die Ausnahme, was ja auch den immensen Erfolg von Bachtins Beiträgen zur Romantheorie erklärt.

Die folgenden Ausführungen verfolgen daher das Ziel, die Frage nach den zentralen thematischen Orientierungen des Romans mit den durch die moderne Erzählanalyse erschlossenen Möglichkeiten zusammenzuführen. So besteht die Leitthese dieser Untersuchung darin, dass sich die – insbesondere von Georg Lukács hervorgehobene – Konzentration des Romans auf das Spannungsverhältnis zwischen Individuum und Gesellschaft in ganz konsequenter Weise aus den strukturellen Möglichkeiten ergibt, die in der Gattung angelegt sind und im Laufe der neueren Gattungsgeschichte zunehmend entfaltet wurden. Die Grundstruktur der epischen Gattungen besteht in der Vermittlung der dargestellten Geschichte – d. h. der Geschichten von fiktiven Figuren – durch einen Erzähler; und in dieser Grundstruktur ist immer schon impliziert, dass auf den Standpunkt der Figuren – insbesondere durch das Zitat von Figurenreden – Bezug genommen wird. Was die Entwicklung des Romans im Vergleich zu den anderen erzählenden Gattungen, insbesondere dem Epos, nun aber auszeichnet, ist das besondere Gewicht, welches nicht nur die Reden der Figuren, sondern auch ihr besonderer individueller und subjektiver Blick auf die erzählte Welt gewonnen haben. Die diesbezüglichen Verfahren der Redewiedergabe und der Gestaltung der Figurenperspektive sind bekanntlich insbesondere im Roman des 19. und 20. Jahrhunderts immer feiner ausgearbeitet worden. Den wichtigsten Effekt, der durch diese perspektivische Doppelstruktur ermöglicht wird, hat jedoch bereits Cervantes im *Don Quijote* in paradigmatischer Weise vorgeführt, der daher mit Recht als Meilenstein der

Gattungsentwicklung gilt. Er besteht in der Konfrontation der durch den Protagonisten erfolgenden subjektiv und imaginär überformten Wahrnehmung der Wirklichkeit mit der verlässlichen und realitätsadäquaten Perspektive eines vernünftigen Erzählers. Diese Grundstruktur wird die weitere Entwicklung des Romans bis ins 20. Jahrhundert durch Autoren wie Fielding, Stendhal, Flaubert, Pérez Galdós und Thomas Mann maßgeblich prägen.

Die Möglichkeit der dialogischen Auseinandersetzung zwischen dem Erzähler und den Figuren wurde von Michail Bachtin als zentrale Komponente der Gattung hervorgehoben. Dieser Dialog ist allerdings durch eine spezifische Asymmetrie geprägt, die nicht nur auf der übergeordneten Position des Erzählers gegenüber der erzählten Welt und dem dadurch ermöglichten Wissensvorsprung beruht. Vielmehr kommt hinzu, dass der Erzähler dadurch, dass sich das Erzählen an ein Publikum richtet, immer eine überindividuelle und damit in mehr oder weniger deutlicher Weise auch gesellschaftlich orientierte Perspektive einnimmt oder zumindest als Perspektive der Adressaten ins Kalkül zieht. Letzteres ist auch in den meisten Formen der Ich-Erzählung der Fall, in denen ein autobiographischer Erzähler sein Leben dem Blick eines größeren Publikums darbietet. Daher – so lautet die Konklusion, auf die es hier ankommt – ist der Spannungsrelation zwischen Erzähler und Figuren immer auch eine Spannungsrelation zwischen Individuum und Gesellschaft inhärent; und dies bedeutet, dass zwischen der thematischen Fokussierung des Romans auf die Relation von Individuum und Gesellschaft, die in der traditionellen Theoriebildung, am deutlichsten bei Hegel und Lukács, als zentrales Merkmal der Gattung begriffen wird, und den strukturellen Möglichkeiten eine deutliche Entsprechung besteht. Das Privileg des Romans, zu der subjektiven Weltsicht der fiktiven Figuren einen besonders intimen Zugang zu verschaffen, ist immer mit der Möglichkeit einer überindividuellen Perspektive verbunden, welche das Erleben der Figuren in einen größeren Kontext einrückt.[7] Der Rolle dieser dem Erzählen inhärenten sozialen Perspektive soll im Folgenden ein besonderes Gewicht verliehen werden. Lukács' These von der Fokussierung der Gattung auf das Schicksal des entfremdeten Individuums soll damit die von Michail Bachtin betonte soziale Verankerung der Gattung als Korrektiv gegenübergestellt werden.

Eine zweite Grundvoraussetzung, welche die folgende Untersuchung mit traditionellen Ansätzen der Gattungstheorie verbindet, besteht darin, dass dem Realitätsbezug der Gattung, der sich im Verlauf der neueren Gattungsentwicklung immer deutlicher zeigt, der Status eines fundamentalen – dabei natürlich nicht exklusiven – Merkmals zugeschrieben wird. Dabei besteht insofern ein enger Zusammenhang zu der ersten Voraussetzung, als das Spannungsverhältnis zwischen Individuum und Gesellschaft erst in dem Maße eine besondere Prägnanz gewinnt, wie das individuelle Leben des Helden

---

7   Abgesehen natürlich von unmittelbaren Inszenierungen von Bewusstseinsinhalten wie im Tagebuchroman oder aus dem Kontext gelösten Formen des inneren Monologs.

sich im Kontext einer Wirklichkeit entfaltet, die der Leser als eine ihm bekannte Realität wahrnimmt. Denn erst dann kann er nicht nur die Sicht des Protagonisten nachvollziehen, sondern auch ihre individuelle Besonderheit erkennen, indem er sie mit seinem eigenen Weltwissen und der intersubjektiv verbürgten sozialen Wahrnehmung der Realität vergleicht. Daher stellt auch die Realitätsnähe der erzählten Welt nicht nur ein inhaltliches Merkmal dar, sondern das Ermöglichungsmoment besonderer perspektivischer Effekte, denn die Präsentation einer für den Leser bekannten Welt erlaubt ein ganz anderes perspektivisches Spiel als die Bezugnahme auf eindeutig fiktive Welten wie die des Märchens. Erst der Kontext einer als real und bekannt wahrgenommenen Romanwelt treibt die perspektivische Differenz zwischen der realitätsadäquaten Sicht des Erzählers und Lesers einerseits und der subjektiven Sicht des Protagonisten andererseits in klarer Weise hervor. Der fiktionstheoretische Vorbehalt, dass es sich bei den Welten des Romans immer um fiktive Welten handelt, die der Leser immer auch als solche begreift, wenn er nicht dem notorischen Beispiel des Don Quijote folgen will, ist methodisch angebracht, kann aber zu einer Verstellung dieses Sachverhalts führen. Und im Übrigen lehrt uns Cervantes im *Don Quijote* ja nicht nur, dass man Fiktion und Realität nicht verwechseln darf, sondern er verweist auch auf den kategorialen Unterschied zwischen den märchenhaften Welten des Ritterromans und seiner in dem für ihn zeitgenössischen Spanien angesiedelten Romanwelt. Erst auf der Folie dieser zeitgenössischen Welt kann die imaginäre, von den fiktiven Welten des Ritterromans geprägte Sicht des verrückten Helden Kontur gewinnen.

Das Textcorpus, aus dem das Beispielmaterial für meine theoretischen Überlegungen gewonnen wird, ist aus den genannten Gründen überwiegend der Hauptlinie des neuzeitlichen Romans zuzurechnen, die vom pikaresken Roman und Cervantes' *Don Quijote* zum Realismus des 19. Jahrhunderts und seiner Weiterentwicklung im 20. Jahrhundert führt. Aus dieser Linie ausscherende Episoden der Gattungsgeschichte wie der Schauerroman und der historische Roman der Romantik werden dabei vernachlässigt. Dabei steht der französisch- und spanischsprachige Roman im Vordergrund, da ihm vor allem meine Forschungs- und Lehrtätigkeit gegolten hat.[8] In einigen Fällen wird aber auch auf den deutsch- und englischsprachigen Roman Bezug genommen. Diese Auswahl hat nicht nur pragmatische Gründe, denn sie erlaubt es, zumindest zwei zentrale Entwicklungsphasen des europäischen Romans in unmittelbarer Weise in den Blick zu nehmen: einerseits seine Initialphase im frühneuzeitlichen Spanien, andererseits den realistischen Roman, für den die französische Variante der Gattungsentwicklung die kanonischen Beispiele liefert. Schließlich ermöglicht der Einbezug der spanischsprachigen Texte auch die Berücksichtigung des modernen lateinamerikanischen Romans und damit

---

8   Den in der Originalsprache erfolgenden Textzitaten werden – ausnahmslos eigene – deutsche Übersetzungen beiseite gestellt.

eines Beispiels für die postkoloniale Literatur. Lücken müssen bei diesem Vorgehen natürlich in Kauf genommen werden. Sie betreffen vor allem die Entwicklung des Romans im 18. Jahrhundert, bei der der englische Roman eher als der französische Roman die führende Position innehat, und den Roman des 20. Jahrhunderts, bei dem mehr noch als der französische *Nouveau Roman* die avantgardistischen Spielarten des englischsprachigen Romans die Gattungsentwicklung bestimmen.

Der Gang der Untersuchung entspricht den gerade dargestellten Intentionen. Im ersten Kapitel wird zunächst der Frage nachgegangen, inwieweit es sich bei der im Roman dargestellten Welt um eine individuelle Erfahrungswelt oder um eine gesellschaftliche Welt handelt. Ausgehend von Georg Lukács' in der *Theorie des Romans* entwickelten These, dass der Roman das Schicksal des entfremdeten Individuums zum Gegenstand hat, werden zunächst die Möglichkeiten des Romans besprochen, das individuelle Leben und die individuelle Erfahrung in den Vordergrund zu rücken, wobei sowohl auf die Rolle individueller Lebensgeschichten im Rahmen der Romanhandlung als auch auf die besonderen perspektivischen Möglichkeiten der Innenweltdarstellung Bezug genommen wird. Dieser Akzentuierung der Rolle der individuellen Figuren wird dann die soziale Perspektive gegenübergestellt, die Bachtin als dem Roman inhärent begreift, da sie der Sprache des Romans sowohl in ihrer Verwendung durch den Erzähler als auch durch die fiktiven Figuren von vorneherein eingeschrieben ist. Ausgehend von der Diskussion dieser Annahmen wird dann beschrieben, wie es im Roman zur Konstitution einer gesellschaftlichen Wirklichkeit kommt und welche Rolle hierbei einerseits die Figurenkonstellation und andererseits der Dialog zwischen Erzähler und Lesern spielen. In diesem Kontext bilden neben Bachtin sowohl Hans Blumenbergs Annahme einer den Weltentwurf des Romans bedingenden intersubjektiven Wirklichkeitskonstruktion als auch Benedict Andersons These zur besonderen Rolle des Romans bei der Genese des nationalen Bewusstseins wichtige Bezugspunkte. Das Kapitel führt vor diesem Hintergrund in die Ausformulierung des Leitgedankens der Untersuchung, dass der Roman schon aufgrund seiner strukturellen Möglichkeiten dazu prädisponiert ist, verschiedene Formen der Spannungsrelation zwischen Individuum und Gesellschaft zu gestalten.

Das zweite Kapitel nimmt seinen Ausgangspunkt bei den von Franz K. Stanzel und Gérard Genette entwickelten Typologien der Formen der erzählerischen Vermittlung. Dabei wird im Falle des heterodiegetischen Erzählens bzw. des Erzählens in der dritten Person das Augenmerk vor allem darauf gerichtet, welche Rolle es für die Erzählposition spielt, ob die erzählte Welt sich als offensichtlich erfunden oder als mehr oder minder getreues Abbild der realen Welt darstellt. Denn davon hängt die Inszenierung des Verhältnisses des Erzählers zu der von ihm vermittelten Geschichte im großen Maße ab. Ein manifest fiktiver Charakter der erzählten Welt ist eine besonders geeignete Voraussetzung für eine ludische Form des Erzählens und die Entfaltung eines metafiktionalen Spiels. Demgegenüber verleiht die Bezugnahme auf den realen Kontext, zumal wenn er wie im Realismus des 19. Jahrhunderts als Resultat einer unausweichlichen historischen Entwicklung erscheint, der Welt des Romans und damit auch dem Erzählen einen ganz anderen Ernst. Es ist natürlich vor allem das Verdienst von Erich Auerbach, in seiner *Mimesis* diesen Zusammenhang zwischen historischem Bewusstsein und ernstem Stil hergestellt zu haben. Diese Voraussetzungen begründen die anschließenden Überlegungen zur Relation von Erzähler und erzählter Welt, zum Funktionsspektrum der auktorialen und der personalen Erzählsituation sowie zu den Formen der sozialen Perspektive, die sich mit ihnen verbinden können. Dabei wird den Implikationen der für das heterodiegetische Erzählen typischen ironischen Erzählhaltung besondere Aufmerksamkeit geschenkt. In dem der Ich-Erzählsituation gewidmeten Teil wird in entsprechender Weise diskutiert, in welcher Weise die in diesem Fall zunächst natürlich subjektive Erzählperspektive durch den Adressatenbezug immer mehr oder weniger sozial vermittelt ist. Dies wird dann an einer historischen Beispielreihe illustriert, die von der provokativen Selbstdarstellung des pikaresken Erzählers über die eher apologetische Attitüde, die häufig die autobiograpische Form des Liebesromans prägt, bis zu modernen Formen der narrativen Identitätskonstitution führt, in denen dann allerdings die gesellschaftliche Orientierung gegenüber der Inszenierung des individuellen Selbstverhältnisses zurücktritt.

Im dritten und vierten Kapitel bildet die räumliche und zeitliche Gestaltung der erzählten Welt die Basis, um das perspektivische Gestaltungspotential des Romans erneut in den Blick zu nehmen. Im Hinblick auf die Raumgestaltung wird zunächst Lotmans strukturalistisches Modell einer räumlich und semantisch klar gegliederten erzählten Welt der von Bachtin entwickelten Vorstellung einer für das Weltverhältnis des Romans konstitutiven Kontaktzone gegenübergestellt. Damit verbindet sich die These, dass das erste Raumparadigma eine auf Abgrenzung beruhende kollektive Identitätsbildung begünstigt, während das zweite die Aufhebung aller sozialen Grenzziehungen und die Infragestellung aller räumlich basierten Identitätskonzepte ins Bild setzt. Im Folgenden wird dann dargestellt, dass diese Modelle in der Entwicklung des Romans ab der Frühen Neuzeit zunehmend an Geltung verlieren – natürlich mit Ausnahmen, insbesondere in der postkolonialen Literatur – und durch andere Strukturschemata ersetzt oder überlagert werden, da auch die Raumgestaltung zunehmend durch das Spannungsverhältnis zwischen Individuum und Gesellschaft geprägt wird. Dies zeigt sich einerseits darin, dass der gesellschaftliche Raum dem Helden zunehmend als fremder Raum erscheint, andererseits in seiner Suche nach einem eigenen, privaten Raum, wobei das Paradigma dieser Rückzugsorte von der Landschaft bis zum persönlich geprägten Wohnbereich reicht. Der Kampf um ein eigenes Refugium wird in dem Maße vertieft, wie der gesellschaftliche Raum – im Realismus des 19. Jahrhunderts – als ein historischer Raum charakterisiert wird. Denn dann nimmt die Entfremdung des Individuums im gesellschaftlichen Raum die Züge eines historischen Schicksals an. Vor diesem Hintergrund ergeben sich für die räumliche Dimension des für den Roman typischen Perspektivengefüges, der Konfrontation der Sicht des Individuums mit der sich in der Kommunikation zwischen Erzähler und Leser konstituierenden sozialen Sicht, neue Gestaltungsmöglichkeiten. Als Beispiel wird die Darstellung städtischer Milieus gewählt, da die Stadt, zumal wenn es sich um dem Leser bekannte Städte handelt, als sozialer Raum in besonderer Weise eine soziale Perspektive provoziert, in deren Rahmen dann das individuelle Erleben effektvoll entfaltet werden kann.

Da die Analyse der Zeitgestaltung im Roman mit einer besonderen Komplexität behaftet ist, wird in diesem Fall ein systematischeres Vorgehen als bei der Raumgestaltung gewählt. Die wichtigsten Bezugspunkte bilden Bachtins Geschichte der Chronotopoi des Romans, Paul Ricœurs Überlegungen zu dem durch das Erzählen hergestellten Verhältnis von subjektiver und objektiver Zeit und Genettes Typologien zu den Verfahren der Zeitgestaltung auf der Ebene des *récit*. Auf dieser Basis wird eine Reihe von Konstitutionsebenen der narrativen Zeit unterschieden: die Ebenen der Handlung bzw. der Geschichte, der Zeitkontexte und Zeitperspektiven sowie der textuellen Zeitgliederung. Damit kann auch in diesem Fall die Funktion der Perspektivenstruktur des Romans, nun in Form eines Nebeneinanders unterschiedlicher Zeitperspektiven, untersucht werden. Ein besonderer Akzent wird dabei auf die doppelte Temporalität des Erzählens gesetzt, die sich aus dem Spannungsverhältnis zwischen dem gegenwartsbezogenen Zeiterleben der Figuren und der nachzeitigen Vermittlung der Geschichte im Erzählakt ergibt. Zugleich wird auch in diesem Fall wieder besonders hervorgehoben, dass die übergeordnete Perspektive des Erzählers mit spezifisch sozialen Konnotationen verbunden ist, da der Überlieferungszusammenhang des Erzählens eine soziale Kontinuität impliziert, welche die Endlichkeit der individuellen Zeiterfahrung überschreitet. In diesem Zusammenhang wird ein besonderes Augenmerk auf die Verfahren der textuellen Zeitgestaltung gelegt – insbesondere die Prolepse und das iterative Erzählen –, welche die doppelte Temporalität des Erzählens und die damit verbundene Verschränkung von Nachzeitigkeit und Antizipation zum Vorschein bringen.

Wie die obigen Erläuterungen erkennen lassen, hat dieses Buch eine doppelte Zielsetzung. Einerseits geht es darum, den Forschungsstand und die sich aus ihm ergebenden Möglichkeiten der Textanalyse zu resümieren, andererseits werden auch immer wieder eigene Akzente gesetzt, welche darauf abzielen, Bekanntes in neuer Perspektive erscheinen zu lassen. Dabei soll es vor allem darum gehen, den Roman als Gattung zu begreifen, die das individuelle Leben im Rahmen der sich seit der Frühen Neuzeit ausbildenden Formen der Gesellschaft modelliert und den Leser damit zu einer vertieften Reflexion über die sozialen Bedingungen seiner individuellen Existenz und die sich daraus ergebenden Risiken und Chancen individueller Lebensentwürfe anregt. Der Roman, so lautet die Leitthese dieser Untersuchung, ist besonders dazu geeignet, spezifische Formen des sozialen Imaginären, d. h. von Vorstellungen

über die je historischen Ausprägungen der Gesellschaft und des gesellschaftlichen Lebens, zu generieren.[9] Dies geschieht durch den Entwurf möglicher
Lebensläufe im Rahmen von teils vorgegebenen, teils imaginär transformier-
ten sozialen Welten und durch die Inszenierung der sprachlichen Gestaltung
solcher Narrative im Rahmen der vorgegebenen sozialen Diskurse. Dabei entwickeln die sich zu typischen Formen des Romans verfestigenden Kombinationen von Verfahren natürlich immer eine gewisse Eigengesetzlichkeit, so dass
die im Roman konstituierten Bilder der Gesellschaft und der gesellschaftlichen Erfahrung maßgeblich von den jeweils existierenden gattungsgeschichtlichen Mustern abhängen. Daher soll im Laufe der Untersuchung immer wieder recht ausführlich auf historisches Beispielmaterial zurückgegriffen werden,
um dies sichtbar werden zu lassen und so die sprachlich konstituierten Welten
des Romans als literarische Modelle begreifbar zu machen, die eine soziale
Verständigung über das je individuelle gesellschaftliche Schicksal ermöglichen.

---

9   Ich verwende den Begriff des sozialen Imaginären im Sinne von Charles Taylors Kon-
    zept der »social imaginaries«. Vgl. Charles Taylor, *A Secular Age*, Cambridge (Mass.):
    Harvard University Press, 2007, S. 159–211. Eine Vorstufe dieses Werks, in der vor al-
    lem das Kapitel zu den »social imaginaries« bereits weitgehend ausgearbeitet ist, bildet
    Modern Social Imaginaries, Durham: Duke University Press, 2004. Siehe hierzu auch die
    Ausführungen in den »Schlussbemerkungen« (unten, S. 263 ff.).

I. Perspektivenstruktur und Wirklichkeitsentwurf des Romans

Wie in diesem Eingangskapitel gezeigt werden soll, bildet das Verhältnis von Individuum und Gesellschaft nicht nur das zentrale Thema des neuzeitlichen und modernen Romans, sondern ist auch in den der Gattung inhärenten strukturellen Möglichkeiten zur Modellierung der Erzählperspektive angelegt. So ist insbesondere die Gegenüberstellung einer individuellen Figurenperspektive und einer übergreifenden, den Leser mit einbeziehenden Erzählerperspektive dazu geeignet, die Auseinandersetzung von individuellen Protagonisten und gesellschaftlicher Welt zu gestalten. Denn auf diese Weise wird die subjektive Sicht einer Figur mit einer objektiven und auf einen gesellschaftlichen Konsens abzielenden Sicht konfrontiert. Den Ausgangspunkt für die Entfaltung dieses Zusammenhangs soll Georg Lukács' *Theorie des Romans* bilden, da hier der Roman besonders dezidiert als Gestaltungsmedium einer individuellen Weltsicht begriffen wird. Im Folgenden werde ich zunächst die Formen der Gestaltung eines individuellen Welterlebens erörtern, um dann diesen Tendenzen einer Fokussierung auf das Individuum die Möglichkeiten der Konstitution einer sozialen Perspektive gegenüberzustellen.

Transzendentale Obdachlosigkeit

In guter romantischer Tradition entfaltet Lukács die Geschichte der erzählenden Gattungen in einem geschichtsphilosophischen Zusammenhang. So erklärt sich für Lukács die Entstehung des Romans aus dem Epos durch den Übergang vom geschlossenen Weltbild traditioneller Gesellschaftsformen zu der die moderne Welt kennzeichnenden Offenheit und Unabgeschlossenheit. Als episches Zeitalter begreift Lukács in erster Linie das antike Griechenland, da hier sowohl der soziale Kontext einer fraglos vorausgesetzten Gemeinschaft als auch die immanente Präsenz des Göttlichen in der Natur den Lebenssinn garantieren.[10] Lukács spricht in diesem Zusammenhang von der »Gegenwart des Sinns«[11] bzw. der »Lebensimmanenz des Sinns« (S. 32) als der für das antike Epos grundlegenden Sinnstruktur. Ihren Ausdruck findet sie in einem bruch-

---

10 Dies entspricht dem romantischen Bild der heidnischen Antike, wie es beispielsweise in August Wilhelms Schlegels *Vorlesungen zur dramatischen Kunst und Literatur* entworfen wird (siehe Kritische Ausgabe, eingeleitet und mit Anmerkungen versehen von Giovanni Vittorio Amoretti, Bd. 1, Bonn/Leipzig: Schroeder, 1923, S. 12).

11 Georg Lukács, *Die Theorie des Romans. Ein geschichtsphilosophischer Versuch über die Formen der großen Epik* [1920], München: dtv, 1994, S. 25. Die weiteren Nachweise erfolgen im laufenden Text.

losen funktionalen Zusammenhang zwischen dem Helden und den von ihm zu bewältigenden Abenteuern, in denen er eine ebenso metaphysische wie soziale Mission erfüllt. Eine geschlossene und sinnhaft geordnete Welt, wenn auch unter anderem, christlichem Vorzeichen, ist für Lukács auch das Mittelalter, wobei er in Dantes *Divina Commedia* und im höfischen Roman die entsprechenden epischen Formen sieht. Die Geburt des Romans erfolgt für Lukács mit dem Zusammenbruch dieser mittelalterlichen Welt. Cervantes' *Don Quijote* steht als »der erste große Roman der Weltliteratur am Anfang der Zeit, wo der Gott des Christentums die Welt zu verlassen beginnt; wo der Mensch einsam wird und nur in seiner nirgends beheimateten Seele den Sinn und die Substanz zu finden vermag« (S. 89). Der Roman ist somit ein Resultat der mit der Renaissance einsetzenden Säkularisierung, als literarische Form ist er »ein Ausdruck der transzendentalen Obdachlosigkeit« (S. 32), wie Lukács in einer existentialistisch anmutenden Formulierung feststellt. Zusammen mit dem Verlust einer metaphysisch begründeten Seinsgewissheit ist für diesen Zustand das Zerbrechen einer den Menschen fest umfangenden Gesellschaftsordnung ursächlich. Die gesellschaftliche Welt erscheint nun nicht mehr als lebendiger intersubjektiver Zusammenhang, sondern als »Welt der Konvention« (S. 53), die für den Menschen »kein Vaterhaus mehr«, »sondern ein Kerker« ist (S. 55). In marxistischer Manier konstatiert Lukács somit »die Entfremdung zwischen dem Menschen und seinen Gebilden« (S. 55). Der Roman wird auf diese Weise als künstlerische Form für die Darstellung eines Individuums bestimmt, das als solches aus der Erfahrung einer fundamentalen Kluft sowohl im Hinblick auf ein transzendentes Sinnprinzip als auch auf die soziale Umwelt hervorgeht. Während der Held des Epos »strenggenommen, niemals ein Individuum« ist (S. 57), sieht Lukács den Roman als literarische Gattung wesentlich an die Ausbildung einer modernen Individualität gebunden: »Das epische Individuum, der Held des Romans, entsteht aus dieser Fremdheit zur Außenwelt« (S. 56–57).

Aufgrund dieser Konzentration auf die individuelle Erfahrung sieht Lukács die biographische Form als dem Roman angemessen an. Sein Gegenstand ist das »Leben des problematischen Individuums« (S. 67), das den nun nicht mehr vorgegebenen Sinn für sich selbst suchen muss. In diesem Zusammenhang wird der Akzent darauf gelegt, dass der Roman das »Eigenleben der Innerlichkeit« (S. 57) zur Darstellung bringt, wobei diese Tendenz darauf zurückgeführt wird, dass der Mangel an Sinnangeboten in der Außenwelt – »die Abwesenheit des Ideals« (S. 68) – die Interiorisierung der Sinnbedürfnisse in Form innerer Ideale nach sich zieht. So bilden für Lukács ein durch diese Mangelerfahrung geprägtes, auf sich selbst zurückgeworfenes »problematisches Individuum« und die »kontingente Welt« als »einander wechselseitig bedingende Wirklichkeiten« (S. 67) die strukturellen Voraussetzungen des Romans. Bei diesem oppositiven Verhältnis von Innerlichkeit bzw. Seele und Welt unterscheidet Lukács zwei Typen: »die Seele ist entweder schmäler oder breiter als die Außenwelt« (S. 83). Der erste Fall ist dann gegeben, wenn der Held in monomanischer Besessenheit seine Ideale in einer idealfernen Außenwelt verwirklichen will, wobei Lukács an erster Stelle den *Don Quijote*, dann aber auch die Romane Balzacs als Beispiele nennt. Allerdings ist der Roman des 19. Jahrhunderts eher repräsentativ für den zweiten Typ, bei dem in typisch romantischer Manier die Welt der Weite der Seele nicht entspricht und daher kaum noch Motivation für eine handelnde Auseinandersetzung bietet. Exemplarisch ist der Desillusionsroman, wie er in Flauberts *Éducation sentimentale*, für Lukács der »für alle Problematik der Romanform typischste Roman des neunzehnten Jahrhunderts«, vorliegt (S. 111).

Somit bildet der Gegensatz von Individuum und Welt bzw. Gesellschaft, da ja vor allem die gesellschaftliche Welt gemeint ist, für Lukács die Grundstruktur des Romans. Allerdings versucht Lukács die romantische Diskrepanz von Held und Welt mit der klassischen Vorstellung von der Totalität des Kunstwerks zu verbinden. Daraus ergibt sich die These von einer die Gattung in entscheidender Weise prägenden Grundspannung zwischen erzählter Welt und narrativer Vermittlung. Da das Sinnbedürfnis des Romanhelden und die daraus resultierende sinn- und formstiftende Perspektive nicht ausreicht, um die kontingente Wirklichkeitserfahrung auf der Ebene der erzählten Geschichte zu einem kohärenten Ganzen zu formen, erhält das »dichterische Subjekt« eine besondere Bedeutung. Ihm obliegt es nun nämlich, die »einander feindlichen Subjekts- und Objektswelten« als Einheit zu gestalten (S. 64). Auch wenn man Lukács' Totalitätsvoraussetzung nicht teilt, so bleibt als wichtige These festzuhalten, dass der Erzähler im Hinblick auf den Gegensatz zwischen Individuum und Gesellschaft eine vermittelnde Position einnimmt. In diesem Zusammenhang kommt Lukács zu der sehr bedenkenswerten Feststellung, dass die von ihm postulierte Einheit, die sich aus der erkennenden Zusammenschau der beiden Sphären ergibt, insofern nur einen formalen Charakter hat, als der Autor dafür seine notwendigerweise subjektive Position zugunsten einer epischen Scheinobjektivität verleugnen muss.[12] Gemeint ist die objektive, aber als solche immer vorgeschützte Haltung des Erzählers, wie sie vor allem für den realistischen Roman typisch ist. Es ergibt sich somit eine Diskrepanz sowohl zwischen der Objektivität des Erzählers und der Subjektivität des Helden als auch zwischen der Subjektivität des Autors, der sich dem von ihm erfundenen Helden und dessen subjektiver Sicht immer mehr oder minder verbunden fühlt, und der vorgeschützten Objektivität der Erzählerrolle. Daraus resultiert eine Ironie, die Lukács als »normative Gesinnung des Romans« bezeichnet (S. 73). Auf diese meines Erachtens zentrale Einsicht wird in dem Kapitel über das heterodiegetische Erzählen zurückzukommen sein, weil die von Lukács konstatierte Ironie vor allem die auktoriale und die personale Erzählsituation in entscheidender Weise prägt.[13]

---

12   Vgl. ebenda, S. 74. Siehe auch unten, S. 87 ff.
13   Vgl. unten, S. 76 ff.

Exklusionsindividualität

Die von Lukács gemeinte Form der personalen Individualität, die Individualität des »epischen Individuums«, kann man mit Niklas Luhmann als »Exklusionsindividualität« bezeichnen.[14] Luhmann prägt diesen Begriff, um den spezifischen Charakter der modernen Individualität zu erfassen. In der traditionellen, ständisch gegliederten Gesellschaft – in Luhmanns Begrifflichkeit ist dies der Typ der stratifikatorischen Differenzierung – definiert sich das Individuum über Inklusion, also über seine Zugehörigkeit zu sozialen Gruppen wie der Familie, dem Stand oder der Zunft. Solche stabilen Inklusionsbeziehungen werden mit dem Entstehen der modernen, funktional differenzierten Gesellschaft unmöglich gemacht, so dass sich das Individuum zunehmend durch die Differenz zur Gesellschaft bestimmt. Das Individuum gründet sich damit im Konzept der Einzigartigkeit: »die Einzigartigkeit eines Gesichtskreises, der [...] die Welt im ganzen in sich aufnimmt und soviel Welt wie möglich in sich zu realisieren sucht«.[15] Zieht man zum Vergleich die gängigen soziologischen Identitätstheorien heran – Luhmanns Begriff der Individualität ist ja teilweise mit dem der personalen Identität synonym –, so fällt der Gegensatz von Inklusion und Exklusion allerdings nicht ganz so dramatisch aus. Denn auch für die Identität des modernen Individuums gilt, dass sie nicht nur auf Abgrenzung beruht, sondern immer über eine Dialektik von Zugehörigkeit zu sozialen Bezugsgruppen und den entsprechenden Identifikationsvorgängen einerseits und der die eigene Besonderheit betonenden Distanzierung andererseits konstruiert wird.[16] Gleichwohl ist es auch aus dieser Perspektive unstrittig, dass die Akzentuierung der Besonderheit des Individuums mit der Entwicklung der modernen Gesellschaft erheblich zugenommen hat. Letztlich stimmen die soziologischen Überlegungen zur Entstehung des Gegensatzes zwischen Individuum und Gesellschaft mit den schon von Lukács getroffenen Feststellungen durchaus überein. In jedem Fall wird davon ausgegangen, dass dieser Gegensatz sich mit der Säkularisierungsbewegung und den gesellschaftlichen Transformationsprozessen der Renaissance auszubilden beginnt und sich dann mit der endgültigen Durchsetzung einer bürgerlichen Gesellschaft im 18. und 19. Jahrhundert verfestigt. Wenn man also wie Lukács die Entstehung des

---

14 Vgl. Niklas Luhmann, *Gesellschaftsstruktur und Semantik. Studien zur Wissenssoziologie der modernen Gesellschaft*, Bd. 3, Frankfurt/M.: Suhrkamp, 1993, S. 149–258.

15 Ebenda, S. 214.

16 Für dieses Wechselspiel hat Lothar Krappmann den Begriff der »balancierenden Identität« geprägt (*Soziologische Dimensionen der Identität. Strukturelle Bedingungen für die Teilnahme an Interaktionsprozessen*, Stuttgart: Klett, [5]1971, insbes. S. 70–84). Ebenso betont Charles Taylor, dass sich auch die moderne Identität auf der Basis kollektiver Wertvorstellungen konstituiert (Charles Taylor, *Sources of the Self. The Making of Modern Identity*, Cambridge [Mass.]: Harvard University Press, 1989, S. 25–52). – Vgl. auch die Überblicksdarstellung bei Jürgen Straub, »Identität«, in: Friedrich Jaeger/Burkhard Liebsch (Hg.), *Handbuch der Kulturwissenschaften. Bd. 1. Grundlagen und Schlüsselbegriffe*, Stuttgart: Metzler, 2004, S. 277–303 (hier insbes. 288 ff.).

Romans an das Konzept einer modernen Individualität knüpft, so leuchtet es durchaus ein, den Anfangspunkt beim frühneuzeitlichen Roman, beim *Don Quijote* und beim pikaresken Roman, zu suchen.

Vor diesem Hintergrund ist nun zu fragen, wie der Roman eine durch Exklusion definierte Individualität zur Darstellung bringt. Zunächst geschieht dies dadurch, dass die Figuren, insbesondere natürlich die Protagonisten, in Situationen gesellschaftlicher Marginalisierung und Ausgrenzung gezeigt werden. Dabei kann zwischen einer affektiven und ethischen Marginalisierung einerseits und einer sozialen Marginalisierung andererseits unterschieden werden, je nachdem ob das Individuum sich aufgrund seiner Wünsche und Wertvorstellungen oder aufgrund seiner sozialen Position von der Gesellschaft entfremdet fühlt. Natürlich können sich beide Formen des Außenseitertums auch miteinander verbinden. Lukács hat wohl vor allem eine ethische und affektive Marginalisierung im Blick, wenn er die Relation zwischen einer nach Sinnerfüllung strebenden Innerlichkeit und einer gegenüber diesem Streben feindlichen gesellschaftlichen Welt in den Mittelpunkt seiner Überlegungen rückt. Eine nicht nur den Roman betreffende, aber gerade im Roman besonders prägnant ausgearbeitete Form der affektiven Distanz zur Gesellschaft ergibt sich im Zusammenhang mit der Darstellung von Liebe und Liebesleid. Schon im höfischen Roman und im Ritterroman führt der Schmerz über unerfüllbare Liebe zu Situationen der Vereinzelung und der einsamen Trauer, so etwa in dem modellbildenden *Amadís de Gaula* von Garcí Rodríguez de Montalvo, als sich der von seiner Dame verstoßene Protagonist auf eine einsame Felseninsel zurückzieht. Auch im Schäferroman ist unglückliche Liebe ein häufiger Grund für die Flucht aus der Gesellschaft, wobei hier jedoch die Vereinzelung dadurch wieder aufgehoben wird, dass man sich alsbald in einer Gruppe von enttäuschten Liebenden befindet. In Madame de Lafayettes *Princesse de Clèves*, die ja gemeinhin als erster ›moderner‹ französischer Roman gilt, kommt es schon zu einer deutlicheren und nachhaltigeren Ausprägung liebesbedingter Distanz zur Gesellschaft. Als die verheiratete Mme de Clèves sich in Monsieur de Nemours verliebt, empfindet sie das höfische Leben in zunehmendem Maße als Bedrückung – als »Kerker«, um die oben zitierte Formulierung von Lukács aufzunehmen –, da sie ständig fürchten muss, ihre Leidenschaft den neugierigen Blicken der Höflinge und Hofdamen zu verraten, zumal der umschwärmte Nemours ein ständiges Gesprächsthema ist. Zudem würde das Einwilligen in eine in der höfischen Gesellschaft durchaus übliche Affäre auch ihren eigenen moralischen Ansprüchen widersprechen. So zieht sich Mme de Clèves immer wieder in ihre Gemächer zurück – etwa indem sie eine Krankheit vorschützt –, später dann auch auf einen Landsitz, um über ihre Situation zu reflektieren und ihren Gefühlen freien Lauf zu lassen. Am Schluss des Romans kommt es dann zum endgültigen Bruch mit der Gesellschaft. Obwohl Mme de Clèves nach dem Tod ihres Mannes für eine Verbindung mit Nemours frei wäre, entscheidet sie sich für das Klosterleben, da sie glaubt, im Getriebe der höfischen Gesellschaft und vor allem angesichts der sich im höfischen Leben ständig ergebenden Anlässe zur Eifersucht mit Nemours nicht glücklich werden zu können. Die Reihe der Romane, in denen Liebe zur Erfahrung gesellschaftlicher Entfremdung führt, ließe sich natürlich lange fortsetzen, nicht nur bis ins 18. Jahrhundert – man denke an Goethes *Werther* –, sondern auch ins 19. Jahrhundert, wo das angestammte Romanthema der ehebrecherischen Liebe eine neue Aktualität erhält. So wird der Ehebruch einer Emma Bovary oder einer Effi Briest nun zum Symptom des kulturellen Unbehagens der Frau in einer männlich geprägten bürgerlichen Welt.

Ein ähnlicher Reichtum an Beispielen lässt sich auch für die Situation der sozialen Marginalisierung finden, die dann vorliegt, wenn sich das Individuum aufgrund seiner Herkunft, seines sozialen Status oder aufgrund seiner Zugehörigkeit zu einer sozialen Minorität aus der Gesellschaft ausgeschlossen fühlt. Ein zentrales Paradigma, das die Gestaltung dieses Typs der Marginalitätserfahrung initiiert und für lange Zeit entscheidend prägt, ist der pikareske Roman. Natürlich ist die Ausgestaltung der Individualität in diesem Fall, also in den grundlegenden Texten wie dem anonymen *Lazarillo de Tormes* und Mateo Alemáns *Guzmán de Alfarache*, nicht nur durch die Nähe zu volkstümlichen Schwankerzählungen eingeschränkt, sondern auch dadurch, dass die Figur des Picaro unverkennbar als eine vom Autor zu satirischen Zwecken geschaffene Rollenfigur erscheint. Gleichwohl wird hier der Zusammenhang von sozialer Ausgrenzung und einer neuen Selbstverantwortung des auf sich gestellten Individuums schon in deutlicher Weise hergestellt. Lazarillo stammt als Sohn eines straffällig gewordenen Müllers und einer Mutter, die nach dem Tod des Vaters eine Liaison mit einem dunkelhäutigen Stallknecht eingeht, aus schwierigen sozialen Verhältnissen. Angesichts dieser Voraussetzungen hat er nur die Möglichkeit, als Diener unterschiedlicher Herren ein elendes Leben zu fristen, bis ihm ein bescheidener sozialer Aufstieg gelingt. Die Devise eines solchen Lebensprogramms wird gleich zu Beginn in einer Episode, die man als pikareske Urszene begreifen kann, unmissverständlich artikuliert. Die Initiation des Jungen in sein erstes Dienstverhältnis bei einem Blinden erfolgt durch einen grausamen Scherz. Unter dem Vorwand, er könne ein besonderes Geräusch hören, fordert der Blinde ihn auf, sein Ohr an eine steinerne Skulptur auf der Tormesbrücke zu legen, um ihm dann einen schmerzhaften Stoß zu versetzen. Lázaro formuliert die gewonnene Erkenntnis prägnant in fast schon existentialistisch anmutender Form: »[…] me cumple avivar el ojo y avisar, pues solo soy, y pensar cómo me sepa valer«.[17] Die Schilderung einer Existenz, die in den Niederungen und an den asozialen Rändern der Gesellschaft verläuft – in Mateo Alemáns *Guzmán de Alfarache* wird dieser Aspekt dadurch noch akzentuiert, dass der pikareske Parcours nun in eine Verbrecherkarriere mündet –, verbindet sich im pikaresken Roman mit einer Gestaltung der Er-

---

17 Anonym, *La vida de Lazarillo de Tormes y de sus fortunas y adversidades*, hg. v. Alberto Blecua, Madrid: Castalia, 1972, S. 96. [Ich muss die Augen aufhalten und auf der Hut sein, denn ich bin allein und muss sehen, wie ich vorankomme.]

zählsituation, die das Bewusstsein der Differenz zur Gesellschaft in deutlicher Weise reflektiert. Der Picaro erzählt seine Geschichte selbst und inszeniert sie dabei mit herausfordernder Geste als gesellschaftliches Skandalon. So erklärt Lázaro im Prolog seinen Lebensbericht in unüberhörbar provokativer Manier zum Beispiel dafür, dass man es auch ohne gute Herkunft zu etwas bringen könne, und Guzmán in Mateo Alemáns Roman erhebt als Galeerensträfling den Anspruch, das Publikum über den heillosen Charakter der gesellschaftlichen Welt belehren zu können. Hier ist es also ein gesellschaftlicher Außenseiter und damit ein schon von der Exklusionserfahrung geprägtes Individuum, das in Dialog mit der Gesellschaft tritt.

Der pikareske Roman hat unter anderem deshalb auf die weitere Entwicklung des Romans einen so nachhaltigen Einfluss nehmen können, weil er eine besonders prägnante Variante eines für die Inszenierung des Verhältnisses von Individuum und Gesellschaft paradigmatischen Handlungsschemas bildet, nämlich der Initiation des jungen Menschen in die Gesellschaft. Schon im höfischen Roman, etwa im *Parzival,* oder im Ritterroman vom Typ des *Amadís* kommt dieses Schema zur Anwendung, allerdings mit dem Ergebnis, wie vor allem Montalvos Roman zeigt, dass die Kluft zwischen Individuum und Gesellschaft überwunden wird und der Held den ihm zustehenden Platz in der gesellschaftlichen Hierarchie einnehmen kann. Auch wenn im pikaresken Roman der Sozialisationsprozess sowohl gelingen – wie zumindest in bescheidenem Maße im *Lazarillo* – oder scheitern kann wie im *Guzmán*, bleibt hier jedoch in jedem Fall eine Distanz zur Gesellschaft bestehen. Dies zeigt schon der Gebrauch der Ich-Erzählsituation an, bei der ja die die Vermittlung zwischen Held und Welt garantierende Instanz eines objektiven Erzählers ausfällt. Dieses Muster setzt sich in den durch das pikareske Modell geprägten französischen Romanen des 18. Jahrhunderts fort. So schildern etwa die Romane Marivaux', *Le Paysan parvenu* und *La Vie de Marianne*, zwar nun die gelungenen Versuche gesellschaftlicher Außenseiter, sich einen Platz in der guten Gesellschaft zu sichern. Gleichwohl führt auch hier die frühe Erfahrung sozialer Stigmatisierung dazu, dass der Erzähler bzw. die Erzählerin eine grundsätzlich kritische Haltung gegenüber dem egoistischen und eitlen Treiben der beobachteten Mittel- und Oberschicht an den Tag legt. Im 19. Jahrhundert wird das Thema des sozialen Außenseitertums zu einem zentralen Bestandteil des realistischen und naturalistischen Romans, ohne dass hier eine direkte Verbindung zum pikaresken Roman angenommen werden muss. Der ehrgeizige, zugleich aber ressentimentgeladene und so sein Scheitern provozierende Julien Sorel in Stendhals *Le Rouge et le Noir*, der von seinen Töchtern verleugnete und in einem elenden Pensionszimmer verendende Vater Goriot in Balzacs *Père Goriot*, die im Alkoholismus der Arbeitervorstädte versinkende Gervaise in Zolas *L'Assommoir* belegen dies eindrucksvoll. Vor allem der Roman der zweiten Jahrhunderthälfte – und dabei insbesondere der naturalistische Roman – entwickelt ein besonderes Interesse für die Figur des Verbrechers, wie es sich in gewisser Weise ja schon in *Le Rouge et le Noir* andeutet. Der auf der Suche nach einer Transgressionserfahrung zum Doppelmörder werdende Raskolnikoff in Dostojewskis *Schuld und Sühne* und die Figur des Triebtäters Jacques Lantier in Zolas *La Bête humaine* sind einschlägige Beispiele. Während der realistische und naturalistische Roman normalerweise aus einer heterodiegetischen Erzählsituation präsentiert wird, entstehen im 20. Jahrhundert wieder enger ans pikareske Modell angelehnte Ich-Erzählungen wie Célines *Voyage au bout de la nuit* oder auch Becketts *Molloy*. Aus hispanistischer Perspektive ist Celas *La familia de Pascual Duarte* zu nennen, in der ein mehrfacher Mörder aus dem Unterschichtenmilieu vor der Hinrichtung eine Lebensbeichte ablegt. Beispielhaft für die individuelle Entfremdungserfahrung in einer in existentialistischer Weise als absurd konzipierten Welt ist schließlich Camus' *Étranger*. Gerade die zuletzt genannten Texte lassen erkennen, wie der moderne Roman dem Konflikt zwischen Individuum und Gesellschaft einen besonders radikalen Charakter zu verleihen sucht. Wenn die Figur eines Verbrechers als Ich-Erzähler eingesetzt wird, tritt das soziale Interesse an einer Abwehr des die Gesellschaft bedrohenden Bösen, wie es vor allem in traditionellen und mehr oder minder trivialen Formen des Romans, vom Ritterroman bis zum Kriminalroman, thematisch wird, deutlich hinter dem Anliegen zurück, das Verbrechen als Ausdruck extremer Formen des individuellen Unbehagens in der Kultur zu begreifen.

Lebensgeschichte

Wie Lukács hervorhebt, ist die biographische Form eine wichtige Voraussetzung, um in der im Roman inszenierten kontingenten Wirklichkeitserfahrung des modernen Individuums eine Einheit zu stiften. Dieser Zusammenhang kann auch umgekehrt formuliert werden. Die sich im Zuge der Auseinandersetzung mit den kontingenten sozialen Umständen bildende Lebensgeschichte lässt eine Individualität, die sich im modernen Sinn durch die Einzigartigkeit des Lebensschicksals definiert, erst als solche hervortreten. Die je eigene Lebensgeschichte wird so zum Ausweis der individuellen Identität. In den vormodernen Formen des Romans dient die Abenteuerreihe, die die Helden zu durchlaufen haben, vor allem der Bewährung der ihnen in die Wiege gelegten standesgemäßen Eigenschaften. So demonstrieren die Helden des griechischen Romans – etwa im kanonischen Beispiel von Heliodors *Äthiopischen Geschichten* – in den Konflikten mit widrigen Umständen und bösen Gegenspielern ihre Reinheit, Treue und Standhaftigkeit, die des Ritterromans sowohl höfisches Betragen als auch und vor allem ihren Mut und ihr Geschick im ritterlichen Kampf. Als typische und idealisierte Repräsentanten gesellschaftlicher Wertvorstellungen weisen die Protagonisten dieser Texte typische Lebensläufe auf. Auch in diesem Fall zeigt der pikareske Roman den Beginn eines grundlegenden Wandels an. Vor allem Mateo Alemáns *Guzmán de Alfarache* ist beispielhaft für den Lebensweg eines Individuums, das nicht auf einen bestimmten Platz und eine bestimmte Rolle in der Gesellschaft festgelegt ist, sondern – wenn auch in Form eines negativen Beispiels – die Möglichkeiten eines individuellen *self-fashioning* erprobt.[18] Der aus der Halbwelt Sevillas stammende, aber bürgerlich behütet aufgewachsene Guzmán durchläuft nur zu Beginn die typischen Stationen der pikaresken Existenz, als er sich als Stallbursche, Lastenträger und Küchenjunge durchschlägt. Durch einen ersten Diebstahl zu Geld gekommen, schließt er sich einem Regiment an, das sich auf dem Weg nach Italien befindet, wo er u. a. als Page eines Kardinals und als Bediensteter des französischen Botschafters in Rom weitere Erfahrungen sammelt und sich schließlich zum Meisterdieb entwickelt. Zurück in Spanien, wird er zunächst Geschäftsmann, geht eine erste Ehe ein, die aufgrund des von ihm kaum betrauerten frühen Todes der Ehefrau nur von kurzer Dauer ist, dann entschließt er sich zum Theologiestudium, das er aber abbricht, um ein zweites Mal zu heiraten, wonach er sein Auskommen durch die Liebschaften seiner Ehefrau findet. Schließlich wird er wegen Unterschlagungen, die er sich als Vermögensverwalter hat zuschulden kommen lassen, zu einer Galeerenstrafe verurteilt. Es ist deutlich, dass diese Lebensgeschichte keinem erkennbaren Plan mehr folgt, sondern gerade aus ihrer Ziellosigkeit ein unverwechselbares Profil gewinnt. Zugleich wird auf diese Weise eine neue Komplexität des Charakters möglich, da die Konfrontation mit so unterschiedlichen Lebenssituationen ein heterogenes Bündel von Merkmalen zutage treten lässt: Guzmán zeigt vor allem zu Beginn seiner Wanderschaft noch die Eigenschaften eines verwöhnten Jungen, er reagiert dann rachsüchtig gegenüber seinen ihn rüde abweisenden italienischen Verwandten, er ist kindlich vertrauensvoll gegenüber dem Kardinal, gerät beim Botschafter in die ihn beschämende Rolle eines Kupplers, agiert kaltblütig und berechnend bei seinen Gaunereien, zeigt sich gutgläubig und schwach im Verhältnis zu den Frauen, indifferent im Hinblick auf seine Ehre als Ehemann. Dabei wird sich Guzmán auch selbst zunehmend unbegreiflich. Vor allem versteht er nicht, wie er die ständig neu gefassten guten Vorsätze dann doch immer wieder über Bord hat werfen können.

Das Postulat der Einzigartigkeit des Individuums hat zur Konsequenz, dass jedes Leben es verdient, erzählt und in seiner Einzigartigkeit ernst genommen zu werden. Erich Auerbach hat in seinem Buch *Mimesis* nachdrücklich darauf hingewiesen, dass eine solche Voraussetzung für einen großen Teil der abendländischen Literatur von der Antike bis ins 18. Jahrhundert noch keine Geltung hat. Gemäß der rhetorischen Stiltrennungsregel ist nämlich eine ernste Darstellung nur hohen Gegenständen, und das heißt vor allem dem Leben hochgestellter Personen, angemessen. Die Lebensschicksale gewöhnlicher

---

18 Man kann dabei davon ausgehen, dass sich die von Stephen Greenblatt für das »Renaissance self-fashioning« als konstitutiv erachtete Spannungsrelation zwischen der Autorität und einem verworfenen ›Anderen‹ im barocken Kontext von Alemáns Roman noch verschärft (vgl. *Renaissance Self-Fashioning. From More to Shakespeare*, Chicago: University of Chicago Press, 1984, insbes. S. 1–9).

Menschen hingegen sind von diesem Ernst ausgeschlossen. Sie erfordern einen niederen Stil, was zumeist auch eine satirische und komische Perspektive
impliziert.[19] Auch der pikareske Roman fällt noch zu einem großen Teil unter
dieses Verdikt. So bezeichnet Lazarillo seinen Lebensbericht im Vorwort als
eine Nichtigkeit, die er in einem einfachen Stil verfasst[20]; und auch die Welt
des Guzmán bleibt über weite Strecken die Welt der niederen Schwankliteratur-
tur. Das bedeutet, dass das sich durch Exklusion definierende Individuum sich
zunächst nur als komische Abweichung Eintritt in die literarische Welt verschaffen kann. In besonderer Weise gilt dies natürlich für den *Don Quijote*, der
erst ab der Romantik im Sinne einer ernsthaften Konfrontation zwischen innerem Ideal und äußerer Wirklichkeit gelesen wurde. Eine ernste und in diesem Sinne realistische Darstellung des Lebens einfacher und gewöhnlicher
Menschen wird nur dann möglich – so Auerbachs zentrale Annahme –, wenn
dieses Leben als Teil einer umfassenden historischen Bewegung begriffen werden kann.[21] Dies ist erst im Kontext des historischen Denkens des 19. Jahrhunderts der Fall, und erst jetzt kommt es zu einer Konzeption der dargestellten
Lebensläufe, in der die »Charaktere, Haltungen und Verhältnisse der handeln-
den Personen […] aufs engste mit den zeitgeschichtlichen Umständen« verbunden scheinen.[22] Eine solche Verknüpfung liegt erstmals, wie Auerbach ausführt, in Stendhals *Le Rouge et le Noir* vor. Julien Sorels Wunsch nach
gesellschaftlichem Aufstieg ist inspiriert durch die besondere soziale Dynamik
der napoleonischen Epoche, wird jedoch mit der repressiven und heuchlerischen Gesinnung der Restauration konfrontiert. So lernt er als Hauslehrer des
Bürgermeisters – und Geliebter von dessen Ehefrau – die vom Parteienstreit
vergiftete Atmosphäre einer Provinzstadt kennen, ergreift dann als einzig ver-
bliebene Aufstiegsmöglichkeit die kirchliche Laufbahn und wird schließlich in
Paris als Privatsekretär eines einflussreichen Adligen – und Geliebter von dessen Tochter – mit der Welt des von der Französischen Revolution traumati-
sierten Hochadels konfrontiert.

Der pikareske Parvenü des spanischen *Siglo de Oro* bewegt sich noch in einer Welt, die trotz des zeitgenössischen Kontexts einen jederzeitlichen Charakter hat, sowohl im Hinblick auf eine von der normbildenden Lebenssphäre
der hohen Schichten abweichenden und daher potentiell komischen Alltäglichkeit als auch als Beispiel einer immer schon sündigen und gefallenen Welt.
Der Lebensweg des Picaro oszilliert daher zwischen der Beliebigkeit, die Individualität ermöglicht, aber ihr den Ernst nimmt, und dem elenden Dasein ei-

---

19   Diese Grundvoraussetzungen werden vor allem in den ersten Kapiteln des Buches aus-
     gearbeitet. Siehe Erich Auerbach, *Mimesis. Dargestellte Wirklichkeit in der abendländischen
     Literatur*, München/Bern: Francke, [6]1977, insbes. S. 5–52.
20   *Lazarillo de Tormes*, S. 89: »una nonada, que en este grosero estilo escribo«.
21   Ein frühes Beispiel sieht Auerbach allerdings schon in den biblischen Texten aufgrund
     der heilsgeschichtlichen Konzeption der Menschheitsgeschichte gegeben (vgl. unten,
     S. 211).
22   Auerbach, *Mimesis*, S. 425.

nes exemplarischen Sünders. Julien Sorels Schicksal ist demgegenüber ganz und gar durch den einmaligen historischen Moment bedingt – und hätte zwei Jahrzehnte vorher oder ein Jahrzehnt später ganz anders verlaufen können bzw. müssen. Damit ist die Dauer des individuellen Lebens in neuer Weise mit dem historischen Wandel verknüpft, und zwar vor allem dadurch, dass nun auch die alltägliche Existenz als von der historischen Entwicklung erfasst erscheint. So ist etwa der Seminaralltag, den Julien in Besançon kennenlernt, nicht nur durch die angestammten Rituale und Einschränkungen des Internatslebens geprägt, sondern auch durch die heuchlerische Bigotterie der Restaurationszeit. Aufgrund der historischen Prägung ist nun jedes Leben wirklich doppelt einmalig: nicht nur aufgrund der Einmaligkeit der subjektiven Innenwelt, sondern auch als einmalige historische Tatsache. Und in dem Maße, wie dieses Leben auf den Kontext sowohl der nationalen Historie als auch der Weltgeschichte verwiesen ist, gewinnt es eine neue Würde und einen neuen Ernst. Damit entsteht ein Thema, das das Individualitätsbewusstsein seit der Romantik in hohem Maße prägt und im Roman besonders ausgearbeitet wird: Exklusion erscheint nicht mehr als komische Abweichung, sondern als historisches Schicksal. Der Held des modernen Romans – insbesondere in seiner realistischen Variante – wird zum Opfer einer Geschichte, die sich als ebenso allmächtiges wie sich seinem Sinnbedürfnis verweigerndes Geschehen darstellt.[23]

Innenweltdarstellung

Der Gegensatz von Individuum und Gesellschaft impliziert den Antagonismus von Innenwelt und Außenwelt. Aufgrund ihrer perspektivischen Möglichkeiten ist die Gattung des Romans wohl wie keine andere dazu befähigt, die subjektive Wahrnehmung der Welt zu modellieren und in den Kontext einer sie überschreitenden Wirklichkeit einzurücken. Mit Recht betont Dorrit Cohn »the importance of the mimesis of consciousness for the history of the novel«.[24] Die Bewusstseinsdarstellung eröffnet den Königsweg zum individuellen Subjekt, denn es ist ja die je eigene innere Welt, in der das Individuum seinen Anspruch auf Einzigartigkeit gründet; und diese innere Welt hat insofern einen exklusiv subjektiven Charakter, als es allein vom Subjekt abhängt, inwieweit es von ihr Mitteilung machen will. Diese prinzipielle Unzugänglichkeit der fremden Innenwelt verleiht der Bewusstseinsdarstellung im Roman ihren be-

---

23 Vgl. unten, insbes. S. 74, 149 ff.
24 Dorrit Cohn, *Transparent Minds. Narrative Modes for Presenting Consciousness in Fiction*, Princeton: University Press, 1978, S. 9. – In besonderer Weise wird auch von Monika Fludernik betont, dass der Roman vor allem die subjektive ›Erfahrungsqualität‹ (»experientiality«) des dargestellten Geschehens hervorhebt (*Towards a ›Natural‹ Narratology*, London: Routledge, 1996, insbes. S. 20 ff.)

sonderen Reiz. Dabei ist im Hinblick auf die Formen des heterodiegetischen Erzählens, die auktoriale und die personale Erzählsituation[25], zunächst mit allem Nachdruck darauf hinzuweisen, dass der Einblick in das Bewusstsein der Figuren einen fiktionsspezifischen Standpunkt voraussetzt.[26] Denn in diesem Fall wird ein Wissen von der fremden Innenwelt inszeniert, das so im Hinblick auf Menschen der realen Welt nicht möglich ist. Der Historiker kann auch bei gründlichsten Recherchen und bester Quellenlage – etwa aufgrund der Einsichtnahme in die persönliche Korrespondenz – über die Gründe für diese oder jene Entscheidung und überhaupt über die innere Befindlichkeit der von ihm dargestellten Persönlichkeiten nie letzte Sicherheit erlangen. Der Erzähler eines Romans hingegen, insbesondere wenn er die auktoriale Erzählposition einnimmt, kann gottgleich in die Köpfe und Herzen hineinsehen. Obwohl in der Ich-Erzählung die Bewusstseinsdarstellung nicht denselben unwahrscheinlichen Charakter aufweist, da hier der Erzähler auf die eigene Innenwelt Bezug nimmt und sich dabei auf das Modell nicht-fiktionaler autobiographischer Texte beziehen kann, bleibt auch hier für den Leser der vom Schauspiel eines fremden Bewusstseins ausgehende Reiz bestehen. Vor allem dort, wo die Lebensbeichte nicht ans große Publikum, sondern an bestimmte Adressaten gerichtet ist, scheint der Leser Zugang zu einer ihm normalerweise verschlossenen Sphäre fremden Selbsterlebens zu gewinnen.

Die Begriffe der Innenwelt- und Bewusstseinsdarstellung beziehen sich auf äußerst komplexe Sachverhalte sowohl im Hinblick auf den Gegenstand der Darstellung – Innenwelt bzw. Bewusstsein – als auch im Hinblick auf die narrativen Verfahren, welche die Darstellung ermöglichen. Die Vielfalt der dabei implizierten Aspekte soll hier nur angedeutet werden. Bei den dargestellten Inhalten des Bewusstseins kann es sich sowohl um Wahrnehmungen der Außenwelt als auch um Selbstwahrnehmungen, um von der normalen Wahrnehmung abweichende Vorstellungen wie Träume und Phantasiebilder, um in unterschiedlicher Deutlichkeit formulierte Gedanken und schließlich um den ganzen Bereich der sich zwischen Lust und Unlust bewegenden affektiven Regungen handeln. Der Begriff der Innenwelt ist insofern noch weiter als der des Bewusstseins, als er auch dem Subjekt nicht bewusste, aber dem Blick des Erzählers ebenfalls zugängliche psychische Tatsachen umfassen kann. Die narrative Inszenierung von Bewusstsein und Innenwelt erfolgt vor allem durch die Verfahren der perspektivischen Gestaltung und der Redewiedergabe, deren typologisches Spektrum daher kurz in Erinnerung gerufen werden soll.

---

25 Ich beziehe mich mit diesen Formulierungen auf die Begrifflichkeit von Gérard Genette (»Discours du récit«, in: Genette, *Figures III*, Paris: Seuil, 1972, S. 65–282, hier: S. 252) und Franz K. Stanzel (*Typische Formen des Romans*, Göttingen: Vandenhoeck & Ruprecht, 1964).

26 Dies wurde von Käte Hamburger mit aller Klarheit formuliert: »*Die epische Fiktion ist der einzige erkenntnistheoretische Ort, wo die Ich-Originalität (oder Subjektivität) einer dritten Person als einer dritten dargestellt werden kann*« (*Die Logik der Dichtung*, Stuttgart: Klett, ³1977, S. 73, Hervorhebung im Original).

Im Falle der Erzählperspektive ist zunächst zu berücksichtigen, dass sich der Erzähltext grundsätzlich sowohl auf die Außenwelt als auch die Innenwelt beziehen und dass dabei jeweils sowohl der Erzähler- als auch der Figurenstandpunkt eingenommen werden kann.[27] Im Falle der heterodiegetischen Erzählposition bestehen also die folgenden vier typischen Möglichkeiten: Präsentation der Außenwelt aus Erzählerperspektive, Präsentation der Außenwelt aus Figurenperspektive, Präsentation der Innenwelt aus Erzählerperspektive, Präsentation der Innenwelt aus Figurenperspektive.

	Außenwelt	Innenwelt
Erzähler	objektiv beschriebene Außenwelt	objektiv beschriebene Innenwelt
Figur	subjektiv wahrgenommene Außenwelt	subjektiv empfundene Innenwelt

Während im ersten Fall der Fokus auf einer objektiv gegebenen äußeren Welt liegt – jedenfalls dann, wenn der Erzähler sich als verlässlich darstellt – handelt es sich in den drei übrigen Fällen um je unterschiedliche Formen der narrativen Modellierung von Figurenbewusstsein. Allerdings sind die Übergänge zwischen den einzelnen Typen fließend und subtile Überlagerungen möglich, wenn nicht sogar die Regel. So können die Erzähler- und Figurenperspektive sowohl bei der Darstellung äußerer Gegebenheiten als auch von innerpsychischen Vorgängen miteinander verschmelzen.[28] In dem Maße, wie Figurenbewusstsein ins Spiel kommt, werden darüber hinaus auch die Grenzen zwischen Außen- und Innenwelt unscharf, da realitätsadäquate Wahrnehmungen einer Figur und eine die Realität verzerrende Vorstellungstätigkeit nicht immer säuberlich zu trennen sind. Auf diese Weise entwirft der narrative Text ein perspektivisches Kontinuum, das einen gleitenden Übergang nicht nur zwischen verschiedenen Wahrnehmungsperspektiven, sondern auch zwischen Innen- und Außenwelt ermöglicht.

Ähnlich komplex ist die Relation zwischen der Bewusstseinsmodellierung und den unterschiedlichen Formen der narrativen Redewiedergabe. Zunächst setzt die Darstellung von Bewusstseinsvorgängen in Form von Rede natürlich voraus, dass die wiedergegebenen Bewusstseinsvorgänge als sprachlich verfasst und nicht als vorsprachlich bzw. mehr oder weniger sprachunabhängig angesehen werden. Ist dies der Fall, ist einerseits zu unterscheiden, ob der Erzähler oder die Figur die das Figurenbewusstsein zum Ausdruck bringende Rede ge-

---

27   Auf die typologische Berücksichtigung einer ›neutralen‹ Sicht der Außenwelt, die weder durch die Erzähler- noch durch die Figurenperspektive geprägt erscheint, kann hier verzichtet werden. Vgl. hierzu unten, S. 68 ff.

28   Dorrit Cohn spricht in diesem Fall vom »consonant type of psycho-narration« (*Transparent Minds*, S. 30).

staltet, andererseits ob es sich um lautlich realisierte oder innere Rede handelt. Dort, wo der Erzähler die Redewiedergabe dominiert, liegt Redebericht oder Gedankenbericht vor, dort wo die Rede eindeutig der Figur zugeschrieben werden kann, kann man zwischen direkter Rede und innerem Monolog unterscheiden. Dazwischen liegen die Mischformen der erlebten Rede und der indirekten Rede, deren besonderer Status auch dadurch bedingt ist, dass sie sich sowohl auf laute Rede als auch auf das Zitat von Gedanken beziehen können.

	laute Rede	stille Rede
Erzähler	Redebericht	Gedankenbericht
	erlebte Rede	erlebte Rede
	indirekte Rede	indirekte Rede
Figur	direkte Rede	innerer Monolog

Darüber hinaus sind noch weitere Differenzierungen der Überlagerungsphänomene möglich, etwa im Fall der von Stanzel beschriebenen »Ansteckung der Erzählersprache durch die Figurensprache«.[29] Schließlich bleibt festzustellen, dass auch der Übergang zwischen Figurenwahrnehmungen, die nicht als sprachlich verfasst ausgewiesen sind, etwa Wahrnehmungen visueller Art, und sprachlich überformten Wahrnehmungen vor allem im Falle der ›erlebten Rede‹ und im inneren Monolog, insbesondere in der Variante des *stream of consciousness*, fließend ist.[30]

Gemeinhin – und so auch in der wegweisenden Darstellung von Dorrit Cohn – gilt der moderne Roman des 20. Jahrhunderts als der Kulminationspunkt der narrativen Bewusstseinsdarstellung. Das ist sicher insofern richtig, als auf der Basis des skizzierten typologischen Spektrums sehr subtile und variable Darstellungsformen entwickelt wurden, bei denen Wahrnehmung, gedankliche Reflexion und affektive Empfindung aufs Engste miteinander verwoben werden. Hierbei wirken vor allem zwei Entwicklungsstränge zusammen: einerseits die Ausarbeitung einer dominant figurenperspektivischen Darstellungsweise, bei der die Notierung der Figurenwahrnehmungen sehr eng mit der sprachlichen Reflexion in Form der erlebten Rede verbunden wird; andererseits die Abkehr von rhetorisch elaborierten Formen des Selbstgesprächs zugunsten von dem *stream of consciousness* angenäherten inneren Monologen, in denen dem spontanen Charakter von Bewusstseinsvorgängen in besonderem Maße Rechnung getragen werden kann. Eine entscheidende Etappe

---

29 Franz K. Stanzel, *Theorie des Erzählens*, Göttingen: Vandenhoeck & Ruprecht, 1979, S. 247 ff.

30 Siehe hierzu die genauen Analysen von Seymour Chatman zu Textstellen aus Joyce' *Ulysses* (*Story and Discourse. Narrative Structure in Fiction and Film*, Ithaca/London: Cornell University Press, 1978, S. 181 ff.).

für den ersten Entwicklungsstrang bilden die Romane Flauberts, während der zweite vor allem im englischsprachigen Roman bei James Joyce, Virginia Woolf und William Faulkner seine modellhaften Ausformungen gefunden hat. Die Kombination beider Stränge ermöglicht eine umfassende Modellierung subjektiver Welten, wie sie vor allem im Erinnerungsroman des 20. Jahrhunderts bei Proust, Faulkner und Claude Simon erfolgt.[31] Alle genannten Verfahren und Beispiele dokumentieren die dem Roman inhärenten Möglichkeiten der Inszenierung einer individuellen und subjektiven Lebenserfahrung, die in einem jenseits der öffentlichen Existenz sich entfaltenden psychischen Innenbereich ihre Basis hat.

Allerdings sollte man angesichts dieser Privilegierung des Romans des 20. Jahrhunderts als Paradigma der »mimesis of consciousness« nicht übersehen, dass die Bewusstseinsdarstellung in der Geschichte des Romans seit seinen Anfängen eine zentrale Rolle gespielt hat.[32] Vor allem steht sie natürlich in einem engen Zusammenhang mit der seit der Frühen Neuzeit sich vollziehenden Ausbildung der durch Exklusion definierten modernen Individualität. Auf wichtige Typen solcher Exklusion wurde oben schon hingewiesen: die – zunächst vor allem höfische – Erfahrung der nicht gesellschaftskonformen Liebe, die soziale Marginalisierung des Picaro, die imaginäre Entfremdung eines Don Quijote. Mit ihnen verbinden sich unterschiedliche Formen einer sich von der gesellschaftlichen Kommunikation abgrenzenden Innerlichkeit und Selbstbezüglichkeit. Der pikareske Roman entfaltet vor allem eine im Konfliktfeld der gesellschaftlichen Interessen sich ausbildende individuelle Sicht, die daher vor allem strategisch orientiert ist, der psychologisch vertiefte Liebesroman – paradigmatisch repräsentiert durch die *Princesse de Clèves* – führt die reflexive Verarbeitung des Leidens vor Augen. Eine weitere Möglichkeit, die sich schon im *Don Quijote* abzeichnet, dann aber vor allem mit der Romantik an Gewicht gewinnt, sind innere Welten, die im Zeichen einer intensiven – häufig literarisch inspirierten – Imaginationstätigkeit stehen, welche das Individuum von der prosaischen Alltagswelt entfremdet. Wie diese Beispiele zeigen, bietet die Gattung des Romans unterschiedliche Möglichkeiten sowohl der Gestaltung solcher innerer Welten als auch ihrer Vermittlung: als heterodiegetische Präsentation einer fremden Innenwelt und als homodiegetische Inszenierung einer Selbsterfahrung, wie sie im Ich- und auch im Briefroman erfolgt.

---

31   Zur Form des Erinnerungsromans siehe unten, S. 243 ff.

32   Im Hinblick auf den englischsprachigen Roman konstatiert Monika Fludernik am Beispiel von Aphra Behn (1640–1689) eine entscheidende Wendung zur narrativen Bewusstseinsdarstellung (*Towards a ›Natural‹ Narratology*, S. 131–159).

Gesellschaftliche Welt

Zugleich mit dem individuellen Lebensweg der Hauptfiguren entwirft der Roman normalerweise eine Welt, welche die subjektive Sphäre transzendiert und den Rahmen für die je individuellen Formen der Erfahrung bildet. Auch wenn es als eine Trivialität erscheinen mag, so ist vorab doch mit allem Nachdruck zu betonen: Diese im Roman entworfene fiktive Welt ist eine gesellschaftliche Welt, denn die Figuren des Romans bewegen sich – abgesehen von extremen Ausnahmefällen wie dem des *Robinson Crusoe* – immer in einem gesellschaftlichen Kontext. Dieser Kontext konstituiert sich zunächst aufgrund der Figurenkonstellation. Einerseits sind die Figuren zumeist mehr oder weniger deutlich durch soziale Merkmale charakterisiert, durch Herkunft und Stand, durch Beruf und familiäre Rolle; andererseits und damit zusammenhängend konstituieren die Figuren bestimmte soziale Gemeinschaften und Gruppen wie die Familie, Freundeskreise oder politische Interessengruppen, und schließlich treten sie sowohl innerhalb ihrer Gruppe als auch gruppenübergreifend in bestimmte Formen der sozialen Interaktion ein. Als Schauplätze für die soziale Kommunikation und Interaktion entwirft der Roman typische Räume des sozialen Lebens: Hof und Salon als Räume der Oberschicht, Marktplatz, Straße und Gasthof als Orte des Volkslebens, die Wohnung als Ort des familiären Lebens, Orte der Arbeitswelt usw. Eine besondere Akzentuierung erfährt die gesellschaftliche Prägung der Romanwelt durch die den neuzeitlichen und modernen Roman dominierende Tendenz, einen mehr oder minder zeitgenössischen gesellschaftlichen Hintergrund zu evozieren, u. a. durch die Nennung von Ortsnamen, Daten und zeitgeschichtlichen Ereignissen, die eine Referenz auf die reale Welt implizieren. Damit wird in direkter Weise an die gesellschaftliche Erfahrung des Lesers appelliert. Die Romanwelt bildet dann nicht eine rein oder überwiegend fiktive gesellschaftliche Welt, wie das dort der Fall ist, wo die Handlung in einer vagen Vergangenheit situiert ist wie im Ritterroman oder wo sie wie im Schäferroman eine nur vag determinierte Ideallandschaft zum Hintergrund hat. Vielmehr erhält die Romanwelt dann einen eigenartigen Zwitterstatus, der sich daraus ergibt, dass fiktive Geschichten fiktiver Figuren erzählt werden, die sich in einer realen, dem Leser mehr oder minder bekannten gesellschaftlichen Welt ereignen. Natürlich kann dieses Grundprinzip des neuzeitlichen und modernen Romans – die Situierung der Geschichten fiktiver Figuren im realen Raum – in verschiedener Weise durchbrochen werden: einerseits dadurch, dass reale Figuren nicht nur genannt werden, sondern auch auftreten, andererseits durch das Einfügen fiktiver Enklaven im evozierten realen Raum, etwa durch den Entwurf einer fiktiven Provinzstadt in einem ansonsten realen geographischen Kontext – z. B. Verrières in Stendhals *Le Rouge et le Noir* – oder eines fiktiven Hauses in einer realen Großstadtstraße wie die in Paris in der Rue Neuve-Sainte-Geneviève gelegene Pension Vauquer in Balzacs *Père Goriot*. In jedem Fall wird dadurch bewirkt, dass der Leser die den räumlichen und zeitgeschichtlichen

Kontext betreffenden Leerstellen der fiktiven Welt durch sein Wissen von der realen Welt füllen kann. Dabei gilt das von Marie-Laure Ryan so genannte »principle of minimal departure«[33], d. h. der Leser wird die Identität der fiktiven Welt mit der realen Welt immer so lange voraussetzen, wie er nicht explizit eines Besseren belehrt wird. Auf diese Weise kann die Romanwelt einen umfassenden Charakter annehmen, wie das bei rein fiktiven Kontexten nicht möglich ist. Letztere sind geprägt durch die von Sartre betonte essentielle Armut der Vorstellungsbilder[34], was zur Folge hat, dass die beschriebenen Örtlichkeiten Inseln in einer ansonsten weißen Landkarte bilden. Die Referenz auf reale Orte und Räume hingegen lässt die fiktive Welt als lückenloses Kontinuum erscheinen.

Bei der Beschreibung des sozialen Charakters der Romanwelt sind neben dieser die fiktive mit der externen Welt verbindenden Form der Wirklichkeitskonstruktion natürlich auch die Verfahren der romanimmanenten Wirklichkeitskonstruktion zu berücksichtigen. Auf einen zentralen Aspekt hat Hans Blumenberg im Zusammenhang mit seinen Überlegungen über den Wirklichkeitsbegriff des Romans aufmerksam gemacht. Demnach beruht der für die Gattung des Romans ausschlaggebende Wirklichkeitsbegriff auf der »Realisierung eines in sich einstimmigen Kontextes«[35], welcher der fiktiven Welt ihren autonomen Status verleiht. Blumenberg geht davon aus, dass diese Form der immanenten Wirklichkeitskonstruktion an die Stelle des vorher geltenden Wirklichkeitsbegriffs der göttlich »garantierten Realität« tritt.[36] Da sie nicht mehr durch eine transzendente Instanz abgesichert ist, muss die Wirklichkeit nun einerseits ihre Konsistenz in der Abfolge von empirischen Prüfungen »als sukzessiv sich konstituierende Verläßlichkeit« bewähren und findet andererseits durch die »in der *Intersubjektivität* sich vollziehende Erfahrung und Weltbildung« ihre eigentliche Garantie.[37] Inwieweit die von Blumenberg konstruierte Abfolge von Wirklichkeitsbegriffen eine philosophiegeschichtliche Geltung beanspruchen kann, muss hier nicht diskutiert werden. Auf jeden Fall nämlich erscheint die Zuordnung des kontextabhängigen Wirklichkeitsbegriffs zur Gattung des Romans besonders einleuchtend. Und auch wenn Blumenberg noch Descartes – natürlich mit guten Gründen – dem von der göttlichen Ga-

---

33   Vgl. Marie-Laure Ryan, *Possible Worlds, Artificial Intelligence, and Narrative Theory*, Indiana: University Press, 1991, S. 48 ff.

34   Vgl. Jean-Paul Sartre, *L'Imaginaire*, Paris: Gallimard, 1971, S. 24: »dans l'image il y a une espèce de pauvreté essentielle «.

35   Vgl. Hans Blumenberg, »Wirklichkeitsbegriff und Möglichkeit des Romans«, in: Hans Robert Jauß (Hg.), *Nachahmung und Illusion (Poetik und Hermeneutik* I), München: Fink, 1969, S. 9–27, hier: S. 12

36   Ebenda, S. 11.

37   Ebenda, S. 12–13. – Der als letzter genannte Wirklichkeitsbegriff, der »sich an der Erfahrung von *Widerstand*« orientiert (S. 13, Hervorhebung im Original), weist demgegenüber »über den Roman und den ihn fundierenden Wirklichkeitsbegriff hinaus« (S. 22) und findet allenfalls im modernen Roman, etwa in Musils *Der Mann ohne Eigenschaften*, eine Entsprechung.

rantie abhängigen Wirklichkeitsverständnis zuordnet, so scheint mir das kein Hinderungsgrund, schon im frühneuzeitlichen Roman, insbesondere bei Cervantes, die Inszenierung einer intersubjektiven und somit sozialen Wirklichkeitskonstruktion zu erkennen. Für den Roman bedeutet das, dass dieser Modus des Wirklichkeitsausweises auf der Konstitution einer »mit dem Wirklichkeitscharakter der gegebenen Welt« konkurrierenden »imaginären Kontextrealität« beruht. Die Voraussetzung ist dafür zunächst die Einhaltung »der linearen Konsistenz in einem Raum-Zeit-System«, vor allem aber der Konsensus »untereinander verständigungsfähiger Subjekte«, der sich »in der *Intersubjektivität* und ihren perspektivischen Möglichkeiten« konstituiert.[38] Dabei kommt diese intersubjektiv konstituierte Wirklichkeitsillusion, wie Blumenberg mit Bezug auf Balzacs *Comédie humaine* und das für sie prägende Verfahren der wiederkehrenden Figuren feststellt, um so stärker zur Geltung, wie der Roman eine Perspektivenvielfalt entwirft, die in unterschiedlichen Ansichten und Bewertungen dieselbe Wirklichkeit zum Bezugspunkt hat.

Wie gerade schon angedeutet, wird eine solche soziale Konstruktion der Wirklichkeit nicht erst im realistischen Roman des 19. Jahrhunderts inszeniert. Vielmehr ließe sie sich sicherlich bis zu den Anfängen der Gattung im griechischen Roman zurückverfolgen, wobei mir aber nun auch in dieser Hinsicht der frühneuzeitliche Roman eine wichtige Zäsur zu bilden scheint. So stellt Cervantes' *Don Quijote* eine hochgradig reflektierte Gestaltung der intersubjektiven Wirklichkeitskonstitution dar, da hier nicht nur ihre wirklichkeitsgarantierende Funktion, sondern auch die ihr inhärenten Möglichkeiten des Irrtums nachdrücklich vorgeführt werden. Eine zentrale Rolle spielen hierbei die Gespräche zwischen Don Quijote und Sancho Panza, die ja einen großen Teil des Romans ausmachen. Diese Gespräche gewinnen ihren besonderen Reiz u. a. dadurch, dass sie sich nicht nur auf die gegenwärtige Lage der Protagonisten und die intendierten Handlungen beziehen, sondern auch und vor allem auf die vergangenen Abenteuer und das heißt: auf ihre gemeinsame Vergangenheit. Damit ergibt sich – gemäß der treffenden Bemerkung von Alfred Schütz – ein »common universe of discourse«[39], das die perspektivisch differenzierte Realitätswahrnehmung, auf die Blumenberg abhebt, besonders deutlich zur Anschauung bringt.

Nehmen wir etwa die berühmte Episode vom Helm des Mambrin (Kap. I, 21) als Beispiel. Als Don Quijote und Sancho Panza sich auf der Landstraße einem Reiter nähern, der einen leuchtenden Gegenstand auf dem Kopf trägt, identifiziert Don Quijote den Entgegenkommenden sofort als einen auf einem graugescheckten Pferd reitenden Ritter mit dem Helm des Mambrin, der in Ariosts *Orlando furioso* eine besondere Rolle spielt, als Kopfbedeckung.

---

38   Ebenda, S. 22–23 (Hervorhebung im Original).
39   Alfred Schutz, »*Don Quijote* and the Problem of Reality«, in: Schutz, *Collected Papers* II, hg. v. A. Bredersen und Matinus Nijhoff, Den Haag: Nijhoff, 1964, S. 135–185, hier: S. 143.

Sancho dagegen erkennt in dem Reittier einen Esel und will sich zunächst im Hinblick auf die Natur des Gegenstands noch nicht festlegen. An dieser Stelle klärt der Erzähler den Sachverhalt auf: Es handelt sich um einen Barbier, der auf seinem Esel ins Nachbardorf reitet, wo er einen Kranken zur Ader lassen soll, und der die dafür benötigte Messingschüssel auf dem Kopf trägt, um sich vor dem Regen zu schützen. Wie den Esel erkennt Sancho nun auch die Barbierschüssel in korrekter Weise, während Don Quijote auf seiner Auslegung der Situation beharrt. Somit werden in diesem Gespräch unterschiedliche Sichtweisen einer gleichwohl gemeinsamen Wirklichkeit zur Sprache gebracht. Die Existenz einer intersubjektiv verbürgten Wirklichkeit wird dabei vor allem durch die Übereinstimmung zwischen dem Erzähler und Sancho Panza suggeriert. Zu diesem Wirklichkeitsbild trägt auch Don Quijote insofern bei, als er einen Teil der Faktenlage, etwa die Tatsache des sich nähernden Reiters, genauso wie Sancho Panza wahrnimmt, doch weicht er andererseits von der sich innerhalb der »imaginären Kontextrealität« als stimmig darstellenden Sicht der Dinge ab, indem er seine literarisch geprägte Vorstellungswelt ins Spiel bringt. Aber gerade diese innerhalb der erzählten Welt selbst inszenierte Differenz zwischen subjektiver Illusion und intersubjektiv bestätigter Wirklichkeit steigert den Realitätscharakter der Romanwelt, da der Wirklichkeitspol auf diese Weise besonders markiert wird. Die Geschichte vom Helm des Mambrin findet später im Roman eine Fortsetzung, die auf noch subtilere Weise auf die fundamentale Bedeutung der gesellschaftlichen Wirklichkeitskonstruktion verweist. Beim Aufenthalt im Gasthof des Palomeque gegen Ende des ersten Teils (Kap. I, 45) trifft Don Quijote erneut auf den Barbier, der nun auf die Rückgabe der ihm gewaltsam entrissenen Schüssel pocht. Als Don Quijote auch weiterhin die Schüssel als Ritterhelm und damit als legitime Kampfesbeute bezeichnet, wird er von allen Anwesenden zum Scherz unterstützt, so dass der Barbier schließlich selbst an der Identität der Schüssel zweifelt. Einerseits wird damit demonstriert, dass sich das Individuum bei seiner Wahrnehmung der Wirklichkeit dem Einfluss der intersubjektiven Deutungen nicht entziehen kann, andererseits bestätigt gerade auch das gemeinsame Spiel mit den Möglichkeiten der Illusionsstiftung insofern die Verlässlichkeit der intersubjektiven Wirklichkeitsgarantie, als dieses Spiel das fraglose intersubjektive Einverständnis über die wahre Natur des Gegenstands gerade voraussetzt.

Dialogizität, Familiarisierung, Karnevalisierung

Wenn Georg Lukács als zentraler Repräsentant einer Sicht gelten kann, in der der Roman als Ausdrucksmedium einer individuellen und subjektiven Wirklichkeitskonstruktion erscheint, so bildet das romantheoretische Œuvre Michail Bachtins das wohl wichtigste Beispiel einer gegenteiligen Auffassung. Bachtin, der übrigens seine den Roman betreffenden Thesen in einer unmittelbaren – aber implizit gebliebenen – Auseinandersetzung mit Lukács entwi-

ckelte[40], verweist zu Beginn seiner fundamentalen Abhandlung über »Das Wort
im Roman« sogleich mit allem Nachdruck darauf, dass man dem Gattungsstil
des Romans nur gerecht werden kann, wenn sein »entscheidender sozialer
Ton« die ihm gebührende Beachtung erhält.[41] Die im Folgenden entfaltete
These zum sozialen Charakter der Sprache des Romans beruht auf der Voraussetzung, dass die soziale Sprachverwendung und das Gestaltungspotential des
Romans in einem wesentlichen Punkt koinzidieren, nämlich in der Dialogizität. So steht die gesellschaftliche Sprache für Bachtin einerseits im Zeichen einer ausgeprägten regionalen, sozialen und ideologischen Vielfalt, wie sie Gegenstand der aktuellen Varietätenlinguistik ist, andererseits ist sie durch eine
dialogische Dynamik geprägt, die sowohl die Ausdifferenzierung unterschiedlicher Ausdrucksweisen als auch die Auseinandersetzung mit den bisherigen
Verwendungsweisen des sprachlichen Materials betrifft. Der Gebrauch der gesellschaftlichen Sprache impliziert immer eine Stellungnahme gegenüber den
ihr aus früheren Kommunikationssituationen anhaftenden Bedeutungsintenti-
onen, jede Äußerung »muss notwendig zum aktiven Teilnehmer am sozialen
Dialog werden« (S. 170). Der Roman ist nun vor allem deshalb das adäquate
künstlerische Gestaltungsmedium für die soziale Sprachenvielfalt und Dialogizität, weil er schon aufgrund seiner strukturellen Möglichkeiten zur Polyphonie tendiert. Diese Polyphonie ergibt sich zunächst daraus, dass der Roman ein
Nebeneinander von unterschiedlichen Figurenreden und Figurenperspektiven entfalten kann. Als wesentliches – den Roman vom Drama unterschei-
dendes – Moment kommt hinzu, dass die figurenperspektivische Rede durch
die Stimme des Erzählers überlagert wird, woraus sich vielfältige Möglichkeiten der Kombination bzw. der von Bachtin so genannten »Hybridisierung« ergeben.[42] Die von Lukács behauptete Bedeutung der Ironie als »normative[r]
Gesinnung des Romans«[43] findet damit aus Bachtinscher Perspektive durchaus
eine Bestätigung. Allerdings hat Bachtin nicht die subjektive Selbstironie des
sich als objektiver Erzähler präsentierenden Autors im Blick, sondern die ironische Bloßstellung des klischeehaften Sprachgebrauchs der Figuren durch
den Erzähler. Schließlich ist als weiteres Moment der romantypischen Polyphonie der Einbezug anderer, sowohl fiktionaler als auch nicht-fiktionaler
Diskurs- und Gattungsformen in Form von eingelegten Geschichten, Gedich-
ten, Briefen, wissenschaftlichen Exkursen, Predigten usw. zu nennen. Diese

---

40 Siehe hierzu John Neubauer, »Bakhtin versus Lukács: Inscriptions of Homelessness in
    Theories of the Novel«, in: *Poetics Today* 17 (1996), S. 531–546.
41 Michail M. Bachtin, »Das Wort im Roman«, in: Bachtin, *Die Ästhetik des Wortes*, hg. v.
    Rainer Grübel, Frankfurt/M.: Suhrkamp, 1979, S. 154–300, hier: S. 154, 157. Weitere
    Verweise erfolgen im Text.
42 Hybridisierung wird von Bachtin als »Vermischung zweier sozialer Sprachen innerhalb
    einer einzigen Äußerung« definiert, wobei es zum »Aufeinandertreffen zweier […] ge-
    schiedener sprachlicher Bewußtseine kommt« (S. 244).
43 Vgl. oben, S. 12.

strukturell angelegte Dialogizität des Romans erlaubt es somit, dass er sich als »eine künstlerisch organisierte Redevielfalt« (S. 157) nicht nur im Hinblick auf individuelle Stimmen und Perspektiven, sondern auch und vor allem im Hinblick auf soziale Diskurse darstellt.

Ein wichtiger Aspekt der von Bachtin beschriebenen Dialogizität des Romans besteht darin, dass sie sich gegen die sowohl gesellschaftlichen als auch literarischen Tendenzen der sprachlich-ideologischen Vereinheitlichung und Normierung wendet, wie sie häufig von den sozialen und kulturellen Eliten betrieben wird. Damit ergibt sich die These, dass die Entwicklung des Romans mit dem »Zerfall stabiler verbal-ideologischer Systeme« (S. 255) einhergeht bzw. eine dialogische Infragestellung solcher Systeme darstellt. Vor diesem Hintergrund unterscheidet Bachtin zwischen zwei »stilistischen Linien des europäischen Romans« (S. 251). Während in der ersten, vom griechischen Roman zum Ritter- und Schäferroman und schließlich zum heroisch-galanten Barockroman führenden Linie die gesellschaftliche Tendenz zur Sprachenvielfalt zugunsten eines einheitlichen und gehobenen, die dargestellte Welt idealisierenden Stils ausgeschlossen wird (S. 256), ist für die zweite Linie eine soziale und literarische Dialogizität das zentrale Gestaltungsprinzip, die sich gerade auch gegen die Romane der ersten Linie wendet. Auch diese zweite Linie wurzelt für Bachtin in der Antike – insbesondere in den satirischen Gattungen –, findet in der Renaissance bei Rabelais, Cervantes und im Schelmenroman modellbildende Ausgestaltungen und wird dann zum dominierenden Element in der weiteren Entwicklung des neuzeitlichen und modernen Romans. Diese gattungsgeschichtliche Konstruktion, die natürlich in vieler Hinsicht der englischsprachigen Unterscheidung von *romance* und *novel* mitsamt ihren historischen Implikationen ähnelt[44], gibt zu verstehen, dass der Roman, jedenfalls seine für Bachtin maßgebliche zweite stilistische Linie, immer einer satirischen und parodistischen Auseinandersetzung mit der hohen Kultur und ihren Hervorbringungen zuneigt. Der für den Stil des Romans charakteristische »soziale Ton« ist damit zugleich auch immer ein tendenziell sozialkritischer Ton, der die ideologisch geprägten gesellschaftlichen und literarischen Diskurse und die von ihnen transportierten Weltbilder einer ironischen Prüfung unterzieht. Die dialogische Struktur des Romans dient vor allem der »Erprobung des Wortes« (S. 251) im Kontext der sozialen Polyphonie und der empirischen Vielfalt der gesellschaftlichen Welt. Allerdings hat dieser kritische Impetus nicht wie bei Lukács die individuelle Innerlichkeit zum Ausgangspunkt, sondern ein soziales Bewusstsein, das in der Kenntnis der sozialen Sprachenvielfalt wurzelt.

Der besondere Charakter der sozialen Perspektive, die für Bachtin das wesentliche Merkmal des Romans ausmacht, lässt sich deutlicher fassen, wenn man sich die Verbindung des Dialogizitätskonzepts mit Bachtins Theorie des

---

44   Vgl. René Wellek/Austin Warren, *Theorie der Literatur*, Berlin: Ullstein, 1969, S. 192 f.

Karnevals und der Karnevalisierung der Literatur vor Augen führt.[45] Diese Verbindung ergibt sich schon aus Bachtins bevorzugtem Beispielmaterial. So ist die antike menippeische Satire für Bachtin nicht nur eine der Wurzeln der Dialogizität des Romans, sondern auch eine frühe und äußerst einflussreiche Ausdrucksform des karnevalesken Weltempfindens. Auch die von Bachtin herangezogenen Beispiele für den dialogischen Roman der Renaissance, die narrativen Texte von Rabelais und Cervantes (S. 266), sind zugleich seine wichtigsten Belege für eine Karnevalisierung der Literatur, die er als besonders typisch für die Frühe Neuzeit ansieht. Vor allem aber ist nicht zu übersehen, dass die für das Dialogizitätskonzept zentrale Kategorie der Hybridisierung in den von Bachtin als zentral erachteten Karnevalskategorien der Profanation und der Mesalliance, mit denen er die für den Karneval typische Verbindung des Hohen mit dem Niedrigen bezeichnet[46], ihre Entsprechung hat. Karnevalisierung bedeutet für Bachtin die Infragestellung der hohen Kultur vom naturnahen Standpunkt des Volkes aus, sie beruht auf der Inszenierung von »Volkskultur als Gegenkultur«, wie der Untertitel von Bachtins für diesen Zusammenhang einschlägiger Untersuchung zu Rabelais lautet.[47] Das dialogische Prinzip des Romans entspricht insofern dem karnevalesken Weltempfinden, als in beiden Fällen ein exzentrischer und freiheitlicher gesellschaftlicher Standpunkt impliziert ist, für den die Distinktionen und hierarchischen Ordnungen der offiziellen Kultur keine Geltung haben und der sich stattdessen in den dynamischen Prozessen der Hybridisierung, der Profanation und der karnevalesken Mesalliance-Bildung Geltung verschafft. Dies ist der Standpunkt des cervantinischen Erzählers, wenn er Edelmann und Bauer als ein so eng miteinander verbundenes und sich gegenseitig beeinflussendes Paar darstellt, dass man nicht nur von einer Quijotisierung des Sancho Panza, sondern auch von einer Sanchifizierung des Don Quijote hat sprechen können.[48] Im Hinblick auf die neuere Gattungsentwicklung lässt Bachtins Funktionsbestimmung erklärlich werden, weshalb die Verfahren der Karnevalisierung – häufig in Form einer ludischen Phantastik – in der lateinamerikanischen und dann vor allem auch in der englischsprachigen postkolonialen Literatur – etwa bei Salman Rushdie – eine so hervorgehobene Rolle spielen. Sie dienen hier einer dialogischen Infragestellung der Kultur der ›ersten Welt‹, der sie fundieren-

---

45   Siehe hierzu in Michail M. Bachtin, *Literatur und Karneval. Zur Romantheorie und Lachkultur*, München: Hanser, 1969, die Kapitel »Grundzüge der Lachkultur« (S. 32–46) und »Der Karneval und die Karnevalisierung der Literatur« (S. 47–60). Der Text des ersten dieser Kapitel stammt aus Bachtins Rabelais-Arbeit (vgl. *Rabelais und seine Welt. Volkskultur als Gegenkultur*, hg. v. Renate Lachmann, Frankfurt/M.: Suhrkamp, 1995, S. 137–150), der Text des zweiten Kapitels aus Bachtins Untersuchung zu Dostojewski (vgl. *Probleme der Poetik Dostoevskijs*, München: Hanser, 1971, S. 136–148).

46   Vgl. »Der Karneval und die Karnevalisierung der Literatur«, S. 49 ff.

47   Vgl. Anmerkung 45.

48   Diese Begriffsprägungen gehen zurück auf Salvador de Madariaga, *Guía del lector del Quijote*, Madrid: Espasa-Calpe, 1976, S. 137–159.

den gesellschaftlichen und politischen Ordnungsvorstellungen mitsamt ihren Voraussetzungen, insbesondere einer auf wirtschaftlichen und sozialen Erfolg ausgerichteten rationalen Lebensführung und einer diesen Zielen sich unterordnenden Triebökonomie. Ein hierfür besonders markantes Beispiel ist Gabriel García Márquez' *Cien años de soledad*, wo das Schema des Familienromans mit den in ihm implizierten bürgerlichen Wertvorstellungen im Kontext des karibischen Raums entfaltet und in der Konfrontation mit dessen karnevalesker Exuberanz ad absurdum geführt wird.[49]

Ein eng mit dem Karnevalskonzept zusammenhängender Begriff ist der der Familiarisierung. Im Rahmen des Karnevals betrifft er den familiären, die Geschlechter- und Standesgrenzen aufhebenden Kontakt des Karnevalsplatzes. Eine zentrale Stelle nimmt dieser Begriff vor allem in Bachtins Abhandlung über »Epos und Roman« ein. Wie Lukács versucht Bachtin dort, die Eigenart des Romans durch die Abgrenzung vom Epos zu bestimmen, allerdings in deutlich anderer Weise. Für Lukács ist die durch »die Lebensimmanenz des Sinns« gekennzeichnete Welt des Epos dem Helden in unmittelbarer Weise gegenwärtig, während sich dem Protagonisten des Romans die von abstrakten Konventionen beherrschte gesellschaftliche Welt, in deren Kontext er sich bewegt, als fremd darbietet. Bachtin hebt dagegen hervor, dass der Gegenstand des Epos das »vollkommen Vergangene« sei und dass daher seine Welt wesentlich durch den »Charakter der epischen Distanz« geprägt werde.[50] Demgegenüber sei für den Roman eine vertraute Welt merkmalhaft: einerseits, weil die Welt des Romans im Gegensatz zu den mythisch-historischen Welten des Epos eine mehr oder minder gegenwärtige Welt ist, andererseits, weil diese zeitgenössische Welt – entsprechend dem Status des Romans in der Gattungshierarchie – einen niederen und alltäglichen Charakter hat und daher auch in dieser Hinsicht den idealisierten Welten des Epos oppositiv gegenübersteht. Damit wird natürlich erneut die dialogische Relation des Romans zu den hohen Gattungen hervorgehoben. Zugleich lässt Bachtin hier nun mit aller Deutlichkeit den für ihn bestehenden Zusammenhang zwischen Dialogizität und Karnevalisierung erkennen, wie die folgenden Formulierungen zeigen: Die »folkloristischen Wurzeln des Romans« sind »im Lachen des Volkes zu suchen«, das sowohl im »Verlachen der aktuellen Gegenwart« als auch »im Parodieren und Travestieren aller hohen Genres und aller erhabenen Gestalten des nationalen Mythos« sein Motiv findet. Somit rückt der Roman die Gegenstände des ehrenden kollektiven Andenkens, die in den hohen Gattungen in eine ideale Ferne versetzt sind und daher einen unantastbaren Status haben, in eine »Zone des familiären Kontakts« ein und bewirkt daher wie die Praktiken

---

49   Siehe hierzu ausführlicher unten, S. 125 ff.
50   Michail M. Bachtin, »Epos und Roman. Zur Methodologie der Romanforschung«, in: Bachtin, *Formen der Zeit im Roman. Untersuchungen zur historischen Poetik*, hg. v. Edward Kowalski und Michael Wegner, Frankfurt/M.: Fischer, 1989, S. 210–251, hier: S. 225.

des Karnevals ihre Profanation.[51] Dabei geht Bachtin von einer Konzeption des Komischen und des Lachens aus, die deshalb besonders bemerkenswert ist, weil sie gängigen, insbesondere durch Henri Bergson geprägten Funktionsbestimmungen widerspricht. Während nämlich für Bergson das Lachen die affektive Distanz zum verlachten Objekt voraussetzt bzw. eine solche Distanzierung bewirkt[52], betont Bachtin die distanzaufhebende Funktion des Lachens: »das Lachen zerstört die epische wie überhaupt jede hierarchische – einen wertmäßigen Abstand schaffende – Distanz«. Das Lachen ist daher ein zentrales Medium der »Familiarisierung der Welt«. Es »verfügt über die bemerkenswerte Kraft, den Gegenstand heranzuholen, es überführt ihn in die Zone des derben Kontakts, in der man ihn familiär von allen Seiten betasten, umwenden, mit der Innenseite nach außen kehren, von unten und oben betrachten kann«.[53]

Der von Bachtin hergestellte Nexus von komischer und sozialer Perspektive ist für die Modellierung des Verhältnisses von Individuum und Gesellschaft von besonderer Bedeutung. Auch im Hinblick auf diesen Zusammenhang ist der Vergleich mit Bergson aufschlussreich. Auch Bergson betont die gesellschaftliche Dimension der Komik, allerdings mit einer unterschiedlichen Funktionsbestimmung. Das Lachen hat für ihn die Funktion einer »brimade sociale«[54], einer gesellschaftlichen Rüge, die sich vor allem gegen die mangelnde Anpassungsfähigkeit einzelner Individuen an die Notwendigkeiten des gesellschaftlichen Umgangs richtet. Wenn Bergson die Mechanisierung des Lebendigen, das »mécanique plaqué sur du vivant«[55], zum Paradigma des Komischen erhebt, dann sind damit vor allem die quasi-mechanischen Gesten und Ausdrucksformen des zerstreuten oder von einer fixen Idee beherrschten komischen Charakters gemeint, der sich in seiner Selbstbezüglichkeit dem sozialen Leben entfremdet. Bergsons »brimade sociale« lässt sich also als gesellschaftliche Reaktion gegenüber der der Exklusionsindividualität inhärenten Tendenz zur Absonderung und zum Außenseiterdasein verstehen. Die Perspektive, die sich auf der Basis der Bachtinschen Auffassung für das Verhältnis von Individuum und Gesellschaft ergibt, kann nicht auf ganz so eindeutige Weise bestimmt werden. Wie wir gesehen haben, ergibt sich für Bachtin die soziale Dimension der Komik daraus, dass ein volksnaher, sich auf die natürlichen Grundlagen der Gesellschaft beziehender Standpunkt gegenüber der offiziellen Kultur ins Feld geführt wird. Typische Zielscheiben der Komisierung sind hier nicht Individuen – jedenfalls im Sinne der Exklusionsindividualität –, sondern Vertreter der Autorität und der Werte der hohen Kultur. Individua-

---

51   Ebenda, S. 229–230.
52   Bergson wählt dafür die einprägsame Formulierung einer mit dem Lachen einhergehenden Betäubung des Herzens, einer »anesthésie momentanée du coeur« (*Le Rire. Essai sur la signification du comique*, Paris: Alcan, 1908, S. 6).
53   Bachtin, »Epos und Roman«, S. 231–232.
54   *Le Rire*, S. 138.
55   Ebenda, S. 39.

lisierung kann allerdings dann in den Fokus der karnevalesken Infragestellung geraten, wenn sie sich im Streben nach sozialer Distinktion und Autorität äußert. Die Kritik richtet sich dann weniger gegen die Absonderungstendenz als gegen eine Anmaßung, die sich das Prestige der offiziellen Kultur zunutze macht.

Wie das Beispiel des *Don Quijote* zeigt, schließen sich beide Formen der im komischen Modus erfolgenden sozialen Auseinandersetzung mit dem Individuum nicht aus. Don Quijote kann zunächst – im Sinne Bergsons – als komischer Außenseiter betrachtet werden, der sich durch seine imaginäre Fixierung auf das Ritterdasein von der Gesellschaft absondert und nicht mehr adäquat auf die Anfordernisse des gesellschaftlichen Lebens reagieren kann. Mit dem Lachen über sein komisches Scheitern wird in dieser Perspektive die Gesellschaft gegenüber dem abweichenden Individuum ins Recht gesetzt. Erich Auerbach hat diese Deutung des *Don Quijote* – in offensichtlichem Gegensatz zu Lukács' Verständnis des Romans – nachdrücklich vertreten: »er [Don Quijote] allein hat unrecht in einer wohlgeordneten Welt, in der jeder, außer ihm, an seinem Platze steht«.[56] So gesehen repräsentiert Don Quijote eine aus gesellschaftlicher Sicht zensierte Form der Vereinzelung, die bezeichnenderweise auf die durch die Erfindung des Buchdrucks eröffneten Möglichkeiten exzessiver Lektüre und damit auf einen zentralen Faktor moderner Individualisierung zurückgeführt wird. Allerdings weist die mit den Mitteln der Komik erfolgende Auseinandersetzung mit Don Quijote nicht nur Züge einer solchen sich vom unangepassten Individuum distanzierenden »brimade sociale« auf, sondern enthält auch Elemente einer karnevalesken, die soziale Distanz kassierenden Einstellung. Dies zeigt sich besonders deutlich in einer Episode des ersten Teils (Kap. 20), in der Don Quijote und Sancho Panza nach Einbruch der Dunkelheit durch beängstigende Geräusche, dumpfe Schläge und das Klirren von Ketten, in Unruhe versetzt werden. Don Quijote äußert sogleich in großsprecherischer Manier seine Absicht, das sich ihm offensichtlich bietende gefährliche Abenteuer in Angriff zu nehmen. Dem ängstlichen Sancho gelingt es allerdings, ihn daran zu hindern, indem er Rocinante heimlich an den Beinen fesselt und die scheinbare Lähmung des Pferdes als das Werk von Zauberern ausgibt. Im Morgengrauen können die beiden dann feststellen, dass das Geräusch von einer Walkmühle, einer mit Wasserkraft betriebenen Waschvorrichtung, herrührt. Dies hat zur Folge, dass der nun erleichterte Sancho in lautes Lachen ausbricht und damit sogar seinen Herrn ansteckt. Im gemeinsamen Lachen erfolgt somit die karnevaleske Profanierung des von Don Quijote vertretenen Ritterideals. Komische Familiarisierung findet hier in dem Sinne statt, dass die soziale Distanz zwischen dem Edelmann und dem ihm als Schildknappen dienenden Bauern aufgehoben wird. Dies geht schließlich so weit, dass Sancho die großsprecherische nächtliche Rede Don Quijotes in grober Weise nachäfft. Don Quijotes Ritterwahn kann hier vor allem deshalb Gegen-

---

56 Auerbach, *Mimesis*, S. 341.

stand einer karnevalesken Persiflierung werden, weil er nicht nur die imaginäre Vereinzelungstendenz des modernen Individuums repräsentiert. Vielmehr impliziert er auch eine ständische Dimension, da Don Quijote in seiner imaginären Existenz als fahrender Ritter einen Traum von verlorener Adelsherrlichkeit durchlebt. Vor diesem Hintergrund wird die sich im gemeinsamen Lachen äußernde Familiarisierung dadurch ermöglicht, dass beide die heroische ritterliche Attitüde als eitle Anmaßung und damit als allgemein menschliches, den Standesunterschied aufhebendes Motiv erkennen. Darüber hinaus betrifft die Herstellung des familiären Kontakts auch die gemeinsame leibliche Existenz. Der karnevaleske Aspekt der Episode wird nämlich dadurch noch pointiert, dass Sancho, der während der Nacht nicht wagt, sich nur einen Schritt von seinem Herrn zu entfernen, buchstäblich unter dessen Nase sein Geschäft verrichtet. Damit werden die hochfliegenden Träume des Herrn nicht nur mit der respektlosen Bloßlegung ihrer allzu menschlichen Motive, sondern auch mit den natürlichen Gegebenheiten des körperlichen Lebens konfrontiert. Soweit also in der karnevalesken Komik überhaupt Individualisierungstendenzen berührt werden, signalisiert das Lachen weniger eine ausgrenzende Zensur des Absonderungswunsches als die Affirmation der in der Menschennatur wurzelnden Gemeinsamkeiten, welche den Anspruch auf Individualität relativieren.

Nimmt man Bachtins Beiträge zur Poetik des Romans insgesamt in den Blick, so stellt sich der Roman als Medium dar, das durch die Gestaltung imaginärer Beispiele des sozialen Lebens der Gesellschaft eine kritische Reflexion über sich selbst ermöglicht. Dabei ist allerdings die dahinter stehende Konzeption der Gesellschaft nicht eindeutig zu bestimmen. Im Dialogizitätskonzept ist zunächst vor allem das Postulat einer offenen Gesellschaft impliziert. Denn wenn Bachtin eine Entsprechung zwischen dem vielstimmigen und dialogischen Charakter des gesellschaftlichen Sprachgebrauchs und der dem Roman zu Gebote stehenden Verfahren der Rede- und Diskurswiedergabe herstellt, wird damit der Akzent auf den pluralen und heterogenen Charakter von Gesellschaften gelegt, der den häufig von den kulturellen Eliten vertretenen Einheitsvorstellungen widerspricht. Dem Roman wird die Funktion zugeschrieben, diese Heterogenität zur Geltung zu bringen und gegenüber einheitsstiftenden Diskursen ins Recht zu setzen. Dies geschieht in Form einer Überprüfung der dominierenden Formen der ideologischen Rede – der »Erprobung des Wortes« –, die auf zweierlei Weise erfolgen kann: Ideologisch geprägte Diskurse können relativiert werden, indem sie in unpassende, ihnen widersprechende sprachliche Kontexte eingebettet werden, oder sie können mit Szenarien der dargestellten gesellschaftlichen Welt konfrontiert werden, die ihren häufig idealisierenden Anspruch negieren. Der Roman verbindet auf diese Weise die parodistische ›Transkontextualisierung‹[57] der zitierten Diskurse mit

---

57 Begriff nach Linda Hutcheon, *A Theory of Parody. The Teachings of Twentieth-Century Art Forms,* New York: Methuen, 1985.

der satirischen Enthüllung verschwiegener gesellschaftlicher Tatsachen. Letzteres begründet die besondere Bedeutung, welche Bachtin der Darstellung des niederen Alltagslebens und darüber hinaus der mehr oder minder skandalträchtigen Randbezirke der Gesellschaft – einschlägige Beispiele bietet der pikareske Roman – in der Geschichte des Romans zuschreibt. Hier nämlich ist eine besonders drastische Form der »Erprobung des Wortes« möglich, deren Wurzeln Bachtin in der Tradition der menippeischen Satire sieht.[58] Dieselbe Funktion erfüllen die in »Epos und Roman« genannten populären und karnevalesken Kontaktzonen, in denen der Roman seine Gegenstände situiert. Wie die Randbereiche des niederen Alltags und der tabuierten sozialen Praktiken ermöglichen sie einen exzentrischen Standpunkt gegenüber der offiziellen Kultur. Wenn dabei jedoch der Akzent weniger auf den Begriff des Dialogs gesetzt wird als auf den einer aus populären Wurzeln entspringenden Karnevalisierung, so kommt damit ein anderes Gesellschaftskonzept ins Spiel. Mit der Erhebung der »Volkskultur« zur »Gegenkultur« tritt neben die kritische Infragestellung der bestehenden Gesellschaftsordnung auch die mehr oder minder utopische Aussicht auf eine sich aus den natürlichen Grundlagen der Gesellschaft speisende Form des sozialen Miteinanders. Das Modell bilden hier, wie Bachtin vor allem in seinen Ausführungen zur Geschichte der Romanchronotopoi zu erkennen gibt[59], archaische Formen der Agrargesellschaft, in denen die organische Einheit des Volkes und ihre Verhaftung in der umgebenden Natur noch manifest erschienen. Dieses Nebeneinander von sowohl vormodernen als auch modernen und postmodernen sozialen Modellvorstellungen erklärt wohl das besondere Interesse, das Bachtins Theorieangebot heutzutage im Hinblick auf die postkolonialen Literaturen auf sich zieht.

Bachtins Unterscheidung zwischen zwei stilistischen Linien des Romans gibt zu verstehen, dass sich das Konzept eines prinzipiell dialogischen Romans nicht auf die gesamte Gattungsgeschichte anwenden lässt. Denn die dialogische und somit die gesellschaftliche Einheit infrage stellende Tendenz steht, wie im Falle der sozialen Sprachen, auch in der Sprache des Romans – in je unterschiedlicher Gewichtung – in einem Spannungsverhältnis zu einer monologischen und einheitsstiftenden Tendenz. Einzelnen Aspekten der durch den Roman transportierten sozialen Einheitsvorstellungen werden wir uns in den folgenden Abschnitten zuwenden. Im Augenblick bleibt festzuhalten, dass der Roman für Bachtin im Gegensatz zu Lukács nicht primär die Auseinandersetzung des Individuums mit der Gesellschaft inszeniert, sondern einen Dialog der Gesellschaft mit sich selbst. Sein besonderes ästhetisches Potential liegt darin, diesen Dialog am Beispiel imaginärer Probesituationen in pointierter Weise darstellen zu können. Der enge Zusammenhang zwischen der dialogi-

---

58 Vgl. Bachtin, *Probleme der Poetik Dostoevskijs*, S. 119–136.
59 Siehe das Kapitel »Die folkloristischen Grundlagen des Rabelaisschen Chronotopos« in: Bachtin, *Formen der Zeit im Roman. Untersuchungen zur historischen Poetik*, hg. v. Edward Kowalski und Michael Wegner, Frankfurt/M.: Fischer, 1989 (vor allem S. 157 ff.).

schen und der karnevalesken Komponente impliziert, dass die Darstellung sozialer Polyphonie mehr oder weniger deutlich auf das Telos einer besseren Gesellschaft ausgerichtet sein kann, die sowohl den natürlichen Grundlagen der menschlichen Existenz als auch der notwendigen Heterogenität sozialer Gruppierungen Rechnung trägt. Trotz der Affirmation der individuellen Besonderheit setzt der Roman im Verständnis Bachtins letztlich doch wohl eher den Akzent auf Inklusion als auf Exklusion – und zwar schon deshalb, weil er gerade durch die Darstellung sozialer Heterogenität die Möglichkeit einer diese Heterogenität überbrückenden Kommunikation affirmiert.

Binnengesellschaften

Im Anschluss an Hans Blumenberg wurde oben auf die Bedeutung der intersubjektiven Wirklichkeitskonstruktion für den Entwurf der Romanwelt hingewiesen. Diese intersubjektive Verständigung über eine gemeinsame Wirklichkeit wird häufig am Beispiel kleiner, mehr oder minder begrenzter sozialer Gruppen vorgeführt, die damit eine besondere Funktion innerhalb der Romanwelt erhalten. Die Konstitution solcher Binnengesellschaften, wie ich diese Gruppierungen nennen will, ist sicherlich schon aus Gründen der Darstellbarkeit motiviert, da ja nur auf der Basis überschaubarer Gruppen die Mechanismen der gesellschaftlichen Kommunikation und Interaktion anschaulich gemacht werden können. Darüber hinaus aber haben die Binnengesellschaften auch eine Bedeutung im Zusammenhang mit den im letzten Abschnitt besprochenen Aspekten romantypischer Gesellschaftlichkeit, insbesondere mit dem Komplex von sozialen Einstellungen, die man ausgehend von Bachtin mit dem Begriff der Familiarisierung bezeichnen kann. Dabei soll dieser Begriff hier nicht nur für die prägnant karnevalesken Praktiken der respektlosen Herabsetzung der Diskurse, Repräsentanten und Symbole der hohen Kultur stehen, sondern überhaupt für die Herstellung einer gesellschaftlichen Nähe, die sich aus einem ungezwungenen, von gesellschaftlichen Formzwängen und Distinktionen entlasteten sozialen Umgang ergibt. Gerade die Darstellung gemeinsamer Alltagserfahrungen – einschließlich ihrer kreatürlichen und damit allgemeinmenschlichen Implikate – kann diese Familiarisierung besonders begünstigen. Für die hier als Binnengesellschaften bezeichneten Gruppierungen gilt daher, dass sie, wenn auch in modifizierter Form, wie die von Bachtin angeführten Formen des karnevalesken Volkslebens eine Alternative zur offiziellen Gesellschaft bilden. Im Hinblick auf das Verhältnis von Individuum und Gesellschaft kommt der Binnengesellschaft häufig die Funktion zu, die individuelle Erfahrung der Vereinzelung und der Entfremdung abzumildern. In diesen Fällen stellt sie für den von der Gesellschaft distanzierten Helden zumindest zeitweise eine Alternative dar, auch wenn sie möglicherweise seinen exklusiven Ansprüchen auf Besonderheit nicht auf Dauer genügen kann. Eine Reihe von Beispielen soll das mit dem Begriff Gemeinte nun weiter verdeutlichen.

Das prägnanteste Beispiel für solche Binnengesellschaften im frühneuzeitlichen Roman bieten die Schäferromane. Die in diesen Romanen dargestellte Schäfergesellschaft hat ihre literarhistorischen Wurzeln in den antiken
Eklogen – insbesondere im kanonischen Modell von Vergils *Bucolica* –, wo
nicht nur das gemeinsame Weiden der Tiere, sondern auch das gemeinsame
Singen, gemeinsame sportliche Wettspiele und gemeinsame Trauer bereits
zum festen thematischen Repertoire gehören. Eine zentrale Stellung erhält
die Gemeinschaft der Schäfer aber erst durch die mit Sannazaros *Arcadia* ein-
geleitete und von Montemayor endgültig vollzogene Transformation der Ek-
logensammlung zum Roman. So führt Montemayors *Diana*, die das dominierende Paradigma für die weitere Entwicklung der Gattung darstellt, die
Konstitution einer neuen gesellschaftlichen Gruppe im Kontext der bukolischen Ideallandschaft vor.[60] Ihren Kern bilden die beiden Freunde Sireno und
Silvano, die beide unglücklich in dieselbe Dame verliebt sind und in der
Folge einer Reihe von ebenfalls von der Erfahrung einer unglücklichen
Liebe betroffenen jungen Frauen begegnen, die dann jeweils die Geschichte
ihres Unglücks erzählen. Gemeinsam macht sich diese Gruppe auf den Weg
zum Diana-Heiligtum, wo durch die weise Felicia zumindest ein Teil der Liebesverwicklungen aufgelöst und ein glückliches Ende herbeigeführt wird.
Auch wenn diese Schäfergesellschaft aufgrund ihrer literarischen Idealisierung weit von der karnevalesken Variante des volkstümlichen Gesellschafts-
lebens entfernt ist, weist sie doch einige wichtige Merkmale eines egalitären
und durch ungezwungene Nähe geprägten Gesellschaftstyps auf. Das ergibt
sich schon aus der Verwurzelung der Bukolik im Mythos des Goldenen Zeit-
alters. In entsprechender Weise spielen in der sowohl aus tatsächlichen Schäfern als auch aus ins Schäfergewand geschlüpften Adligen[61] bestehenden
Schäfergesellschaft die Standesunterschiede keine Rolle; und auch zwischen
den Geschlechtern kommt es zu einem relativ freien Umgang[62], was allerdings dadurch erleichtert wird, dass die Schäfer den höfischen Respekt gegenüber den Schäferinnen – abgesehen von ganz wenigen Ausnahmen – nie
verlieren. Vor allem aber entsteht dadurch ein hohes Maß an Vertrautheit, dass
alle bereitwillig über ihre Liebes- und Leidensgeschichten Auskunft geben.

---

60   Vgl. hierzu Wolfgang Matzat, »Amor y subjetividad en *La Diana* de Montemayor«, in:
Christoph Strosetzki (Hg.), *Actas del V Congreso de la Asociación Internacional Siglo de Oro,
Münster 1999*, Madrid/Frankfurt/M.: Vervuert/Iberoamericana, 2001, S. 892–898;
»Subjektivität im spanischen Schäferroman«, in: Roger Friedlein/Gerhard Poppen-
berg/Annett Vollmer (Hg.), *Arkadien in den romanischen Literaturen. Zu Ehren von Sebas-
tian Neumeister zum 70. Geburtstag*, Heidelberg: Winter, 2008, S. 21–39.

61   Im Falle der *Diana* verkörpert vor allem die aus Sevilla stammende Felismena den in
späteren Texten vermehrt wiederkehrenden Typ des die Schäferrolle spielenden Adligen.

62   Hellmuth Petriconi hat im Ideal der »Liebesfreiheit« das Erfolgsgeheimnis der Schäferliteratur der Renaissance gesehen (vgl. »Das neue Arkadien«, in: *Antike und Abendland*
3, 1948, S. 187–200, insbes. S. 192).

Insgesamt bildet die Schäferwelt eine Gegenwelt bzw. Gegenkultur zur Hof-
und Stadtkultur, da man hier von den Geschäften und Intrigen entlastet ist,
sich ganz und gar seinen Gefühlen widmen und ohne Scheu über sie kommunizieren kann. Damit ist sie auch geeignet, die liebesbedingte Vereinzelung
der Individuen aufzuheben und die Integration in eine neue Bezugsgruppe
zu ermöglichen. Montemayors Schilderung einer solchen Schäfergesellschaft
wurde von seinen Nachfolgern aufgegriffen und ausgebaut. Im spanischen
Schäferroman ist hierfür vor allem Cervantes beispielhaft, der in seiner *Gala-
tea* die Gruppe der auftretenden Hirten erheblich erweitert und im Verlauf
des Romans immer neue Untergruppen bilden lässt. Eine geradezu monu-
mentale Ausgestaltung dieses Strukturschemas bildet *L'Astrée* von Honoré
d'Urfé, der wichtigste französische Schäferroman. Hier schart Astrée nach
dem Verschwinden Céladons eine Gruppe von Schäferinnen und Schäfern
um sich, die alle durch die wehmütige Erinnerung an den perfekten Liebenden vereint sind. Zugleich bietet der Roman ein bemerkenswertes Modell
eines auch Alltagserfahrungen mit einschließenden familiären Umgangs, der
vor allem am Beispiel der von Astrée und ihren Freundinnen gebildeten
weiblichen Kerngruppe der ansonsten weit gefächerten Schäfergesellschaft
inszeniert wird. Einen Höhepunkt bildet die Szene, in der geschildert wird,
wie die Mädchen gemeinsam im Hause von Astrées Eltern übernachten und
dabei Zimmer und Bett teilen, und die dadurch eine besonders pikante Note
erhält, dass auch der als Mädchen verkleidete Céladon mit von der Partie ist.
Eine Neuauflage dieser vor allem durch eine gemeinsame Form des affektiven Erlebens verbundenen gesellschaftlichen Formation bildet die empfindsame Gesellschaft, die sich in Rousseaus Briefroman *Julie ou la Nouvelle Héloïse* um Saint-Preux und Julie zusammenfindet. Wiederum, wie schon in der
Astrée, die von Rousseau sehr geschätzt wurde und daher ein wichtiges Vorbild für die *Nouvelle Héloïse* darstellt, steht ein Liebespaar im Zentrum der
Binnengesellschaft und verleiht ihr ein spezifisches affektives Klima. Schon
im ersten Teil des Romans nehmen Julies Cousine Claire und Saint-Preux'
Freund Édouard regen Anteil am Schicksal der beiden Liebenden, und im
zweiten Teil kommt es dann zu einer neuen Version dieses empfindsamen
Gesellschaftstyps, da Julies Ehemann Wolmar den Plan hegt, nicht nur Saint-
Preux, sondern auch die ehemaligen Vertrauten des Paars auf seinem Landgut
zu versammeln.

Ein zweiter wichtiger Typ der Binnengesellschaft wird durch die Reisegesellschaft gebildet. Auch dieser Typ lässt sich weit zurückverfolgen, zumindest
bis zu den teilweise auch gemeinsam unternommenen Abenteuerreisen des
Ritterromans oder zu den literarischen Pilgerreisen wie etwa in Chaucers *Can-
terbury Tales*. Ein ebenfalls frühes Beispiel bildet die gemeinsame Seereise, die
Pantagruel und seine Freunde auf der Suche nach der göttlichen Flasche (»dive
bouteille«) im vierten und fünften Buch von Rabelais' Roman unternehmen.
In Cervantes' *Don Quijote* können schon der fahrende Ritter und sein Knappe
als Minimalform einer Reisegruppe angesehen werden, die jedoch immer wie-

der durch alte und neue Bekannte des verrückten Landedelmanns erweitert wird. Cervantes' Vorliebe für die Darstellung von sozialen Gruppen, in denen ein familiärer Umgang herrscht, zeigt sich auch in seinem letzten Werk, in den dem Modell des griechischen Romans folgenden *Trabajos de Persiles y Sigismunda*, wo entsprechend dem antiken Gattungsschema die abenteuerlichen Reisen zweier treuer Liebender geschildert werden. Auf der den Handlungsrahmen konstituierenden Fahrt von Thule nach Rom werden die sich als Geschwister ausgebenden Persiles und Sigismunda ständig von einer Gruppe von teils wechselnden, teils kontinuierlichen Reisegefährten umgeben, bei denen es sich überwiegend um heimatlose und durch besondere Schicksalsschläge heimgesuchte Menschen handelt. Die Reisegruppe ist also schon durch das ähnliche Schicksal vereint, darüber hinaus aber durch gemeinsam bestandene Gefahren, durch Erzählung und Gespräch, durch den ihre Mitglieder fast ausnahmslos auszeichnenden Edelmut und schließlich durch die Bewunderung für das schöne junge Paar in ihrer Mitte. Der Roman zeigt somit wie der Schäferroman einen gesellschaftlichen Verband, der aus Menschen verschiedenen Standes und unterschiedlicher geographischer Herkunft besteht, wobei die Figuren in diesem Fall aus einer ganzen Reihe von europäischen Ländern und Regionen stammen. Alle sind durch die Situation der Reise, der Flucht oder des Exils aus ihren sozialen Bezugsgruppen herausgerissen und bilden eine neue Gemeinschaft, in der die normalen gesellschaftlichen Grenzziehungen suspendiert sind und in der ein durch Sympathie geprägter familiärer Umgang herrscht, der nicht zuletzt im Scherzwort und in humorvoller Ironie seinen Ausdruck findet. Als letztes Beispiel sei Scarrons *Roman comique* genannt, der eine Reihe von Episoden im Leben einer fahrenden Schauspieltruppe schildert. Auch die Gruppe der Schauspieler hat aufgrund ihrer Zusammensetzung wie die Schäfergesellschaften und die Reisegesellschaft im *Persiles* einen standesübergreifenden Charakter – schon dadurch, dass das in ihrem Zentrum stehende Liebespaar, das sich übrigens wie im *Persiles* als Geschwisterpaar ausgibt, aus einer höheren sozialen Sphäre als die meisten übrigen Mitglieder der Truppe stammt. Der Roman verdient in unserem Zusammenhang auch deshalb Erwähnung, weil hier in stärkerem Maß als in dem vorhergehenden Beispiel Komponenten einer niederen und karnevalesken Alltagswelt zum Effekt der Familiarisierung beitragen. Die Schauspieler logieren während ihres Aufenthalts in Le Mans, der im Mittelpunkt der Handlung steht, in einem Gasthof, der als angestammt pikareskes Ambiente die Möglichkeit für entsprechende Zwischenfälle bietet. So kommt es beispielsweise aus geringfügigem Anlass zu einer nächtlichen Prügelei, bei der alle Beteiligten – Mitglieder der Schauspieltruppe und Personal des Gasthofs beiderlei Geschlechts – im Nachtgewand eine sehr derbe Form des physischen Kontakts pflegen.[63]

---

63 Ein offensichtlicher intertextueller Bezugspunkt ist eine Gasthofszene im *Don Quijote* (Kap. I, 45), in der ebenfalls Adlige und Vertreter des Volkes, Männer und Frauen sich an einer herzhaften nächtlichen Prügelei beteiligen.

Für den Roman vom 17. bis zum 19. Jahrhundert – und noch darüber hinaus – bildet der Salon einen wichtigen Rahmen für die Gesellschaftsdarstellung. Allerdings ist die Salongesellschaft nicht eindeutig als Binnengesellschaft im oben explizierten Sinn zu klassifizieren. Vielmehr nimmt sie eher eine Zwischenstellung zwischen der offiziellen Gesellschaft – im 17. und 18. Jahrhundert vor allem die Gesellschaft des Hofes – und informellen Alternativgesellschaften ein und kann sowohl zu dem einen als auch zu dem anderen Pol tendieren. Der erste Typ, bei dem der Salon sich als Ort gesellschaftlicher Entfremdung darstellt, steht in der Tradition der Darstellung der höfischen Gesellschaft, wie sie in der *Princesse de Clèves* eine erste paradigmatische Ausprägung gefunden hat. Auch wenn im Roman der Mme de Lafayette noch keine Salonszenen im eigentlichen Sinne geschildert werden, denn die hier beschriebenen Gesprächsrunden finden überwiegend bei Hofe statt, so entsprechen diese Gespräche schon weitgehend der vor allem mit Klatsch beschäftigten Salonkonversation. Wie oben schon erwähnt, bildet die Hofgesellschaft für die in M. de Nemours verliebte Mme de Clèves eine soziale Umgebung, in der sie sich einer strengen Selbstkontrolle unterwerfen muss, auch wenn es in dem von ihr frequentierten Kreis der *Reine Dauphine*, der jungen Gemahlin des Kronprinzen, durchaus auch ungezwungene Momente gibt. Diese Tradition setzt sich u. a. fort in den Salons der Adelsgesellschaft des 18. Jahrhunderts, die Crébillon fils in *Les Égarements du cœur et de l'esprit* schildert, und im Restaurationssalon von Stendhals *Le Rouge et le Noir*. In diesen Beispielen bildet der Salon einen paradigmatischen Ort jener gesellschaftlichen Zwänge, unter denen die Helden dieser Romane leiden und wo sie sich vor allem nicht offen zu ihrer Liebe bekennen können. Gleichwohl kann auch diese Art der Salonszene eine wichtige Funktion binnengesellschaftlicher Formationen erfüllen, vor allem wenn sie wiederholt zur Darstellung kommt. Denn auch sie zeigt, wie im Gespräch eine gemeinsame Welt entsteht, und lässt den Leser an dieser Welt teilhaben. Beispiele für ein durch Familiarisierung geprägtes Salonleben sind im 17. Jahrhundert in den Romanen der Mlle de Scudéry – insbesondere in der *Clélie* – zu finden, die ja trotz ihrer historischen Einkleidung eine durchaus zeitgenössische Gesellschaftlichkeit schildern und dabei erkennen lassen, wie der Salon zum Ort einer relativ freien und intimen Gesprächskultur werden kann. Ähnliches gilt für die in Marivaux' *Vie de Marianne* entworfenen Salonszenen, aber auch für Stendhal, der – anders als in *Le Rouge et le Noir* – in *Octave* und *Lucien Leuwen* eine sich gerade in der situationsbedingten Indirektheit entfaltende Kunst der vertrauten Kommunikation inszeniert. Während die Romane des 19. Jahrhunderts ansonsten eher Verfallsformen der Salonkultur zum Gegenstand haben, räumt Proust in seiner *Recherche* der Salonszene noch einmal einen besonderen Platz ein. Dabei entfalten die hier geschilderten Salontypen, die von dem hochadligen Salon der Princesse de Guermantes bis zum bürgerlichen Salon Verdurin reichen, innerhalb des Spannungsfeldes von Entfremdung und Familiarisierung erneut ein reichhaltiges Spektrum.

Auch wenn im Roman des 19. und 20. Jahrhunderts die Bedeutung binnengesellschaftlicher Formationen abnimmt, lassen sich zumindest zwei wichtige Typen benennen. Der erste umfasst zumeist jugendliche Freundeskreise mit studentischem, intellektuellem oder künstlerischem Charakter, die es den Helden erlauben, ihre Distanz zur bürgerlichen Gesellschaft in einer Gruppe von Gleichgesinnten auszuleben und dabei andere Formen des sozialen Zusammenhalts zu erproben. Dort, wo der künstlerische Aspekt im Vordergrund steht, nähert sich dieser Typ dann der Alternativgesellschaft der *bohémiens* an. Einen Kreis von jungen Künstlern und Intellektuellen, die aufgrund ihrer tugendhaften Strebsamkeit noch kaum der Bohème zuzurechnen sind – sie haben sich selbst den erhabenen Namen *Cénacle* gegeben –, zeigt Balzac in *Illusions perdues*. Auch der jugendliche Held des Romans, Lucien de Rubempré, gehört diesem Freundeskreis zeitweise an, doch kann er letztlich die durch die Gruppe gebotene Chance sozialer Geborgenheit nicht nützen. In Flauberts *Éducation sentimentale*, für Lukács ein besonders prägnantes Beispiel für die Entfremdungserfahrung des ›epischen Individuums‹, spielt gleichwohl der binnengesellschaftliche Typ des Freundeskreises eine wichtige Rolle. Einerseits schart Frédéric während seiner ersten Studienjahre eine Reihe von Kameraden um sich – neben seinem Dauerfreund Deslauriers u. a. den seine humanitäre Einstellung aufrecht verteidigenden Dussardier und den sozialistisch geprägten, seine linken Überzeugungen aber letztlich verleugnenden Sénécal –, mit denen er sich zunächst vor allem in der Oppositionshaltung gegenüber der Julimonarchie vereint sieht und zu denen auch im weiteren Verlauf des Romans ein mehr oder weniger enger Kontakt besteht. Andererseits ist der nun schon eher als Balzacs Cénacle die Merkmale der Bohème erfüllende Kreis von Künstlern zu nennen, die mit dem Kunsthändler Arnoux vertrauten Umgang pflegen. In beiden Fällen kann die vertraute Kameraderie nicht verhindern, dass die egoistischen Einzelinteressen immer wieder gegenüber dem Loyalitätsgefühl die Oberhand gewinnen und dass so die – in diesem Fall vor allem – männliche Kumpanei als wenig erstrebenswerte Alternative zum bürgerlichen Leben erscheint. Auch im modernen Roman kann diese Art der sozialen Gruppierung noch eine Rolle spielen. Ein einschlägiges Beispiel bildet Julio Cortázars *Rayuela*. In diesem Roman ist der existentialistisch konzipierte und dementsprechend prägnant von der Entfremdungserfahrung betroffene Held Oliveira sowohl in Paris als auch in Buenos Aires, den beiden zentralen Schauplätzen des Romans, von einer Reihe von Freunden umgeben. Der Pariser Kreis besteht aus einer Gruppe von sich als *bohémiens* gerierenden Künstlern internationaler Herkunft, die sich regelmäßig zu mit viel Alkoholkonsum verbundenen Jazz-Abenden trifft. Während diese teils surrealistisch, teils existentialistisch geprägte Gruppierung anlässlich des bei einem dieser Zusammenkünfte unbemerkt erfolgenden Todes des kleinen Söhnchens von Oliveiras Freundin Maga ihr inhumanes Gesicht zeigt, bildet der Freundeskreis, den Oliveira bei seiner Rückkehr nach Buenos Aires wiedertrifft, ein eher herzliches Ambiente und somit ein hoffnungsvolles – Oliveira möglicherweise aus seiner Einsamkeitspose erlösendes – gesellschaftliches Modell.

Ein zweiter Typ von auch noch im modernen Roman existierenden Binnengesellschaften ist die Familie. Dass dieser Urtyp familiärer Kommunikation erst relativ spät, nämlich in Texten des 19. und 20. Jahrhunderts eine prominente Rolle spielt, mag zunächst überraschen, ist aber dadurch bedingt, dass sich der Roman die Räume des privaten Alltagslebens erst allmählich erschließt.[64] Die sozialgeschichtliche Voraussetzung ist die Konsolidierung der Grenze zwischen der öffentlichen und privaten Sphäre, mit der die Familie als beherrschende soziale Form des Privatlebens erst die Funktion einer Alternative zu den gesellschaftlichen Gruppierungen des öffentlichen Raums erhalten konnte. Gleichwohl kommt die Familie auch im bürgerlichen Roman des 19. Jahrhunderts, etwa in Balzacs *Comédie humaine*, eher als labile und gefährdete Gemeinschaftsform denn als positives Modell sozialer Beziehungen zur Darstellung. So führt Balzac immer wieder vor, wie sowohl die ökonomischen Grundlagen als auch der affektive Zusammenhalt der Familie durch monomanische Leidenschaften und den durch das moderne Leben ins Maßlose gesteigerten Egoismus gefährdet und zerstört werden.[65] Auch Pérez Galdós, der wichtigste Repräsentant des spanischen Realismus, zeichnet ein eher dunkles Bild der bürgerlichen Familie, indem er veranschaulicht, wie die ideologischen und sozialen Konflikte seiner Zeit innerhalb des häuslichen Kontextes ihren Widerhall finden. Vor allem aber bildet das im realistischen Roman so häufig behandelte Thema des Ehebruchs nicht nur eine Kritik an der Institution der bürgerlichen Ehe, sondern auch an der Familie. Emma Bovary und Effi Briest erfahren die familiäre Welt als Raum der Entfremdung und nicht als von Sympathie getragene Gemeinschaft. Positive Beispiele des familiären Kommunikationsraums finden sich demgegenüber vor allem dort, wo die familiäre Welt als vergangenes Kindheitsparadies evoziert wird. Hier kann die Sonderwelt der Familie, in der man den Eigenheiten der Familienmitglieder mit liebevollem Humor begegnet und gerne auch Freunde und Bekannte aus einer familiarisierenden Perspektive beurteilt, eine nostalgische Auferstehung feiern. Besonders eindrucksvoll geschieht dies im ersten Band von Prousts *A la recherche du temps perdu*, in dem sich der Protagonist Marcel an die Sommeraufenthalte in Combray erinnert, die er umgeben von seinen Eltern, der Großmutter, der Großtante und nicht zuletzt der langjährigen ›Perle‹ Françoise verbracht hat. Beide Aspekte, sowohl die familiäre Schöpfung einer gemeinsamen Welt als auch den Zerfall der Familie, bringen die großen Familiensagas der ersten Hälfte des 20. Jahrhunderts zu Darstellung, für die Thomas Manns *Buddenbrooks*, Galsworthys *Forsyte Saga* und Roger Martin du Gards

---

64 Vgl. unten, S. 151 ff.
65 Einschlägige Beispiele sind *La Recherche de l'absolu, Le Père Goriot, Eugénie Grandet, La Cousine Bette.*

Les Thibault die bekanntesten Beispiele bilden und die dann in der Folge – u. a. in der stark karnevalisierten Variante von García Márquez' *Cien años de soledad* – eine häufige Fortsetzung gefunden haben.

Wie anfangs schon gesagt, hat die Binnengesellschaft häufig die Funktion, die Oppositionsrelation zwischen Individuum und Gesellschaft dadurch abzudämpfen, dass sie dem Helden ein soziales Refugium bietet, wo er für seine affektiven Bedürfnisse und idealen Bestrebungen, die ihn von der offiziellen Gesellschaft entfremden, Verständnis findet und wo er auch keiner sozialen Deklassierung ausgesetzt ist. Allerdings kann der das Schicksal der individuellen Vereinzelung repräsentierende Protagonist das Bewusstsein der Differenz trotz der in der Binnengesellschaft herrschenden Atmosphäre familiärer Vertrautheit meist nicht völlig ablegen. Insbesondere in dem häufigen Fall der unerfüllten Liebessehnsucht und einer durch sie bedingten Entfremdungserfahrung stellen freundschaftliche Gruppierungen keinen wirklichen Ersatz für die exklusiven Liebesbeziehungen dar, die von den Protagonisten angestrebt werden. Das gilt schon für den Schäferroman, dann ebenso für die empfindsame Gemeinschaft der *Nouvelle Héloïse* wie für Frédérics Freundeskreis in der *Éducation sentimentale*. Gleichwohl spielen die Existenz einer solchen Binnengesellschaft und ihr jeweiliger Charakter für das ethische und affektive Klima der Romanwelt eine wichtige Rolle. Denn in dem Maße, wie sie das Modell einer gesellschaftlichen Lebensform bietet, in der bestimmte Defizite der offiziellen Gesellschaft – etwa die hierarchische Struktur, die egoistischen Konkurrenzkämpfe, der Zwang zu Verstellung, die Abhängigkeit von einer vor allem den gesellschaftlichen Ruf betreffenden Scheinmoral – zugunsten einer harmonisch-vertrauten und sich im gemeinsamen Alltagsleben bewährenden Form des Umgangs vermieden werden können, erscheint auch die Vereinzelung des Helden nicht als ein völlig unausweichliches Schicksal. Und zugleich wird damit auch eine exklusive Identifikation des Lesers mit dem entfremdeten Individuum verhindert. Vielmehr kann der Leser nun auch die Perspektive jener Figuren einnehmen, die aus der sozialen Harmonie der Binnengesellschaft um die Integration des vereinzelten Helden bemüht sind – wie etwa die Freunde Don Quijotes bei Cervantes oder die von Saint-Preux in *La Nouvelle Héloïse*. Auch der Leser kann dann gewissermaßen zu einem Teil dieser Binnengesellschaft werden und den Protagonisten von dem dadurch ermöglichten Standpunkt aus beurteilen. So bietet die Binnengesellschaft nicht nur ein Gegenmodell, sondern auch eine mehr oder minder versöhnliche Perspektive auf die individuelle Entfremdungserfahrung. Diese Funktion wird besonders deutlich erkennbar, wenn man Romane oder Romantypen zum Vergleich heranzieht, wo der binnengesellschaftliche Kontext mehr oder minder ausfällt. Das ist nicht erst im realistischen und modernen Roman häufig der Fall. Schon der pikareske Roman zeigt das Individuum in einer Situation sehr weitgehender Vereinzelung, indem er seinem Helden die Erfahrung eines humanen Umgangs, wie ihn Cervantes – gerade auch in Auseinandersetzung mit dem Schelmenroman[66] – immer wieder inszeniert, weitgehend verweigert. Selbst die für den familiären Kontakt prädestinierte Sphäre des Volkes erweist sich hier als eine Arena mitleidsloser Schelmenstücke. Für den Roman des 19. und 20. Jahrhunderts ist demgegenüber zu betonen, dass trotz der Akzentuierung des individuellen Schicksals auch die Tendenz der sozialen Relativierung der Vereinzelung weiter besteht. So erklärt das Vorhandensein bzw. das Fehlen binnengesellschaftlicher Gruppierungen wichtige Unterschiede zwischen Flauberts *Éducation sentimentale* und der *Madame Bovary*, zwischen Prousts *A la recherche du temps perdu* und Célines *Voyage au bout de la nuit* oder auch – um auch ein aktuelles Beispiel zu nennen – zwischen Jean-Philippe Toussaints *Salle de bain* und Michel Houellebecqs *Extension du domaine de la lutte*. In dem einen Fall steht der entfremdeten Existenz die Möglichkeit eines zumindest erträglichen gesellschaftlichen Lebens gegenüber und sie erscheint daher auch teilweise als selbst gewollt und selbst verschuldet, in dem anderen wird der Eindruck vermittelt, dass es für die Vereinsamung des Protagonisten keine Alternative gibt.

Die soziale Dimension der Erzählerrolle

Da die Funktion der verschiedenen Erzählsituationen für den Wirklichkeitsentwurf des Romans noch ausführlich behandelt wird[67], sollen im Augenblick nur einige wenige Hinweise auf die soziale Dimension der Erzählerrolle gegeben werden. In narrativen Texten, die sich explizit als Produkt eines Erzählakts darstellen – und das trifft ja für die ganz überwiegende Mehrzahl der Romane zu[68] –, spielt der Erzähler die Rolle eines Vermittlers zwischen der erzählten Welt und der realen Welt des Autors und der Leser. Natürlich kann dieser Vermittlungsvorgang ganz unterschiedlich gestaltet sein. Das hängt ab von der Art der Erzählsituation, von der Gestaltung der Erzählerfigur und auch davon, ob und in welcher Weise ein expliziter Bezug zum Leser hergestellt wird. Auf diese Einzelheiten kommt es im Augenblick jedoch nicht an. Vielmehr ist zunächst die zentrale Funktion des Erzählers in den Blick zu nehmen. Sie besteht darin, die erzählte Welt in eine bestimmte Perspektive einzurücken, und dabei ist nachdrücklich zu betonen, dass diese Perspektive tendenziell eine gesellschaftliche Perspektive ist.

Die soziale Dimension der Erzählerperspektive lässt sich – entsprechend dem doppelten Kontext, in dem der Vermittlungsvorgang des Erzählers stattfindet –

---

66 So lässt Cervantes in den beiden sich deutlich am pikaresken Modell orientierenden Erzählungen seiner *Novelas ejemplares*, *Rinconete y Cortadillo* und *El coloquio de los perros*, jeweils zwei pikaresk gezeichnete Figuren auftreten, die freundschaftlich miteinander verbunden sind und ihre Erfahrungen im Gespräch kommunizieren.

67 Vgl. Kapitel II: »Erzählsituationen: Gestaltung des gesellschaftlichen Blicks«.

68 Gegenbeispiele sind Brief- und Tagebuchromane oder moderne narrative Texte, die als innere Monologe präsentiert werden.

in zweifacher Hinsicht bestimmen. Im Hinblick auf die dargestellte Welt hat die Perspektive des Erzählers insofern einen gesellschaftlichen Charakter, als er im Gegensatz zu den Figuren einen Überblick über die gesamte Figurenkonstellation besitzt und daher deutlicher als sie selbst die sie betreffenden sozialen Zusammenhänge wahrnimmt, sowohl diejenigen, die sie gestalten als auch die, die ihnen vorausliegen. Der je eigenen subjektiven Sicht der Figuren, in die sich der Erzähler hineinversetzen kann, und dem dieser Sicht entsprechenden subjektiven Sinn ihres Verhaltens kann er daher eine mehr oder minder objektive, den gesamten gesellschaftlichen Kontext der erzählten Welt berücksichtigende Perspektive entgegensetzen. So erkennt der Erzähler des *Don Quijote* von Anfang an, dass das Projekt seines Helden, das fahrende Rittertum wieder auferstehen zu lassen, im Kontext der spanischen Welt des späten 16. Jahrhunderts vollkommen unsinnig ist. Natürlich ist eine solche übergreifende Sichtweise vor allem für die Formen des heterodiegetischen Erzählens typisch, sie ist aber auch in der Ich-Erzählsituation möglich, da das erzählende Ich aus der Rückschau meist eine umfassendere Perspektive einnimmt, als ihm zum Zeitpunkt des Erlebens vergönnt war. Zusätzlich zum Kontext der textinternen gesellschaftlichen Welt kann der Erzähler auch den Kontext der externen Welt ins Spiel bringen. Das geschieht einerseits schon durch das oben kommentierte Verfahren, fiktive Geschichten im Rahmen einer mehr oder minder realen Welt zu situieren.[69] Indem der Erzähler diese Situierung vornimmt – etwa indem er sagt, dass der Heimatort Don Quijotes in der Mancha gelegen ist – rekurriert er auf ein geographisches Standardwissen, das er auch bei seinem Leser voraussetzt. Und wenn Cervantes' Erzähler, um bei diesem Beispiel zu bleiben, seinen Helden als eine bestimmte Art von *hidalgo* bezeichnet – nämlich »de los de lanza en astillero«[70] (einer von denen, die noch die aus den Zeiten der Reconquista stammende Lanze aufbewahren) –, dann kommt zum geographischen Wissen ein in engerem Sinne gesellschaftliches Wissen hinzu, das sich auf die Lebensumstände einer bestimmten sozialen Schicht im Spanien des 16. Jahrhunderts bezieht. Das Beispiel zeigt, wie die Bezugnahme auf den realen Kontext bewirkt, dass die Systeme der Weltinterpretation, die für die reale Welt Geltung haben, auf die textinterne Welt projiziert werden. Daher haben die expliziten Kommentare des Erzählers zum Verhalten der Figuren im Allgemeinen nicht den Status von unverbindlichen Urteilen über fiktive Sachverhalte, sondern dienen vielmehr der Erprobung, Diskussion oder Umwertung realer gesellschaftlicher Wertmaßstäbe am irrealen Beispiel. Bei seinen wertenden Kommentaren bezieht sich der Erzähler auf ein Feld sozialer und ethischer Diskurse, deren primäre Funktion darin besteht, die reflexive Selbstbeschreibung der textexternen Gesellschaft zu ermöglichen; und wenn diese Diskurse in den Ausführungen des Erzählers auf die textinterne Welt bezogen werden, wird damit auch der Kontext der realen Welt in jedem Falle

---

69   Vgl. oben, S. 25 f.
70   Miguel de Cervantes, *Don Quijote de la Mancha*, hg. v. Francisco Rico, 2 Bde., Barcelona: Crítica, ²1998, Bd. 1, S. 35.

mit aufgerufen. Die Kommentare, mit denen der Erzähler dem Leser eine bestimmte Interpretation der fiktiven Geschehnisse nahe legt, dienen somit immer
auch einer Verständigung zwischen dem sich in der Rolle des Erzählers präsentierenden Autor und dem Leser über ihre eigene textexterne Welt.

Ein wichtiges Merkmal des vom Erzähler aktualisierten gesellschaftlichen
Wissens – im Sinne eines Wissens der Gesellschaft über die Gesellschaft[71] – besteht in vielen Fällen darin, dass es sich um ein auf die tägliche Lebenserfahrung bezogenes Alltagswissen handelt. Vor allem für die frühen Formen der
auktorialen Erzählsituation ist es typisch, dass sich der Erzähler als Repräsentant eines Wissens inszeniert, das die volkstümliche *communis opinio* widerspie-
gelt. Besonders deutlich lässt sich das bei der typisierenden Präsentation der
Figuren beobachten. So erklärt Cervantes' Erzähler über den Wirt, dem Don
Quijote bei seinem ersten Ausritt begegnet, er sei »pacífico« »por ser muy
gordo«, gutmütig wegen seines beträchtlichen Leibesumfangs, um ihn später
dann aufgrund seiner andalusischen Herkunft als diebisch wie der mythische
Erzdieb Caco (»no menos ladrón que Caco«) und durchtrieben wie ein stu-
dierter Page (»ni menos maleante que estudiantado paje«) zu bezeichnen.[72]
Wenn dem Wirt hier also die Eigenschaften eines gutmütigen Dicken, eines
betrügerischen Diebs und eines frechen Pagen zugeschrieben werden, wird
damit eine ganze Reihe von sozialen Stereotypen aufgerufen. Natürlich müssen solche Stereotypen dann nicht einfach bestätigt werden, sondern können
im Verlauf des Texts einer ironischen Infragestellung unterzogen werden. Auch
der Balzacsche Erzähler ist häufig nicht weit entfernt von dieser Art der sozialen Typisierung, obwohl er seinen Kommentaren häufig gerne einen wissenschaftlichen Anstrich gibt. Mme Vauquer in *Le Père Goriot* ähnelt allen Frauen,
die von sich behaupten, dass das Leben ihnen übel mitgespielt habe (»toutes les
femmes qui ont eu des malheurs«), und setzt die unschuldige Miene einer
Kupplerin auf, die moralische Skrupel geltend macht, um einen höheren Preis
zu erzielen (»l'air innocent d'une entremetteuse qui va se gendarmer pour se
faire payer plus cher«)[73]; Vautrin repräsentiert den Typ eines jovialen Lebens-
manns, den das Volk als »fameux gaillard« bezeichnet; Eugène de Rastignac hat
die Manieren eines jungen Adligen, der während seiner Kindheit eine in gutem Sinne traditionelle Erziehung erfahren hat (»où l'éducation première
n'avait comporté que des traditions de bon goût«[74]). Man sieht, wie in diesen
Charakterisierungen ständig auf ein aus der gesellschaftlichen Erfahrung er-
wachsenes, allgemein zugängliches Wissen bzw. auf die dieses Wissen transpor-

---

71 Wie in der Einleitung (oben, S. 8 f.) schon festgestellt wurde, entspricht diese Form des
    Wissens weitgehend Charles Taylors Begriff des »social imaginary« (vgl. *A Secular Age*,
    S. 159 ff.), da hier vor allem der mit dem sozialen Verhalten verbundene Vorstellungs-
    horizont gemeint ist.

72 Cervantes, *Don Quijote*, Bd. 1, S. 50–51.

73 Honoré de Balzac, *Le Père Goriot*, in: *La Comédie humaine*, hg. v. Pierre-George Castex,
    12 Bde., Paris: Gallimard (Pléiade), 1976–1981, Bd. 3, S. 54–55.

74 Ebenda, S. 60.

tierende soziale Sprache Bezug genommen wird. Das gilt letztlich auch häufig
für als eher intellektuell geltende Formen des narrativen Diskurses, wie sie
beispielsweise in Prousts *A la recherche du temps perdu* entfaltet werden. Prousts
Ich-Erzähler entwickelt nicht nur subtile ästhetische Reflexionen, sondern
gefällt sich auch immer wieder in der Entfaltung einer eher schlichten Alltags-
philosophie. Sie betrifft zwar neben den spezifisch sozialen Erfahrungen –
etwa den besonders ausführlich ausgebreiteten Eitelkeiten des mondänen Lebens – auch den individuelleren Bereich des Zeiterlebens, doch auch in diesem
Fall werden vor allem die allgemeinmenschlichen, Erzähler und Leser in gleicher Weise betreffenden Aspekte hervorgehoben, so die Unerreichbarkeit eines ständig in die Zukunft projizierten Glücks, das Nicht-Wahrhaben-Wollen
des eigenen Alterns oder der Mangel an Kontinuität im affektiven Erleben.

In diesem Zusammenhang ist noch einmal auf den Begriff der Familiarisierung zurückzukommen.[75] Ausgehend von Bachtin bezeichne ich als Familiarisierung die Herstellung von Nähe aufgrund der häufig – aber nicht zwangsläufig – komisch perspektivierten Einsicht in grundlegende menschliche
Gemeinsamkeiten körperlicher wie psychischer Natur, die sich im vertrauten
Zusammenleben am deutlichsten offenbaren. Die mit diesem Begriff um-
schriebene Einstellung ist symptomatisch für einen Aspekt der Erzählhaltung,
der eng mit den alltäglichen Bewertungsmaßstäben zusammenhängt. Der
Standpunkt des Erzählers ist häufig nicht der der offiziellen Moral, und er beurteilt die Figuren im Allgemeinen nicht ausgehend von dem Bild, das sie auf
der öffentlichen Bühne von sich entwerfen. Das ist natürlich zunächst in dem
besonderen, auch die verborgenen Motive umfassenden Wissen begründet, das
der Erzähler von den Figuren hat. Hinzu kommt aber auch ein besonderer
ethischer Standpunkt, der durch die Vertrautheitsrelation geprägt ist. Dies führt
dazu, dass in der Einschätzung des Erzählers neben den die Figuren entlastenden oder rechtfertigenden Motiven vor allem Qualitäten und Kompetenzen
privilegiert werden, die sich in intimeren gesellschaftlichen Kontexten bewähren, in der Familie, im Freundeskreis und natürlich auch in der Liebesbeziehung. Der Standpunkt des Erzählers entspricht dann also dem der Binnengesellschaft, die eher an den humanen als an den im engeren Sinne
gesellschaftlichen Eigenschaften interessiert ist. So bildet sich auch zwischen
dem Erzähler, der von ›unserem Helden‹ spricht, und dem Leser bzw. den Lesern eine Art Binnengesellschaft, deren Mitglieder die Schicksale der Protagonisten mit Sympathie verfolgen und über ihre Schwächen nachsichtig lächeln.[76] Die stillschweigende Voraussetzung hierfür ist das Einverständnis

---

75 Vgl. oben, S. 32.
76 Für die Bezeichnung dieser vom Erzähler gestifteten gemeinschaftlichen Perspektive
    bietet sich der von Susan S. Lanser geprägte Begriff der »communal voice« an. Aller-
    dings will Lanser entsprechend ihrer feministischen Perspektive das Konzept auf Er-
    zählinstanzen beschränken, die »marginal or suppressed communities« repräsentieren
    (vgl. *Fictions of Authority. Women Writers and Narrative Voice*, Ithaca: Cornell University
    Press, 1992, S. 21).

zwischen Erzähler und Lesern, dass die Protagonisten, auch wenn sie sich aus Sicht der sozialen Welt nicht immer korrekt benehmen, aufgrund ihres letztlich guten Charakters diese Sympathie verdienen. Im frühneuzeitlichen Roman betreffen diese familiären, von der offiziellen Moral abweichenden Bewertungsmaßstäbe häufig das Liebesverhalten, etwa wenn sich der Erzähler nicht die strenge Ehrenmoral, welche die Gesellschaft vor allem gegenüber den Mädchen und Frauen an den Tag legt, zu eigen macht, sondern dem Leser eine nachsichtigere Haltung suggeriert. So werden die zahlreichen jungen Frauen, die sich in Cervantes' Romanen und Novellen nach einem Eheversprechen ihrem Geliebten hingegeben haben und dann aufgrund männlicher Untreue oder aufgrund des Widerstands der Familie gegen eine eheliche Verbindung die negativen Sanktionen der Gesellschaft fürchten müssen, vom Erzähler meist mit Sympathie präsentiert. Ein gutes Beispiel bildet die vom Herzogssohn Fernando um ihre Ehre betrogene Bauerntochter Dorotea aus dem ersten Teil des *Don Quijote*, deren Fall auch sehr schön erkennen lässt, wie der vom Erzähler vertretene und dem Leser nahe gelegte Standpunkt mit dem einer romaninternen Binnengesellschaft korrespondiert. So wie Dorotea die Sympathie des Pfarrers und des Barbiers gewinnen kann, als sie ihnen ihre Geschichte erzählt, und dann auch Don Quijote und Sancho für sich einnimmt – nun allerdings in der Rolle einer unglücklichen Prinzessin –, so erscheint sie auch in den Augen des Erzählers und der Leser als reizende, unser Mitgefühl verdienende junge Frau.[77] Erzähler, Leser und romaninterne Binnengesellschaft repräsentieren dieselbe familiäre Perspektive, die Perspektive einer heiteren und humanen Gesellschaft, die gerade auch im sozial unangepassten, entwurzelten oder marginalisierten Individuum in erster Linie den Mitmenschen sieht. Ähnlich verhält es sich auch in Cervantes' *Persiles*, wo schon die beiden Protagonisten, die aufgrund ihrer gegenseitigen Liebe aus ihrer Heimat geflohenen Königskinder aus Friesland und Thule, nur deshalb in einem so günstigen Licht erscheinen können, weil strenge gesellschaftliche Bewertungsmaßstäbe vom Erzähler ausgeblendet werden. Wie oben dargelegt, werden sie im Verlauf des Romans das Zentrum einer Reisegesellschaft, die immer wieder auf Menschen trifft, die in unterschiedlicher Weise gegen die herrschenden sozialen Normen verstoßen haben und sich daher im Exil oder auf der Flucht befinden. Für alle ihre Geschichten bilden Persiles, Sigismunda und ihre Gefährten ein einfühlsames primäres Publikum, das mit seiner Haltung auch die Perspektive für den Erzähler und die Leser vorgibt.

Eine zentrale Komponente der Erzählperspektive bei Cervantes und in einem großen Teil der von ihm beeinflussten Gattungstradition – besonders prägnant bei Fielding, Stendhal oder Pérez Galdós – ist die Menschenkenntnis und eine mit ihr verbundene mitmenschliche Sicht. Das liegt nicht nur am

---

77 So betont der Erzähler neben der Schönheit Doroteas wiederholt ihre Klugheit (»discreción«), ihre Anmut (»gracia«) und ihr heiteres und gewandtes Benehmen (»donaire«) (*Don Quijote*, Bd. 1, S. 320, 335, 345, 433).

persönlichen Temperament der Autoren, sondern auch an den strukturellen Voraussetzungen des Romans. Denn der Überblick über die erzählte Welt, zu dem der Erzähler befähigt ist, und der intime, sowohl die privaten Lebensvollzüge als auch die Gedankenwelten umfassende Zugang, den er zu den Figuren hat, legen eine solche Perspektive nahe. Diese Menschenkenntnis kann natürlich auch pessimistisch getönt sein, wie das schon im – bezeichnenderweise in der Ich-Erzählsituation verfassten – pikaresken Roman und dann auch im realistischen Roman häufig der Fall ist. Für den heterodiegetisch erzählten Roman gilt jedoch, dass der Erzähler in den seltensten Fällen seine Protagonisten geringschätzt oder ablehnt, nicht die Ehebrecherin Emma Bovary und nicht die Mörderin Thérèse Raquin. Vielmehr eröffnet er immer eine Möglichkeit des Verstehens und reklamiert auf dieser Basis eine differenzierte und menschliche Beurteilung seiner Figuren. Das heißt nicht, dass der Roman damit, wie Lukács voraussetzt, die Perspektive des entfremdeten Individuums vertritt. Seine Perspektive ist vielmehr die einer humanen Gesellschaft, welche auch dem Außenseiter Gerechtigkeit widerfahren lässt und auch dem, der gegen ihre Normen verstößt, nach Möglichkeit einen Platz bietet.[78]

Vorgestellte Gemeinschaft

Der bisherigen Charakterisierung der durch Erzähler und Lesepublikum gebildeten Gemeinschaft ist nun noch ein weiterer wichtiger Aspekt hinzuzufügen. Die oben beschriebene Verbindung von textinterner und textexterner Welt, die durch die Referenz auf Elemente der dem Leser bekannten Wirklichkeit hergestellt wird, erhält in dem Maße einen spezifischen Charakter, wie diese Bezugnahmen sich an eine ganz bestimmte Gruppe von Lesern richten. Dies ist immer dann der Fall, wenn vom Erzähler – der in dieser Hinsicht wohl in den meisten Fällen weitgehend mit dem Autor gleichzusetzen ist – ein spezifisches Wissen vorausgesetzt wird. Im Grunde genommen ist eine solche Einengung des Leserkreises schon in der Wahl der Sprache impliziert. Dieser Umstand war nicht nur in der Frühen Neuzeit aufgrund der Konkurrenz zwischen den Volkssprachen und dem Lateinischen von Bedeutung, sondern betrifft auch heutige Autoren vor allem im Falle eines Migrationshintergrundes, oder wenn sie in einer postkolonialen Situation zwischen der Sprache der ehemaligen Kolonialmacht und der nationalen Sprache zu wählen haben. Weitere Spezifizierungen des Adressatenkreises sind natürlich in vielerlei Hinsicht möglich – in Bezug auf Stand bzw. soziale Position, Bildung, berufliche Aus-

---

78 Vgl. hierzu Dorothy Hales Einschätzung englischer Romantheoretiker wie Henry James und Percy Lubbock: »[they] try to prove that novels instantiate social relations by reading from novels the altruistic ties that they claim novels establish among author, narrator, character, and reader« (*Social Formalism. The Novel in Theory from Henry James to the Present*, Stanford: University Press, 1998, S. 14).

richtung etc. –, doch besteht neben der Sprachwahl das wohl wichtigste Verfahren, um eine bestimmte Leserschaft anzusprechen, in der Gestaltung der geographischen Referenzen sowohl im Hinblick auf die dargestellten Örtlichkeiten als auch auf die Herkunft der Figuren.

Wenn die Handlung des Romans durch die Nennung von realen Ortsnamen – von Städten, Regionen, Ländern – im Kontext der realen Welt situiert wird, dann stellt sich für den Leser von vornherein ein Verhältnis der Nähe oder der Ferne ein, wobei dies nicht nur von den Zufällen der Lektüresituation und der im Laufe seiner Biographie gewonnenen geographischen Weltkenntnis abhängt. Vielmehr ist dem Text schon meist eine bestimmte Form dieses Verhältnisses eingeschrieben. So wird ein durch Vertrautheit geprägter Leserbezug immer dann hergestellt, wenn sowohl der Ortsname als auch die bezeichnete Örtlichkeit als bekannt vorausgesetzt werden und daher beschreibende Erklärungen entfallen. Als Beispiel sei nochmals der oben schon erwähnte Eingangssatz des *Don Quijote* genannt, in dem der Herkunftsort des Protagonisten als ein Ort der Mancha (»un lugar de la Mancha«) bezeichnet wird. Hiermit wird eine Leserschaft angesprochen, die weiß, dass es sich bei La Mancha um eine Region Spaniens handelt, diese Region in etwa auf der spanischen Landkarte situieren kann und eine Reihe von Vorstellungen mit dieser Region verbindet.[79] Diese Leserschaft ist in erster Linie eine spanische Leserschaft, die aufgrund dieser Situierung in Don Quijote einen Landsmann sieht. Ein deutliches Indiz hierfür besteht in der Art der Bezugnahme des Erzählers auf den Helden: er spricht nicht nur von ›unserem Don Quijote‹, sondern von »nuestro famoso español Don Quijote de la Mancha« (unserem berühmten spanischen Don Quijote de la Mancha).[80] Das bedeutet einen klaren Gegensatz zum Ritterroman vom Typus des *Amadís de Gaula*, denn der *Amadís* entfaltet insofern eine markant über- oder vornationale Perspektive, als der spanisch geschriebene Roman zeigt, wie der aus Gallien stammende Amadís seine Ritterkarriere überwiegend im Umkreis des englischen Königshofes durchläuft und als deren Krönung die englische Königstochter Oriana heiratet. Demgegenüber engt Cervantes die Perspektive auf den spanischen Kulturkreis ein, indem er einen spanischen Helden wählt, dessen Abenteuerfahrten ihn im ersten Band kaum über den unmittelbaren Umkreis seiner Heimatregion hinausführen und dann im zweiten Band in Barcelona ihren Endpunkt finden. Cervantes nimmt auf diese Weise eine ›Hispanisierung‹ des Ritterromans vor, die ein wichtiges Indiz für den Funktionswandel des Romans zu Beginn der Frühen Neuzeit bildet. Nun wird nicht mehr ein ständisch definiertes Publi-

---

79 Eine hierfür beispielhafte Fehldeutung enthält der Titel der 1648 veröffentlichten ersten deutschen Übersetzung von Pahsch Basteln von der Sohle, wo »Don Quijote de la Mancha« mit »Juncker Harnisch auß Fleckenland« wiedergegeben wird. Dem Übersetzer war nicht bewusst, dass der aus dem Arabischen stammende Name der Region Mancha nichts mit dem Wort ›mancha‹ (›Fleck‹) zu tun hat.
80 Cervantes, *Don Quijote*, Bd. 1, S. 106.

kum angesprochen, sondern eine Gemeinschaft von Lesern, die sich regional definiert.

Das Beispiel lässt erkennen, dass der von Wolfgang Iser geprägte Begriff des »impliziten Lesers«[81] insofern zu kurz greift, als der Erzähltext sich im Allgemeinen nicht an einen einzelnen Leser, sondern an eine implizite Gemeinschaft von Lesern wendet. Zwar trägt die in der Erzählrhetorik übliche Adressierung eines ›geneigten Lesers‹ der Vereinzelung im Prozess der stillen Lektüre Rechnung, doch hat dieser einzeln angesprochene Leser immer einen exemplarischen Charakter und ist daher Repräsentant einer Gemeinschaft. Diese Gemeinschaft, die der Erzähler nicht nur auf explizite Weise mit Wendungen wie ›unser Held‹, sondern auch durch den überpersönlichen Charakter seiner Kommentare und schließlich, wie gerade hervorgehoben, durch die Bezugnahme auf ein kulturspezifisches Wissen und auf kulturspezifische Interessen definiert, kann als ›vorgestellte Gemeinschaft‹ (*imagined community*) im Sinne von Benedict Anderson bezeichnet werden.[82] Der Begriff bietet sich zunächst deshalb an, weil diese Lesergemeinschaft wie die von Anderson mit dem Begriff *imagined community* gemeinten sozialen Gruppierungen nur in der Vorstellung existiert, und zwar aus zwei Gründen: einerseits aus der Perspektive des Lesers – ganz im Sinne des Arguments von Anderson –, weil der Leser eines Textes sich als Teil eines Publikums begreift, das er nie in seiner Gesamtheit kennen und sich daher nur vorstellen kann; andererseits – nun eher aus der Perspektive des Autors – aufgrund des Umstands, dass diese Lesergemeinschaft sich aufgrund des vom fiktionalen Text bzw. von dessen Autor ausgehenden Rollenangebots konstituiert. Letzteres bedeutet, dass auch ein Leser, der in der Realität nicht die Merkmale der durch den Text definierten impliziten Leserschaft aufweist – also im Falle des *Don Quijote* beispielsweise kein Spanier und kein Zeitgenosse von Cervantes ist – gleichwohl auf imaginäre Weise an der dem Text entsprechenden *imagined community* partizipieren kann.

Das Verhältnis zwischen Andersons Konzept der *imagined community* und der durch den Roman konstituierten Gemeinschaft von Erzähler und Lesern kann nun aber – und zwar auf der Basis von Andersons eigenen Ausführungen – noch enger bestimmt werden. Anderson prägt den Begriff der *imagined community*, um die Entstehung und die Merkmale des Nationalgefühls zu beschreiben. Nationalstaaten, wie sie sich in ihrer paradigmatischen Form im 19. Jahrhundert ausbilden, beruhen auf *imagined communities* von Staatsbürgern, die nicht nur durch gemeinsame Interessen, sondern auch durch den gemeinsamen affektiven Bezug zur Vorstellung der Nation miteinander vereint sind. Vorstufen sieht Anderson in Religionsgemeinschaften und in den Untertanen der dynastisch definierten Staatsgebilde, wobei nun aber nicht der gemeinsame

---

81   Siehe hierzu vor allem Wolfgang Iser, *Der Akt des Lesens*, München: Wilhelm Fink, 1976.
82   Siehe hierzu Benedict Anderson, *Imagined Communities. Reflections on the Origin and Spread of Nationalism*, Revised edition, London: Verso, 2006.

Glaube bzw. die ihn fundierenden Texte oder die Treue zum Herrscherhaus, sondern das Konzept der Nation konstitutiv für die Gemeinschaft ist. Als wichtige Faktoren bei der Transformation der älteren Formen der *imagined community* in die nationalstaatliche Form sieht Anderson die Ausdifferenzierung und Konsolidierung der europäischen Volkssprachen und die diesen Prozess maßgeblich befördernde Verbreitung des Buchdrucks an. Dabei schreibt Anderson zwei Druckerzeugnissen eine besondere Bedeutung zu, der Presse und dem Roman, da beide dazu beitragen, ein neues, für die nationale Gemeinschaft konstitutives Gefühl der Gleichzeitigkeit entstehen zu lassen. Während im Falle der Zeitung dies durch die Bezugnahme auf die jeweiligen Tagesereignisse aus einer mehr oder minder nationalen Perspektive geschieht, sieht Anderson im Falle des Romans, wobei er sich vor allem auf Beispiele des 19. und 20. Jahrhunderts bezieht, das entscheidende Merkmal im Entwurf komplexer Figurenkonstellationen und in der simultanen Entfaltung der dadurch bedingten unterschiedlichen Handlungsstränge. Denn so werde das Bild einer sich in einer homogenen Zeit bewegenden Gesellschaft entworfen und damit »a precise analogue of the idea of the nation, which is also conceived as a solid community moving steadily down (or up) history«.[83] Natürlich kann man gegen Anderson einwenden, dass bereits im Ritterroman die mehr oder minder simultane Darstellung unterschiedlicher Handlungsstränge, welche die Aktivitäten unterschiedlicher Ritter betreffen, ein beliebtes Verfahren ist. Der von Anderson gemeinte gemeinschaftsstiftende Effekt setzt daher voraus, dass die Simultaneität der Figurenschicksale im Zusammenhang mit Formen der geographischen und kulturellen Referenz steht, welche der fiktiven Welt ein konkretes regionales Zentrum verleihen.[84] Denn in dem Maße, wie die Situierung der erzählten Geschichte kulturspezifische und dann möglicherweise auch nationale Merkmale aufweist, können die fiktiven Figuren, jedenfalls wenn ihre Herkunft dieser Situierung entspricht, als Teil einer fiktionsimmanenten *imagined community* mit nationalen Zügen erscheinen, welche die Basis für entsprechende Identifikationsvorgänge durch die Leser bildet. Im Falle des realistischen Romans des 19. und 20. Jahrhunderts kommt als entscheidendes weiteres Moment die von Auerbach für diesen Typ als wesentlich erachtete historische Kontextualisierung hinzu. Auerbachs These, dass der literarhistorische Realismus auf der Entwicklung der fiktiven Lebensläufe in Abhängigkeit von einem mehr oder minder zeitgenössischen realhistorischen Kontext beruht[85], kann in dem Sinne ergänzt werden, dass es sich dabei im Allgemeinen

---

83   Ebenda, S. 26.

84   Die von Anderson kurz besprochenen Beispiele (ein mexikanischer, ein philippinischer und ein indonesischer Roman) zeigen, dass das von ihm auch so gemeint ist (ebenda, S. 26–32). – Die geographischen Referenzen bilden für Franco Moretti (*Atlas of the European Novel 1800–1900*, London/New York: Verso, 1999, S. 11–73) die Basis seiner These, dass der neuzeitliche und moderne Roman zunehmend die Funktion erhält, die Nation zu repräsentieren.

85   Vgl. oben, S. 19.

um einen nationalhistorisch konzipierten Kontext handelt. So versteht sich
Balzac als Chronist der französischen Gesellschaft, Flaubert beschreibt in seiner
Éducation sentimentale das Schicksal einer von der Revolution von 1848 geprägten französischen Generation, Zola präsentiert eine kritische Version der
Geschichte des französischen Second Empire, Pérez Galdós bezieht sich in seinen *Episodios nacionales* und *Novelas contemporáneas* explizit auf die Entwicklung der spanischen Gesellschaft des 19. Jahrhunderts. Der realistische Roman
des 19. Jahrhunderts und seine Ausläufer im 20. Jahrhundert entfalten also in
ganz überwiegendem Maße Lebensläufe von fiktiven Figuren, die als exemplarisch für den Zustand einer ganz bestimmten Gesellschaft zu begreifen sind,
der Gesellschaft nämlich, der der Autor und sein primäres Publikum angehören. Auf diese Weise wird der Roman für den Autor und seine Leser zu einem
Medium der Reflexion über ein gemeinsames historisches Schicksal.

Es ist an dieser Stelle geboten, die in den letzten Abschnitten entwickelten
Aspekte der sozialen Perspektive des Romans noch einmal zu resümieren. Ausgehend von Hans Blumenberg wurde zunächst darauf verwiesen, dass der für
den neuzeitlichen und modernen Roman maßgebliche Entwurf einer kohärenten fiktiven Welt auf der intersubjektiv garantierten Realitätswahrnehmung
der fiktiven Figuren beruht. Es liegt somit eine prinzipiell gesellschaftliche
Form der Wirklichkeitskonstruktion vor, an der auch der Erzähler – natürlich
in ganz maßgeblicher Weise – und die Leser partizipieren. Romane konstituieren auf diese Weise für sie spezifische, die fiktionale und die reale Welt der Leser
verbindende und so die Fiktionsgrenze überspringende Formen einer imaginären Gemeinschaft, welche die fiktiven Figuren mit dem Erzähler und den Lesern vereinen. Ausgehend von dieser strukturellen Grundvoraussetzung können unterschiedliche Tendenzen unterschieden werden. Versucht man die
Brücke zu Bachtins Konzeption des Romans zu schlagen, so führt dies zu einer
Akzentuierung des dialogischen Charakters der im Roman inszenierten sozialen Wirklichkeitskonstruktion. Ein durch soziale Dialogizität geprägter imaginärer Entwurf einer Gemeinschaft bzw. Gesellschaft wird im Zeichen einer be-
jahten sozialen und kulturellen Hybridität stehen. Er kann Züge einer in mehr
oder minder deutlicher Opposition zur offiziellen Kultur stehenden Alternativ-
oder Gegengesellschaft annehmen[86] und in dem Maße, wie die in der Gattungsgeschichte enthaltene karnevaleske Dimension ausgespielt wird, sich einem populären Standpunkt annähern. Orientiert man sich an Andersons
Begriff der *imagined community* – insbesondere im Hinblick auf die nationalstaatliche Form –, so erscheint der im Roman eingeschriebene und in der Lektüre imaginär realisierte Gesellschaftsentwurf in einem etwas anderen Licht.
Konstitutiv erscheint nun eine durch die nationale Sprache sowie den kohärenten und mehr oder minder an einem politischen Zentrum orientierten raum-

---

86 Diese gesellschaftliche Funktion ist mit Susan S. Lansers Konzept der »communal
voice« gemeint (vgl. oben, S. 48, Anm. 76).

zeitlichen Kontext bewirkte Einheitsvorstellung, die eher dem Standpunkt der sozialen Eliten als einer populären Perspektive entspricht.[87] Die in der Romanstruktur angelegte Tendenz zur Konstitution sozialer Welten kann sich also mit unterschiedlichen Funktionen verbinden, wie es ja auch Bachtin durch seine Unterscheidung zwischen einem dialogischen und einem monologischen Roman vorsieht. Gleichwohl ergibt sich aus den vorangegangenen Ausführungen, dass dieser Opposition kein absoluter Charakter zugeschrieben werden kann. Wenn der Aspekt der Heterogenität radikalisiert wird, kann sich keine kohärente Welt mehr bilden; wo sich die einheitsstiftende Perspektive zum monologischen Thesenroman verengt, verschenkt der Roman sein ästhetisches Potential, das ja zu einem großen Teil in seinen strukturellen Möglichkeit einer dialogischen Gestaltung angelegt ist. Der Normalfall ist also ein subtiles Zusammenspiel der beiden Tendenzen, wobei natürlich unterschiedliche Gewichtungen möglich sind.

Dieses Spannungsfeld ist deutlich an den romanimmanenten Modellen gesellschaftlicher Formationen abzulesen, die oben als Binnengesellschaften bezeichnet wurden. So entwirft der Schäferroman eine naturnahe Alternativgesellschaft zum höfischen Ambiente, die gleichwohl durch den Anspruch auf höfische Umgangsformen charakterisiert ist; Rousseaus *Nouvelle Héloïse* beschreibt die Entstehung einer dem Paradigma der Pariser Gesellschaft entgegengesetzten multinationalen Gemeinschaft[88], die durch das Ideal der Empfindsamkeit geeint wird; Balzac zeigt an zahlreichen Beispielen, wie die geschlossenen sozialen Milieustrukturen einer vormodernen Gesellschaft der modernen Entfesselung egoistischer Interessen nicht standhalten können, und bestärkt gleichwohl die Vorstellung der nationalen Einheit Frankreichs. Diese Beispiele lassen auch erkennen, dass die Tendenzen zur Homogenität und zur Heterogenität nicht nur spannungsreich miteinander kombiniert, sondern auch mit unterschiedlichen Wertungen verbunden werden können. Sowohl gesellschaftliche Homogenität, etwa die nationale Einheit, als auch gesellschaftliche Offenheit können als erstrebenswert erscheinen. Schließlich ergeben sich damit auch je unterschiedliche Perspektiven für die Stellung des sich von der Gemeinschaft absondernden Individuums.

---

87 Dies würde Ernest Gellners Charakterisierung der Nationalstaatsidee als eines von der sozialen Elite ausgehenden Projekts entsprechen (*Nations and Nationalism*, Oxford: Blackwell, 1964, insbes. S. 19–62). Demgegenüber betont allerdings Eric J. Hobsbawm, dass der Nationalismus auch populäre Wurzeln haben muss, um sich durchsetzen können (*Nations and Nationalism since 1780. Programme, Myth, Reality*, Cambridge: University Press, 1997, insbes. S. 46–100).

88 Zu ihr gehören neben Saint-Preux, dessen Herkunft nicht erklärt wird, und der aus der Schweiz stammenden Julie der Russe Wolmar und als Briefpartner auch der Engländer Lord Bomston.

Erzähler- und Figurenperspektive

Aus dem bisher Gesagten ergibt sich das folgende Bild der Perspektivenstruktur des Romans. Einerseits bietet sie die Möglichkeit, individuelle Figurenperspektiven einer den individuellen Standpunkt transzendierenden gesellschaftlichen Perspektive gegenüberzustellen, die sich aus der in den letzten Abschnitten beschriebenen Konstitution einer Romangesellschaft ergibt. Andererseits ist dieser soziale Standpunkt seinerseits durch ein Spannungsverhältnis zwischen einer dialogischen, die gesellschaftlichen Zentren und ihre Diskurse infrage stellenden und einer einheitsstiftenden Tendenz geprägt. Im Augenblick ist festzuhalten, dass diese perspektivische Struktur vor allem dazu geeignet ist, das Verhältnis von Individuum und Gesellschaft in differenzierter Weise zu inszenieren. Wenn man mit Georg Lukács in diesem Verhältnis das zentrale Thema des Romans sehen will, so findet dies darin seine Bestätigung, dass das Spannungsverhältnis zwischen den individuellen Formen des Erlebens und dem gesellschaftlichen Charakter des dieses Erleben interpretierenden Erzählens bereits in der Perspektivenstruktur fiktionaler Erzähltexte angelegt ist. Allerdings ist nun gegen Lukács auch einzuwenden, dass er möglicherweise der Perspektive des Individuums und der aus dieser Perspektive entfalteten Entfremdungserfahrung zu viel Gewicht verleiht. Eine weitgehend unvermittelte Wiedergabe der individuellen Perspektive ist nur in extremen Formen der Ich-Erzählung gegeben, ansonsten bildet jedoch die Perspektive des Erzählers – auch die des sich an ein gesellschaftliches Publikum wendenden Ich-Erzählers – ein Gegengewicht. Natürlich hat das auch Lukács gesehen und bis zu einem gewissen Maß berücksichtigt, wie unten im Zusammenhang mit der von ihm besonders betonten ironischen Struktur des Romans erörtert werden soll.[89] Denn diese grundlegende Affinität des Romans zu Formen der ironischen Schreibweise ergibt sich vor allem daraus, dass er die strukturelle Möglichkeit hat, die individuelle Figurenperspektive mit einer umfassenderen Sichtweise zu konfrontieren. Eine typische Ausformung dieses perspektivischen Kontrasts besteht darin, dem Unwissen, dem nur partiellen Wissen oder den Irrtümern der Figur das gesicherte Wissen des Erzählers gegenüberzustellen. Und da es im Roman vor allem um die Einschätzung der gesellschaftlichen Welt und das Sich-Zurecht-Finden in dieser Welt geht, betrifft das Wissensgefälle zwischen Erzähler und Figur im Wesentlichen das Wissen um die gesellschaftlichen Verhältnisse. Wenn im modernen Roman von Anfang an, also schon im *Don Quijote*, Individuen in den Mittelpunkt gerückt werden, die sich in einer ihren Wünschen und Bedürfnissen entsprechenden Illusionsperspektive vereinzeln und sich dabei über die intersubjektiv gesicherten Realitätsstandards hinwegsetzen, dann geschieht das häufig mit dem Ziel, das Spannungsverhältnis zwischen dieser individuellen Illusionsperspektive und einer sozialen Realitätsperspektive zu entfalten.

---

89   Siehe unten, S. 87 ff.

Im Hinblick auf die Gewichtung dieser Perspektiven hält der Roman ein breitgefächertes typologisches Spektrum bereit, das sich in der Geschichte des Romans in je unterschiedlichen historischen Ausprägungen entfaltet. Da diese perspektivischen Möglichkeiten im Hinblick auf ihre systematischen und historischen Dimensionen im nächsten Kapitel konkreter dargestellt werden, soll hier die übergreifende historische Entwicklungslinie nur angedeutet werden. Im frühneuzeitlichen Roman ist insgesamt von einem Übergewicht einer Erzählerperspektive auszugehen, die explizit als gesellschaftliche Perspektive inszeniert wird. Hierfür ist das Beispiel der cervantinischen Texte natürlich einschlägig, insbesondere der *Don Quijote*, in dem der Kontrast zwischen individueller Illusionsperspektive und sozialer Realitätsperspektive noch in ganz überwiegend komischer Weise entwickelt wird. Hier gilt noch, was Erich Auerbach am Beispiel von Petronius' *Gastmahl* im Hinblick auf den antiken Roman formuliert hat: Das sich absondernde Individuum hat »der Gesellschaft gegenüber stets unrecht«[90], wobei dies aber zugleich auch die Möglichkeit einer sich in der komischen Familiarisierung vollziehenden Integration des Außenseiters impliziert. Allerdings verleiht der pikareske Roman der Perspektive des marginalisierten Individuums bereits mehr Gewicht, auch wenn insgesamt die soziale Distanz – nun nicht des Erzählers, sondern die des Autors und des Lesers – gegenüber dem Picaro vorherrscht. Romane wie Madame de Lafayettes *Princesse de Clèves*, die sich zum Advokaten des von der Gesellschaft eingeengten Individuums machen, bleiben zunächst die Ausnahme. Maßgeblich ist eher die Entwicklungslinie, die weiterhin – bis weit ins 18. Jahrhundert und auch darüber hinaus – der ironischen Sicht des cervantinischen Erzählers auf das Individuum verpflichtet bleibt, auch wenn sie zunehmend mit Einfühlung angereichert werden kann, wie das etwa Henry Fielding in seinem *Tom Jones* vorführt. Zugleich werden nun aber auch Formen des Ich-Romans entwickelt, die das pikareske Paradigma hinter sich lassen, so die *Manon Lescaut* des Abbé Prévost, wo die Perspektive eines Individuums entworfen wird, das mit seiner empfindsamen Innerlichkeit der Gesellschaft gegenüber ins Recht gesetzt wird. Ähnliches gilt auch für den für das 18. Jahrhundert typischen Briefroman, wofür Rousseaus *Nouvelle Héloise* und Goethes *Werther* die kanonischen Beispiele darstellen. Somit zeichnen sich schon moderne Formen der sozialen Entfremdung ab, die als solche kaum noch komisch aufhebbar sind. Während der romantische Roman – im französischen Kontext ist hier Chateaubriands *René* paradigmatisch – die individuelle Erfahrung des melancholischen Außenseiters noch stärker in den Vordergrund rückt, kehrt der realistische Roman wieder zu ausgewogeneren Formen der Perspektivenstruktur zurück. Seine Besonderheit besteht darin, dass hier nun die individuelle Entfremdungserfahrung in sehr viel entschiedener Weise als je zuvor in einen konkreten gesellschaftlichen Kontext – nun häufig nationalen Zuschnitts – eingerückt wird, der deshalb auch die Perspektive des Erzählers maßgeblich

---

90 Auerbach, *Mimesis*, S. 35.

prägt. Dabei reicht das Spektrum von einer Betonung der distanzierten, häufig immer noch mit einer komischen Tonlage verbundenen gesellschaftlichen Sicht, die in den Romanen von Stendhal, Balzac und im spanischen Realismus bei Pérez Galdós vorherrscht, zu der weniger deutlich vermittelten und daraus einen hohen Maß an Ernst gewinnenden Präsentation des individuellen Lebens, wie man sie insbesondere bei Flaubert und dann auch bei Zola antrifft. Die den Roman des 20. Jahrhunderts zunächst bestimmende, vor allem vom englischsprachigen Roman – Joyce, Woolf, Dos Passos, Faulkner – ausgehende, dann aber auf den gesamten modernen Roman übergreifende Innovation ist die zunehmend unvermittelte Darstellung von Bewusstseinsvorgängen, womit die Perspektive des Individuums eine weitere Akzentuierung erhält. Dem steht allerdings die Tendenz zur Metafiktionalität und damit einer mehr oder weniger spielerischen Distanzierung von der fiktiven Welt und ihren Figuren gegenüber. Das Erzählen kann damit einerseits einen prägnant selbstreferentiellen Charakter annehmen – beispielhaft ist hierfür der französische *Nouveau Roman* –, sich andererseits aber auch wieder mit einem satirischen Blick auf die reduzierten Chancen des modernen Individuums zur Selbstverwirklichung verbinden. Im französischen Roman sind die Texte von Jean-Philippe Toussaint und Michel Houellebecq entsprechende Beispiele. Die Gattungsgeschichte stellt sich somit in großen Zügen als ein zu einer immer prägnanteren Darstellung von Individualität führender Verlauf dar, ist dabei aber nicht kontinuierlich, sondern bringt auch auf immer neue Weise die gesellschaftliche Perspektive ins Spiel. Einige Aspekte dieses Zusammenspiels sollen im Folgenden gründlicher untersucht werden.

II. Erzählsituationen: Gestaltung des gesellschaftlichen Blicks

Gérard Genette hat den Begriff des heterodiegetischen Erzählens – »récit hé-térodiégétique« – geprägt, um eine Erzählposition zu charakterisieren, bei der die Erzählinstanz nicht der erzählten Welt angehört.[91] Franz K. Stanzel bezeichnet denselben Sachverhalt, indem er von der »Nicht-Identität der Seinsbereiche von Erzähler und Charakteren« spricht.[92] Diese Definition einer spezifischen Form des Erzählens gewinnt ihre Berechtigung aus der Opposition zum »récit homodiégétique« bzw. zur Ich-Erzählung, die für Stanzel auf der »Identität der Seinsbereiche« beruht. Natürlich handelt es sich hierbei um eine idealtypische Unterscheidung, die subtile Übergangsformen erlaubt, wie dies im Stanzelschen Typenkreis vorgesehen ist.[93] Nichtsdestoweniger gewinnt sie daraus eine besondere Bedeutung, dass sie nicht nur ein erzählpragmatisches Binnenproblem betrifft, wie die von Stanzel auch verwendete Opposition zwischen »Ich-Bezug« und »Er-Bezug«[94] nahe legt, sondern einen grundsätzlichen Aspekt des fiktionalen Erzählens. Das heterodiegetische Erzählen hat insofern einen fiktionsspezifischen Sonderstatus, als im Falle des nicht-fiktionalen Erzählens – sowohl in Form des historischen Erzählens als auch der Alltagserzählung – von einer »Nicht-Identität der Seinsbereiche« im strikten Sinne gar nicht die Rede sein kann. Vielmehr bezieht sich die nicht-fiktionale Erzählung in jedem Falle auf eine Vergangenheit, die zwar mehr oder weniger nah oder fern sein kann, aber immer ein Teil des in die Gegenwart des Erzählers führenden Geschehens ist; und damit ist der Erzähler in diesem Fall grundsätzlich ein Teil der erzählten Welt. Aus demselben Grund gilt somit, dass die fiktionale Ich-Erzählung mit der Inszenierung einer »Identität der Seinsbereiche« die für das nicht-fiktionale Erzählen geltenden pragmatischen Bedingungen reproduziert. Dem heterodiegetischen Erzählen ist jedoch der Fiktionscharakter in gewisser Weise immer schon eingeschrieben. Im Folgenden sollen diese fiktionstheoretischen Überlegungen den Ausgangspunkt dafür bilden, um die Darstellung typischer Möglichkeiten des fiktionalen Weltverhältnisses mit der Frage nach der dabei implizierten sozialen Perspektive zu verbinden.

---

91 Genette, »Discours du récit«, S. 252.
92 Stanzel, *Theorie des Erzählens*, S. 119 ff.
93 Stanzel, *Typische Formen des Romans*, S. 52 ff.; *Theorie des Erzählens*, S. 80, 239 ff.
94 Ebenda, S. 108 ff.

1.   Heterodiegetisches Erzählen

Fiktionsmodus und Verfremdungsmodus

Die beste Voraussetzung für die »Nicht-Identität der Seinsbereiche« ist dann gegeben, wenn von einer ganz anderen Welt als der unseren erzählt wird, die sich in offensichtlicher Weise als erfundene Welt darstellt. Dass eine solche Welt auch in Form einer Ich-Erzählsituation präsentiert werden kann – ein Bewohner einer anderen Welt berichtet aus dieser Welt –, stellt hierfür kein Gegenargument dar. Denn nur im Falle des heterodiegetischen Erzählens betrifft die fiktionsbedingte Alterität der erzählten Welt in unmittelbarer Weise die Beziehung des Erzählers zu dieser Welt. Allerdings ist es für die Entwicklung des Romans von Anfang an – besonders deutlich aber ab der Frühen Neuzeit – merkmalhaft, dass sich die Fiktion nicht auf das ihr eigene Terrain, die Phantasiewelten des Märchens und ähnlicher narrativer Gattungen beschränkt, sondern dem historischen Erzählen annähert, das auf das in unserer gemeinsamen Wirklichkeit Vorgefallene Bezug nimmt. Natürlich sind stärker fiktionalisierte Weltentwürfe nicht nur in verhältnismäßig frühen Phasen der Gattungsentwicklung, etwa im Fall des Ritterromans oder des Schäferromans, anzutreffen, sondern treten auch später immer wieder auf wie im Schauerroman, dem Science-Fiction-Roman oder der aktuellen Phantasy-Literatur. Doch möchte ich hier, wie von Anfang an betont, die zu den realistischen Romanformen des 19. und 20. Jahrhunderts führende Hauptlinie der Gattungsentwicklung in den Vordergrund rücken. Für sie ist eine Überlagerung von fiktiver und realer Welt charakteristisch, die den Fiktionen des Romans ihren spezifischen Charakter verleiht. Zwar sind zumindest die Hauptfiguren und ihre Schicksale in jedem Fall – abgesehen von bestimmten Formen des historischen Romans[95] – mehr oder minder erfunden, aber der raumzeitliche Kontext, in dem sie sich bewegen, konstituiert sich nun in entscheidendem Maße durch Referenzen auf die reale Welt. Aufgrund der in diesem Fall gegebenen Überlagerung von fiktiver und realer Welt beruht die »Nicht-Identität der Seinsbereiche« hier nur noch zum Teil darauf, dass der Erzähler von einer anderen, nicht existierenden Welt bzw. von nicht-existierenden Figuren spricht. Entscheidend wird nun vielmehr der Umstand, dass der Erzähler von der existierenden Welt in einer anderen Weise spricht, als das beim historischen Erzählen der Fall ist – nämlich als einer, der dieser Welt nicht angehört und für den diese Welt daher nicht in der Weise existiert, wie für die Figuren, die ihr angehören und von denen er erzählt. Es kommt damit zu einer deutlichen Umakzentuierung des fiktionalen ›Als-Ob‹. Während im Falle des Märchens die Fiktion darin besteht, die imaginäre andere Welt und das in ihr Geschehene – im Sinne der Eingangsformel des ›Es war einmal‹ – als tat-

---

95   In dem durch Walter Scott geschaffenen modellhaften Typ sind allerdings die Hauptfiguren ebenfalls erfunden, so dass die historischen Figuren im Hintergrund bleiben.

sächlich auszugeben, wobei der spielerische Charakter dieses Verfahrens immer mehr oder weniger deutlich inszeniert wird, dient im realistischen Roman das fiktionale ›Als-Ob‹ dazu, die tatsächliche Welt in eine imaginäre Distanz zu rücken. Im ersten Fall möchte ich vom Fiktionsmodus sprechen, da die Existenz der erzählten Welt überwiegend auf der Ausformulierung eines imaginären Entwurfs beruht.[96] Im zweiten Fall, den ich als Verfremdungsmodus[97] bezeichnen will, resultiert die Konstitution der erzählten Welt aus der Kombination zweier miteinander zusammenhängender Verfahren: Die aufgrund der Realitätsnähe der dargestellten Welt eigentlich zu erwartende Verbindung des Erzählers zu dieser Welt wird aufgehoben – bzw. der Erzähler steht der erzählten Welt in derselben Weise fern wie der manifest fiktiven Welt des Märchens –, und stattdessen wird die dargestellte Welt als Bezugsfeld fiktiver Figuren präsentiert.[98] Die fiktive andere Welt definiert sich somit primär als Welt des fiktiven Anderen, und dies ist umso effektvoller, wenn es gerade die eigene Welt ist – die des Autors und des Lesers –, die auf diese Weise als andere Welt präsentiert wird. Entscheidend ist dann nicht der durch die Fiktion ermöglichte Alteritätscharakter der erzählten Welt, sondern der durch die Fiktion ermöglichte andere Standpunkt. Dieser perspektivische Alteritätseffekt ist im Falle des heterodiegetischen Erzählens besonders ausgeprägt. Natürlich liegt auch in der Ich-Erzählung eine Verschiebung des die Wahrnehmung der erzählten Welt bedingenden Standpunkts vor, allerdings nicht in derselben Weise. Hier ist der Erzähler selbst der fiktive Andere, der die erzählte Welt aus seiner Perspektive als andere präsentiert. Die Fiktionsgrenze liegt hier zwischen dem Autor und dem Ich-Erzähler, in den sich der Autor verwandelt. Demgegenüber ist im heterodiegetischen Erzählen die Fiktionsgrenze verdoppelt: Sie trennt nicht nur den Autor vom Erzähler, sondern auch und vor allem den Erzähler von der erzählten Welt.

Die »Nicht-Identität der Seinsbereiche« und die sie begründende Ausgestaltung der heterodiegetischen Erzählposition bilden somit einen komplexen Sachverhalt, bei dem verschiedene Faktoren zusammenwirken. Der erste Fak-

---

96   Natürlich ist die Darstellung einer völlig imaginären Welt grundsätzlich nicht möglich, da – u. a. aufgrund der mit den sprachlichen Zeichen verbundenen Realitätsvorstellungen – fiktionale Gestaltungen imaginärer Vorstellungen immer mit Realitätsfragmenten durchsetzt sind. Siehe hierzu Wolfgang Isers Ausführungen über die »Akte des Fingierens« (*Das Fiktive und das Imaginäre. Perspektiven literarischer Anthropologie*, Frankfurt/M.: Suhrkamp, 1993, S. 18 ff.).

97   Ich verwende den Begriff der Verfremdung gemäß seiner Prägung im russischen Formalismus als Funktionsbestimmung von literarischen Verfahren, die eine neue Form der Wahrnehmung ermöglichen. Siehe hierzu Viktor Sklovskij, »Kunst als Verfahren«, in: Jurij Striedter (Hg.), *Russischer Formalismus. Texte zur allgemeinen Literaturtheorie und zur Theorie der Prosa*, München: Fink, 1971, S. 5–35, hier: S. 15. Bertolt Brechts Verwendung des Verfremdungsbegriffs ist demgegenüber insofern eingeschränkt, als er sich überwiegend auf Verfahren der Illusionsdurchbrechung bezieht.

98   Zum Wechsel des Bezugsfelds bei der Lektüre fiktionaler Texte vgl. Johannes Anderegg, *Fiktion und Kommunikation*, Göttingen: Vandenhoeck & Ruprecht, 1973, S. 33–39.

tor, dessen Bedeutung für die Gestaltung der perspektivischen Verhältnisse bisher meines Erachtens zu wenig berücksichtigt wurde, betrifft den Realitätscharakter der erzählten Welt, d. h. ihre Übereinstimmung oder Nicht-Übereinstimmung mit der realen Welt und den in ihr herrschenden Naturgesetzen und sozialen Konventionen. Der zweite Faktor resultiert aus der Inszenierung des Erzählakts, wobei die Möglichkeiten sich von der offenen Thematisierung des Fingierens zum Berichten von scheinbar tatsächlich Vorgefallenem erstrecken. Der dritte Faktor ist die Wahl der Erzählperspektive, die sich auf ein Feld von Optionen bezieht, das von der Einnahme der Position außerhalb der erzählten Welt, also der Position der Erzählinstanz, zu einer Übernahme der Position des Erlebens bzw. der Position der fiktiven Figuren reicht. Aus allen drei Faktoren ergibt sich ein Spektrum an Variationen, die je unterschiedliche Kombinationen des Fiktionsmodus – der Transformation einer imaginären Welt in eine real erscheinende Welt – mit dem Verfremdungsmodus – der Transformation der real existierenden Welt in eine imaginäre Welt – darstellen.

Für den Realitätscharakter der erzählten Welt ist einerseits ausschlaggebend, inwieweit sie der Welt des Lesers räumlich und zeitlich angenähert ist, andererseits, inwieweit die in ihr situierten Figuren und Ereignisse den Realitätsstandards des Lesers entsprechen. Die deutlichsten Fiktionssignale ergeben sich natürlich im Falle der wunderbaren Welten des Märchens. Doch auch die Situierung der erzählten Welt in einer fernen Vergangenheit oder in einer fernen Weltgegend können dazu beitragen, ihren Realitätsstatus abzuschwächen, da dem Leser in diesem Fall ein die Wahrscheinlichkeit absichernder Abgleich mit seinem Erfahrungswissen nur noch in eingeschränktem Maße möglich ist. Der Ritterroman, insbesondere seine spanische Variante, für die Garcí Rodríguez de Montalvos 1508 gedrucktes *Amadís de Gaula* das Modell bildet, ist beispielhaft für eine Kombination dieser Merkmale. Zeitlich ist der *Amadís de Gaula* wie die Artus-Romane in oder kurz nach der Völkerwanderung situiert, in einer Zeit also, die bei seinem Erscheinen schon ungefähr 1000 Jahre zurücklag. Räumliche Ferne entsteht im Zuge der durch ganz Europa und darüber hinaus führenden Abenteuerfahrten der Ritter, wobei mit den geographischen Gegebenheiten höchst frei verfahren wird. Märchenhaft wirken die Ritterromane aufgrund des Auftretens von Figuren wie Feen, Zauberern, Zwergen und Riesen, die dem Realitätsverständnis – auch schon der Leser des 16. Jahrhunderts – widersprechen, zumal sie meist auch mit übernatürlichen Kräften begabt sind. Den im Hinblick auf die Wirklichkeitsnähe entgegengesetzten Pol bilden die für den Leser in jeder Hinsicht realitätsgerechten Welten des realistischen Romans, die seiner Welt nicht nur räumlich und zeitlich nahe gerückt sind, sondern darüber hinaus häufig auf tatsächliche soziale Gegebenheiten und historische Ereignisse Bezug nehmen. Wie oben schon gesagt, sind hier nur die Figuren fiktiv, wohingegen die Welt, in der sie sich bewegen, nicht nur die Illusion der Wirklichkeit erwecken will, sondern auch den Anspruch erhebt, als Abbild der realen Welt ernst genommen zu werden.

Für den zweiten der oben genannten Faktoren, die Inszenierung des Erzählakts, ist die Gestaltung der Vermittlungsposition, die der heterodiegetische Erzähler zwischen dem Autor und der erzählten Welt einnimmt, entscheidend. Wenn sich der Erzähler mehr oder minder deutlich auch als Schöpfer der erzählten Welt zu erkennen gibt, so heißt das, dass er Merkmale der Autorrolle aufweist. Als Erzähler im eigentlichen Sinn erscheint er demgegenüber, wenn er behauptet, eine Geschichte wiederzugeben, die nicht seine eigene Schöpfung ist. Erzähler führen in diesem Fall häufig an, dass sie sich auf schon vorgegebenes Material stützen, wobei dann wiederum zu unterscheiden ist zwischen dem erneuten Erzählen fiktiver Geschichten[99] und der Bezugnahme auf schriftliche oder mündliche Zeugnisse, die sich auf ein angeblich tatsächlich vorgefallenes Geschehen beziehen. Im letzteren Fall nähert sich die Rolle des Erzählers der des Historikers an, der auf das Studium von Quellen und möglicherweise auch auf eigene Recherchen angewiesen ist. Damit ergibt sich eine Skala, die von einem sich als Fingieren zeigenden Erzählen bis zum Aufzeichnen eines scheinbar tatsächlichen Geschehens führt. Ihr Endpunkt ist dort erreicht, wo der Erzähler weder sein Wissen von der erzählten Welt begründet noch in irgendeiner anderen Weise den Akt des Erzählens thematisiert. Der Erzähler stellt sich hier nicht mehr als aktiver Gestalter des Erzählstoffs, sondern als passiver Zeuge und Beobachter der erzählten Welt dar, der die in ihr stattfindenden Vorgänge lediglich vergegenwärtigt und dem Leser eine analoge Beobachterrolle ermöglicht. Im Falle eines solchen scheinbar in passiver Haltung verfassten Protokolls ergeben sich wiederum unterschiedliche Effekte aufgrund des jeweils gewählten Tempus. Während das bis zum realistischen Roman eindeutig dominierende Vergangenheitstempus immer noch ein Erzählsignal darstellt, erweckt das Präsens den Eindruck eines gleichzeitig mit dem Geschehen entstehenden Textes.

Der dritte Faktor, der darüber entscheidet, ob die heterodiegetische Präsentation der erzählten Welt dem Fiktions- oder dem Verfremdungsmodus zuneigt, betrifft die Möglichkeiten der perspektivischen Vermittlung, die durch die externe Erzählposition geboten werden. Zunächst ist zu betonen, dass das heterodiegetische Erzählen grundsätzlich mit dem perspektivischen Privileg des totalen Überblicks über die erzählte Welt verbunden ist, sowohl im Hinblick auf ihre raumzeitliche Ausdehnung als auch auf die Innenwelt der Figuren. In dieser Allwissenheit besteht gerade der fiktionsspezifische Charakter des heterodiegetischen Erzählens, denn im Falle von Erzählungen, die sich im nicht-fiktionalen Modus auf die reale Welt, insbesondere auf Figuren, die tatsächlich existieren oder existiert haben, beziehen, ist sie grundsätzlich ausgeschlossen. Allerdings kann beim heterodiegetischen Erzählen, wie Genettes fundamentale Unterscheidung zwischen der Erzählinstanz (»qui

---

99 So wird beispielsweise im Prolog des *Amadís de Gaula* darauf verwiesen, dass sich der Text auf eine frühere Fassung des Amadís-Romans bezieht.

parle«) und der perspektivischen Position (»qui voit«) klarstellt[100], auch eine Perspektive gewählt werden, die dadurch von der externen Erzählposition abweicht, dass sie der erzählten Welt angenähert oder innerhalb der erzählten Welt situiert wird. Letzteres ist dann am deutlichsten der Fall, wenn der Standpunkt einer fiktiven Figur übernommen wird. Dabei ist es natürlich auch möglich, eine im raumzeitlichen Kontext der erzählten Welt angesiedelte Beobachterperspektive zu wählen, die keiner Figur zugeschrieben werden kann.[101] In diesem Fall ist der ›Verfremdungseffekt‹ insofern besonders ausgeprägt, als dieser Perspektive von vornherein ein imaginärer und irrealer Charakter anhaftet. Auf der perspektivischen Differenz zwischen einem an der externen Erzählerperspektive und einem an internen Figurenperspektiven orientierten Erzählen beruht bekanntlich Stanzels Unterscheidung zwischen der auktorialen und der personalen Erzählsituation.[102] In diesem Zusammenhang ist vor allem der äußerst flexible Charakter der Verfahren der Perspektivengestaltung zu betonen, die dem heterodiegetischen Erzählen zu Gebote stehen und die eine ständige Veränderung der Distanz zu der erzählten Welt und den fiktiven Figuren nicht nur ermöglichen, sondern zur Regel machen. Stanzel spricht zu Recht vom »auktorial-personalen Kontinuum«, das sich aus der Variation des Standpunktes gegenüber der erzählten Welt ergibt.[103] Besonders hilfreich ist daher die typologische Differenzierung von Boris Uspenskij, der zwischen raumzeitlichen, sprachlichen, psychologischen und ideologischen Aspekten der Annäherung an die Figurenperspektive unterscheidet.[104] So kann die Übernahme eines fiktionsinternen Standpunkts ja darauf beschränkt werden, die raumzeitliche Position einer Figur zum Leitfaden der Erfassung der erzählten Welt zu machen – man befindet sich dann relativ nahe an einer neutralen Erzählposition –, sie kann darüber hinaus aber in unterschiedlich intensiver Weise die Gedanken- und Gefühlswelt einer Fi-

---

100 Genette, »Discours du récit«, S. 203.

101 Diese perspektivische Variante wurde unter die Begriffe der »focalisation externe« (Genette, *Dicours du récit*, S. 209 f.) und der Kamera-Perspektive (Stanzel, *Theorie des Erzählens*, S. 293 ff.) gefasst. Vgl. hierzu auch die eingehende Diskussion bei Fludernik, *Towards a ›Natural‹ Narratology*, S. 172 ff., 192 ff. Allerdings vernachlässigt Fludernik in ihrem Postulat einer ›naturalisierenden‹ Rezeption des Lesers, d. h. der Projektion der das normale Erleben bestimmenden kognitiven Parameter auf den fiktionalen Text, völlig die besonderen ästhetischen Möglichkeiten einer solchen Perspektivierung, die hier mit dem Begriff der Verfremdung bezeichnet werden (siehe z. B. S. 176: »[…] neutral narrative, although an apparent representation of a non-natural frame, becomes naturalized, i.e. narrativized, and then again relates to human experiential parameters […]«).

102 Stanzel, *Typische Formen des Romans*, S. 18 ff., 39 ff.

103 Stanzel, *Theorie des Erzählens*, S. 241–256.

104 Boris A. Uspenskij, *Poetik der Komposition*, Frankfurt/M.: Suhrkamp, 1975. – Vgl. auch die nützliche Darstellung der unterschiedlichen Formen der typologischen Erfassung der Figurenperspektive bei Wolf Schmid (*Elemente der Narratologie*, Berlin/New York: De Gruyter, 2008, S. 115–151), der sich bei seiner eigenen Typologie stark an Uspenskij orientiert.

gur mit einbeziehen oder auch die sprachliche Prägung ihrer Wirklichkeitserfahrung nachbilden. Aus historischer Perspektive ist anzumerken, dass das
figurenperspektivische Erzählen keinesfalls als eine Erfindung des realistischen und modernen Romans angesehen werden sollte, da es schon immer
eine wesentliche Möglichkeit des Erzählens bildet. Nur die Subtilität und die
Intensität der entsprechenden Verfahren – von der erlebten Rede bis zum
stream of consciousness – sind im Roman des 19. und 20. Jahrhunderts beträcht-
lich gesteigert worden.[105] In jedem Fall kann aber festgehalten werden, dass
die Thematisierung des allwissenden Standpunkts des heterodiegetischen Erzählers den fiktionalen Charakter des Erzählens unterstreicht, während die
Ausblendung dieses Standpunkts und eine mehr oder weniger starke Bindung des Erzählens an eine Figurenperspektive eher dazu geeignet ist, den
oben charakterisierten Effekt einer perspektivischen Verfremdung der dargestellten Welt entstehen zu lassen. Das ist auch dann – und sogar in noch stärker ausgeprägter Weise – der Fall, wenn das Erzählen eine neutrale Wahrnehmungsperspektive modelliert. Denn bei der dann gegebenen Perspektive
eines anonymen Beobachters liegt ein noch höheres Maß der fiktionsspezifischen Irrealisierung der Wahrnehmung vor.

Auf der Basis der drei besprochenen Faktoren kann der Fiktionsmodus in
seiner idealtypischen Ausprägung dadurch charakterisiert werden, dass hier
eine aufgrund ihrer mangelnden Bekanntheit und Wahrscheinlichkeit offensichtlich fiktive Welt von einem Erzähler präsentiert wird, der diese Welt als
Erfindung – die seine oder die eines anderen – zu erkennen gibt und der seine
aus diesem Umstand erwachsende allmächtige und allwissende Position offen
zur Schau stellt. Hierin ist impliziert, dass die Perspektiven der fiktiven Figuren, welche diese Welt als erlebte und nicht als erfundene erscheinen lassen
würden, allenfalls schwach ausgestaltet sein können. Der Effekt, der durch
diese Merkmalkombination erzielt wird, ist vor allem das Vergnügen an der
Fiktion, also daran, dass einer Welt, die nicht existiert und daher auch den
Wunschvorstellungen des Lesers eher als die reale Welt entsprechen kann,
durch den Akt des Erzählens gleichwohl Existenz verliehen wird. Demgegenüber ist es kennzeichnend für paradigmatische Formen des Verfremdungsmodus, dass die in einer mit der Realität des Lesers – abgesehen von der Existenz
der fiktiven Figuren – identisch erscheinenden Welt verlaufenden Vorgänge
protokollartig aufgezeichnet werden, wobei die Art und Weise, wie diese Welt
von den Figuren bzw. bestimmten Figuren wahrgenommen wird, meist in hohem Maße berücksichtigt wird. Die Übergänge von einem neutralen Beob-

---

105 Ein die historische Einschätzung des perspektivischen Erzählens besonders betreffen-
des Problem, das hier nur angedeutet werden kann, ergibt sich aus der Frage, inwiefern
die wörtliche Rede – und zwar in der gesprochen hörbaren Form – als Indiz für die
Markierung der Figurenperspektive gewertet werden kann. Denn wörtliche Rede ist
einerseits perspektivisch neutral, da ihre Wahrnehmung allen anwesenden Figuren
möglich ist, andererseits bringt sie natürlich doch eine subjektive Sicht zum Ausdruck.

achterstatus des Erzählers zur Übernahme der Wahrnehmungsposition einer fiktiven Figur sind dabei fließend, und damit wird auch eine subtile Überlagerung objektiver und subjektiver perspektivischer Komponenten möglich. Wenn sich diese Kombination von erzählerischer Protokollfunktion und figurenperspektivischer Wahrnehmungsposition – in ihren je unterschiedlichen Ausformungen – mit dem konkreten Realitätsbezug des realistischen und modernen Erzählens verbindet, wird nicht nur die Illusion der Wirklichkeit erzielt. Vielmehr ergibt sich damit jener andere Blick auf die erzählte Welt, der es mir angemessen erscheinen lässt, von einem Verfremdungsmodus zu sprechen, da auf diese Weise das ästhetische Distanzierungspotential der Fiktion in eigentümlicher Weise ins Spiel gebracht wird. Die diese Verfremdung begründende Kombination ist nicht zufällig, da die mit der Verdeckung des Erzählakts und der Setzung einer imaginären Wahrnehmungsposition erfolgende Irrealisierung des die Erzählung ermöglichenden Standpunkts insofern in der Realitätsnähe der erzählten Welt ihr adäquates Gegenstück hat, als diese Realitätsnähe die Irrealisierung und die mit ihr verbundene Verfremdungsperspektive erst zur Geltung bringt.

Historische Beispiele, mit denen die idealtypische Unterscheidung zwischen Fiktions- und Verfremdungsmodus am deutlichsten illustriert werden können, stellen der märchenhaft anmutende Ritterroman auf der einen Seite und der realistische Roman – insbesondere Flaubertscher Prägung – auf der anderen Seite dar. Während der Ritterroman durch eine von Autor und Leser geteilte Lust am Fabulieren geprägt ist, die sowohl im Ersinnen immer wieder neuer Abenteuer als auch im Imaginieren einer besseren Welt, bevölkert von tapferen Rittern und ebenso schönen wie edlen Damen, ihre Nahrung findet, ergibt sich das Faszinosum des realistischen Romans daraus, dass die reale Welt aus einer Perspektive dargestellt wird, die ihr gerade aufgrund ihres irrealen Charakters – als Perspektive eines zum Phantom gewandelten und körperlos in die Figuren schlüpfenden Erzählers – eine neue Authentizität verleiht. Allerdings wäre es irrig, die Gattungsgeschichte im Sinne einer einsinnigen Entwicklung zu begreifen, wie es diese Beispiele nahe zu legen scheinen. Zwar trifft es zu, dass die scheinbar unvermittelte Abbildung einer bekannten gegenwärtigen Welt und eine mit ihr einher gehende imaginäre Verfremdung dieser dargestellten Wirklichkeit relativ späte Früchte der Gattungsgeschichte sind. Doch schließt das die Wiederkehr einer den Spiel- und Experimentcharakter der Fiktion akzentuierenden Ausgestaltung des Erzählens und der erzählten Welt keineswegs aus. So haben gerade heutzutage die den narrativen Gattungen eigenen Möglichkeiten des Entwurfs imaginärer Welten wieder besondere Konjunktur. Wichtiger als dieser Vorbehalt gegenüber vereinfachenden historischen Konstruktionen erscheint mir allerdings die Feststellung, dass die Gattungsentwicklung durch immer wieder neue Formen der Kombination von Fiktions- und Verfremdungseffekten geprägt ist. Die folgende Diskussion der dem heterodiegetischen Erzählen entsprechenden Erzählsituationen wird dies verdeutlichen.

Heterodiegetisches Erzählen und gesellschaftliche Perspektive

Die Unterscheidung von Fiktions- und Verfremdungsmodus soll dabei den Ausgangspunkt dafür bilden, die schon begonnenen Überlegungen zu der im narrativen Vermittlungsvorgang angelegten sozialen Perspektive nun im Hinblick auf das heterodiegetische Erzählen weiter zu führen und zu vertiefen. Damit kann die von Stanzel eingeführte typologische Opposition zwischen einer auktorialen und einer personalen Erzählsituation in eine etwas andere Perspektive eingerückt werden, welche den strukturellen Aspekt mit der Frage nach dem Welt- und Gesellschaftsbezug des Romans verbindet. Dabei ist natürlich zunächst davon auszugehen, dass die beiden typischen Formen des heterodiegetischen Erzählens, die Stanzel unterscheidet, als prinzipiell unabhängig vom Wirklichkeitscharakter der erzählten Welt anzusehen sind. Zwar bestehen, wie der letzte Abschnitt schon zeigte, insofern Affinitäten zwischen den Stanzelschen Erzählsituationen und den Modi des Fingierens, als die für die auktoriale Erzählsituation charakteristische Thematisierung der Erzählerrolle dem fiktiven Charakter von Weltentwürfen entspricht, während die für die personale Erzählsituation merkmalhafte Reduktion der Erzählerrolle zugunsten eines perspektivischen Erzählens die verfremdende Sicht auf die bestehende Welt begünstigt. Jedoch wird im Falle der kanonischen Realisierungen der auktorialen Erzählsituation – von Cervantes bis zu Balzac – trotz des konnotierten Fiktionscharakters durchaus auf eine realitätsnahe Welt Bezug genommen. Ebenso ist es möglich, wenn auch weniger häufig, dass der mit der personalen Erzählsituation verknüpfte imaginäre Standpunkt zur Darstellung einer wirklichkeitsfernen Welt eingesetzt wird, wie das beispielsweise in Kafkas *Schloss* geschieht. Der Fokus der folgenden Überlegungen soll auf der in beiden Fällen dominierenden Variante, nämlich der Gestaltung einer wirklichkeitsnahen gesellschaftlichen Welt und den sich damit verbindenden Funktionen liegen. Dabei wird sich zeigen, dass die Unterschiede in der Form des heterodiegetischen Erzählens weit über rein erzähltechnische Belange hinausgehen.

Wie gerade schon bemerkt, besteht durchaus eine gewisse Affinität der auktorialen Erzählsituation zum Fiktionsmodus. Denn in dem Maße, wie die erzählte Welt die Merkmale einer Schöpfung oder Erfindung aufweist, wird die Nähe zwischen Erzähler- und Autorrolle und die daraus resultierende Allmacht des Erzählers affirmiert. Daher ist die Tendenz zum metafiktionalen Spiel der auktorialen Erzählsituation immer schon inhärent.[106] Ebenso entspricht es dem dieser Erzählhaltung inhärenten Fiktionsaspekt, dass hier die Unterhaltungsfunktion recht deutlich im Vordergrund steht. Dies hat insofern eine durchaus bedeutsame gesellschaftliche Dimension, als

---

106 Dies wird auch von Stanzel klar gesehen (vgl. *Typische Formen des Romans*, S. 23 ff.).

dabei vorausgesetzt wird, dass die Unterhaltung mit Fiktionen ein legitimer und anerkannter Zeitvertreib ist. Eine solche die Lust an der Fiktion eingestehende Akzentuierung des *delectare* gegenüber dem *prodesse* hatte bekanntlich immer wieder mit sehr ernsthaften Vorbehalten zu kämpfen, so dass das Erzählen sich häufig durch die Funktion des Exempels zu rechtfertigen hatte.[107] Es entspricht der ästhetischen Funktionsbestimmung im Sinne des *delectare*, wenn auktoriale Erzähler das Erzählen als eine die Zuhörer bzw. Leser mit einbeziehende kommunikative Praxis kennzeichnen und hierbei die unterhaltsame Qualität der Geschichte explizit in den Vordergrund rücken. In diesem Sinne spricht Cervantes' Erzähler im *Don Quijote* immer wieder vom gefälligen und genussvollen Charakter seiner Geschichte (»apacible historia«, »sabrosa historia«, »agradable historia«).[108] Damit wird ein Rezeptionsmodus nahegelegt, bei dem nicht der moralische Nutzen der erzählten Geschichte das Entscheidende ist, sondern das Vergnügen, das dem Leser durch die erzählte Geschichte – in diesem Fall die »hazañas y donaires de don Quijote y de su escudero«[109] – bereitet wird, und natürlich gibt der Erzähler damit auch zu verstehen, womöglich nicht nur für das unterhaltsame Erzählen, sondern auch für den unterhaltsamen Charakter der Geschichte – als ihr Autor – verantwortlich zu sein.

Ihre besonderen Qualitäten entfaltet die auktoriale Erzählsituation allerdings, wie sich ebenfalls schon mit aller Deutlichkeit bei Cervantes zeigt, gerade dann, wenn sich die fiktionsorientierte Erzählhaltung mit der Bezugnahme auf eine als real und bekannt vorausgesetzte Welt verbindet. Das Vergnügen an der Fiktion, das sich aus den Geschichten über die fiktiven Figuren speist, vermischt sich dabei in dem Maße, wie diese Geschichten in einer dem Leser vertrauten Welt situiert sind, mit dem Interesse an dem durch das fiktionale Erzählen ermöglichten Blick auf die eigene Wirklichkeit. Dies geschieht schon in den ersten Zeilen von Cervantes' Roman, in denen die Handlung nicht nur in der Mancha und in einer gegenwartsnahen Zeit situiert wird, sondern die Lebensumstände eines kleinen Landadligen, seine Garderobe, sein Speiseplan und die Organisation seines Hausstandes, den Gegen-

---

107 So fordert Cervantes im Prolog der *Novelas ejemplares* explizit das Recht auf Unterhaltungslektüre als Freizeitbeschäftigung ein: »Sí que no siempre se está en los templos; no siempre se ocupan los oratorios; no siempre se asiste a los negocios, por calificados que sean. Horas hay de recreación, donde el afligido espíritu descanse.« [Ja, nicht immer weilt man in den Kirchen, nicht immer sitzt man in Betsälen, nicht immer kümmert man sich um seine Geschäfte, so wichtig sie auch sein mögen. Es gibt auch Stunden der Muße, in denen der durch Sorgen belastete Geist seine Erholung findet.] Gleichwohl verweist Cervantes zugleich auf das »ejemplo provechoso« [das nützliche Beispiel], das in jeder der Novellen enthalten sei (Miguel de Cervantes, *Novelas ejemplares*, hg. v. Jorge García López, Barcelona: Crítica, 2001, S. 18).
108 *Don Quijote*, Bd. 1, S. 104–105; S. 686.
109 Ebenda, S. 686 [die Taten und Späße von Don Quijote und seinem Schildknappen].

stand einer detaillierten Schilderung bilden.[110] Zugleich ergibt sich damit eine
für die auktoriale Erzählsituation spezifische Ambivalenz, da sich die Verfü-
gungsmöglichkeit gegenüber der imaginären Wirklichkeit in eigentümlicher
Weise mit der nachgeordneten Position verbindet, welche in der erzählenden
Bezugnahme auf die reale Welt in jedem Fall impliziert ist. Wie wiederum der
Don Quijote bezeugt, bietet diese Überlagerung des Erfindungscharakters der
Fiktion mit dem Wahrheitsanspruch des historischen Erzählens die Möglichkeit zu raffinierten Formen des metafiktionalen Spiels. So behauptet Cervantes' Erzähler zu Beginn, dass er sich bei dem Bericht über seinen Helden auf
die Annalen der Mancha stütze, und gibt dann im achten Kapitel zu verstehen,
er könne die Geschichte nicht weitererzählen, da die Quelle hier abbreche. Ab
dem neunten Kapitel des ersten Teils wird dann die Darstellung der Abenteuer
des Don Quijote als Übersetzung des Manuskripts eines arabischen Historikers namens Cide Hamete Benengeli ausgegeben, das der Erzähler auf dem
Trödelmarkt in Toledo gefunden haben will. Die plakative Inszenierung der
Rolle eines sich auf Quellen stützenden Historikers steht hier natürlich sehr
deutlich in ironischem Kontrast zu dem offensichtlich erfundenen Charakter
der Geschichte des sich als fahrenden Ritter ausgebenden Landjunkers, und
ebenso wenig passt die Bezugnahme auf einen arabischen Historiker zur spanischen Welt des Romans.

Allerdings kann der bei Cervantes erstmals paradigmatisch modellierte auktoriale Blick auf eine bekannte Welt auch deshalb kaum als verfremdend bezeichnet werden, weil die ästhetische Distanz, die der heterodiegetischen Erzählposition grundsätzlich eingeschrieben ist, hier von einer besonderen
Vertrautheitsrelation zur erzählten Welt überlagert wird. Die verfremdende
Perspektive kündigt sich zwar in der imaginären Deformation dieser Welt
durch den Protagonisten in gewisser Weise an, doch hat die Sicht des Erzählers
nun gerade die Funktion, den Phantasiebildern Don Quijotes eine verlässliche
Wirklichkeitswahrnehmung gegenüberzustellen. Dies setzt voraus, dass die
dem auktorialen Erzähler immer schon eigene vertraute Kenntnis der erzählten Welt als fiktiver Welt nun durch eine Vertrautheitsrelation überlagert wird,

---

110 »Una olla de algo más vaca que carnero, salpicón las más noches, duelos y quebrantos
   los sábados, lantejas los viernes, algún palomino de añadidura los domingos, consumían
   las tres partes de su hacienda. El resto della concluían sayo de velarte, calzas de velludo
   para las fiestas, con sus pantuflos de lo mesmo, y los días de entresemana se honraba con
   su vellorí de lo más fino. Tenía en su casa una ama que pasaba de los cuarenta y una so-
   brina que no llegaba a los veinte, y un mozo de campo y plaza que así ensillaba el rocín
   como tomaba la podadera« (*Don Quijote*, Bd. 1, S. 35–36). [Ein Eintopf mit etwas mehr
   Rind als Hammel, abends meistens Hackfleisch, samstags ein Eiergericht mit Fleisch-
   resten, freitags Linsen, sonntags dazu noch ein Täubchen, zehrten drei Viertel seiner
   Habe auf. Den übrigen Teil verbrauchten ein Überrock aus schwarzem Tuch, Samt-
   hosen für die Festtage mit den dazugehörigen Pantoffeln, und während der Wochentage
   trug er beste graue Wolle zur Schau. Zu seinem Hausstand gehörten eine Haushälterin
   von über vierzig und eine Nichte, die noch keine zwanzig war, und ein Bursche für
   Feld und Haus, der sowohl den Gaul sattelte als auch zur Baumschere griff.]

die sich darin gründet, dass die erzählte Welt Züge eines dem Erzähler und den Lesern gleichermaßen bekannten zeitgenössischen Ambientes aufweist. Ein deutliches Indiz für diese erweiterte Vertrautheitsrelation bildet das Verfahren, den Protagonisten der Geschichte als ›unseren‹ Helden, ›unseren‹ Ritter usw. zu bezeichnen. Dieses ›unser‹ ist in dem schon explizierten Sinne ambivalent, da es sowohl auf die gemeinsame Beschäftigung von Erzähler und Lesern mit der Fiktion verweist als auch auf den Vertrautheitseffekt, der durch die Situierung der Figuren in einer mit dem Leser gemeinsamen Welt entsteht. ›Unser Held‹ ist der Held der durch Erzähler und Adressaten konstituierten Erzählgemeinschaft, zugleich bringt das ›unser‹ ein die fiktive Figur mit einschließendes Gemeinschaftsgefühl zum Ausdruck, das eigentlich nur unter der Voraussetzung eines gemeinsamen gesellschaftlichen Erfahrungskontextes berechtigt ist. Demgegenüber wird der Erzähler des Märchens kaum von ›unserem Rotkäppchen‹ sprechen, da hier der Alteritätscharakter der fiktiven Welt einem solchen Gemeinschaftsgefühl im Wege steht. Wo die erzählte Welt einen bekannten und real erscheinenden Rahmen der Handlung bildet, verbindet sich der gemeinsame Kontext des fiktionalen Erzählens mit dem ebenfalls gemeinsamen Kontext der erzählten Welt, der seinerseits wieder den Kontext der realen Welt aufruft. Im vertrauten Umgang zwischen Erzähler und Leser und in ihrer gemeinsamen familiarisierenden Sicht auf die fiktiven Figuren kann sich die Unterhaltungsfunktion der Fiktion, die maßgeblich auf dem gemeinsamen Interesse an den fiktiven Figuren beruht, scheinbar ganz selbstverständlich mit der Funktion einer Verständigung über gemeinsame gesellschaftliche Werte und Normen verbinden, die daraus ihre Relevanz gewinnt, dass sie sich auf die gemeinsame reale Welt bezieht.

Indem die auktoriale Erzählsituation in ihren typischen Erscheinungsformen – in einer Linie, die von Cervantes zu Fielding führt, dann zum Realismus bei Stendhal, Dickens, Pérez Galdós, schließlich auch noch zur modernen Literatur, etwa bei Thomas Mann – die erzählte Welt sowohl als gemeinsame fiktive als auch als gemeinsame gesellschaftliche Welt präsentiert, hat sie einen spezifischen sozialen Effekt. Der sich im Erzählakt etablierenden Gemeinschaft von Erzähler und Lesern ist in ihrem Verhältnis zu den Figuren von vornherein ein sozialer Blick eingeschrieben. Der Eingangssatz des *Don Quijote*, der ihn als *hidalgo* aus der Mancha einführt, ist dafür ein typisches Beispiel, da damit als erstes auf den sozialen Status der Figur verwiesen wird. Dieser soziale Blick impliziert, dass der Mensch hier grundsätzlich als gesellschaftliches Wesen gesehen wird und die Gesellschaft – trotz aller ihrer Schwächen – als seine adäquate Lebensform bejaht wird. So bildet dieser Typ des Romans das Medium für die Konstitution einer virtuellen Gesellschaft – einer *imagined community* im Sinne Benedict Andersons[111] –, deren humane Qualitäten sowohl in den dargestellten Binnengesellschaften als auch und vor allem durch das Beziehungsdreieck von Erzähler, Leser und Figuren inszeniert werden. Gesellschaftlicher Umgang, wie

---

111 Vgl. hierzu oben, S. 52 ff.

er im Roman dieses Typs entworfen wird, beruht vor allem auf Verständigung und Verstehen. So impliziert die Allwissenheit des auktorialen Erzählers im Hinblick auf die innere Welt der Figuren, wie oben schon betont wurde, im Allgemeinen die verständnisvolle Haltung des Menschenkenners, der sich in seine Protagonisten einfühlen kann und sie so vor allem als Mitmenschen beurteilt. Die Bewertungsmaßstäbe gegenüber den fiktiven Figuren sind daher mild, wenn sie nur das Herz auf dem rechten Fleck haben. Vor allem von der strengen Sexualmoral, der vor allem die Frauen in den vormodernen Gesellschaftsformen unterworfen sind, weichen die Erzähler häufig ab, wenn sie voreheliche Liebesverhältnisse – zumal im Falle von jungen Frauen, die männlicher Verführung zum Opfer fallen – nicht zu hart beurteilen wollen. Beispiele aus den Werken von Cervantes wurden oben schon genannt.[112] Henry Fielding greift in seinem *Tom Jones* dieses Muster ironisch auf, wenn er angesichts der Labilität seines jungen männlichen Protagonisten gegenüber weiblichen Verführungskünsten Nachsicht walten lässt. In Pérez Galdós' *La desheredada* geht diese tolerante Haltung – nun wieder gegenüber der weiblichen Hauptfigur – so weit, dass selbst das Schicksal einer durch eigenen Leichtsinn in die Prostitution abgleitenden Frau bis zum Schluss einfühlsam begleitet wird. Gegenüber der die Außenseite des Individuums fokussierenden Sicht der offiziellen Gesellschaft entwickelt der auktoriale Erzähler eine Sicht, welche immer auch die individuellen Motive mit berücksichtigt. Seine häufig humorvolle Attitüde signalisiert, dass die Kritik am von den gesellschaftlichen Rollenvorgaben abweichenden Individuum sich mit der Hoffnung auf seine Reintegration in die durch Figuren, Erzähler und Leser gebildete virtuelle Gesellschaft verbindet, wie dies etwa am Schluss des *Don Quijote* geschieht, als der verrückte Landjunker wieder zur Vernunft kommt, bevor er im Kreise seiner Freunde und Verwandten verstirbt. Durch die ethische Perspektive des auktorialen Erzählers konstituiert sich somit häufig das Bild einer anderen, humaneren Gesellschaft, mit der das Individuum zu einem harmonischen Ausgleich kommen kann. Es bleibt festzuhalten, dass zu dieser vom Erzähler entworfenen Einfühlungsrelation die Affinität der auktorialen Erzählsituation zum Fiktionsmodus durchaus beiträgt. Denn sowohl die die Einfühlung ermöglichende Kenntnis der Innenwelt der Figuren als auch die ihre nachsichtige Bewertung bedingende Suspendierung der geltenden gesellschaftlichen Moralvorstellungen setzen voraus, dass der Inszenierung einer bekannten gesellschaftlichen Wirklichkeit eine fiktionale Qualität anhaftet. Die Einfühlung wird so zu einem spielerischen Probehandeln, durch das der Leser seine sozialen Kompetenzen entwickeln kann.

Zu der für die auktoriale Erzählsituation typischen sozialen Perspektive trägt auch maßgeblich der – oben schon beschriebene[113] – Rekurs auf unterschiedliche Formen des Alltagswissens bei, der gerade bei dieser Form des Erzählens besonders auffällig ist. Seine besondere Funktion ergibt sich daraus, dass es sich

---

112 Siehe oben, S. 49.
113 Siehe oben, S. 47 f.

bei diesem Alltagswissen um ein für Erzähler und Leser gemeinsames Wissen handelt, das darüber hinaus auch bei den fiktiven Figuren vorausgesetzt werden kann. Seine Thematisierung und Erprobung am fiktiven Beispiel dient also der Verständigung über die gemeinsame gesellschaftliche Welt – sowohl die fiktive als auch die reale –, wobei dies, wie die obigen Beispiele schon zeigten, häufig auf spielerische Weise geschieht. Dies ändert sich jedoch in dem Maße, wie die erzählte Welt zum Beispiel historischer und sozialer Entwicklungen wird. Sehr deutlich zeigt sich das an dem Wandel, der sich bei Balzacs Verwendung der auktorialen Erzählsituation abzeichnet. Balzacs Erzähler sind geprägt durch den im »Avant-propos« der *Comédie humaine* dargelegten Ehrgeiz, unter den der Beobachtung zugänglichen Phänomenen des historischen Prozesses auch ihre verborgenen Ursachen zu ergründen.[114] Daher ist es merkmalhaft für das Balzacsche Erzählen, dass neben der immer noch häufigen Bezugnahme auf gesellschaftliches Alltagswissen nun auch spezialisierte Formen des Wissens und entsprechende wissenschaftliche Diskurse Verwendung finden. Nach der im Zuge des frühneuzeitlichen Säkularisierungsprozesses ermöglichten Emanzipation der Unterhaltungsfunktion des Erzählens gewinnt nun in den narrativen Gattungen der Wunsch, aufzuklären und zu belehren, wieder an Boden. In der *Comédie humaine* legt der Erzähler häufig den distanzierten Habitus eines Soziologen an den Tag, der dem Leser eine Reihe von Fallstudien vorlegt, die jeweils unterschiedliche Aspekte der modernen Gesellschaft beleuchten.[115] Dabei tritt die der Fiktion inhärente Möglichkeit der Verfremdung stärker in den Vordergrund, da es nun vor allem darum geht, die vertraute Welt aus einer anderen Perspektive zu sehen, aus einer Perspektive, welche auf sozialgeschichtliche Fehlentwicklungen und daraus resultierende Missstände aufmerksam macht. Ganz deutlich zeigt sich dieser neue Leserbezug zu Beginn des *Père Goriot*, wo die Unterhaltungsfunktion des Romans nur noch ironisch zitiert wird. Der Erzähler spricht dort eine offenbar der guten Gesellschaft angehörende Leserin an, um ihr vorzuwerfen, dass sie in der Lektüre nur das Amüsement suche und daher bei dem anstehenden opulenten Abendessen das unglückliche Schicksal des Protagonisten schnell vergessen werde.[116] Balzac wendet sich damit von

---

114 »[…] ne devais-je pas étudier les raisons ou la raison de ces effets sociaux, surprendre le sens caché dans cet immense assemblage de figures, de passions et d'événements« (*La Comédie humaine*, Bd. 1, S. 11). [(…) musste ich nicht die Gründe oder den Grund dieser sozialen Effekte studieren, den in dieser ungeheuren Ansammlung von Figuren, Leidenschaften und Ereignissen verborgenen Sinn aufdecken (…)?]

115 Siehe hierzu unten die entsprechenden Ausführungen zum *Père Goriot* (S. 147 ff.).

116 »[…] vous qui tenez ce livre d'une main blanche, vous qui vous enfoncez dans un moelleux fauteuil en vous disant: ›Peut-être ceci va-t-il m'amuser‹. Après avoir lu les secrètes infortunes du père Goriot, vous dînerez avec appétit en mettant votre insensibilité sur le compte de l'auteur […]« (*La Comédie humaine*, Bd. 3, S. 50). [(…) Sie, die dieses Buch in Ihrer weißen Hand halten, die es sich in einem weichen Sessel bequem machen und zu sich sagen: ›Vielleicht wird mich das amüsieren‹. Nachdem Sie die geheimen Leiden des Vaters Goriot gelesen haben, werden Sie mit Appetit zu Abend essen und Ihre Fühllosigkeit dem Autor anlasten (…).]

dem lange Zeit als für die Unterhaltungsfunktion typisch geltenden weiblichen Publikum ab, um eine andere Art der Lektüre zu postulieren, welche die dargestellte soziale Problematik ernst nimmt. Diesem Funktionswandel entspricht es, dass Balzac auf den ersten Seiten des Romans das explizit angesprochene Pariser Publikum in ein ihm unbekanntes Paris entführt, in die hinter dem Panthéon gelegene und völlig heruntergekommene Pension Vauquer, deren Klientel sich vor allem aus gestrandeten Existenzen rekrutiert. Aus dieser neuen Position gegenüber der dargestellten Welt ergibt sich eine im Vergleich zu den typischen Formen der auktorialen Erzählsituation distanziertere Haltung gegenüber den Figuren, da diese zum Gegenstand eines sozialwissenschaftlichen Blicks werden. Im Falle von Zola wird diese objektive Attitüde dann noch weiter betont. Entsprechend der naturalistischen Poetik des »roman expérimental«[117] hat der Erzähler nun die Aufgabe, dem Leser in Form eines soziologischen Experiments das Zusammenspiel von Erbanlagen und Milieufaktoren zur Anschauung bringen. Mit dieser Verschiebung von der Unterhaltungsfunktion zur Aufklärungsfunktion und dem damit verbundenen Einsatz von Wissenselementen, die das Alltagswissen deutlich überschreiten, wird ein nicht nur für soziale Fragen sensibler, sondern auch der intellektuellen Elite angehöriger Leser angesprochen. An die Stelle der humanen Gesellschaft von Mitmenschen, die der von Cervantes begründete Typ des auktorialen Erzählens postuliert, tritt der Appell an eine kritische Öffentlichkeit, welche die gesellschaftliche Entwicklung mit Sorge verfolgt.

Bei Zola verbindet sich – scheinbar paradoxerweise – diese neue Affirmation erzählerischer Autorität mit einer Reduktion der auktorialen Elemente des heterodiegetischen Erzählens. Zola folgt darin Flaubert, der diese Erzählhaltung – die Haltung der personalen Erzählsituation – in exemplarischer Weise repräsentiert. Wie oben ausgeführt, umfasst dieser Wandel in der Erzählsituation zwei Aspekte: einerseits den Wandel von einem die Geschichte gestaltenden und kommentierenden Erzähler zum neutralen und objektiven Berichterstatter, andererseits die Akzentuierung der subjektiven Perspektive der Figuren. Diese Kombination mag zunächst widersprüchlich erscheinen, zumal dort, wo der Autor – und mit ihm der sich objektiv gebende Erzähler – einen wissenschaftlichen Anspruch vertritt. Doch prägen beide Merkmale gemeinsam die Eigenart der personalen Erzählsituation, indem sie sowohl miteinander zusammenwirken als auch ein produktives Spannungsverhältnis bilden. Gemeinsam bewirken sie, dass nun vollends eine verfremdende Sicht auf die dargestellte Welt entstehen kann – immer unter der Voraussetzung, dass es sich dabei um eine realitäts- und gegenwartsnahe Welt handelt –, während eine solche Perspektive sich im Falle der auktorialen Erzählsituation aufgrund ihrer familiarisierenden Tendenz nicht völlig durchsetzen kann. Zu dieser verfremdenden Sicht können sowohl die distanzierte Sicht des Erzählers als auch die

---

117 Siehe hierzu vor allem das diesen Titel tragende Kapitel in Zola, *Le Roman expérimental*, Paris: Garnier-Flammarion, 1971, S. 57–97.

Übernahme einer fremden Figurenperspektive in je unterschiedlicher Dosierung beitragen, da es dem Leser in jedem Fall ermöglicht wird, die sich ihm als seine eigene Welt darbietende erzählte Welt von einem anderen Standpunkt wahrzunehmen. Damit erhält die erzählte Welt nicht nur eine neue Faktizität, sondern auch einen neuen Ernst, und zwar vor allem dann, wenn sich der faktische Ernst mit dem historischen Ernst verbindet, der sich in der Realismuskonzeption von Erich Auerbach aus der sozialgeschichtlichen Kontextualisierung der fiktiven Handlung ergibt. Die historische Schicksalhaftigkeit der gesellschaftlichen Entwicklung und der ihr unterworfenen Lebensläufe, die das realistische Erzählen voraussetzt, findet dann eine besonders eindrucksvolle Modellierung, wenn der Erzähler jeglichen Verfügungsanspruch gegenüber der erzählten Welt aufgibt und dabei auch auf die üblichen Formen der sozialen, insbesondere der alltagsweltlichen Sinnstiftung verzichtet. Die gesellschaftliche Welt verliert damit den Charakter einer humanen Welt[118], den ihr der auktoriale Erzähler – jedenfalls in seinen typischen Manifestationen – verleiht, und scheint stattdessen geprägt durch Kontingenz[119], durch undurchschaubare oder zumindest unkontrollierbare historische Prozesse und darüber hinaus – im Naturalismus – durch inhumane Naturgesetze. Aufgrund der dem personalen Erzählen entsprechenden Gewichtung der Figurenperspektiven stellt sich diese Welt nicht nur als von den Figuren erlebte, sondern vor allem auch als erlittene dar. Hier sind Kommentare, welche die moralische Qualität des Verhaltens der Figuren betreffen, weitgehend fehl am Platz, da dabei ja die willentliche und daher verantwortliche Qualität des sozialen Handelns vorausgesetzt wird. Die typischen Protagonisten des realistischen und naturalistischen Romans – ein Père Goriot, eine Emma Bovary, eine Gervaise Lantier[120]– sind demgegenüber Figuren, die den äußeren und inneren Zwängen, die um sie herum und in ihnen herrschen, nicht entgehen können.

Diese Positionsveränderung gegenüber der dargestellten Welt hat zugleich zur Folge, dass die für die auktoriale Erzählsituation typische soziale Perspektive, die sich im Dialog von Erzähler und Leser konstituiert, nun reduziert wird oder zumindest eine andere Qualität erhält. Denn die durch den Text erschlossene individuelle Erfahrung kann nun nicht mehr in demselben Maße wie im Falle der auktorialen Erzählsituation mit einer sozialen Sicht vermittelt werden. Dafür macht die Akzentuierung der Figurenperspektive es möglich, die Erfahrung des vereinzelten Individuums innerhalb der dargestellten Welt in den Vordergrund zu rücken. Ein deutliches Indiz für diese Fokusverschie-

---

118 Besonders prägnant wird diese Möglichkeit von Alain Robbe-Grillet beschrieben, der die Evokation einer von menschlichen Sinnsetzungen freien Wirklichkeit zum Programm des *Nouveau Roman* erhebt (*Pour un nouveau roman*, Paris: Minuit, 1963, S. 20 ff., 44 f., 55 ff.).

119 Für Roland Barthes bewirkt das kontingente Detail, das aus allen Sinnzusammenhängen gelöst zu sein scheint, den ›Realitätseffekt‹ des realistischen Erzählens (»L'effet de réel«, in: *Communications* 11 [1968], S. 84–89).

120 Die Protagonistin von Zolas *L'Assommoir*.

bung besteht darin, dass binnengesellschaftliche Formationen, welche eine zwischen der Ebene des Erzählers und der dargestellten Welt vermittelnde soziale Haltung gegenüber den individualisierten Hauptfiguren zur Anschauung bringen, nun kaum noch anzutreffen sind.[121] So wird die Darstellung von gesteigerten Formen der Einsamkeits- und Entfremdungserfahrung möglich, die nicht mehr in expliziter Weise durch den sozialen Rahmen des Erzählens aufgehoben werden. Hier ist der familiarisierende Blick auf die Protagonisten nun noch weniger angebracht als bei der Bezugnahme auf die fremde Welt des Märchens: Die Rede von ›unserer Emma‹ oder der ›armen Gervaise‹ ist schlicht undenkbar. Die Einfühlung, mit der der auktoriale Erzähler die Kluft zwischen Individuum und Gesellschaft überbrückt, kann also nicht mehr als solche inszeniert werden. Sie verliert ihre spielerische Qualität und wandelt sich zu einem stillen Miterleben, Mitfühlen und Mitleiden, wie es der Lektüresituation des einsamen Lesers entspricht und sich angesichts der Faktizität der dargestellten Lebensbedingungen einstellt. Das Gemeinschaftsgefühl, das sich dabei ergibt, kann nur darin bestehen, dass man sich denselben schicksalhaften Prozessen der historischen und sozialen Entwicklung unterworfen fühlt.

Diese Funktion der personalen Erzählsituation, dem Leser am individuellen Beispiel das kollektive historische Schicksal vor Augen zu führen, verliert sich allerdings in dem Maße, wie auf die für Flaubert und Zola typische gleichgewichtige Kombination einer subjektiven Perspektive mit der objektiven Bezugnahme auf eine reale und bekannte Welt verzichtet wird. Dies tritt ein, wenn entweder die subjektive Perspektive stärker in den Vordergrund gerückt wird oder wenn das fiktive Figurenschicksal in eine dem Leser weniger bekannte und vertraute Welt verlegt wird, wobei beide Verfahren natürlich auch kombiniert werden können. Die Akzentuierung der subjektiven Perspektive hat zur Folge, dass sich die modellierte individuelle Welterfahrung der Figur vor den Horizont der gemeinsamen historischen Welt schiebt. Beispiele findet man schon bei Zola, etwa in *La Bête humaine*, wo die vor allem gegen Ende des Textes in den Vordergrund gerückte subjektive Sicht des Triebtäters Jacques Lantier die Wirklichkeit weniger verfremdet – im Sinne eines neuen Blicks auf eine bekannte Welt – als vielmehr transformiert. Ein vergleichbarer Effekt ergibt sich in Dostojewskis *Schuld und Sühne*, da hier ebenfalls die Modellierung der spezifischen Erfahrungswelt des Protagonisten Raskolnikoff den Blick auf das geschilderte russische Milieu in hohem Maße bestimmt. Der subjektive Blick impliziert in diesen Fällen eine spezifische Form der Wahrnehmung, welche die Folie einer der Figur und dem Leser gemeinsamen Welt überlagert. Man nähert sich auf diese Weise Formen der Ich-Erzählung an, in denen der Leser völlig in die wahnhaften Vorstellungen des Erzählers hineingezogen wird, wie das z. B. in der phantastischen Literatur, etwa in Maupassants Erzählung »Le Horla«, geschieht. Es ist offensichtlich, dass die Kombination der personalen Erzählsituation mit dem Entwurf einer mehr oder minder fremden

---

121 Zu den Formen der Binnengesellschaft vgl. oben, S. 37 ff.

oder unbekannten Welt ähnliche Effekte nach sich zieht. Auch in diesem Fall ist die ›objektive‹ Komponente der personalen Erzählsituation getilgt, da nicht mehr auf eine für den Leser nachvollziehbare und nachprüfbare Wirklichkeits- erfahrung Bezug genommen wird, wobei hier nun aber nicht der subjektive Blick der Figur, sondern die durch den Erzähler bzw. Autor erfolgende Aus- wahl der erzählten Welt das ausschlaggebende Moment ist. Als Beispiele könn- ten Texte wie *Das Schloss* von Kafka oder Romane, die der Science-Fiction- Literatur zugerechnet werden[122], genannt werden. Auch Alain Robbe-Grillet hat mit diesen Formen des Erzählens experimentiert, wobei er den Entwurf einer fremden Welt in eigenartiger Weise mit der Verabsolutierung der subjek- tiven Perspektive verbindet. Am deutlichsten geschieht dies in *La Jalousie*, wo die vom Erzähler in minutiöser Genauigkeit geschilderten objektiven Gege- benheiten eines nicht näher identifizierbaren afrikanischen Schauplatzes mit der wahnhaft verzerrten Wahrnehmung eines eifersüchtigen Ehemanns in un- auflösbarer Weise verschmolzen werden.

Ironie

Wenn Georg Lukács von der Ironie als der »normativen Gesinnung des Ro- mans« spricht[123], so macht er damit auf ein ganz grundlegendes Merkmal der Gattung aufmerksam, und es kann erstaunen, dass in der Romanforschung so wenig darauf zurückgegriffen worden ist. Allerdings hat Michail Bachtin mit seinem Konzept der Dialogizität ein ähnliches Phänomen im Blick, denn Iro- nie kann als eine zentrale Form der narrativen Dialogizität angesehen werden. Diese ironische Tendenz prägt aus Gründen, die gleich verdeutlicht werden sollen, in besonderem Maße das heterodiegetische Erzählen und soll daher hier nun etwas ausführlicher zur Sprache kommen. Um Lukács' These zu be- legen, wird im Folgenden zunächst eine Strukturbeschreibung des ironischen Sprechens versucht und an einer Reihe von Beispielen illustriert, bevor die Ausführungen der *Theorie des Romans* in expliziter Weise aufgegriffen werden.

Einen besonders brauchbaren Erklärungsansatz für das Phänomen der Iro- nie bildet immer noch die rhetorische Ironiekonzeption. Allerdings gilt das weniger für die Definition der ironischen Aussage als Gegenteil des Gemein- ten als für ihre pragmatische Verankerung in den rhetorischen Grundsituatio- nen der Gerichtsverhandlung und der politischen Debatte. Heinrich Lausberg hat diesen Aspekt bei seiner Zusammenfassung der antiken Ironiekonzeptio- nen besonders in den Vordergrund gerückt. Rhetorische Ironie besteht für Lausberg vor allem in der Wiedergabe einer fremden Parteimeinung, die »die

---

122 So George Orwells *Nineteen Eighty-Four*, das überwiegend aus der Perspektive des Pro- tagonisten Winston erzählt wird.
123 Lukács, *Theorie des Romans*, S. 73.

Gegenpartei in den Augen des Publikums dadurch bloßstellen will, daß die Unsinnigkeit der gegnerischen Sachbewertungs-Terminologie evident gezeigt wird«.[124] Ironie erscheint in dieser Sicht vor allem als distanzierende Präsentation eines fremden Standpunkts bzw. einer fremden Meinung. Ob der Ironiker mit der Bloßstellung der zitierten Meinung eine eigene Meinung – als Gegenteil des Gesagten – verbindet, ist dabei nicht entscheidend, da die Distanzierungsgeste als solche keine konkrete Alternative voraussetzt. Der kommunikative Kontext stellt sich in der auf der rhetorischen Redesituation beruhenden Definition als Dreieckssituation dar, da die Auseinandersetzung mit der Gegenpartei vor »den Augen des Publikums« stattfindet. Im Hinblick auf das Folgende ist vor allem der öffentliche und damit soziale Charakter dieser rhetorischen Grundsituation der Ironie zu betonen.

Die Vorteile dieser Konzeption für die Behandlung der Ironie im Roman sind offensichtlich. Sie bestehen vor allem darin, dass sich günstige Anschlussmöglichkeiten an die Charakteristika der fiktionsspezifischen Kommunikationssituation bieten: das Auftreten des Autors in der Rolle des Erzählers, die Wiedergabe der Meinungen der fiktiven Figuren und die dabei dem Publikum der Leser zugewiesene Rolle. Wenn sich auf diese Weise der rhetorische Aspekt des Vorschützens einer fremden Meinung bzw. der Verstellung leicht mit der literarischen Ironie zusammenbringen lässt, so gilt das nicht im gleichen Maß für die dem rhetorischen Kommunikationskontext entsprechende aggressive Intention der Bloßstellung. Denn literarische Ironie hat ja häufig, sieht man einmal von prägnant satirischen Verwendungsweisen ab, einen heiteren und spielerischen Charakter. Dabei ist durchaus die Möglichkeit ins Auge zu fassen, dass sie in dieser Hinsicht gar keinen Sonderfall bildet und dass sich daher an ihrem Beispiel Auffassungen korrigieren lassen, die der aggressiven Beziehung der Ironie zu einem intendierten ›Opfer‹ eine vorrangige Bedeutung beimessen.[125] Natürlich wurde auch von den Vertretern dieser Iro-

---

124 Heinrich Lausberg, *Handbuch der literarischen Rhetorik*, Stuttgart: Steiner, ³1990, S. 448. Die Aktualität dieser Bestimmung der Ironie als entwertendes Zitieren einer fremden Meinung zeigt sich darin, dass sie in prominenten linguistischen Ansätzen aufgegriffen wird, so in der »Mention Theory« (Dan Sperber/Deirdre Wilson, »Irony and the Use-Mention Distinction«, in: Peter Cole [Hg.], *Radical Pragmatics*, New York: Academic Press, 1981, S. 295–317) und in der »Pretense Theory« (Herbert H. Clark/Richard J. Gerrig, »On the Pretense Theory of Irony«, in: *Journal of Experimental Psychology* 113 [1984], S. 121–126), wo das zentrale Verfahren der Ironie ebenfalls im Aufgreifen fremder Äußerungen gesehen wird. Vgl. auch die von Edgar Lapp (*Linguistik der Ironie*, Tübingen: Narr, 1992, S. 153 ff.) vorgeschlagene Definition der Ironie als »simulierte Sprechhandlung«.

125 Vgl. z. B. Douglas C. Muecke, *The Compass of Irony*, London: Methuen, 1969, S. 19, und Harald Weinrich, *Linguistik der Lüge. Kann Sprache die Gedanken verbergen?*, Heidelberg: Lambert Schneider, ⁵1974, S. 65. Siehe auch die Kritik von Wayne C. Booth (*A Rhetoric of Irony*, Chicago: University of Chicago Press, 1974, S. 28) an dieser Betonung der Rolle des Opfers: »the building of amiable communities is often far more important than the exclusion of naive victims«.

niekonzeption immer betont, dass über die Bloßstellung des Opfers eine So-
lidaritätsbeziehung zwischen dem Ironiker und einer ihm gleich gesinnten
Adressatengruppe hergestellt werden kann. Dies ist zu unterstreichen, wenn
man an die Funktion der Ironie für das Verhältnis von Erzähler und Lesern
denkt. Doch scheint mir damit die besondere kommunikative Dimension der
Ironie noch nicht hinreichend erklärt. Sie besteht nicht allein darin, auf Kosten
der ironisierten Meinung und ihrer Vertreter die Kommunikation »der Klugen
und Gutwilligen« herzustellen[126], sondern auch im Eingehen auf die fremde
Meinung selbst. Es ist daher – gerade auch im Hinblick auf die Entsprechungen zwischen Lukács' Ironie-These und Bachtins Romantheorie – zu betonen, dass Ironie als Aufgreifen einer anderen Meinung einen eminent dialogischen Charakter hat. Dabei aktualisiert sie eine Grundvoraussetzung jeder
dialogischen und interaktiven Beziehung, nämlich die Fähigkeit, den Standpunkt des Interaktionspartners einzunehmen. Ironie ist offensichtlich eine
Form des die symbolische Interaktion begründenden »taking the rôle of the
other«:[127] Sie ist daher keine Abweichung vom normalen Sprachgebrauch, sondern die Aktualisierung einer zentralen Komponente der kommunikativen
und somit sozialen Kompetenz. Ihre Besonderheit besteht lediglich darin, dass
sie den Vorgang der Rollenübernahme sichtbar macht, indem sie die Bezugnahme auf den anderen Standpunkt in eigentümlicher Weise markiert. Dabei
kann der Sprecher ganz unterschiedliche Haltungen zu diesem anderen Standpunkt einnehmen, die von der Einfühlung bis zur grundsätzlichen Ablehnung
reichen, im Grunde aber nur jeweils unterschiedliche Ausprägungen der iro-
niekonstitutiven Dialektik von Identifikation und Distanzierung darstellen. Im
Falle des Romans ist dieser Aspekt der Ironie vor allem von Bedeutung, weil
er einer Grundfunktion der Fiktion, dem spielerischen Übernehmen einer
fremden Rolle und eines fremden Standpunkts besonders entspricht.

Wie schon angedeutet, liegt ein erster Grund für die ironische Tendenz des
Romans darin, dass er aufgrund der in seiner Struktur eingeschriebenen
Überlagerung unterschiedlicher Kommunikationsebenen in besonderer Weise
mit den pragmatischen Bedingungen der ironischen Kommunikation über-
einstimmt. Für die Inszenierung von Ironie bietet die Perspektivenstruktur des
Romans verschiedene Möglichkeiten. Sieht man einmal davon ab, dass auch
die Dialoge der fiktiven Figuren einen ironischen Charakter haben können, so
sind zwei Ebenen der Ironie zu unterscheiden, die ironische Relation zwischen Autor und Erzähler sowie die ironische Relation zwischen Erzähler und
Figuren, wobei in jedem Fall aufgrund des Leserbezugs die ironische Kommu-

---

126 Weinrich, *Linguistik der Lüge*, S. 65.
127 George H. Mead, *Mind, Self, and Society*, Chicago: University of Chicago Press, 1967,
S. 73. – Vgl. die Bestimmung der Ironie als Form der »Perspektivenübernahme« oder
»Rollenübernahme« bei Martin Hartung (*Ironie in der Alltagssprache. Eine gesprächsanalytische Untersuchung*, Opladen/Wiesbaden: Westdeutscher Verlag, 1998, S. 90 ff.).

nikationssituation zu einem Dreieck ergänzt wird. Die erste Form möchte ich als metafiktionale, die zweite als narrative Ironie bezeichnen. Die Möglichkeit der metafiktionalen Ironie ergibt sich daraus, dass der Autor in die Rolle eines Erzählers schlüpft und in dieser Rolle seine Geschichte so erzählt, als ob sie wahr wäre. Insofern schützt der Autor hier eine Meinung vor, die nicht seine eigene ist. Dies kann sich sogar als expliziter Gegensatz zwischen Gesagtem und Gemeintem darstellen, wenn explizite Wahrheitsbeteuerungen des Erzählers indirekt auf den fiktiven Charakter der erzählten Geschichte verweisen. Der Leser ist hierbei insofern involviert, als er die vom Erzähler repräsentierte Illusionsperspektive im Hinblick auf die Wirklichkeit der erzählten Welt zugleich mitvollziehen und durchschauen kann. Die ironische Kommunikation besteht hier also in dem von Autor und Leser gemeinsam gespielten Spiel mit der durch die Fiktion ermöglichten imaginären Perspektive. Eine Bezugnahme auf die erzählte Welt, die sich nicht in offener Weise als Akt des Fingierens darstellt, ist daher immer schon tendenziell ironisch. Diese Ironie gewinnt an Subtilität, wenn sich der Erzähler auf eine als real erscheinende Welt bezieht, da sich damit der Fiktionsmodus und der Realitätsanspruch gegenseitig infrage stellen. Zum ironischen Charakter des Aktes des Fingierens – man spricht über eine nicht existierende Welt, als ob sie existiert – kommt nämlich in dem Maße eine zweite Dimension hinzu, wie es sich nur um eine scheinbar fiktive Welt handelt. So kann auch das Fingieren zur Fiktion werden – eine Möglichkeit, mit der die Autoren, die emphatisch auf den Fiktionscharakter ihres Textes verweisen, etwa indem sie Übereinstimmungen der fiktiven mit realen Figuren als zufällig und ungewollt bezeichnen, immer schon gespielt haben. Nicht nur die Präsentation der Fiktion als Realität kann als Ironie begriffen werden, sondern auch die Präsentation der Realität als Fiktion. Die oben schon erläuterten Realitätsbezüge des Eingangssatzes des *Don Quijote* – »En un lugar de la Mancha de cuyo nombre no quiero acordarme, no ha mucho tiempo vivía un hidalgo […]«[128] – ermöglichen diese doppelte Ironie. Die Einschränkung des Erzählerwissens betont einerseits den durch die Nennung der Mancha gegebenen Realitätsbezug, denn nur im Falle eines wirklich existierenden Ortes ist das Vergessen oder Verschweigen des Namens von Belang; und dies steht natürlich in ironischem Kontrast zum Fiktionscharakter des Romans. Andererseits verweist das »quiero« besonders nachdrücklich auf eine spielerische Willkür, die nur dem Autor fiktionaler Texte zusteht, aber bei der Erwähnung der realen Mancha fehl am Platze zu sein scheint. Das Sich-nicht-Erinnern-Wollen spielt somit den durch den Ortsnamen gegebenen Realitätsbezug und den ludischen Charakter des fiktionalen Erzählens in doppelter Weise gegeneinander aus.

---

128 Cervantes, *Don Quijote*, Bd. 1, S. 35 [An einem Ort der Mancha, an den ich mich nicht erinnern will, wohnte vor nicht langer Zeit ein Landjunker …]. Vgl. oben, S. 46, 51.

Die Formen der narrativen Ironie ergeben sich entsprechend der gerade getroffenen Unterscheidung nicht aus dem Spiel des Autors mit der Fiktion, sondern aus der ironischen Relation zwischen Erzähler und Figuren. Eine solche Relation ergibt sich immer dann, wenn der Erzähler den Standpunkt und dabei insbesondere die Redeweise einer Figur übernimmt und sich zugleich von der zitierten Figurenmeinung distanziert. Dabei kann sowohl das Zitieren als auch die Distanzierungsgeste in ganz unterschiedlichen Formen erfolgen, die das ganze Spektrum der narrativen Redewiedergabe umfassen. So kann die Ausdrucksweise der Figur durch die punktuelle Übernahme charakteristischer Ausdrücke oder auch typischer Ausspracheangewohnheiten nur anzitiert werden[129], so wie dies schon im *Don Quijote* immer wieder erfolgt, wenn der Erzähler nach Art seines Helden das Vokabular der Ritterromane übernimmt. Damit entstehen die von Bachtin so genannten »hybriden Konstruktionen«[130], in denen zwei Standpunkte in einem Satz verbunden werden, wodurch automatisch ein ironischer Kontrast zwischen Erzählerrede und Figurenmeinung bewirkt wird. Wird die Figurenrede in größerem Umfang und mit größerer Genauigkeit wiedergegeben, so können sich subtilere Distanzierungsformen ergeben. Bekanntlich hat Flaubert diese Form der Ironie in modellhafter Weise praktiziert. Etwas anders liegt der Fall bei der wörtlichen Rede, da hier ja der Anschein erweckt wird, die Figurenrede sei nicht manipuliert worden, so dass keine direkte Verbindung von Zitat und Distanzierung vorzuliegen scheint.[131] Ironische Effekte sind damit nicht ausgeschlossen, haben aber eher den Charakter einer den Figuren nicht bewussten ironischen Selbstentlarvung, die als solche eher dem Autor – als Schöpfer der dargestellten Welt – als dem Erzähler zuzurechnen ist. Von diesen unterschiedlichen Ausprägungen der Distanz zwischen Erzähler und Figur ist dann jeweils auch die Leserrolle betroffen. Auf der einen Seite kann der Leser der Adressat einer die Figurenmeinung dementierenden ironischen Äußerung sein, womit eine gemeinsame Perspektive von Erzähler und Leser konstituiert wird, die durch ein deutliches Überlegenheitsgefühl gekennzeichnet ist. Auf der anderen Seite aber, wenn die ironische Distanzierung des Erzählers mit einem höheren Anteil an Identifikation verbunden ist, steht der Dialog zwischen Erzähler und Figur im Vordergrund und dem Leser wird eher die Rolle eines Zeugen zugewiesen, der in ein ironisches Spiel verstrickt wird, das Formen einer aporetischen Offenheit annehmen kann.

---

129 Stanzel spricht in diesem Fall von der »›Ansteckung‹ der Erzählersprache durch die Figurensprache« (*Theorie des Erzählens*, S. 247 ff.).
130 Bachtin, »Das Wort im Roman«, S. 195. Vgl. oben, S. 29.
131 Die indirekte Rede bildet insofern einen Sonderfall, als hier nie genau entschieden werden kann, inwieweit der Erzähler in die Redewiedergabe eingreift.

In jedem Fall aber hat die Bindung der narrativen Ironie an das Beziehungsdreieck von Erzähler, Figur und Lesern zur Folge, dass die soziale Dimension des heterodiegetischen Erzählens, wie sie insbesondere der auktorialen Erzählsituation eingeschrieben ist, in besonderer Weise aktualisiert wird. Die gesellschaftliche Perspektive des Erzählers kommt zunächst aufgrund des doppelten Adressatenbezugs der ironischen Äußerung zur Geltung, da er impliziert, dass die Auseinandersetzung mit der ›Gegenpartei‹ immer auf das Einverständnis eines größeren Publikums, hier also des Publikums der Leser, abzielt. Eine wichtige Voraussetzung dafür, dass das ironische ›Vorführen‹ der kritisierten Meinung auf dieses Einverständnis trifft, besteht nun aber darin, dass sich der Ironiker im Hinblick auf die negative Bewertung des zitierten Standpunkts einigermaßen sicher sein kann. Dieser Standpunkt bzw. diese Meinung muss also einen gewissen Bekanntheitsgrad besitzen, in gewisser Weise typisch oder sogar klischeehaft erscheinen. Dies ist vor allem dann der Fall, wenn die vom Ironiker aufgegriffenen Äußerungen nicht nur – oder gar nicht in erster Linie – für die ironisierte Figur typisch sind, sondern wenn es sich dabei um mehr oder minder standardisierte Meinungen und in dem jeweiligen Redekontext übliche Äußerungsformen handelt. Ironie ist daher ein zentrales Verfahren des Dialogs der sozialen Sprachen, der gemäß Bachtin im Roman inszeniert wird. Sie zielt weniger auf individuelle Äußerungen als auf das Repertoire der sozialen und auch literarischen Diskurse, die das gesellschaftliche Wissen konstituieren. So beruht die Ironisierung des Don Quijote durch den cervantinischen Erzähler einerseits auf der Kenntnis, die der Leser von den Ritterromanen und ihrer Sprache hat, andererseits aber auch darauf, dass Don Quijote die Zitate der Ritterromane für typische Sprechakte verwendet. Wenn er immer wieder großsprecherisch ankündigt, sich den ihm bietenden Abenteuern stellen zu wollen, ist dies immer auch eine für den Leser leicht erkennbare Äußerungsform seiner Eitelkeit. Setzt sich der Erzähler auf der Basis solcher Äußerungen ironisch mit einer Figur auseinander, bedeutet das dann auch, dass dieser Figur die von ihr selbst in Anspruch genommene Individualität zumindest teilweise aberkannt wird.

Am Beispiel des *Don Quijote* lässt sich auch ein zweiter Aspekt der sozialen Funktion der narrativen Ironie erkennen. Denn der Text präsentiert in modellhafter Weise eine perspektivische Differenz, die in der Geschichte des Romans häufig ironisch ausgespielt wird, die Differenz zwischen der Realitätsperspektive des Erzählers und der Illusionsperspektive der fiktiven Figur. Die ironisch zitierte Meinung wird in diesem Fall dadurch desavouiert, dass sie im Gegensatz zu dem durch den Erzähler präsentierten und garantierten Realitätskontext der erzählten Welt steht. Mit den die Realität verkennenden Äußerungen der ironisierten Figur wird damit auch immer der gemeinsame Realitätsstandpunkt des Erzählers und der Leser zur Geltung gebracht. Wenn Don Quijote die Windmühlen als Riesen bezeichnet, deren Vernichtung er im Stil des Ritterromans als seine Aufgabe ansieht, dann wird damit die vom Erzähler, Sancho Panza und den Lesern geteilte korrekte Sicht der Realität aufgerufen, die als solche die Folie für die ironische Distanzierung von Don Quijotes Tirade bildet.[132] Die Ironie affirmiert also die gemeinsame Konstruktion der gesellschaftlichen Wirklichkeit, indem sie die davon abweichende Sicht zitiert. Die folgende kleine Beispielreihe aus dem französischen und spanischen Realismus wird diesen Zusammenhang nun noch weiter verdeutlichen, wobei ein Spektrum entfaltet werden soll, das von einer starken Dominanz des Erzählers und einer von ihm vertretenen sozialen Realitätsperspektive zu einer Form des ironischen Zitats reichen soll, bei der der Illusionsperspektive der Figur kein verbindlicher Standpunkt mehr entgegengesetzt werden kann.

Das erste Beispiel soll eine Stelle aus Pérez Galdós' *La desheredada* bilden, da der spanische Autor, u. a. aufgrund seiner Prägung durch Cervantes, besonders der auktorialen Erzählsituation und einem entsprechenden Typ der Erzählerironie zuneigt. Zugleich bildet die Hauptfigur Isidora ein besonders prägnantes Beispiel einer Illusionsperspektive, die in einer sehr deutlichen Opposition zur Erzählerperspektive steht. Wie der Titel – ›Die Enterbte‹ – schon andeutet, hängt sie der Vorstellung an, sie stamme als illegitimes Kind aus einer adligen Familie, und will diesen Anspruch sogar vor Gericht durchfechten. Als dies dazu führt, dass sie eine Gefängnisstrafe verbüßen muss, wird ihre Reaktion beim ersten Betreten der Zelle vom Erzähler emphatisch ausgemalt:

¡Pero qué feo, qué desmantelado el cuarto! ¡Qué cama, qué muebles, qué desnudas paredes! Era cosa de morirse de abatimiento. Y, no obstante, como ella, para hacer frente a un hecho, siempre tenía pronta una idea, amparóse de una bellísima, que le valió mucho para consolarse. ¿Con quién creerá el lector que se comparó? Con María Antonieta en la Conserjería. Era, ni más ni menos, que una reina injuriada por la canalla.[133]

[Aber was für ein hässliches und heruntergekommenes Zimmer! Was für ein Bett, was für Möbel, was für nackte Wände! Das war zum Sterben traurig. Und dennoch, da ihr immer rasch etwas einfiel, um mit einer Situation zurechtzukommen, behalf sie sich mit einem ganz wunderbaren Einfall, der ihr sehr gut dazu diente, sich zu trösten. Mit wem, wird der Leser wohl meinen, verglich sie sich? Mit Marie Antoinette in der Conciergerie. Sie war nicht mehr und nicht weniger als eine vom Pöbel beleidigte Königin.]

---

132 Nachdem der Erzähler die Windmühlen schon korrekt benannt hat, zitiert er die folgende Äußerung Don Quijotes: »La ventura va guiando nuestras cosas mejor de lo que acertáramos a desear; porque ves allí, amigo Sancho, donde se descubren treinta, o pocos más, desaforados gigantes, con quien pienso hacer batalla y quitarles a todos las vidas, con cuyos despojos comenzaremos a enriquecer; que ésta es buena guerra, y es gran servicio de Dios quitar tan mala simiente de sobre la faz de la tierra« (*Don Quijote*, Bd. 1, S. 94–95). [Das glückliche Schicksal lenkt unsere Dinge besser, als wir es wünschen könnten; denn du siehst, Freund Sancho, dass sich dort dreißig oder noch mehr gewaltige Riesen zeigen, mit denen ich kämpfen will und denen ich allen das Leben nehmen will, so dass ihre Beute den Anfang unseres Reichtums bilden kann; denn das ist ein gerechter Krieg, und es ist eine sehr gottgefällige Tat, eine so böse Saat vom Erdboden zu tilgen.]

133 Benito Pérez Galdós, *La desheredada*, hg. v. Germán Gullón, Madrid: Cátedra, 2000, S. 431.

Die Textstelle beginnt mit einer der erlebten Rede angenäherten Serie von
Ausrufen, mit denen der Erzähler Isidoras Beklemmung angesichts der
schmucklosen Ausstattung des Raumes nachvollzieht. Damit steht zu Beginn
der Textstelle die Einfühlung im Vordergrund, wobei allerdings der hyperboli-
sche Duktus bereits die nun folgende Ironisierung vorbereitet. Anlass der Ironie ist die von Isidora auf der Basis der Lektüre von Lamartines *Histoire des Gi-
rondins* entwickelte Vorstellung, ihr Schicksal sei mit dem von Marie Antoinette
vergleichbar. Ein die Ironie begründendes Zitat des Figurenstandpunkts liegt
schon vor, wenn Isidoras ›Idee‹ als wunderbar und trostspendend – »una bellísima, que le valió mucho para consolarse« – bezeichnet wird, denn einerseits
entspricht diese euphorische Einschätzung ihres Einfalls der Sichtweise von
Isidora selbst, andererseits signalisiert sie aber das groteske Ausmaß ihrer Selbsttäuschung. Ein noch deutlicheres Zitat von Isidoras Gedankengängen erfolgt
dann am Schluss der Stelle, da die Charakterisierung ihrer Situation als die einer »reina injuriada por la canalla« (einer vom Pöbel beleidigten Königin) nun
die von ihr praktizierte schmeichelhafte Auslegung ihrer Rolle möglicherweise sogar wörtlich wiedergibt. Der mit dieser Ironisierung verbundene Rekurs auf die von Erzähler und Leser geteilte Realitätsperspektive zeigt sich zunächst natürlich ganz deutlich in der an den Leser gerichteten Frage nach dem
Modell für Isidoras imaginäre Ausschmückung ihrer Lage. Es handelt sich um
eine rhetorische Frage, die impliziert, dass der Leser aufgrund seines normalen
und gesunden Menschenverstandes nie darauf kommen würde, wie weit sich
Isidoras Phantasie versteigt, und die damit die Differenz zum sozialen Standard
der Realitätsauslegung deutlich markiert. Gleichwohl weist Isidoras Reaktion
eine ganze Reihe von typischen Aspekten auf: Es handelt sich zunächst um ein
typisches Zeugnis gekränkter Eitelkeit, das darauf verweist, dass Isidora ihre In-
haftierung als völlig unverdient ansieht, dann beruht ihre Vorstellung auf dem
ebenfalls vertrauten quijotesken Muster der lektürebasierten Realitätsflucht,
schließlich bildet die Figur der Marie Antoinette einen hinlänglich bekannten
Bestandteil des gesellschaftlichen Imaginären. Auch die Formulierung »una
reina injuriada por la canalla«, in der sich Isidoras Dünkel ausdrückt, ist geprägt
durch eine klischeehafte Hyperbolik. Im ironischen Zitat von Isidoras Gedankengängen manifestiert sich somit ein Standpunkt, bei dem die Sympathie mit
der Figur und das Verständnis für die durchaus verbreitete Neigung, die Realität imaginär zu verbrämen, sich mit der humorvollen Distanzierung von dieser
nun doch extremen Form der illusionären Transformation der Wirklichkeit
verbinden. Dabei bildet die Ironie das Mittel, mit dem die individuelle Abweichung von der gesellschaftlichen Normalität zu einem kommunizierbaren
Faktum stilisiert wird, indem ihre typischen Aspekte hervorgehoben werden.

   In dem zweiten Textbeispiel, das ich Stendhals *Le Rouge et le Noir* entnehme,
setzt sich der Erzähler wiederum mit der Illusionsperspektive einer Figur auseinander, wobei nun aber vor allem der ironische Dialog mit dem Leser in den
Vordergrund tritt. Die ironisierte Figur ist hier die hochadlige Mathilde de la
Mole, bei deren Vater Julien Sorel im zweiten Teil des Romans als Privatsekre-

tär tätig ist und die seine Geliebte wird. Auch in diesem Fall beruht die illusionäre Sicht auf dem quijotesken Muster einer imaginären Rollenübernahme. Das auslösende Moment ist Mathildes Besuch einer Oper von Cimarosa, deren weibliche Hauptfigur ihrem verzweifelten Kampf gegen eine exzessive Leidenschaft in einer Arie pathetischen Ausdruck verleiht. Dies bewirkt, dass die eher kühl-reflektierte Mathilde ihre Gefühle und den durch sie ausgelösten inneren Konflikt in einer neuen Heftigkeit erlebt. Die ganze Nacht über sitzt sie am Klavier und intoniert die Arie, in der sie ihre Situation gespiegelt sieht. Zu diesem Verhalten nimmt der Erzähler, der sich hier in Form einer metafiktionalen Ironie mit dem Autor identisch erklärt, in folgender Weise Stellung:

> Le résultat de cette nuit de folie fut qu'elle crut être parvenue à triompher de son amour. (Cette page nuira de plus d'une façon au malheureux auteur. Les âmes glacées l'accuseront d'indécence. Il ne fait point injure aux jeunes personnes qui brillent dans les salons de Paris, de supposer qu'une seule d'entre elles soit susceptible des mouvements de folie qui dégradent le caractère de Mathilde. Ce personnage est tout à fait d'imagination, et même imaginé bien en dehors des habitudes sociales que parmi tous les siècles assureront un rang si distingué à la civilisation du XIXe siècle.
>
> Ce n'est point la prudence qui manque aux jeunes filles qui ont fait l'ornement des bals de cet hiver [...]).[134]

> [Das Ergebnis dieser verrückten Nacht war, dass sie glaubte, es sei ihr gelungen, über ihre Liebe zu triumphieren. (Diese Seite wird dem unglücklichen Autor auf mehr als eine Weise schaden. Die kalten Seelen werden ihn des mangelnden Anstands bezichtigen. Er will jedoch die jungen Damen, die in den Pariser Salons glänzen, nicht mit der Behauptung kränken, dass nur eine einzige unter ihnen zu solchen wahnhaften Anfällen fähig sei, die Mathildes Charakter beeinträchtigen. Diese Figur ist frei erfunden, und ihre Erfindung steht in einem völligen Gegensatz zu den gesellschaftlichen Sitten, welche der Zivilisation des 19. Jahrhunderts einen so hervorragenden Rang unter allen Jahrhunderten sichern werden.
>
> Mangelnde Vorsicht kann man den Mädchen, welche die Zierde der Bälle dieses Winters waren, nicht vorwerfen. (...)]

Bei der hier vorliegenden komplexen Überlagerung ironischer Relationen stellt die Ironisierung der Figur im Gegensatz zu der gerade besprochenen Galdós-Stelle nur eine erste Stufe dar. Sie ergibt sich vor allem aus der Wiedergabe von Mathildes irrtümlicher Selbsteinschätzung (»elle crut être parvenue à triompher de son amour«), die ihre tatsächliche Gefühlslage gewissermaßen auf den Kopf stellt: Die von Mathilde inszenierte heroische Überwindung der Liebe ist für sie nur ein Mittel, um intensiv in ihren Gefühlen schwelgen und ihnen den Status einer großen Leidenschaft verleihen zu können. Die im Ausdruck »nuit de folie« enthaltene Kritik steht dabei noch deutlicher als in der gerade besprochenen Galdós-Stelle im Zeichen einer geheimen Identifikation des Erzählers mit seiner Figur, wie die folgende Auseinandersetzung mit dem Leser bzw. mit einer bestimmten Gruppe von Lesern zeigt. Nachdem sich der Erzähler zunächst deutlich von diesen Lesern distanziert hat, indem er sie als

---

134 Stendhal, *Le Rouge et le Noir*, hg. v. Henri Martineau, Paris: Garnier, 1960, S. 356.

»âmes glacées« bezeichnet, übernimmt er dann doch scheinbar ihren Standpunkt, da er sich ihren ihm gegenüber erhobenen Vorwurf der »indécence« zu eigen macht. Er versucht die angesprochenen Leser nämlich dadurch zu beruhigen, dass er Mathilde als eine Ausnahme bezeichnet, die als solche das gesittete Betragen der zeitgenössischen Jugend nicht in Frage stellt. Überhaupt sei die Figur der Mathilde mit der so fortgeschrittenen Zivilisation des 19. Jahrhunderts unvereinbar und müsse daher eine völlig unwahrscheinliche Erfindung sein. Die hiermit erneut – wie schon in der Selbstreferenz als »auteur« – thematisierte metafiktionale Dimension soll hier vernachlässigt werden, da es im Augenblick vor allem um das durch den Erzähler, die Leser und die Figur gebildete Kommunikationsdreieck geht. Wenn sich der Erzähler scheinbar auf die Seite jener vernünftigen Leser schlägt, welche Mathildes Verhalten an dem in ihren Augen so löblichen Niveau der gesellschaftlichen Moral messen und daher verwerfen, so verbirgt sich dahinter natürlich eine klare Parteinahme für die fiktive Figur, während nun die adressierten Leser zum eigentlichen Opfer der Ironie werden. Für den Erzähler ist Mathildes »folie« der in der guten Gesellschaft geforderten und praktizierten »prudence« in Liebesdingen auf jeden Fall vorzuziehen. Letztlich werden hier bei der Beurteilung Mathildes zwei gesellschaftliche Standpunkte gegeneinander ausgespielt: der gewissermaßen offizielle Standpunkt des in der Restaurationsgesellschaft tonangebenden Adels, der, von der Revolutionserfahrung traumatisiert, nichts mehr fürchtet als unkontrollierte Leidenschaften, und der Standpunkt einer kleinen gesellschaftlichen Elite, an die sich Stendhal gerne richtet und deren Mitglieder die Treue gegenüber den Idealen der Revolution mit einem romantischen Interesse an einem leidenschaftlichen Leben verbinden. Diese Textstelle lässt somit erkennen, wie der Erzähler mittels der Ironie seine Parteinahme für die fiktive Figur zum Gegenstand einer gesellschaftlichen Verhandlung macht. Der zitierten bzw. antizipierten gesellschaftlichen Kritik am unangepassten Individuum steht die geheime Aufwertung durch den Erzähler gegenüber. Damit verbunden sind zwei Formen der Ironie, die sympathiebefrachtete Ironie gegenüber der Figur, die sich in verständnisvoller Weise mit ihrer leidenschaftsbedingten Selbsttäuschung auseinandersetzt, und die aggressive Ironie gegenüber dem gesellschaftlichen Establishment. Damit wird die Realitätsperspektive, welche eine Zensur der leidenschaftlichen Verirrungen ermöglicht, ihrerseits ironisch entwertet.

Während im Falle dieser Stendhal-Stelle die zwischen Erzähler und Leser verlaufende Kommunikationsachse eine dominante Position innehat, steht die folgende Passage aus Flauberts *Madame Bovary* im Zeichen einer Ironie, die sehr eng mit der den Erzähler und die Figur verbindenden Einfühlungsrelation verknüpft ist.[135] Es handelt sich um den Beginn des Kapitels I, 7, in dem

---

135 Zur Struktur der Flaubertschen Ironie vgl. Rainer Warning, »Der ironische Schein: Flaubert und die Ordnung der Diskurse«, in: Warning, *Die Phantasie der Realisten*, München: Fink, 1999, S. 150–184, insbes. S. 164 ff.

geschildert wird, wie die Hoffnungen, die Emma in die Ehe mit Charles gesetzt hat, angesichts seines biederen Charakters schon bald nach der Hochzeit
der Enttäuschung Platz machen:

> Elle songeait quelquefois que c'étaient là pourtant les plus beaux jours de sa vie, la
> lune de miel, comme on disait. Pour en goûter la douceur, il eût fallu, sans doute, s'en
> aller vers ces pays à noms sonores où les lendemains de mariage ont de plus suaves pa-
> resses! Dans des chaises de poste, sous des stores de soie bleue, on monte au pas de rou-
> tes escarpées, écoutant la chanson du postillon, qui se répète dans la montagne avec les
> clochettes des chèvres et le bruit sourd de la cascade. Quand le soleil se couche, on re-
> spire au bord des golfes le parfum des citronniers; puis le soir, sur la terrasse des villas,
> seuls et les doigts confondus, on regarde les étoiles en faisant des projets.[136]

> [Manchmal dachte sie, dass dies doch die schönsten Tage ihres Lebens seien, der Ho-
> nigmond, wie man sagte. Um ihre Wonne zu empfinden, hätte man wohl in jene Län-
> der mit den wohlklingenden Namen reisen müssen, wo man die Tage nach der Hoch-
> zeit in süßerem Nichtstun verbringt. In Postkutschen, unter blauen Seidenvorhängen
> fährt man im Schritt steile Straßen hinauf, lauscht dem Lied des Postillons, das in den
> Bergen mit den Glöckchen der Ziegen und dem dumpfem Geräusch des Wasserfalls
> widerhallt. Wenn die Sonne untergeht, atmet man am Ufer der Buchten den Duft der
> Zitronenbäume ein; dann am Abend, auf den Terrassen der Villen, allein und mit ver-
> schlungenen Fingern sieht man zu den Sternen und schmiedet Pläne.]

Wie in den vorangegangenen Beispielen wird hier vom Erzähler die illusionäre Vorstellungswelt einer Figur wiedergegeben. Es handelt sich in diesem
Fall um Emmas romantische Träume von einer Hochzeitsreise, die in südliche,
die Liebe besonders begünstigende Gefilde führt. Dabei steht nun im Gegensatz zu den vorangehenden Textstellen das ausführliche Zitat der Figurenmeinung ganz im Vordergrund. Es erfolgt mittels einer Art der Rede- bzw. Gedan-
kenwiedergabe, die man wohl als erlebte Rede klassifizieren kann, auch wenn
der Tempuswechsel ins Präsens nicht der typischen Form der erlebten Rede
entspricht. Angesichts des Fehlens von plakativen Distanzierungsgesten kann
man sich zunächst natürlich fragen, ob und inwiefern hier überhaupt Ironie
vorliegt. Die entsprechenden Signale ergeben sich vor allem aus dem typischen Charakter dieser Vorstellungswelt, der aus der Häufung romantischer
Klischeevorstellungen resultiert. Zunächst wird eine gefahrvolle Gebirgsüber-
querung evoziert – in den Pyrenäen oder noch wahrscheinlicher in den Apen-
ninen –, bei der das Lied des Postillons sich mit dem Glockengeläut der Zie-
genherden und dem Geräusch des Wasserfalls vermischt[137], und dann befindet
man sich im nächsten Satz schon beim Sonnenuntergang in den wiederum topischen Zitronenhainen am Ufer des Mittelmeers. Neben der parodistischen
Reprise romantischer Landschaftsdarstellungen trägt aber auch die Akzentuie-

---

136 Gustave Flaubert, *Madame Bovary*, hg. v. Maurice Nadeau, Paris: Gallimard (Folio),
     1990, S. 71.
137 Diese Szenerie erinnert beispielsweise an Alfred de Vignys berühmtes Gedicht *Le cor*,
     wo sich in der wilden Pyrenäenlandschaft der Hornruf des Hirten mit dem Rauschen
     des Wildbachs vereint.

rung von Emmas naivem, Literatur und Wirklichkeit gleichsetzendem Glauben, dass sich das Liebesglück im romantischen Kontext der Mittelmeerreise automatisch einstellen müsse, zur Ironie bei. Diese Form der Ironisierung beginnt schon mit dem »sans doute«, das den Nexus der Liebe mit den Ländern mit wohltönenden Namen – Italien, Spanien – unkritisch affirmiert, und setzt sich dann mit dem wiederholten »on« fort, das die evozierten Glückserfahrungen als eine allseits bekannte und selbstverständliche Gegebenheit ausweist. Diese letztlich nur schwache Distanzierung lässt zusammen mit der Ausführlichkeit des Zitats den Eindruck entstehen, dass der Erzähler sich sehr gut in die romantischen Wunschvorstellungen einfühlen kann und dass deshalb die ironische Perspektive als Selbstironie auch die Anfälligkeit des Erzählers gegenüber der romantischen Gefühlswelt betrifft. Aufgrund dieses intimen Charakters der ironischen Auseinandersetzung erscheint hier die gesellschaftliche Gegenperspektive stark reduziert. Hier gibt es keinen überlegenen Standpunkt, der es Erzähler und Leser erlauben würde, sich von der Illusion der Figur abzugrenzen, vielmehr wird der Leser selbst in die ironisch gebrochene Einfühlungsrelation hineingezogen. So ist ja auch im weiteren Zusammenhang dieser Stelle kein gesellschaftlicher Realitätskontext erkennbar, der die Basis für einen die Illusion dementierenden sozialen Standpunkt bilden könnte. Denn Emmas trister Ehealltag ist eine nur schlechte Form gesellschaftlicher Normalität und keine wirkliche Alternative.

Es ist nun noch einmal auf die These von Lukács zurückzukommen, dass die Ironie die »normative Gesinnung des Romans« bildet.[138] Gegenstand dieser grundsätzlichen ironischen Einstellung ist der Sachverhalt, der für Lukács den Kern des Romansujets bildet: der Versuch des Romanhelden, seine idealen Vorstellungen in der idealfernen gesellschaftlichen Welt zu realisieren. Lukács schreibt dabei der romanspezifischen Ironie eine eigentümliche Doppelstruktur zu, die sich aufgrund der beiden oben unterschiedenen Ironieebenen, der das Verhältnis zwischen Autor und Erzähler betreffenden metafiktionalen Ironie und der das Verhältnis zwischen Erzähler und Figuren betreffenden narrativen Ironie, erklären lässt. Die Haltung des Autors gegenüber dem Bestreben des Helden ist nämlich durch eine »innerliche Spaltung« geprägt: Einerseits identifiziert er sich mit der Position des Helden, d. h.: mit einer »Subjektivität als Innerlichkeit, die fremden Machtkomplexen gegenübersteht und der fremden Welt die Inhalte ihrer Sehnsucht aufzuprägen sucht«. Anderseits nimmt er einen objektiven Standpunkt ein, von dem aus er die Kluft zwischen dem Helden und der Welt als unaufhebbar erkennt, die »Zweiheit der Welt [...] bestehen läßt« und sie nur formal in der Einheit des Werkes miteinander vermittelt (S. 64). Damit ergibt sich der Sache nach, auch wenn Lukács nicht zwischen Autor und Erzähler unterscheidet, sowohl eine ironische Relation zwischen dem Autor und dem objektiven Erzähler als auch zwischen dem Erzähler und dem Helden. Die Ironie, die der objektiven Erzählerrolle zugeordnet werden

---

138 *Die Theorie des Romans*, S. 73.

kann, wendet sich gegen den falschen, in den Untergang führenden »Jugend-
glauben« des Helden an den Einklang von Seele und Welt[139], sie beruht auf einer dem Erzähler eigenen »Weisheit, die die Vergeblichkeit dieses Kampfes
und den endgültigen Sieg der Wirklichkeit einzusehen gezwungen wurde«
(S. 74). Doch zugleich wird diese abgeklärte Weisheit auch Gegenstand der
Ironie, da der Autor immer in seiner eigenen Subjektivität verhaftet bleibt
(S. 65) und daher wie seine Helden die Rechte der aufs Ideal ausgerichteten
Innerlichkeit gegenüber der Wirklichkeit einklagt. Die Objektivität des Erzäh-
lers kann daher immer nur eine Scheinobjektivität sein, welche die subjektive
Perspektive des Autors verdeckt. Sie impliziert, dass der Autor darauf verzich-
tet, in der Fiktion die erstrebte organische Einheit von innerer und äußerer
Welt, von Ideal und Wirklichkeit zum Ausdruck zu bringen. Aufgrund dieser
Verdoppelung der ironischen Relation ist der Roman die »Form der gereiften
Männlichkeit« (S. 74). Die umfassende und distanzierte Sicht eines heterodiegetischen Erzählers – so kann man die These von Lukács also zusammenfassen
– ist nur um den Preis zu haben, dass der Autor auf eine subjektive Stellungnahme gegenüber der Sinnlosigkeit der Welt verzichtet bzw. zu verzichten
scheint, indem er die Subjektivität seines fiktionalen Weltenwurfs nicht zu erkennen gibt. Das Beziehen einer solchen Position ist eine ironische Pose, da es
sich um die bewusste Übernahme eines subjektfremden Standpunkts handelt:
sowohl aufgrund des Anspruchs auf Allwissenheit als auch aufgrund des Verzichts auf die Vorstellung einer sinnerfüllten Welt. Lukács führt damit die narrative und die metafiktionale Ironie in der Weise zusammen, dass die metafiktionale Ironie die ironische Distanzierung des Erzählers von den Figuren
infrage stellt. Die Überwindung der Illusionsperspektive der Figuren ist ihrerseits eine Illusion, da der Autor letztlich selbst der von den Figuren verkörper-
ten Illusion anhängt. Lukács' Ausführungen lassen eine wichtige Eigentüm-
lichkeit des heterodiegetischen Erzählens hervortreten, die in dem Maße, in
dem der Erzähler auf die reale Welt – und das ist bei Lukács immer vorausgesetzt – Bezug nimmt, besonders deutlich wird. Die Allmacht des Autors, wie
sie in der Allwissenheit des heterodiegetischen Erzählers aufscheint, steht im
Gegensatz zu der Ohnmacht gegenüber dem Scheitern des Helden, in der sich
die Ohnmacht des Autors gegenüber der historischen Realität spiegelt.

Es ist wohl schon erkennbar geworden, dass Lukács' Ausführungen in besonderem Maße auf den Flaubertschen Typ der Ironie zutreffen, und daher bildet auch die *Éducation sentimentale* eines seiner bevorzugten Beispiele. Denn
bei Flaubert sind, wie ja auch unser obiges Textbeispiel zeigte, die geheime
Identifikation mit der ironisierten Figur und damit eine mit stillem Leiden
verbundene Objektivität des Erzählers besonders ausgeprägt. Folgt man
Lukács, so entspricht diese geheime Identifikation dem subjektiven Standpunkt des Autors, von dem sich der Erzähler nur vordergründig distanziert.

---

139 Lukács drückt das mithilfe eines Novalis-Zitats in der Weise aus, »daß Schicksal und
    Gemüt Namen eines Begriffes seien« (ebenda, S. 74).

Nimmt man die Entwicklung des heterodiegetischen Erzählens insgesamt in den Blick, so erscheint Lukács' Akzentuierung der Position des Autors auf Kosten des Erzählers allerdings etwas überzogen. Das liegt wohl daran, dass sich Lukács am Modell der romantischen Ironie als »Selbstaufhebung der Subjektivität« (S. 64) orientiert. Damit wird aber die Bedeutung des durch den Erzähler repräsentierten sozialen Standpunkts verkannt. Bezieht man sich auf den »sozialen Ton« als Grundvoraussetzung der Bachtinschen Romantheorie, so muss die vom Autor vorgeschützte Objektivität nicht nur als eine Haltung des Verzichts aufgefasst werden, sondern auch als Indiz für die Absicht, einen gesellschaftlichen Standpunkt zu konstituieren – und zwar in dem oben erläuterten Sinn einer humanen Gesellschaft –, der einer Verabsolutierung der individuellen Entfremdungserfahrung entgegenwirkt. Die Ironie des Erzählers ermöglicht, wie die Textbeispiele aus den Romanen von Galdós und Stendhal zeigten, einen Brückenschlag zwischen Individuum und Gesellschaft, bei dem auch die normale gesellschaftliche Existenz gegenüber den exklusiven Ansprüchen des Helden ins Recht gesetzt wird. Die Scheinobjektivität des Erzählers stellt so auch eine Form ironischer Bescheidung dar, die nicht nur von der melancholischen Einsicht in die Unerfüllbarkeit des subjektiven Sinnbedürfnisses geprägt ist, sondern auch vom Wissen um die Berechtigung einer gesellschaftlichen Alltagsperspektive, die uns einen pragmatischen Umgang mit den Sinndefiziten unserer Existenz nahelegt. So zeigt die heterodiegetische Erzählposition, insbesondere in ihrer auktorialen Ausprägung, eine wesentliche Möglichkeit des Romans an: die Möglichkeit einer ironischen Versöhnung mit der gesellschaftlichen Konstruktion der Wirklichkeit.

2.   Homodiegetisches Erzählen

Perspektivenstruktur der Ich-Erzählsituation

Das Merkmal, aufgrund dessen die Ich-Erzählsituation von den Formen des heterodiegetischen Erzählens zu unterscheiden ist, ergibt sich – mit Stanzel gesprochen – aus der »Identität der Seinsbereiche« zwischen Erzähler und fiktiven Figuren.[140] Wenn der Erzähler hier nun selbst der erzählten Welt angehört, dann bedeutet das natürlich, dass er über seine eigene Welt berichtet. Im Allgemeinen erzählt er von sich selbst, er kann aber auch das Schicksal anderer Figuren schildern, mit denen er mehr oder weniger eng verbunden ist oder war. Unabhängig davon, ob es sich nun um die »quasi-autobiographische« oder die »periphere« Form der Ich-Erzählsituation handelt[141], entspricht die Erzählposition des Ich-Erzählers im Hinblick auf die »Identität der Seinsbereiche« in jedem Fall der des nicht-fiktionalen Erzählens, das ja im Allgemeinen Ereignisse der realen Welt, der der Erzähler notwendigerweise angehört, zum Gegenstand hat. Der spezifische Fiktionscharakter, der dem heterodiegetischen Erzählen in dem Maße anhaftet, in dem der Erzähler vorgibt, der erzählten Welt nicht anzugehören, ist hier nicht in derselben Weise gegeben. Man nähert sich nur dann dem heterodiegetischen Modell an – und zwar dem Typus der personalen Erzählsituation –, wenn der Erzählakt gegenüber der Thematisierung einer Wahrnehmungsperspektive zurücktritt, wobei dies natürlich nur die vergangene Wahrnehmungsperspektive des Erzählers sein kann. In diesem Fall ist dann auch eine Darstellung der erzählten Welt möglich, die weitgehend dem Verfremdungsmodus entspricht.[142] Eine deutliche Fiktionalisierung der Ich-Erzählsituation liegt auch dort vor, wenn die in Ich-Form wiedergegebenen Erinnerungen einer Figur nicht den Status einer expliziten Erzählung, sondern den Charakter eines Protokolls von Gedanken und Vorstellungen haben. Die fiktionsspezifische Konvention zeigt sich hier in dem Umstand, dass dieser ›innere Monolog‹ oder ›Bewusstseinsstrom‹ entgegen aller Wahrscheinlichkeit als Text lesbar ist. Ein eindeutiger Fall einer dem nicht-fiktionalen Erzählen entsprechenden homodiegetischen Erzählpragmatik liegt demgegenüber dort vor, wo der Text als schriftlicher Bericht eines Ich-Erzählers ausgewiesen wird. Hier verläuft die Fiktionsgrenze ausschließlich zwischen dem Autor und der den Erzähler mit einschließenden fiktiven Welt, während im Falle des heterodiegetischen Erzählens, wie oben erläutert wurde, die Fiktionsgrenze in der Weise verdoppelt wird, dass sie auch das Verhältnis von Erzähler und erzählter Welt betrifft. In der Ich-Erzählsituation besteht

---

140 Zu Stanzels Darstellung der Ich-Erzählsituation siehe *Typische Formen des Romans*, S. 25–39; sowie *Theorie des Erzählens*, S. 108–147, 262–293.

141 Zu diesen Begriffen vgl. ebenda, S. 262 ff. Genette bezeichnet die autobiographische Form der Ich-Erzählung als »récit autodiégétique« (*Discours du récit*, S. 253).

142 Vgl. unten (S. 172 ff.) die Analyse einer Textstelle aus Camus' *L'Étranger*.

demgegenüber das fiktionskonstitutive Moment allein im Rollenspiel des Autors, der sich als fiktive Erzählerfigur darstellt.

Allerdings existieren zahlreiche Möglichkeiten, die homodiegetische Erzählpragmatik mit dem heterodiegetischen Modell zu kombinieren. Die am meisten verbreitete Form besteht darin, eine mündliche Ich-Erzählung in einem heterodiegetischen Rahmen zu präsentieren.[143] Dabei kann die Ich-Erzählung den Charakter einer ›eingelegten Geschichte‹ haben, die Teil einer überwiegend heterodiegetisch gestalteten Erzählung ist, wie dies vor allem im Roman der Frühen Neuzeit – beispielsweise im Schäferroman – häufig vorkommt; oder aber die heterodiegetische Erzählung bildet nur einen Rahmen für die ganz im Vordergrund stehende Geschichte des Ich-Erzählers. Dieser Fall liegt beispielsweise in Chateaubriands *René* vor, wo in der von einem übergeordneten Erzähler präsentierten Rahmenerzählung dargestellt wird, wie René im selbst gewählten amerikanischen Exil einem europäischen Missionar und einem alten Indianerhäuptling von seinem unglücklichen Leben berichtet. Einen häufigen Fall der Einbettung einer schriftlichen Ich-Erzählung in einen Rahmentext stellt die Herausgeberfiktion dar, in der ein fiktiver Herausgeber berichtet, wie er in den Besitz des Textes gekommen ist und ihn veröffentlicht hat. Dies bedeutet dann immer auch eine ironische Thematisierung der metafiktionalen Relation zwischen Autor und Ich-Erzähler, da das Vorschützen einer Herausgeberrolle und die mit ihr verbundene vordergründige Beglaubigung der Authentizität des veröffentlichten Textes indirekt ja nun gerade den fiktionalen Charakter der Ich-Erzählung hervorheben. Bekannte Beispiele aus dem Bereich der französischen und spanischen Literatur sind Marivaux' *La Vie de Marianne*, wo ein Herausgeber auftritt, der vorgibt, dass die von ihm veröffentlichten Jugenderinnerungen der Marianne auf einer Serie von Briefen beruhen, die er in einem Wandschrank eines von ihm erstandenen Hauses gefunden habe, und José Camilo Celas *La familia de Pascual Duarte*, wo die Ich-Erzählung als Lebensbericht eines hingerichteten Sträflings präsentiert wird, an den der Herausgeber unter abenteuerlichen Umständen gelangt sein will.

Dadurch dass der Ich-Erzähler in der typischen Form der Ich-Erzählsituation über sein eigenes Leben berichtet, ergibt sich eine spezifische Perspektivenstruktur. Sie wird dadurch ermöglicht, dass sich die durch den Gebrauch des Personalpronomens ›ich‹ konstituierte Selbstreferenz in dem Maße, wie der Erzähler über mehr oder weniger weit zurückliegende Erlebnisse berichtet, verdoppelt. Sie betrifft nicht nur das Ich des Erzählzeitpunkts, sondern auch ein früheres Ich, in der Terminologie Stanzels sowohl das erzählende als

---

143 Natürlich kann eine als mündlich ausgegebene Ich-Erzählung auch in eine andere Ich-Erzählung eingebettet werden. So bildet in der *Manon Lescaut* des Abbé Prévost die vom Chevalier des Grieux erzählte Geschichte seiner Liebe zu der verführerischen Manon einen Teil der Memoiren des Marquis de Renoncourt.

auch das erlebende Ich.[144] In dieser Weise wird ein Selbstverhältnis hergestellt, welches das frühere Ich als Gegenstand der Erzählung mit dem aktuellen Ich als dem Subjekt der Erzählung in Beziehung setzt. Das Verhältnis dieser beiden Instanzen kann ganz unterschiedlich gestaltet werden, wobei vor allem die zeitliche und affektive Distanz bzw. Nähe des Erzählers zu seinem früheren Ich den Ausschlag gibt. In unserem Kontext ist allerdings noch wichtiger, dass dieses Selbstverhältnis durch den Akt des Erzählens in einen intersubjektiven Kontext eingerückt wird. Auf diese Weise wird es überlagert durch das Verhältnis zum Adressaten, dem der Erzähler nicht nur die Handlungen und Erlebnisse des früheren Ich, sondern auch seine aktuelle Einstellung zu seiner Vergangenheit präsentiert. Die bei der heterodiegetischen Romanform durch den außen stehenden Erzähler hergestellte Vermittlung zwischen dem individuellen Erleben und dem sozialen Kontext des Erzählens wird hier von der Figur selbst übernommen, so dass die Darstellung des Verhältnisses zwischen Individuum und Gesellschaft von vornherein von einem subjektiven Standpunkt geprägt ist.

Die Selbstbezüglichkeit der Ich-Erzählsituation verbindet sich auf diese Weise mit einem Adressatenbezug, durch den die für das homodiegetische Erzählen typischen Formen der sozialen Perspektive ins Spiel kommen. Während in den heterodiegetischen Varianten des Erzählens vom Erzähler im Allgemeinen ein Konsensus mit dem Leser vorausgesetzt wird – jedenfalls zumindest mit einem Teil der Leserschaft, wie in der oben besprochenen Erzählerintervention in *Le Rouge et le Noir*[145] – oder sich allenfalls scherzhafte Formen der Auseinandersetzung finden, wenn der Erzähler mit den Erwartungen des Lesers spielt[146], steht die Ich-Erzählsituation häufig im Zeichen einer spannungsreichen dialogischen Relation zwischen dem Erzähler und dem Adressaten seiner Erzählung. Denn in diesem Fall ist es ja die eigene Geschichte, die mit dem durch den Adressaten repräsentierten gesellschaftlichen Blick vermittelt werden muss. Daher muss sich der Ich-Erzähler nicht allein in seiner Funktion als Erzähler mit möglichen kritischen Einwänden auseinandersetzen wie ein heterodiegetischer Erzähler, der sich allenfalls dafür zu entschuldigen hat, den Leser zu langweilen oder ihm eine wenig erbauliche Realität zu präsentieren. Vielmehr steht nun aufgrund der je eigenen Lebenserzählung die Figur des Erzählers in ganz anderer Weise zur Diskussion, nämlich nicht nur im Hinblick auf das Erzählen, sondern auch auf das vergangene Handeln. Aufgrund dieser im Vergleich mit dem heterodiegetischen Erzählen sehr viel direkteren Konfrontation mit dem gesellschaftlichen Blick tendiert die Ich-Erzählsituation – jedenfalls in ihrer quasi-autobiographischen Form – immer zu einem mehr

---

144 Vgl. Stanzel, *Typische Formen des Romans*, S. 31.
145 Siehe oben, S. 83 ff.
146 Beispiele sind Furetières *Roman bourgeois* und Diderots *Jacques le fataliste*, wo der auktoriale Erzähler sich mit einem fiktiven Leser auseinandersetzt, dessen Erwartungen durch die Lektüre trivialer Abenteuerromane geprägt sind.

oder weniger ausgeprägten Geständnis- oder Bekenntnischarakter.[147] Modellhaft sind hierfür Texte wie die den Geständnischarakter bereits im Titel signalisierenden *Confessiones* des Augustinus und die ihnen darin folgenden *Confessions* von Rousseau. Auch wenn es sich hier um tatsächliche Autobiographien handelt, konnten sie aufgrund der analogen Erzählpragmatik zu wichtigen Bezugspunkten für die fiktionalen Formen der Autobiographie werden. Diese Beispiele belegen zugleich eine wichtige Entwicklungstendenz des mit dem Bekenntnischarakter verbundenen Adressatenbezugs. Während sich Augustinus in erster Linie an Gott und erst in zweiter Linie an die christliche Gemeinde richtet, geht es Rousseau vor allem um eine Rechtfertigung gegenüber der Gesellschaft, von der er sich missverstanden fühlt. Dieser Gesellschaftsbezug ist, wie nun etwas genauer dargestellt werden soll, für die Entwicklung der fiktionalen Ich-Erzählung von der Frühen Neuzeit bis ins 18. Jahrhundert prägend, wobei zwei hauptsächliche Typen unterschieden werden können: der pikareske Typ, in dem ein mehr oder minder marginalisiertes Individuum die Gesellschaft mit seinen als Außenseiter gesammelten Erfahrungen konfrontiert, und der sentimentale Typ, in dem der Ich-Erzähler – häufig auch die Erzählerin – sich auf sein bzw. ihr Liebeserleben bezieht und dabei nicht nur eine intime Dimension der eigenen Persönlichkeit dem gesellschaftlichen Blick aussetzt, sondern auch häufig Übertretungen der gesellschaftlichen Vorstellungen von Moral und Ehre zur Sprache bringt. Ab dem 18. Jahrhundert bildet sich darüber hinaus ein spezifisch moderner Typus der Ich-Erzählsituation aus, der den Selbstbezug gegenüber dem Gesellschaftsbezug in den Vordergrund rückt und dessen Intention darin besteht, das eigene Leben vor sich selbst dadurch zu rechtfertigen, dass man es als einen die eigenen Identität in positiver Weise begründenden Sinnzusammenhang begreift. Die gesellschaftliche Identitätsverhandlung macht dann einer selbstbezüglichen Identitätsreflexion Platz.

Die pikareske Ich-Erzählung

Wie oben schon dargestellt wurde, hat der pikareske Roman innerhalb der Geschichte der Gattung insofern eine zentrale Bedeutung, als hier das Spannungsverhältnis zwischen Individuum und Gesellschaft zum ersten Mal in prägnanter Weise entwickelt wird.[148] Der Leser – und damit der die Roman-

---

147 Vgl. Stanzel, *Typische Formen des Romans*, S. 31 f.
148 Vgl. oben, S. 15 ff. Hans Gerd Rötzer charakterisiert das Spannungsverhältnis zwischen Erzähler und Gesellschaft und damit auch zum Leser im spanischen pikaresken Roman unter dem Begriff der »subversiven Affirmation«. Dabei beruft er sich auf die auf Américo Castro zurückgehende These, dass der prekäre Status der Autoren als Neuchristen die verdeckt aggressive Erzählhaltung bedingt (siehe *Der europäische Schelmenroman*, Stuttgart: Reclam, 2009, S. 32–53).

lektüre praktizierende Teil der Gesellschaft – wird hier mit dem Schicksal eines jugendlichen Außenseiters konfrontiert, der sich wie Lazarillo im *Lazarillo de Tormes* mit Geschick und List an die gesellschaftlichen Verhältnisse anpasst oder aber wie Guzmán im *Guzmán de Alfarache* die Karriere eines Verbrechers einschlägt. Dabei werden dem Leser sowohl gesellschaftliche Missstände als auch die Charakterlosigkeit des Picaros in ungeschminkter Weise vor Augen geführt. Seine besondere Pointierung erhält das aufgrund dieser Merkmale ohnehin schon provokative Gattungsschema dadurch, dass die Ich-Erzählsituation von Anfang an einen seiner integralen Bestandteile bildet. Es ist hier also der Außenseiter selbst, der sich als Erzähler an die Gesellschaft wendet, aber ein Außenseiter, der sich nicht als Opfer darstellt – wir befinden uns hier fern jeder Sozialromantik –, sondern seine soziale Außenseiterrolle und eine aus dieser Rolle erwachsene moralische Skrupellosigkeit provozierend zur Schau trägt. Eine weitere Konsequenz dieser Anlage der Erzählsituation ist die deutliche Differenz zwischen dem Erzähler und dem Autor, dessen sozialer Status weit von dem des Picaros entfernt ist. Im Gegensatz zu anderen, insbesondere romantischen und modernen Formen der Ich-Erzählsituation, in denen der Autor den Erzähler häufig mit autobiographischen Zügen ausstattet, ist hier der fiktive Charakter des Ich-Erzählers von vornherein offensichtlich. Auf diese Weise kommt es zu einer weitgehenden ›Entautorisierung‹ des Erzählers, der sich daher als mehr oder weniger unzuverlässig darstellt.[149]

Schon in dem das pikareske Gattungsschema initiierenden *Lazarillo de Tormes* ist der Bezug des Ich-Erzählers zum Adressaten seiner Erzählung zutiefst ambivalent. Der im Text selbst genannte und direkt angesprochene Adressat ist eine mit »Vuestra Merced« bezeichnete, offenbar höher stehende Persönlichkeit. Von dieser Autoritätsperson wurde Lazarillo aufgefordert – so gibt er im Prolog zu verstehen –, Auskunft über sein Leben zu geben. Möglicherweise bildet hierfür, wie eine einflussreiche Forschungsmeinung besagt[150], die am Schluss des Textes angedeutete Tatsache, dass ein hoher Geistlicher ein ehebrecherisches Verhältnis zu Lazarillos Ehefrau unterhält, den Anlass. Unabhängig davon, ob diese These zutrifft, hat Lazarillos Erzählung auf jeden Fall die Funktion, seinen Lebensweg und seinen Lebenswandel zu rechtfertigen. Er verfolgt dieses Ziel durchaus offensiv, indem er ebenfalls im Prolog – und nun mit Bezug auf einen größeren Leserkreis – seinen Werdegang als Beispiel dafür anführt, dass auch diejenigen, die nicht von der »fortuna« begünstigt wurden – die also nicht Kinder adliger oder vermögender Eltern sind –, es im Leben zu

---

149 Die von Wayne C. Booth beschriebene Unzuverlässigkeit des Erzählers (vgl. *Rhetoric of Fiction*, Chicago: University of Chicago Press, ²1983, S. 158 f.) ist natürlich in der Ich-Erzählsituation besonders häufig anzutreffen. Akzentuiert wird dieses Merkmal der Gattung bei Matthias Bauer, *Der Schelmenroman*, Stuttgart: Metzler, 1994, S. 27 ff.

150 Vgl. Francisco Rico, *La novela picaresca y el punto de vista,* Barcelona: Seix Barral, ³1982, S. 24 ff.

etwas bringen können[151], was eine recht deutlich Kritik der in der Ständegesellschaft herrschenden sozialen Ungleichheit darstellt. Zunächst schildert
Lázaro, welch harte Schule er schon als Kind durchmachen musste, u. a. als
Führer eines Blinden, als Bediensteter verschiedener Geistlicher und eines verarmten Adligen. Neben drakonischen Züchtigungen hatte er dabei vor allem
schlimmen Hunger zu erdulden, im Falle des Diensts bei den durchaus wohl-
genährten Klerikern aufgrund deren unchristlicher Hartherzigkeit, beim Adligen, weil der selbst aufgrund seines überzogenen Ehrbegriffs lieber ein völlig
mittelloses Leben fristen will, als sich zu einer Erwerbstätigkeit herabzulassen.
Schließlich gelingt Lázaro dann aber doch ein bescheidener gesellschaftlicher
Aufstieg, der darin kulminiert, dass er das königliche Amt eines »pregonero« –
eines Ausrufers – erhält und durch die Ehe mit der Dienstmagd des schon
genannten Geistlichen einen einflussreichen und wohlhabenden Gönner
gewinnt. Wenn sich Lazarillo nun auf der »cumbre de toda buena fortuna« –
auf dem Gipfel seines Glücks – wähnt[152], so entspricht das aber kaum seinem
tatsächlichen gesellschaftlichen Status. Einerseits ist das Amt des Ausrufers
das unterste in der staatlichen Ämterskala und hat besonders deshalb einen
schlechten Ruf, weil es zu seinem Aufgabenbereich auch gehört, verurteilte
Delinquenten an den Pranger oder zur Hinrichtung zu begleiten. Andererseits
ist seine Ehe für Lazarillo zwar mit materiellen Vorteilen verbunden, dient aber
letztlich nur der Tarnung eines geheimen Liebesverhältnisses des Geistlichen.
Der Erzähler ist also aus der Sicht der Gesellschaft ein armer Schlucker und
ein ehrloser Hahnrei. Wenn er ihr dennoch selbstbewusst gegenüber tritt, dann
deshalb, weil er die gesellschaftlichen Verhältnisse durchschaut und seine Lektion gelernt hat: Indem Lázaro behauptet, den Beteuerungen seiner Frau, die
über sie kursierenden Gerüchte seien unwahr, Glauben zu schenken, und sich
als ein eine christliche Ehe führender Ehrenmann ausgibt, reproduziert er in
verzerrter Weise die gesellschaftliche Fetischisierung des guten Rufs zu Un-
gunsten einer verinnerlichten Moral. Durch die grobe Nachahmung gesellschaftlicher Wohlanständigkeit verdeutlicht er die allseits herrschende Heu-
chelei.

Lázaros Bekenntnisse sind von einem markant ironischen Ton durchzogen,
was zunächst darauf verweist, dass Lukács' These vom ironischen Charakter
des Romans[153] auch auf die Ich-Erzählung – jedenfalls auf den pikaresken

---

151 Den Mitgliedern der guten Gesellschaft wird die Lektüre empfohlen: »[…] porque
   consideren los que heredaron nobles estados cuán poco se les debe, pues Fortuna fue
   con ellos parcial, y cuándo más hicieron los que, siéndoles contraria, con fuerza y maña
   remando salieron a buen puerto« (*La vida de Lazarillo de Tormes*, S. 69). [(…) damit diejenigen, die adlige Besitztümer geerbt haben, erkennen, wie wenig man ihnen schul-
   det, da Fortuna sie begünstigte, und wie viel mehr diejenigen erreicht haben, die, obwohl ihnen Fortuna feindlich gesinnt war, mit Kraft und List einen sicheren Hafen
   erreicht haben.]

152 Ebenda, S. 177.

153 Vgl. oben, S. 12, 87 ff.

Typ – zutrifft. Allerdings ist diese Ironie hier noch schwieriger zu lokalisieren als im Falle des heterodiegetischen Erzählens. Zunächst ergibt sie sich aus der in Lázaros Erzählung erkennbaren Anpassungshaltung, daraus also, dass er sich gegenüber »Vuestra Merced« treuherzig als einen seine bescheidene Herkunft nicht verleugnenden strebsamen Mann darstellt, dessen Ehre zu Unrecht in Zweifel gezogen wird. Ironisch wirkt dies, weil mit der Demonstration einer gesellschaftskonformen Haltung die herrschende Doppelmoral, die ganz auf den äußeren Schein fixiert ist, gewissermaßen zitiert und zugleich durch den immer wieder hinter die Kulissen gewährten Blick entwertet wird. Allerdings ist die Figur nun nicht so gestaltet, dass dies eindeutig als bewusste Strategie interpretiert werden könnte. Ob Lázaros Bekenntnisse als naiv oder zynisch einzuschätzen sind, ist nicht zu entscheiden – und möglicherweise ist diese Frage überhaupt falsch gestellt. Denn auch wenn die Individualisierung der Figur in einigen Episoden schon ein bemerkenswertes Ausmaß annimmt, ist es insgesamt wohl kaum die Absicht des anonymen Autors gewesen, die verbogene Mentalität eines Außenseiters darzustellen. Vielmehr ist dieser Ich-Erzähler eine von ihm gewählte Rolle, die es ihm erlaubt, ein satirisches Bild der zeitgenössischen Gesellschaft zu zeichnen. Ironisch ist die Erzählung daher vor allem auch in dem Sinne, dass der Autor vorgibt, ein Lazarillo zu sein. Die metafiktionale Ironie, die aus der offensichtlichen Differenz zwischen Autor und Erzähler resultiert, wird so zum Vehikel einer ironischen Auseinandersetzung mit der gesellschaftlichen Wohlanständigkeit. Dabei ist die Figur des Lazarillo deshalb so schwer zu fassen, weil sie sowohl ein Gegenbild als auch ein Abbild der Gesellschaft ist und weil daher die Zielrichtung der ironischen Rede unbestimmt bleibt. Lázaros Erzählung oszilliert ständig zwischen der Selbstentlarvung und der Entlarvung der Gesellschaft, so dass auch der Leser keinen festen Standpunkt gewinnen kann. Hierin besteht dann auch die eigentliche Provokation des Textes: Wie immer der Leser sich positioniert – auf der Seite Lázaros oder in kritischer Distanz zu ihm –, läuft er Gefahr, selbst das Opfer der Ironie zu werden. Allerdings kann sich in dem Maße, wie der pikareske Erzähler eine satirische Maske des Autors ist, gewissermaßen hinter seinem Rücken ein nun wieder eher einvernehmliches Verhältnis zwischen dem Autor und einem Leser konstituieren, der in der Lage ist, das doppelbödige Spiel zu goutieren. Dies wird auch dadurch ermöglicht, dass sich die Satire im *Lazarillo de Tormes* auf zentrale Themen des Renaissance-Humanismus, die Kritik an der Amtskirche und an der Ständegesellschaft, stützt und dabei mit dem Einvernehmen zumindest eines Teils der Leserschaft rechnen kann.

Auch wenn die Ich-Erzählung im *Lazarillo de Tormes* als Form der satirischen Rede interpretiert werden kann, birgt die hier gegebene Inszenierung der Außenseiterrolle ein narratives Potential, das in der weiteren Entwicklung des pikaresken Gattungsmusters entfaltet wird und seinen ungeheuren Erfolg erklärt. Das liegt natürlich vor allem daran, dass die einzelnen Episoden, welche die satirische Entlarvung des gesellschaftlichen Scheins ermöglichen, zu einer Lebensgeschichte verflochten werden. Im *Lazarillo de Tormes* ist diese

Möglichkeit allerdings nur in einer skizzenhaft anmutenden Weise realisiert. Demgegenüber bildet Mateo Alemáns *Guzmán de Alfarache* das kanonische Modell eines veritablen pikaresken Romans, da hier einerseits die Lebensgeschichte des Protagonisten in weitgehend lückenloser Weise dargestellt wird und da andererseits die erzählte Welt und damit der gesellschaftliche Kontext des individuellen Lebenslaufs eine ganz andere Dichte erhalten.[154] Beides wirkt zusammen, die Entfaltung des agonalen Verhältnisses von Individuum und Gesellschaft in erheblicher Weise zu erweitern. Zugleich werden die im *Lazarillo de Tormes* ausgebildeten Merkmale der pikaresken Erzählerrolle sowohl wieder aufgenommen als auch umakzentuiert. Auch hier berichtet ein Außenseiter – bzw. in diesem Fall sogar ein aus der Gesellschaft Verbannter – über seine gesellschaftlichen Erfahrungen und wendet sich dabei an eine Leserschaft, die eben dieser Gesellschaft angehört. Guzmán schreibt seine Lebensgeschichte, wie der Autor im Prolog zu verstehen gibt, auf den Galeeren (»desde las galeras«)[155], womit er als ein zur Zwangsarbeit verurteilter Sträfling charakterisiert wird. Dies verleiht der Erzählung wie im Falle des *Lazarillo de Tormes* von vornherein ein provokatives Moment, das allerdings dadurch abgemildert wird, dass Guzmán sein vergangenes Leben von einem religiösen Standpunkt aus präsentiert. Als Motiv seiner Autobiographie führt Guzmán ein Konversionserlebnis an, das er auf der Galeere gehabt haben will. Er bezeichnet daher seine Lebenserzählung einerseits als Generalbeichte, womit der der Ich-Erzählung inhärente Bekenntnischarakter besonders deutlich markiert wird, und schreibt ihr andererseits die Funktion eines warnenden Beispiels zu, das den Leser dazu motivieren soll, ein tugendhaftes Leben zu führen.[156] Letzteres hat aber zur Folge, dass Guzmán nicht nur in der Pose eines reuigen Büßers auftritt, sondern sich zugleich auch die Autorität anmaßt, in langen didaktischen Passagen den egoistischen Charakter der Gesellschaft schonungslos zu entlarven, den – etwa im Kult der Ehre sich verdichtenden – gesellschaftlichen Schein zu geißeln und dem Leser im Stil eines strengen Predigers ins Gewissen zu reden. In dem Maße, wie diese – einem Galeerensträfling nicht gut anstehende – Auseinandersetzung mit den gesellschaftlichen Missständen die Reue über begangenes Unrecht und die Trauer über das verfehlte Leben in den Hintergrund drängt, manifestiert sich hier wieder das Moment der satirischen

---

154 Vgl. oben, S. 17 f.

155 Mateo Alemán, *Guzmán de Alfarache*, hg. v. José María Micó, 2 Bde., Madrid: Cátedra, 1994, Bd. 1, S. 113.

156 Ebenda, Bd. 2, S. 42: »Si me ves caído por mal reglado, haz de manera que aborrezcas lo que me derribó, no pongas el pie donde me viste resbalar y sírvate de aviso el tropezón que di.« [Wenn du mich aufgrund meiner schlechten Lebensführung gefallen siehst, verhalte dich so, dass du das, was mich stürzen ließ, verabscheust, setze den Fuß nicht dorthin, wo du mich ausgleiten sahst, und möge dir mein Sturz als Warnung dienen.] Siehe hierzu auch Wolfgang Matzat, »Barocke Subjektkonstitution in Mateo Alemáns *Guzmán de Alfarache*«, in: Joachim Küpper/Friedrich Wolfzettel (Hg.), *Diskurse des Barock. Dezentrierte oder rezentrierte Welt?*, München: Fink, 2000, S. 269–291.

Rollenübernahme, also die Intention des Autors Mateo Alemán, die Figur des Guzmán für eine satirische Gesellschaftskritik zu nutzen. Dabei fehlt auch hier nicht ein gewisses Maß an ironischer Doppelzüngigkeit, da Guzmán seine vergangenen Verfehlungen durchaus auch als gelungene Schwänke darstellt, mit denen er sich im gnadenlosen gesellschaftlichen Konkurrenzkampf zu behaupten wusste. Damit führt der Roman einerseits das abgründige Spiel eines sich sowohl als Gegenbild als auch als Abbild der Gesellschaft präsentierenden Außenseiters fort. Andererseits wird der Tendenz zur Entautorisierung der fiktionalen Rede und einer sich daraus ergebenden Entgrenzung ihres satirischen Potentials der Versuch einer expliziten religiösen Reautorisierung entgegengesetzt. Diese spannungsreiche Kombination verweist auf den historischen Ort des Romans, darauf also, dass hier das pikareske Schema nicht nur durch die humanistischen Diskurse der Renaissance und die ihnen eigene Dialogizität, sondern auch durch die neue religiöse Strenge der Gegenreformation geprägt ist.

Bekanntlich erfreute sich das pikareske Gattungsschema im 17. Jahrhundert nicht nur in Spanien großer Beliebtheit, sondern wurde auch in anderen europäischen Literaturen rasch aufgegriffen.[157] In Frankreich geschah dies zunächst im Rahmen der Gattungsrichtung des *roman comique* – etwa in Charles Sorels *Francion* –, bevor dann in der ersten Hälfte des 18. Jahrhunderts mit dem *Gil Blas de Santillane* von Lesage und Marivaux' *Le Paysan parvenu* auch Romane erschienen, welche die spanischen Modelle recht getreu nachzuahmen schienen. Zugleich lässt sich am Beispiel dieser Romane nun auch erkennen, wie sich das durch die pikareske Ich-Erzählsituation inszenierte Verhältnis von Individuum und Gesellschaft verändert. Marivaux' *Paysan parvenu*, an dem ich diese Entwicklung kurz verdeutlichen möchte, folgt insofern dem pikaresken Schema, als der Roman den gesellschaftlichen Werdegang eines jungen Mannes darstellt, der als Bauernsohn nicht zur guten Gesellschaft zählt. Dennoch ist es dem Protagonisten offenbar gelungen, sich einen respektablen Platz in der Gesellschaft zu schaffen – so viel gibt jedenfalls der Ich-Erzähler, auch wenn er seine aktuelle gesellschaftliche Position nicht enthüllt, deutlich zu verstehen. Seinen sozialen Aufstieg verdankt der junge Jacob zumindest in den ersten Etappen, auf die sich die Erzählung beschränkt, vor allem dem erotischen Interesse, auf das er bei sozial höher gestellten Damen stößt. Damit ist auch schon der Kern des satirischen Sittengemäldes bezeichnet, das wiederum die gesellschaftliche Doppelmoral zum Gegenstand hat. Wiederum wird gezeigt, wie sich hinter dem heuchlerischen Pochen auf konventionelle Moralvorstellungen und hinter dem vielfach zur Schau getragenen Standesbewusstsein nur unterschiedliche Formen des Egoismus verbergen. Einen besonderen Platz nimmt dabei die sexuelle Doppelmoral ein, wobei allerdings der Wunsch nach sexuellen Gratifikationen für den die menschliche Natur grundsätzlich

---

157 Siehe hierzu Matthias Bauer, *Der Schelmenroman*, wo die deutsche, französische und englische Rezeption ausführlich beschrieben wird.

bejahenden Autor eine eher lässliche Sünde bildet. Der Erzähler berichtet nun einerseits, wie er sich die Labilität des sozialen Normensystems und der sich durch diese Normen legitimierenden ständischen Gesellschaft für seinen sozialen Aufstieg zunutze machen konnte, indem er in typisch pikaresker Manier die unter dem sozialen Schein verborgenen selbstsüchtigen Interessen bediente. Andererseits will er aber dem Leser beweisen, dass er dabei seine eigene Identität nicht völlig aufgegeben hat. Letzteres gilt sowohl für eine grundsätzliche Rechtschaffenheit, die der Erzähler im Gegensatz zu einem Lazarillo und einem Guzmán doch einigermaßen glaubhaft für sich reklamieren kann und welche die Richtschnur für seine kritische Analyse nicht nur des fremden, sondern auch des eigenen Verhaltens bildet, als auch für das Beharren auf seinem niederen Stand, das bereits durch den Titel, den der Erzähler selbst für seine Memoiren gewählt haben will, selbstbewusst angekündigt wird. Damit wird erkennbar, dass dieser Picaro nicht mehr ein sozial ganz ortloser Außenseiter bzw. die Inkarnation einer nur fiktiven und hypothetischen Gegenposition zur herrschenden Gesellschaft ist, wie die spanischen Picaros des *Siglo de Oro*, sondern Elemente eines bürgerlichen Standesbewusstseins in sich trägt. Dass man als Leser letztlich nicht entscheiden kann, inwieweit die eigene Einschätzung des Erzählers, sich bzw. diesem Standesbewusstsein letztlich treu geblieben zu sein, tatsächlich zutrifft, gehört zu den interessantesten Aspekten des Textes. Aber schon dass er diese Frage aufwirft, lässt eine Akzentverschiebung von der satirischen Auseinandersetzung mit der Gesellschaft zu einer Selbstbezüglichkeit erkennen, die das Wahren der eigenen Identität gegenüber einer durch die Gesellschaft bewirkten Selbstentfremdung in den Vordergrund rückt. Auch die Art, wie der Erzähler zu Beginn des Textes seine Intentionen darstellt, verweist auf diese neue Schwerpunktsetzung. Denn der möglicherweise lehrreiche Charakter, den der Erzähler als Grund angibt, seine Memoiren zu veröffentlichen – und damit der Aspekt der kritischen Analyse der gesellschaftlichen Sitten – ist nicht ausschlaggebend für die Niederschrift. Vielmehr behauptet der Erzähler, es gehe ihm vor allem darum, sich selbst zu unterhalten – »à m'amuser moi-même« – und einen von einem Landaufenthalt geförderten »esprit de réflexion« zu nutzen, um sich seine Lebensgeschichte vor Augen zu führen.[158] Die Selbstreflexion tritt hier also neben die gesellschaftliche Verhandlung über den individuellen Lebenslauf und verleiht dieser Verhandlung damit insofern einen anderen Charakter, als sich das individuelle Subjekt nun selbst zum Maßstab der gesellschaftlichen Verhältnisse zu machen beginnt.

Während das pikareske Gattungsmodell im realistischen Roman des 19. Jahrhunderts – wie überhaupt die Ich-Erzählsituation – kaum zur Anwendung kam, hat es im 20. Jahrhundert eine Reihe von bemerkenswerten Aktualisierungen erfahren. Ein besonders eindrucksvolles Beispiel ist Célines *Voyage au bout de la nuit*, das daher als Basis für die Diskussion seiner Funktion im

---

158 *Le Paysan parvenu*, hg. v. Henri Coulet, Paris: Gallimard (Folio), 1981, S. 38.

literar- und sozialgeschichtlichen Kontext des 20. Jahrhunderts dienen kann.[159]
Célines Roman vereint die wesentlichen Merkmale der Pikareske: die Figur
des sozialen Außenseiters, den satirischen Bezug auf die Gesellschaft und die
Ich-Erzählsituation. Der Protagonist mit Namen Bardamu ist – jedenfalls zu
Beginn des Textes – ein junger Mann aus kleinbürgerlichen Verhältnissen, der
sich bei Ausbruch des Ersten Weltkriegs freiwillig zum Militärdienst meldet
und an der Front die Realität des Krieges kennenlernt, dann als Angestellter
eines französischen Handelshauses in eine afrikanische Kolonie geht, im Anschluss nach Amerika gelangt, wo er sich in Detroit in einer Autofabrik verdingt, und schließlich, nach Frankreich zurückgekehrt, ein Medizinstudium
absolviert und als Armenarzt in der Pariser Vorstadt tätig ist. Auf diese Weise
wird er immer wieder mit der Kehrseite der bürgerlichen Gesellschaft konfrontiert: im Krieg mit den grausamen Konsequenzen der Ideologie des Na-
tionalstaats, in der französischen Kolonie mit der von den europäischen
Kolonialherren betriebenen Ausbeutung, in Amerika mit den monotonen
Lebensbedingungen der Industriearbeiter und in Frankreich mit dem in den
Pariser Randbezirken herrschenden sozialen Elend. Dies bietet die Gelegenheit, die Fundamente des politischen und sozialen Systems der ersten Hälfte
des 20. Jahrhunderts, Nationalismus und Kapitalismus, in schonungsloser Weise
zu entlarven. Das spezifisch pikareske Element ergibt sich wie in den oben
besprochenen Beispielen aus der Perspektive, die durch die Figur des Protagonisten und die an diese Figur gebundene Ich-Erzählung gesetzt wird. Als Protagonist weist Bardamu pikareske Merkmale auf, da er weder ein zu bemitlei-
dendes Opfer der gesellschaftlichen Fehlentwicklung ist, wie viele Figuren des
realistischen und naturalistischen Romans, noch zum heroischen Rebellen
wird, sondern sich mehr oder minder geschickt durchlaviert, indem er sich
teilweise an die herrschenden Verhältnisse anpasst und teilweise die sozialen
Zwänge mit List zu unterlaufen weiß. So kann er im Weltkrieg nach einer Ver-
wundung dem weiteren Einsatz an der Front dadurch entgehen, dass er durch
das Vorschützen eines dauerhaften psychischen Leidens seinen Aufenthalt in
einem Hospital für traumatisierte Soldaten in die Länge zieht; in der Kolonie
wird er ohne Überzeugung Teil des herrschenden Systems und kann dann
mithilfe der Schwarzen seine Haut retten, ohne sich jedoch mit den Unter-
drückten zu solidarisieren. Merkmalhaft für Bardamus Verhalten ist ein radikaler, auf das eigene Überleben ausgerichteter Individualismus, der nur in der
Zeit als Armenarzt durch Momente des humanitären Engagements etwas zu-
rückgedrängt wird. Dieser Individualismus prägte, wie es das Initialerlebnis des
Lazarillo an der Tormes-Brücke zeigt[160], auch schon den Picaro des 16. Jahrhunderts, blieb aber in dem Maße, wie der Picaro als eine Rollenfigur zu be-

---

159 Weitere Beispiele sind Thomas Mann, *Bekenntnisse des Hochstaplers Felix Krull*; José Camilo Cela, *La familia de Pascual Duarte*; Samuel Beckett, *Molloy*; Michel Houellebecq,
   Extension du champ de la lutte.
160 Vgl. oben, S. 15.

greifen ist, ein Teil der literarischen Versuchsanordnung des Autors. Demgegenüber besitzt das Programm der individuellen Selbstbehauptung im Falle des modernen Picaro Bardamu nun einen ganz anderen Grad von Wahrscheinlichkeit, da es durch eine ausführlich und intensiv geschilderte Lebenswirklichkeit motiviert wird. Neben den literarischen Verfahren des Realismus und Naturalismus, an die Céline deutlich anknüpft, ist hierfür auch die soziale Entwicklung grundlegend. Während der pikareske Roman der Frühen Neuzeit die Erschütterungen der Ständegesellschaft und damit das Brüchigwerden der Inklusionsindividualität zum Gegenstand hat, wirken bei der modernen Modellierung der Marginalisierungserfahrung die Standardisierung der Exklusionsindividualität und der Geltungsverlust der bürgerlichen Gesellschaftsordnung zusammen.[161]

Das provokative Moment des pikaresken Erzählens, dass nämlich der Außenseiter selbst sich als Erzähler in Szene setzt und auf der Basis dieser Selbstautorisierung mit dem Leser und der durch ihn repräsentierten Gesellschaft in Dialog tritt, erhält in diesem Kontext eine neue Intensität. Dazu trägt schon die sehr kolloquiale und immer wieder auch vulgäre, die Konventionen der literarischen Sprache durchbrechende Ausdrucksweise des Erzählers bei, mit der Céline dessen Außenseiterposition deutlich signalisiert. Natürlich hat auch dieser Ich-Erzähler die Funktion einer satirischen Maske des Autors, doch aufgrund ihrer Verwurzelung in einer dichten Lebenserfahrung gewinnt hier die Erzählerrede einen anderen Status als in den frühneuzeitlichen Texten. Die durch die Ich-Erzählsituation hergestellte Kontinuität von Leben und Erzählen manifestiert sich vor allem darin, dass Bardamu auch in der rückblickenden narrativen Gestaltung die Orientierungslosigkeit des Lebenswegs nicht überwinden und die Schilderung seiner Abenteuer nicht mit einer gesicherten Wertperspektive verbinden kann. So wie sich der Protagonist Bardamu keiner sozialen Gruppierung zugehörig fühlt, so kann er auch als Erzähler keine ideologisch und ethisch fundierte Gegenposition artikulieren. Auch als Erzähler gibt Bardamu somit einem radikalen Individualismus Ausdruck. Hieraus resultiert ein wesentlicher Gegensatz zum heterodiegetischen Erzählen des Realismus und Naturalismus. Denn in Célines Roman wird weder eine überindividuelle sozialgeschichtliche Sinnperspektive artikuliert, wie das im Falle des Balzacschen und Zolaschen Erzählers noch geschieht, noch ergibt sich die dem heterodiegetischen Erzählen eigene kommunikative Brücke der Einfühlung, die auch noch bei dem im Hinblick auf solche Sinnstiftungen skeptischen Flaubert das individuelle Schicksal in einen mitmenschlichen Rahmen einrückt. Vielmehr dient das pikareske Erzählschema dazu, den sozialgeschichtlichen Realismus mit einer subjektiven Erzählerrede zu verbinden, welche in herausfordernder Weise allen gesellschaftlichen Diskursen eine radikal desillusionierte Sicht entgegenhält. Es entspricht der Ich-Erzählsituation, dass dies

---

161 Zu Niklas Luhmanns Begriffen der Inklusions- und der Exklusionsindividualität vgl. oben, S. 13.

nicht im abgeklärten Ton der »gereiften Männlichkeit« geschieht, wie Lukács das offensichtlich mit Blick auf das heterodiegetische Erzählen formuliert[162], sondern mit dem aggressiven Gestus dessen, der selbst Opfer der gesellschaftlichen Verhältnisse geworden ist. Damit bringt der Roman eine extreme Version der ungeschützten modernen Individualität im Kontext der ideologischen Unübersichtlichkeit der Zwischenkriegszeit in eindrucksvoller Weise zur Darstellung.

Ich-Erzählsituation und Liebesgeschichte

Wie oben schon verschiedentlich hervorgehoben wurde, ist das Thema der Liebe besonders dazu geeignet, die Spannung zwischen Individuum und Gesellschaft zur Anschauung zu bringen. Dies gilt in besonderem Maße für die vormoderne Literatur, da Liebe in traditionellen gesellschaftlichen Strukturen häufig eine Infragestellung sozialer Normen und darüber hinaus auch religiöser Gebote impliziert. Vor allem weibliches Liebesbegehren kann in dieser Weise als bedrohlich erscheinen: Vor der Ehe gefährdet es die Familienehre und das Privileg der elterlichen Gattenwahl, nach der Ehe stellt es eine Gefahr für die Ehre des Ehemanns dar; und in jedem Fall besteht das Risiko einer Verletzung des religiösen Keuschheitsgebots. In nur teilweise abgeschwächter Weise trifft dasselbe für den Mann zu, von dem zwar weniger Keuschheit erwartet wird, der aber in patriarchalischer Sichtweise das Ansehen der Familie umso nachhaltiger durch eine Mesalliance beeinträchtigen kann. In dieser sozialen Brisanz des Liebesthemas sind sicher maßgebliche Gründe dafür zu suchen, dass es in der Geschichte des Romans eine zentrale Rolle spielte. Dabei ist es das Privileg der literarischen Form – im Gegensatz etwa zu moralphilosophischen Traktaten –, das individuelle Interesse und die subjektive Erfahrung in besonderer Weise zur Geltung bringen zu können. Wie auch in der Lyrik und im Drama, aber noch um einiges differenzierter, können im Roman die Erfahrungen des sich aufgrund des nicht gesellschaftsfähigen Charakters seiner Wünsche vereinzelnden Liebenden, der sich gerade dadurch seiner Individualität bewusst wird, ausgestaltet werden. Dass es sich dabei um eine besonders verbreitete Erfahrung handelt, trägt natürlich zur Faszination der literarischen Modellierungen bei, zumal das affektive Prestige der Liebe in besonderer Weise dazu geeignet ist, die Sympathien des Lesers auf die Seite des Individuums zu ziehen.

Das die Relation von Individuum und Gesellschaft betreffende Spannungspotential, das dem Liebesthema inhärent ist, kann in den verschiedenen Erzählsituationen unterschiedlich ausgestaltet werden. Wie oben betont wurde, entspricht der auktorialen Erzählperspektive eine versöhnliche Haltung, da der in diesem Fall eine überindividuelle Sicht vertretende Erzähler normaler

---

162 Vgl. oben, S. 88.

Weise zu Einfühlung und Verständnis neigt. Wo heterodiegetisches Erzählen sich eher der personalen Erzählsituation annähert, kann es demgegenüber zu einer stärker ausgeprägten Solidarisierung des Erzählers mit dem auf sich selbst zurückgeworfenen Individuum kommen. Das Spezifikum der Ich-Erzählsituation besteht demgegenüber darin, das Spannungsverhältnis zwischen Individuum und Gesellschaft in unmittelbarer Weise zum Gegenstand einer Verhandlung zu machen. Geht man vom essentiell dialogischen Charakter der Ich-Erzählsituation aus, der ihr insbesondere in den frühen Phasen der Gattungsentwicklung inhärent ist, so wird dies sogleich sinnfällig. Im Dialog mit dem Leser – und häufig auch mit textimmanenten Zuhörern – bringen die Ich-Erzähler ihre Liebeserfahrung selbst zur Sprache und damit einen Bereich ihres Erlebens, der sonst überwiegend verborgen und verschwiegen bleiben muss. Sie setzen sich damit dem Blick des Anderen aus, und das ist immer ein mehr oder minder gesellschaftlich geprägter Blick. Wenn sie dabei um Verständnis werben, so bedeutet dies eine entschiedenere Zumutung für den Leser als der vermittelnde Gestus des auktorialen Erzählers, da er sich hier in sehr viel intensiverer Weise auf ein tendenziell transgressives Verhalten einlassen und zu ihm Stellung nehmen muss.

Frühe Beispiele für die Thematisierung der Liebeserfahrung aus der subjektiven Perspektive der Ich-Erzählung bieten vor allem die eingelegten Geschichten des Schäferromans. Literarhistorisch erklärt sich das daraus, dass der Schäferroman aus der Ekloge herausgewachsen ist und daher den lyrischen Subjektivismus der Hirtendichtung fortschreibt. Bereits die Eklogen sind allerdings häufig in dialogischer Form gestaltet, so dass auch hier schon die Kommunikation über einen in normalen sozialen Kontexten weitgehend tabuierten Gefühlsbereich inszeniert wird. Dies wird natürlich durch den gesellschaftsfernen Charakter der pastoralen Welt begünstigt, da damit dem Hirtendialog von vornherein der Charakter eines künstlerischen Experiments verliehen wird. Für den Schäferroman ist es demgegenüber charakteristisch, dass er die Schäferwelt der gesellschaftlichen Welt annähert und so Grenzüberschreitungen in beiderlei Richtungen ermöglicht. Das wichtigste Motiv für solche Grenzüberschreitungen, insbesondere von solchen, die in den bukolischen Raum führen, ist die Liebe. So konstituiert sich die Schäfergesellschaft in Montemayors *La Diana*, dem neben Sannazaros *Arcadia* einflussreichsten Gattungsmodell, zu einem großen Teil aus Zivilisationsflüchtlingen, die nach einer gravierenden Liebesenttäuschung ihre Heimat und damit ihr primäres gesellschaftliches Umfeld verlassen haben und im bukolischen Raum Zuflucht suchen. Die wichtigsten unter ihnen sind drei junge Frauen, Selvagia, Felismena und Belisa, die an dem in der Region León angesiedelten pastoralen Schauplatz auf die dort ansässigen Schäfer Sireno und Silvano treffen. Dass es die Frauen sind, die sich auf die Wanderschaft begeben, und nicht die ebenfalls vom Liebesunglück heimgesuchten männlichen Protagonisten, bedeutet natürlich eine Steigerung des transgressiven Charakters des liebesbedingten Verhaltens. Das Zusammentreffen dieser Figuren motiviert die ›eingelegten Geschichten‹, längere Formen der Ich-Erzählung, in denen die Damen die Gründe erläutern, die sie in den bukolischen Raum geführt haben. Der soziale Kontext der Liebeserzählungen wird hier also durch eine spezifische Binnen-gesellschaft gebildet, die als solche, wie oben schon erläutert wurde[163], ein Ge-genmodell zu den eher dem Muster der realen Gesellschaft entsprechenden sozialen Formationen außerhalb des bukolischen Raums bildet. Im geschütz-ten Kommunikationsraum der Binnengesellschaft ist der in der Gesellschaft herrschende Zwang, eine normgerechte soziale Rolle zu spielen, außer Kraft gesetzt und so können affektive Erfahrungen, die das soziale Prestige gefähr-den, in freier Weise thematisiert werden. Für den Leser bedeutet das, dass er ebenfalls in die Rolle eines Vertrauten hineingezogen und so dazu verführt wird, während der Lektüre seine normalen Bewertungsmaßstäbe zu suspen-dieren.

Es entspricht dieser binnenpragmatischen Situierung, dass die Erzählerin-nen der eingelegten Geschichten sich vor allem als Opfer präsentieren – so-wohl des Schicksals und des Liebesgotts Amor als auch männlicher Untreue – und daher an das Mitleid der Zuhörer appellieren. Die Frage, inwieweit sie durch ihr eigenes Verhalten zu den dargestellten Liebesverwicklungen beige-tragen haben und wie ihr Verhalten moralisch einzuschätzen ist, wird dabei weitgehend ausgeklammert. Dies ist deshalb umso bemerkenswerter, weil – je-denfalls im Falle von Felismena und Belisa – nicht nur aufgrund der durch den Ehrenstandpunkt vorgegebenen Perspektive, sondern auch auf der Basis allge-meinerer moralischer Grundsätze durchaus Anlass zur Kritik besteht. So ist Fe-lismena ihrem untreuen Geliebten in Männerkleidern gefolgt, hat sich bei ihm als Page verdingt, als solcher die Werbung des Untreuen um eine Rivalin be-trieben und dabei in Kauf genommen, dass sich Celia – so der Name dieser Rivalin – in den vermeintlichen Pagen verliebt.[164] Dieses Verstellungsspiel ist alles andere als harmlos, da es Celia nicht nur ins Unglück stürzt, sondern möglicherweise – der Text ist in dieser Frage nicht explizit – sogar zu ihrem Tod beiträgt. Auch Belisa erscheint aufgrund ihrer Erzählung nicht nur als das unschuldige Opfer, als das sie sich präsentiert. Schließlich hat sie es zugelassen, dass sie von zwei Männern gleichzeitig umworben wurde, die zudem Vater und Sohn waren, was zu einer tragisch endenden Auseinandersetzung der bei-den führte. Auch wenn sich später herausstellt, dass dieses tragische Ende nur die Inszenierung eines Magiers war, so erscheint Belisas Bericht im Hinblick auf die moralische Dimension ihres Verhaltens doch unreflektiert, zumal sie zum Zeitpunkt der Erzählung noch nichts von der sie entlastenden Interven-tion des Magiers weiß. Die Ich-Erzählungen des Schäferromans dienen, wie diese Beispiele zeigen, vor allem zur Entfaltung der subjektiven Perspektive

---

163 Vgl. oben, S. 38 f.

164 Es handelt sich um das einer Novelle von Mateo Bandello entnommene Handlungs-schema, das dann auch die Basis für Shakespeares *Twelfth Night* bildet.

der Liebenden selbst, ohne dass die Zuhörer einen merklich unterschiedlichen Standpunkt zur Geltung bringen. Hier geht es offensichtlich vor allem darum, Liebe – vor allem in der Form des vorehelichen Liebeswerbens – mit allen ihren problematischen Konsequenzen gesellschaftsfähig zu machen, und dies insbesondere mit Blick auf das höfische Publikum, das ja den primären Adressatenkreis bildet. Es entspricht dieser Intention, dass bei den geschilderten Liebesverirrungen die physische Dimension weitgehend ausgeklammert bleibt und die Damen zumindest im engeren Sinne ihre Ehre nicht aufs Spiel setzen. Schließlich wird die subjektive Apologie der Liebe auch dadurch abgedämpft, dass die herrschenden gesellschaftlichen und religiösen Normen im weiteren Verlauf des Romans dann doch deutlicher ins Spiel gebracht werden. Denn den Liebenden wird im Diana-Tempel, zu dem sie sich auf ihrer Suche nach Linderung ihrer Liebesnot begeben, von der dort waltenden Priesterin Felicia nur unter der Voraussetzung geholfen, dass ihre Liebe im gottgefälligen Ziel der Ehe ihre Erfüllung findet.

Wie das Beispiel der Schäferliteratur zeigt, gehorchen die Ich-Erzählungen der frühneuzeitlichen Romane häufig dem Schema der eingelegten Geschichten und sind damit im übergeordneten Kontext einer heterodiegetischen Erzählung platziert. Dabei sind es meist die zufälligen Begegnungen mit Fremden und Reisenden, welche diese Erzählungen motivieren. Wichtige Beispiele sind neben den Schäferromanen die Romane von Cervantes, sowohl der *Don Quijote* als auch die *Trabajos de Persiles y Sigismunda*, da beide Texte auf dem Sujet der Reise beruhen – der *Quijote* als Parodie der ritterlichen Abenteuerreise und der *Persiles* als Reprise der Liebesreise des griechischen Romans –, und in beiden Fällen sind es meist unglückliche Liebesgeschichten, die im Rahmen dieser Begegnungen erzählt werden. Auch im französischen Roman des 17. und 18. Jahrhunderts ist dieses Verfahren verbreitet, wohl nicht zuletzt aufgrund des Einflusses von Honoré D'Urfés *L'Astrée*, des wichtigsten französischen Schäferromans, der aufgrund seines monumentalen Umfangs das Verfahren der eingelegten Geschichten besonders intensiv aufgreift. In dem Maße, wie dieses Verfahren an das Reisesujet gebunden ist, was zwar häufig, aber nicht notwendiger Weise der Fall ist, liegt natürlich immer eine gewisse Lösung der Erzählsituation aus dem gesellschaftlichen Kontext vor. Im Vergleich zum Schäferroman wird die soziale Brisanz des Liebesthemas und damit die der Liebeserzählung inhärente dialogische Spannung aber dennoch häufig gesteigert. Dies ist etwa dann der Fall, wenn das Liebesthema sich mit dem Problem des Standesunterschieds und der daran geknüpften Gefahr einer Mesalliance verbindet und so eine Infragestellung der Strukturen der ständischen Gesellschaft impliziert.[165]

---

165 Beispielhaft ist hierfür im *Don Quijote* die oben schon erwähnte Geschichte der Dorotea (Bd. 1, Kap. 28, vgl. oben, S. 49), in der die Tochter eines wohlhabenden Bauern der Verführung eines Herzogsohns erliegt und ihn letztlich dazu bringen kann, die versprochene Ehe mit ihr einzugehen.

Für das Ausspielen dieser sozialen Brisanz – und nun im Hinblick auf die Situation eines jungen Mannes – ist die oben schon genannte *Manon Lescaut* des Abbé Prévost ein besonders bemerkenswertes Beispiel. Der stärkere Gesellschaftsbezug lässt sich hier deutlich am Kontext erkennen, in den die Liebeserzählung eingerückt wird. Auch hier handelt es sich um eine eingelegte Geschichte, die aufgrund einer Reisebegegnung vorgetragen wird, allerdings in diesem Fall im Rahmen einer übergreifenden homodiegetischen Erzählung. Denn der mit *Manon Lescaut* überschriebene Text bildet im Grunde genommen nur einen Teil eines viel umfangreicheren Romans, nämlich der Lebenserinnerungen des Marquis de Renoncourt, die Prévost unter dem Titel *Mémoires d'un homme de qualité* veröffentlicht hat. Auch in den Einzelausgaben ist dieser Rahmen insofern beibehalten, als die Erzählung dadurch eingeleitet wird, dass der Marquis seine Begegnungen mit Des Grieux, dem Protagonisten und Ich-Erzähler der Geschichte von Manon Lescaut, in Calais schildert. Bei der zweiten Begegnung, die stattfindet, als Des Grieux nach dem Tod von Manon aus Lousiana zurückkehrt, kommt es dann zu dem ausführlichen Lebensbericht, der vom Marquis de Renoncourt an den Leser weitergegeben wird. Mit dem Marquis de Renoncourt hat Des Grieux also einen Gesprächspartner, der schon aufgrund seines Standes ein Vertreter der – guten – Gesellschaft ist und sich zudem aufgrund des Altersunterschieds als Autorität darstellt. Die Geschichte, die der Marquis zu hören bekommt, bedeutet nun aber eine massive Infragestellung der Normen der ständischen Gesellschaft, insbesondere des Adels, dem ja auch Des Grieux angehört. Die von Des Grieux vergötterte Manon ist nämlich nicht nur eine Bürgerliche, sondern auch im Hinblick auf ihr sittliches Verhalten kaum gesellschaftsfähig. So geht sie mit dem noch unerfahrenen Des Grieux ohne Umschweife eine körperliche Beziehung ein, was ihr womöglich deshalb leicht fällt, weil sie ihre Unschuld schon vorher verloren hat. Im Verlauf ihrer Beziehung verlässt sie Des Grieux dann mehrere Male, um sich von wohlhabenderen Männern aushalten zu lassen, bis sie aufgrund ihres unmoralischen Lebenswandels zu einer Verbannung in eine Sträflingskolonie in Louisiana verurteilt wird, wohin ihr Des Grieux folgt und wo sie dann den Tod findet. Auch bei Des Grieux hat die Leidenschaft einen zunehmend korrumpierenden Charakter. Er versucht seine Barschaft durch Spielbetrug aufzubessern, lässt sich von Manon dazu überreden, ihre reichen Liebhaber zusammen mit ihr auszunehmen, und tötet bei dem Versuch, Manon aus einer Besserungsanstalt für leichte Mädchen zu befreien, ohne Skrupel einen Angehörigen des Wachpersonals. Die sozialen Implikationen dieses Verhaltens werden vor allem in den Szenen thematisiert, in denen Des Grieux von seinem Vater wegen seines den Ruf der Familie beschädigenden Lebenswandels heftig zur Rede gestellt wird. Aufgrund des niederen Charakters der erzählten Abenteuer lädt der Roman nicht nur zum Vergleich mit den eingelegten Liebesgeschichten früherer Romane, sondern auch mit dem pikaresken Roman ein. Allerdings handelt es sich bei diesem Ich-Erzähler nicht um einen Picaro, dessen Umtriebe – jedenfalls aus Sicht eines nicht zur

Selbstkritik neigenden Lesers – die gute Gesellschaft nicht tangieren und letztlich nur ihre Vorurteile bestätigen, sondern um ein Mitglied eben dieser guten
Gesellschaft. Des Grieux' Erzählung ist daher auch nicht durch den provokativen Gestus des pikaresken Lebensberichts geprägt, sondern folgt dem apologetischen Muster, das schon in den Liebeserzählungen des Schäferromans vorherrscht. Allerdings ist die Liebesapologie in diesem Fall ganz anderen
Belastungen ausgesetzt, da hier das transgressive Potential der Leidenschaft
nicht nur die für den Liebes- und Ehebereich geltenden Normen betrifft, sondern den Lebenswandel des jungen Mannes insgesamt massiv beeinträchtigt.
Gleichwohl dominiert auch hier die Attitüde des Opfers, wobei Des Grieux
neben dem Schicksal vor allem Manon immer wieder anklagt, zugleich aber
den einmaligen und absoluten Charakter seiner Liebe weiterhin affirmiert.
Eine neue Prägung erhält die Ich-Erzählung allerdings dadurch, dass Des
Grieux wiederholt beteuert, sein eigenes Affekterleben und die daraus resultierenden Handlungen seien für ihn weder durchschaubar noch erklärbar. Vor
allem gilt dies für Situationen, in denen er Manons Charme verfällt oder von
ihr verlassen wird.[166] Sicherlich steht die Artikulation der Erfahrung der Ohnmacht gegenüber der Leidenschaft in einer langen Tradition, die vor allem im
Zusammenhang mit den die höfische Liebe behandelnden literarischen Diskursen und im Petrarkismus ausgearbeitet wurde. Hier jedoch geht es nicht
nur um die Fremdbestimmtheit des Ich durch die Leidenschaft – wofür die
Verweise auf die Macht des Amor, des Sternenfatums oder auch die Einflüste-
rungen des Teufels traditionelle Erklärungsmöglichkeiten bieten –, sondern
darüber hinaus um eine radikale Fremdheit des eigenen Inneren. Natürlich ist
nicht zu ermessen, inwieweit die Schilderung einer solchen Selbstentfremdung eine Schutzbehauptung darstellt, mit der sich Des Grieux von seiner Verantwortung entlasten will. Gleichwohl deutet sich hier eine Verschiebung der
Spannungsrelation zwischen Individuum und Gesellschaft an, da neben das
problematische Verhältnis des Individuums zu den gesellschaftlichen Normen
nun die Frage tritt, inwieweit sich das individuelle Ich in seinem Selbsterleben

---

166 Siehe z. B. Abbé Prévost (Antoine-François Prévost d'Exiles), *Histoire du Chevalier des
Grieux et de Manon Lescaut*, hg. v. F. Deloffre und R. Picard, Paris: Garnier, 1967, S. 69:
»Je demeurai [...] dans un état qui me serait difficile à décrire car j'ignore encore
aujourd'hui par quelle espèce de sentiments je fus alors agité. Ce fut une de ces situa-
tions uniques auxquelles on n'a rien éprouvé de semblable. On ne saurait les expliquer
aux autres, parce qu'ils n'en ont pas l'idée; et on a peine à se les bien démêler à soi-
même, parce qu'étant seules de leur espèce, cela ne se lie à rien dans la mémoire, et peut
être rapproché d'aucun sentiment connu.« [Ich befand mich (...) in einem Zustand,
den ich nur schwer beschreiben könnte, denn ich weiß heute noch nicht, von welcher
Art von Gefühlen ich damals bewegt wurde. Das war eine dieser einmaligen Situationen, zu denen man nichts Vergleichbares erlebt hat. Man kann sie den anderen nicht
erklären, da sie davon keine Vorstellung haben; und man hat Mühe, sie für sich selbst
zu entwirren, da sie als einzige ihrer Art mit nichts im Gedächtnis verbunden und keinem bekannten Gefühl angenähert werden können.]

überhaupt dem gesellschaftlichen Wissen erschließt. Davon sind dann natürlich auch die Kommunizierbarkeit der eigenen Erfahrungen und das autobiographische Erzählen überhaupt betroffen. Wenn Des Grieux mit dem Verweis auf die begrenzte Reichweite seiner Selbstanalyse diese Fragen zumindest implizit aufwirft, dann ist das ein Zeichen dafür, wie die Ich-Erzählung dazu genutzt werden kann, um die Vertiefung der Kluft zwischen dem Individuum und der Gesellschaft zur Anschauung zu bringen.

Die kleine Beispielreihe zu den Liebeserzählungen in der ersten Person soll mit einem Blick auf Chateaubriands *René* abgeschlossen werden, wo die sich in *Manon Lescaut* andeutende Möglichkeit, mithilfe der Ich-Erzählsituation die Grenzen der Selbstergründung auszuloten, schon sehr viel entschiedener verfolgt wird.[167] Auch *René* gehorcht noch dem Schema der eingelegten Geschichten. Zunächst war Renés Lebensbericht als Binnenerzählung innerhalb eines umfangreicheren Werkes über das Schicksal der Indianer in der französischen Kolonie Louisiana mit dem Titel *Les Natchez* geplant, das allerdings erst 1826 veröffentlicht wurde. In der 1802 erstmals publizierten Form des Textes legt René, der – vergleichbar mit den Zivilisationsflüchtlingen des Schäferromans – aus Frankreich nach Nordamerika ausgewandert ist und dort in der Nähe des Mississippi bei einem Indianerstamm sein Leben fristet, vor einem alten Häuptling und einem christlichen Missionar seine Lebensbeichte ab. Auch er setzt sich damit trotz des exotischen Schauplatzes dem gesellschaftlichen Blick aus, und zwar in einer durchaus repräsentativen Form, da mit dem Häuptling die in Renés neuem Lebenskreis geltende weltliche und mit dem Geistlichen die religiöse Autorität vertreten sind. Dem entspricht es, dass René gleich zu Beginn seine Zuhörer um Nachsicht bittet, da sie die Bekenntnisse eine moralisch schwachen jungen Mannes – »sans force et sans vertu« – zu hören bekämen.[168] Auf die Unverträglichkeit der eigenen Lebensgeschichte mit dem gesellschaftlichen Blick wurde zuvor schon dadurch verwiesen, dass René bis zu diesem Zeitpunkt die Gründe für seine Emigration aus Frankreich als ein nicht mitteilbares Geheimnis bezeichnet hat.[169] Erst nach dem Erhalt eines Briefs aus der Heimat, der die Nachricht vom Tod seiner Schwester überbringt – und damit der Person, derentwegen, wie sich herausstellen wird, das Geheimnis gehütet wurde –, ist René nun bereit, seine Lebensgeschichte zu erzählen. Zwar handelt es sich dabei zunächst weniger um eine Liebesgeschichte als um die Darstellung eines Lebenswegs, der im Zeichen einer wesentlich unbestimmten romantischen Sehnsucht

---

167 Zum Folgenden vgl. Wolfgang Matzat, *Diskursgeschichte der Leidenschaft. Zur Affektmodellierung im französischen Roman von Rousseau bis Balzac*, Tübingen: Narr, 1990, S. 118–127.

168 François-René Chateaubriand, *René*, in: Chateaubriand, *Œuvres romanesques et voyages*, hg. v. Maurice Regard, 2 Bde., Paris: Gallimard (Pléiade), 1969, Bd. 1, S. 119.

169 Ebenda, S. 117.

steht[170], doch tritt das Liebesthema gegen Ende des Textes stark in den Vordergrund. Denn das Leiden des Protagonisten und Ich-Erzählers gipfelt darin, dass er von der inzestuösen Liebe erfährt, die seine Schwester zu ihm hegt und die dazu führt, dass sie in einem Kloster Zuflucht sucht. Inwieweit René seinerseits von diesem inzestuösen Begehren befallen ist und ob diese emotionale Verstrickung schon vor oder erst nach dem Geständnis der Schwester beginnt, wird in dem Text bewusst im Dunkeln gelassen. Motiviert werden diese Spekulationen durch die Reaktion eines der beiden Zuhörer, des Missionars P. Souël. Der Geistliche nämlich äußert die Vermutung, Renés tiefe Trauer, die ihn seit der Ankunft in Amerika beherrschte und die ihn auch Chactas' Wunsch, René möge eine Indianerin seines Stammes heiraten, immer wieder abschlagen ließ, habe ihren wahren Grund darin, dass er im geheimen die sündige Liebe seiner Schwester teile.[171] Zwar will P. Souël in Renés Inzestwunsch nur eine Folge des Geständnisses sehen, doch wird damit dem Leser die Vermutung zugespielt, Renés Gefühle für seine Schwester könnten schon vorher nicht nur geschwisterlicher Natur gewesen sein – eine Vermutung, die durch eine zweite Lektüre des Textes durchaus weitere Nahrung erhält. Eine einfache Deutung würde nun darin bestehen, Renés Inzestwunsch als offensichtliche Tatsache zu betrachten und ihm damit auch zu unterstellen, dass er vorsätzlich seine eigene Verantwortung für die sündige Liebe der Schwester herunterspielen will. Doch wird man den Intentionen des Textes wohl eher gerecht, wenn man ihn als Beleg dafür liest, dass René nicht in der Lage ist, seine eigenen Wünsche zu durchschauen und eine verlässliche Auskunft über die Vorgänge in seinem eigenen Innern zu geben. Die Ich-Erzählsituation dient somit in dieser Lesart vor allem der Inszenierung einer Undurchdringlichkeit des eigenen affektiven Erlebens, die jeden Versuch der kritischen Selbstanalyse Lügen straft. Dies hat zugleich zur Folge, dass sich das Individuum dem gesellschaftlichen Urteil grundsätzlich entzieht.

Ich-Erzählsituation und Identitätskonstitution

Eine offensichtliche Funktion der modernen Formen der Ich-Erzählung besteht in der Identitätskonstitution. Wie vor allem die neuere soziologische Forschung zur personalen Identität festgestellt hat, ist die narrative Präsentation des eigenen Lebens ein notwendiges Verfahren, um sich der eigenen Identität

---

170 Chateaubriand beschreibt diesen Sehnsuchtszustand im *Génie du christianisme* unter dem Titel des »vague des passions« (*Essai sur les révolutions, Génie du christianisme*, hg. v. Maurice Regard, Paris: Gallimard (Pléiade), 1978, S. 714–716). In der ersten Ausgabe des *Génie du christianisme* (1802) folgte der Text von *René* als Illustration dieser von Chateaubriand als modernes Phänomen bezeichneten Affektlage.

171 *René*, S. 181.

zu vergewissern.[172] Betrachtet man diesen Zusammenhang aus einer historischen Perspektive, so zeigt sich, dass die Form, welche diese Identitätskonstitution annimmt, wesentlich davon abhängt, worauf sich die Identität gründet bzw. – mit Charles Taylor gesprochen – auf welchen »sources of the self« sie beruht.[173] Dort, wo sich das Individuum aufgrund seiner Zugehörigkeit zu einer gesellschaftlichen Gruppe und der Übereinstimmung mit den entsprechenden kollektiven Wertvorstellungen definiert, ist die Identität vorgegeben und muss sich lediglich in entsprechenden Probesituationen bewähren. Die Demonstration solcher Identität ist daher auch nicht auf die subjektive Perspektive der Ich-Erzählsituation angewiesen, sondern kann in der heterodiegetischen Darstellung der die Identität sichernden Bewährungsproben erfolgen.[174] Dies ist der Modus, in dem die Identitätsthematik im Ritterroman abgehandelt wird, da es dort für den Helden darum geht, seine adlige Natur zu beweisen. Im Kontext sozial vorgegebener Identitätsmuster erscheint daher individuelle Besonderheit nur in eingeschränktem Maße von Interesse. Sie gilt als akzidentelle Abweichung, die entweder vernachlässigt oder aber verlacht und zensiert wird. In diesem Kontext dient Selbstthematisierung vor allem der Rechtfertigung vor einer Autorität und hat daher apologetischen Charakter. Dies ändert sich erst in dem Maße, wie sich der Typ der Exklusionsindividualität durchsetzt und Einzigartigkeit zur konstitutiven Voraussetzung von Individualität und so der je eigenen Identität avanciert.[175] Damit vollzieht sich ein Wandel von der Apologie zur Affirmation der eigenen Besonderheit, der die historische Evolution der Ich-Erzählung in entscheidender Weise prägt. Wie wir schon gesehen haben, folgen sowohl der pikareske Roman als auch die in der Ich-Form präsentierte Liebesgeschichte noch überwiegend dem apologetischen Muster. Eine Transformation setzt zunächst in der Weise ein, dass sich der Rechtfertigungsgestus mit dem Reklamieren einer Deutungshoheit im Hinblick auf die eigene Lebensgeschichte verbindet. Dies zeichnet sich in gewisser Weise schon im *Lazarillo de Tormes* ab, jedenfalls wenn man das Motiv seiner Erzählung darin sehen will, skandalösen Gerüchten, die über seinen

---

172 Vgl. z.B. Kenneth J. Gergen, »Erzählung, moralische Identität und historisches Bewußtsein«, in: Jürgen Straub (Hg.), *Erzählung, Identität und historisches Bewußtsein. Die psychologische Konstruktion von Zeit und Geschichte (Erinnerung, Geschichte, Identität 1)*, Frankfurt/M.: Suhrkamp, 1998, S. 170–202, insbes. S. 188 ff.; Jürgen Straub, »Identität«, S. 286 f. – Zum Verhältnis von Autobiographie und Identitätskonstitution siehe den grundlegenden Aufsatz von Georges Gusdorf: »Formes et limites de l'autobiographie«, in: *Formen der Selbstdarstellung. Analekten zu einer Geschichte des literarischen Selbstportraits. Festgabe für Fritz Neubert*, Berlin: Duncker & Humblot, 1956, S. 105–123.
173 In *Sources of the Self. The Making of Modern Identity* zeichnet Charles Taylor die Geschichte der Formen der Selbstbegründung von der Antike bis in die Moderne nach.
174 In der Terminologie von Paul Ricœur entspricht die von außen zu konstatierende Identität eines Charakters dem Typ der »identité-idem«, während die Innenperspektive der Selbstvergewisserung den Typ der »ipséité« bzw. »identité-ipse« kennzeichnet (vgl. *Soi-même comme un autre*, Paris: Seuil, 1990, S. 140 ff.).
175 Zu Luhmanns Begriff der »Exklusionsindividualität«, siehe oben S. 13.

Lebenswandel kursieren und »Vuestra Merced« zu Ohren gekommen sind, entgegenzutreten. Noch deutlicher wird diese Akzentverschiebung im Falle eines an den pikaresken Roman anschließenden Erzählschemas, das vor allem im Falle der weiblichen Liebeserzählung im Roman des 17. und 18. Jahrhunderts eine wichtige Rolle spielt und eine neue Form des Dialogs zwischen Individuum und Gesellschaft inszeniert. Wie im pikaresken Roman geht es dabei der Ich-Erzählerin darum, falsche Versionen ihrer Lebensgeschichte zu korrigieren, die über sie im Umlauf sind. Dabei hat sie sich insbesondere gegen den Vorwurf zur Wehr zu setzen, einen höher stehenden jungen Mann zu einer Mesalliance verführen zu wollen.

Seine bekannteste Ausformung hat dieses Schema im französischen Roman in Marivaux' *La Vie de Marianne* gefunden.[176] Allerdings konnte Marivaux dabei schon auf frühere Versionen zurückgreifen. Ein zwar nicht sehr bekannter, aber einschlägiger Text sind die von Mme de Villedieu in den siebziger Jahren des 17. Jahrhunderts verfassten *Mémoires de la vie de Henriette-Sylvie de Molière*. Wie dann auch Marivaux' Marianne ist Henriette-Sylvie als Findelkind von vornherein mit einem Identitätsproblem belastet. Ihre Überzeugung, von hoher Geburt zu sein, schützt sie nicht davor, dass ihre Liebe zu einem jungen Mann aus gutem Haus nur auf das Interesse an einem raschen sozialen Aufstieg zurückgeführt wird. Überdies versucht man sie auch dadurch zu disqualifizieren, dass man ihr ein ausschweifendes Liebesleben nachsagt. Der entsprechend dem Modell des *Lazarillo de Tormes* an eine hochstehende Gönnerin gerichtete Lebensbericht hat daher vor allem die Funktion, die in der guten Gesellschaft über Henriette kursierenden Gerüchte zu widerlegen. Deutlicher als im *Lazarillo de Tormes* zeigt sich hier ein Problem der narrativen Identitätspräsentation, das wohl vor allem für die Übergangsphase von der frühneuzeitlichen Inklusions- zur modernen Exklusionsindividualität merkmalhaft ist. Die für die vormoderne Individualität geltende Voraussetzung einer weitgehenden sozialen Typisierung impliziert, dass die Erzählungen, in denen sie zur Darstellung kommt, typischen Gattungsmustern gehorchen. So dient die traditionelle Abenteuererzählung der Probe einer adligen Identität, während die niederen Varianten der erzählenden Gattungen wie der pikareske Roman vor allem die Funktion haben, komische Gegenbilder zu den dominierenden Identitätsmustern zu entwerfen. Dass dabei der Individualisierung aufgrund der Vielfalt der Gegenbildlichkeit mehr Raum gegeben wird, wird durch Mateo Alemáns *Guzmán de Alfarache* eindrucksvoll belegt.[177] Deutungshoheit über den eigenen Lebensweg zu gewinnen, bedeutet in diesem Kontext vor allem, selbst die

---

176 Zum Folgenden vgl. Wolfgang Matzat, »Mimesis und Lebensgeschichte. Zu den Möglichkeiten des autobiographischen Erzählens im Umkreis von Marivaux' *La Vie de Marianne*«, in: Andreas Kablitz/Gerhard Neumann (Hg.), *Mimesis und Simulation*, Freiburg: Rombach, 1998, S. 183–208, hier: S. 197 ff.

177 Siehe oben, S. 17 f.

Gattung der eigenen Lebenserzählung wählen zu können.[178] So hat sich Mme de Villedieus Erzählerin mit Versionen ihrer Lebensgeschichte auseinanderzusetzen, die aus ihr eine *pícara* machen wollen, welche in betrügerischer Weise die Standesgrenzen zu durchbrechen versucht. Im Gegensatz dazu stilisiert sie sich nach dem Muster der aus fürstlichem Hause stammenden männlichen und weiblichen Protagonisten des barocken Abenteuerromans, die einem widrigen Schicksal zu trotzen wissen, das häufig schon damit einsetzt, dass sie im Kindesalter von ihrer Familie getrennt werden.

In Marivaux' *La Vie de Marianne* wird dieses Schema sowohl wiederholt als auch überwunden. Auch Marianne ist ein Findelkind, das Anlass zu haben glaubt, von adligen Eltern abzustammen. Allerdings wird sie in einem bescheidenen Haushalt großgezogen und kann sich nach dem Tod ihrer Zieheltern zunächst nur dadurch über Wasser halten, dass sie sich als Gehilfin in einer Wäscherei verdingt. Im Zuge dieser sozialen Deklassierung gerät auch ihre weibliche Unschuld in Gefahr, da ihr geistlicher Vormund ein nicht nur christliches Interesse an ihr nimmt. Nach diesem durchaus pikaresk wirkenden Beginn wechselt ihre Lebensgeschichte allerdings in ein höheres Register, als sie beim Kirchgang aufgrund eines verstauchten Fußes die Hilfsbereitschaft und dann auch die Liebe eines jungen Adligen weckt. Zwar kann sie auch bald dessen Mutter für sich gewinnen, doch die weitere Verwandtschaft wird wie im Falle von Mme de Villedieus Henriette durch die drohende Mesalliance in Aufruhr versetzt. Innerhalb dieses Handlungsrahmens präsentiert der Roman eine ganze Reihe von Identitätsverhandlungen zwischen Marianne und den Repräsentanten der guten Gesellschaft, die immer nach demselben Muster verlaufen. Während ihre Gegner in Marianne eine dreiste Abenteurerin – »petite aventurière«[179] – sehen wollen, die sich mit pikaresker Skrupellosigkeit eine Position in der Gesellschaft zu schaffen versucht, vereint Marianne ihre eigenen Erzählungen über ihr Waisenschicksal mit der Demonstration einer »noblesse de cœur«, welche die Möglichkeit einer adligen Abstammung unterstreicht. Die gattungsabhängige Stilisierung von Lebensgeschichten wird dabei in expliziter Weise dadurch thematisiert, dass ihre Widersacher Mariannes zur Schau gestelltem Edelmut den Status von nur romanhaften Tugenden – »vertus romanesques« – zuschreiben.[180] Da Marivaux den Roman nicht vollendet hat, bleibt der Ausgang dieses Identitätsdialogs offen.[181] Allerdings zeichnet sich insofern schon eine Überwindung der individuellen Abhängigkeit von den durch die sozialen Narrative erfolgenden Identitätszuschreibungen ab, als Ma-

---

178 Vgl. hierzu William Ray, *Story and History. Narrative Authority and Social Identity in the Eighteenth-Century French and English Novel*, Cambridge (Mass.): Blackwell, 1990.

179 Siehe Marivaux, *La Vie de Marianne*, hg. v. Frédéric Deloffre, Paris: Garnier, 1963, z. B. S. 176, 338.

180 Ebenda, S. 337–338.

181 Dass der Roman den Untertitel trägt »ou les Aventures de Madame la comtesse de ★★★«, lässt allerdings vermuten, dass die ›romaneske‹ Version zutrifft.

rianne sich nicht wie Henriette-Sylvie de Molière an eine Repräsentantin der Gesellschaft wendet. Vielmehr erfolgt der Lebensbericht in einer Reihe von an eine Freundin adressierten Briefen, die explizit als privat und vertraulich charakterisiert werden. Dabei schärft Marianne der Freundin ein, das Geheimnis ihrer Identität zu bewahren: »N'oubliez pas que vous m'avez promis de ne jamais dire qui je suis; je ne veux être connue que de vous«.[182] Identität wird hier also explizit als Privatsache deklariert. Sie betrifft ein Wissen, das nur für die individuelle Person selbst von Bedeutung ist und nur in Formen der intimen Kommunikation vermittelt werden kann. Damit zeichnet sich der Schritt von gesellschaftlichen Identitätsverhandlungen zu einer dominant selbstbezüglichen Identitätsreflexion ab.

Nach dem Bedeutungsverlust, den die Ich-Erzählsituation im 19. Jahrhundert erfuhr, kam es erst im 20. Jahrhundert zur Ausbildung der typischen narrativen Formen dieser dominant selbstbezüglichen Identitätsreflexion, bei welcher der Dialog mit der Gesellschaft hinter dem Entwurf einer je eigenen Welt zurücktritt. Prousts *A la recherche du temps perdu* kann als paradigmatischer Text für diese moderne Tendenz angesehen werden und daher dazu dienen, einige Aspekte der Fokusverschiebung des autobiographischen Erzählens zu verdeutlichen. Prousts Roman ist in emphatischer Weise durch den Anspruch des Individuums geprägt, seinen je eigenen Lebenssinn zu bestimmen. Dieser eigene Lebenstext ist nun ganz und gar aus dem Kontext des vorgegebenen Repertoires von Lebensgeschichten gelöst und zu einem »livre intérieur« geworden, dessen unbekannte Zeichen (»signes inconnus«) vom Ich ohne jede fremde Hilfe dechiffriert werden müssen.[183] Im Falle des Protagonisten des Romans, der bekanntlich nur an einer einzigen Stelle des Romans einen Namen – den Vornamen seines Autors Marcel – erhält, besteht dieser Lebenssinn darin, seine Berufung zum Künstler bzw. Schriftsteller zu erkennen und zu verwirklichen.[184] Dies ist nicht nur durch die autobiographische Dimension des Romans zu erklären, sondern hängt wesentlich mit der reklamierten Autonomie des Selbstentwurfs zusammen. Denn der Künstler – jedenfalls im modernen Verständnis – ist derjenige, der die Einzigartigkeit des eigenen Lebens am entschiedensten, nämlich durch die Originalität seiner Kunst zum Ausdruck bringt.[185] Während die meisten anderen Formen der Lebensgestaltung nicht nur auf das vorhandene Spektrum der sozialen Tätigkeiten, sondern

---

182 Ebenda, S. 9. [Vergessen Sie nicht, dass Sie versprochen haben, nie zu sagen, wer ich bin; ich will nur von Ihnen gekannt sein.]

183 Marcel Proust, *Le Temps retrouvé*, in: *A la recherche du temps perdu*, hg. v. Jean-Yves Tadié, 4 Bde., Paris: Gallimard (Pléiade), 1987–1989, Bd. 4, S. 458: »[…] cette lecture consistait en un acte de création où nul ne peut nous suppléer ni même collaborer avec nous.« [(…) diese Lektüre bestand in einem Schaffensakt, bei dem niemand an unsere Stelle treten oder auch nur mit uns zusammenarbeiten kann.]

184 Ebenda, S. 478.

185 Zu dem modernen, auf Selbstausdruck beruhenden Identitätskonzept vgl. Taylor, *Sources of the Self*, S. 374 ff., 456 ff.

auch auf die ihnen innewohnenden Sinnperspektiven rekurrieren, so dass sich das individuelle Moment vor allem aus der Auswahl und Kombination der sozialen Rollen ergibt, ist es das Ziel des modernen Künstlers, seine Individualität in Reinform mithilfe der je eigenen Ausdrucksmöglichkeiten zur Darstellung zu bringen. Bei Proust geht das so weit, dass Kunst bzw. Literatur und Leben – in seiner je individuellen Eigentlichkeit – zusammenfallen: »La vraie vie, la vie enfin découverte et éclaircie, la seule vie par conséquent pleinement vécue, c'est la littérature.«[186] Individualität ist in diesem Fall nicht nur notwendige Konsequenz der funktional differenzierten Gesellschaft, wie sich das bei Luhmann darstellt, sondern ein intentional verfolgtes Programm, und Kunst ist in dem Maße die ausgezeichnete Möglichkeit, dieses Programm zu realisieren, wie sie alle gesellschaftlichen Zwecke als nachrangig begreift. Marcels Lebensgeschichte verdeutlicht diesen Zusammenhang nach einigen frühen, die eigene Bestimmung ankündigenden Initiationserlebnissen zunächst vor allem ex negativo. Die Lebenszeit wird in dem Maße zur ›verlorenen Zeit‹, wie Marcel der Faszination der mondänen Gesellschaft erliegt und dann durch die unglückliche Liebe zu Albertine gefangen genommen wird. Die Gefahr gesellschaftlicher Selbstentfremdung zeigt sich dabei in äußerster Zuspitzung, da sie nicht nur das Lebensglück, sondern auch die Möglichkeit eines Lebenssinns betrifft. Das sich in einer Abfolge zusammenhangloser Perioden darbietende Leben erscheint Marcel völlig einer dauerhaften Identitätsbasis zu ermangeln.[187] Während der Romantiker vor allem darunter leidet, dass die Wünsche nach einem – vor allem durch Liebe – erfüllten Leben in der sozialen Wirklichkeit nicht realisierbar sind, geht es nun darum, die je eigene Form des Lebenssinns erst zu erschließen.

Die Aufhebung dieser Identitätskrise erfolgt im letzten Band der *Recherche* in Form der durch die »mémoire involontaire« ermöglichten authentischen Erinnerung. Damit verweist der Roman auf einen zweiten Aspekt der individuellen Identitätskonstitution, der bei Proust in unmittelbarem Zusammen-

---

186 Proust, *Le Temps retrouvé*, in: *A la recherche du temps perdu*, Bd. 4, S. 474. [Das wahre Leben, das endlich enthüllte und erhellte Leben, folglich das einzige Leben, das im wirklichen Sinn gelebt wird, ist die Literatur.]

187 Es erscheint ihm als »quelque chose de si dépourvu du support d'un moi individuel identique et permanent, quelque chose d'aussi inutile dans l'avenir que long dans le passé, quelque chose que la mort pourrait aussi bien terminer ici ou là, sans nullement conclure, que ces cours d'histoire de France qu'en rhétorique on arrête indifféremment, selon la fantaisie du programmes ou des professeurs, à la révolution de 1830, à celle de 1848, ou à la fin du Second Empire« (Proust, *Albertine disparue*, in: *A la recherche du temps perdu*, Bd. 3, S. 173–174). [(…) als etwas, das der Basis eines identischen und dauerhaften Ich so sehr ermangelte, etwas, das sich als ebenso unnütz im Hinblick auf die Zukunft wie lang im Hinblick auf die Vergangenheit darstellte, etwas, das der Tod genauso gut hier wie dort abbrechen könnte, ohne es wirklich zu vollenden, wie die Geschichtskurse in der Abiturklasse, die man, ohne einen Unterschied zu machen, nur abhängig von der Willkür der Lehrpläne oder der Lehrer, bei der Revolution von 1830, der von 1848 oder mit dem Zweiten Kaiserreich beendet.]

hang mit dem Künstlertum steht, aber nicht notwendigerweise daran gebunden ist. So wird es im Ich-Roman des 20. Jahrhunderts überhaupt zu einem zentralen Thema, dass die Vergangenheit der Rekonstruktion durch die Erinnerung bedarf, während sie in früheren Romanen dem erinnernden Ich fraglos zu Gebote zu stehen schien.[188] Der Grund hierfür ist in der Struktur der Exklusionsindividualität zu suchen, die impliziert, dass das Individuum seine Identität letztlich nicht auf der Basis sozialer Zusammenhänge, sondern nur ausgehend von seiner eigenen und einzigartigen Lebensgeschichte entwerfen kann. Dies geschieht, wie die Metapher des »livre intérieur« zu verstehen gibt, im Gegensatz zu den oben besprochenen Beispielen nicht im Dialog mit gesellschaftlichen Identitätszuweisungen, sondern – im Sinne der emphatisch reklamierten Deutungshoheit über das eigene Leben – auf der Basis der Selbstwahrnehmung und Selbstreflexion.[189] In dem Maße, wie nun das eigene Leben in der eigenen, durch das Erinnern ermöglichten Sicht zum Identitätsgrund wird, erhält das individuelle Gedächtnis bei der Selbstkonstitution eine zentrale Funktion. Da dabei die Lösung der je eigenen Vergangenheit aus einer kollektiven Erinnerungskultur vorausgesetzt ist, steht der moderne Erinnerungsroman im Kontext einer epochalen »memory crisis«[190], die sich darin zeigt, dass mit der Privilegierung des individuellen Erinnerns eine dramatische Verschärfung der Gefahr des Vergessens verbunden ist. Die Identitätskrise ist daher vor allem eine Gedächtniskrise, wie Prousts Roman besonders nachdrücklich zur Anschauung bringt. Eine besondere Zuspitzung ergibt sich in seinem Fall daraus, dass ihm das dem Bewusstsein zugängliche Gedächtnis, die »mémoire volontaire«, als unzureichend erscheint, da es nur oberflächliche, durch Gewohnheit und eine »connaissance conventionnelle« geprägte Bilder reproduziert und die wahren Empfindungen durch praktische Zwecksetzungen und Nomenklaturen verdeckt.[191] Nur die vor der Überformung durch die soziale Sprache geschützte »mémoire involontaire«, die auf vorsprachlichen Körperempfindungen und Sinneswahrnehmungen beruht und sich daher der Kontrolle des Bewusstseins entzieht, vermag es, die Essenz des Individuums, das »vrai moi« zu erschließen.[192] Da dieses Gedächtnis die Umgehung aller sozialen Speichermedien, insbesondere natürlich der Sprache, zur Bedingung

---

188 Zum modernen Erinnerungsroman siehe unten, S. 243 ff.

189 Natürlich ist eine solche Form der Exklusionsindividualität ein idealtypisches Konstrukt, dem die Realität des Sozialisationsprozesses nicht entspricht (vgl. oben S. 13). Daher sind Auseinandersetzungen mit fremden Identitätszuschreibungen weiterhin aktuell. Ein besonders markantes Beispiel ist der Eingang von Juan Goytisolos *Señas de identidad*, wo der Ich-Erzähler sich mit den in seiner Heimatstadt Barcelona über ihn verbreiteten Gerüchten auseinandersetzt.

190 Siehe hierzu Richard Terdiman, *Present Past. Modernity and the Memory Crisis*, Ithaca: Cornell University Press, 1993; Pierre Nora, »Entre mémoire et histoire. La problématique des lieux«, in: Nora (Hg.), *Les lieux de mémoire*, Bd. 1: *La république*, Paris: Gallimard, 1984, S. XVII–XLII, hier insbes.: S. XVII ff., XXVI ff.

191 Vgl. Proust, *Le Temps retrouvé*, S. 452, 474–475.

192 Ebenda, S. 451.

hat, ist es die einzige der Exklusionsindividualität angemessene Gedächtnisform. Zugleich ist es damit aber dem bewussten Zugriff entzogen und kann nur durch eine Reihe von glücklichen Zufällen aktualisiert werden.[193]

Gleichwohl verzichtet auch Proust nicht auf den Anspruch, die einzigartige innere Welt des Individuums zu kommunizieren. Hierin sieht er die Aufgabe der Kunst – »Par l'art seulement nous pouvons sortir de nous«[194] –, die sie allerdings nur erfüllen kann, wenn es ihr gelingt, eine neue Sprache zu entwickeln. Eine ganz zentrale Funktion wird in diesem Zusammenhang der Metapher zugewiesen, da sie die durch die »mémoire involontaire« bewirkte Gleichzeitigkeit von Gegenwart und Vergangenheit zur Darstellung bringen soll.[195] Letztlich lässt es der Roman allerdings in der Schwebe, ob das von Proust im letzten Band entworfene literarische Projekt realisierbar ist. Auf den letzten Seiten deutet der Erzähler an, dass das Buch, das der Leser der *Recherche* in Händen hält, nur eine Vorstufe des geplanten Werks sei, welche die Notwendigkeit einer subjektiven Transformation der Wirklichkeit zwar erkennen lasse[196], aber noch nicht wirklich vollzogen habe. Daneben bleibt natürlich festzuhalten, dass der Proustsche Erzähler sehr stark auf das Leserpublikum bezogen bleibt. Schon das immer wieder verwendete »nous«, mit dem auf eine dem Erzähler und seinen Lesern gemeinsame Erfahrung Bezug genommen wird, verweist auf den Anspruch, dem eigenen Leben einen exemplarischen Status zu verleihen. So gefällt sich der Erzähler insbesondere beim Thema der Zeit darin, seine Erkenntnisse in sentenzenhafter Manier zum Ausdruck zu bringen. Die Ausbildung einer individuellen Sonderwelt ist somit weiterhin mit dem Wunsch nach Kommunikation verbunden. Auch in diesem Fall bleibt ein – dem Text eingeschriebener – Bezug zur Gesellschaft die Norm, wohingegen die sich in einem extremen Hermetismus einschließenden Formen der Ich-Erzählung, wie sie etwa Beckett in seiner Trilogie *Molloy*, *Malone meurt* und *L'Innommable* entwirft, auch im 20. Jahrhundert die Ausnahme bilden.

---

193 Dies stellt ex negativo einen Beleg von Maurice Halbwachs' These dar, dass das individuelle Gedächtnis immer der Stützung durch die »mémoire collective« bedarf (vgl. *La mémoire collective*, nouvelle édition revue et augmentée, Paris: Albin, 2005).

194 Proust, *Le Temps retrouvé*, S. 474 [Nur durch die Kunst können wir aus uns herauskommen].

195 Ebenda, S. 468.

196 Ebenda (S. 623) spricht der Erzähler vom Projekt einer »transcription d'un univers qui était à redessiner tout entier« [das Umschreiben einer Welt, die völlig neu zu entwerfen war].

III. Raumgestaltung

Da der Roman in sehr viel umfassenderem Maße als die Lyrik und das Drama eine imaginäre Welt entwirft – vom besonderen Modus dieses Weltentwurfs war in den letzten Kapiteln die Rede –, hat die Gestaltung von Räumen und Orten sowohl für unterschiedliche Gattungsvarianten als auch für den einzelnen Text einen in hohem Maße prägenden Charakter. Dennoch wurde die theoretische Untersuchung der Raumgestaltung lange Zeit vernachlässigt und erlebte erst in den letzten Jahren eine besondere Konjunktur. Gründe hierfür sind unter anderem die Rezeption von Bachtins Chronotoposbegriff, das besondere Forschungsinteresse am Thema der Stadt und die in der postkolonialen Theoriebildung zentrale Fokussierung von Aspekten der kulturellen Identität und Alterität.[197] Im Folgenden werden zunächst ausgehend von Lotmans strukturalistischem Modell der literarischen Raumsemantik und dem in der poststrukturalistischen Theoriebildung – u. a. auf der Basis von Bachtins Beiträgen zur Romantheorie – favorisierten Konzept hybrider Räume zwei unterschiedliche gattungsgeschichtliche Tendenzen gekennzeichnet. Im Anschluss soll dann entsprechend der Leitperspektive dieser Arbeit gezeigt werden, wie diese Paradigmen zunehmend zugunsten der Spannungsrelation zwischen individueller und sozialer Semantisierung in den Hintergrund treten. Dabei soll Landschaftsräumen, städtischen Räumen und privaten Innenräumen eine besondere Aufmerksamkeit geschenkt werden.

Räume der Identität

Jurij Lotman[198] hat in seinen Ausführungen zum künstlerischen Raum die strukturalistische Basisannahme, dass die Bedeutungsstruktur literarischer Texte – wie natürlich auch aller anderen Texte – auf fundamentalen Oppositionsrelationen beruht, konsequent auf den Bereich der Raumgestaltung übertragen. Demnach verbindet sich die semantische Grundstruktur literarischer Texte mit einem oppositiv angelegten räumlichen Code, der die semantischen Relationen zur Anschauung bringt. Hierbei ist dann auch impliziert, dass der zeitlich gegliederte Verlauf der Handlung in der dargestellten Welt als Bewe-

---

197 Einen nützlichen Überblick geben hierzu Jörg Dünne/Stephan Günzel (Hg.), *Raumtheorie. Grundlagentexte aus Philosophie und Kulturwissenschaften*, Frankfurt/M.: Suhrkamp, 2006; Stephan Günzel (Hg., unter Mitarb. von Franziska Kümmerling), *Raum. Ein interdisziplinäres Handbuch*, Stuttgart: Metzler, 2010.
198 Zum Folgenden siehe Jurij M. Lotman, *Die Struktur literarischer Texte*, München: Fink, 1972, S. 300–357.

gung im Raum bzw. zwischen unterschiedlichen Räumen abgebildet werden kann. Diese räumliche Realisierung des Sujets beruht auf folgenden Komponenten: einerseits auf einer aus zwei durch eine Grenze geschiedenen Teilräumen bestehenden Raumstruktur, welche der semantischen Basisopposition des Textes entspricht, andererseits auf der sich als Grenzüberschreitung einer Figur – des Helden – darstellenden Handlung, welche die im Text entworfene Raum- und Weltordnung momentan durchbricht. Der räumliche Aspekt der Handlung besteht somit darin, dass die Hauptfigur von einem Teilraum in den anderen überwechselt, dort zur Ruhe kommt oder aber in den ursprünglichen Raum zurückkehrt.[199]

Unter den von Lotman genannten Beispielen ist das des Märchens besonders geeignet, um die diesem Modell entsprechende narrative Grundstruktur zu verdeutlichen. Das Märchen kann die Opposition von Heimat, Geborgenheit, Schutz und Glück auf der einen Seite, Fremde, Ausgesetztsein, Gefahr, Einsamkeit und Unglück auf der anderen durch räumliche Oppositionen wie die von Dorf und Wald zum Ausdruck bringen. Der Gang in den Wald ist ein Überwechseln in den Bereich böser Mächte, was entsprechende Gefahren impliziert, wobei dann die Rettung mit der komplementären Bewegung der Rückkehr verbunden ist.[200] Beispiele aus der Geschichte des Romans, die diesem Muster entsprechen, findet man etwa im Ritterroman, wo der Ritter jenseits des höfischen Bereichs – häufig wiederum im Wald – die Mächte des Bösen in Gestalt von Zauberern, Riesen und verbrecherischen Burgherren bekämpft. Das binäre Schema tradiert sich dann nicht nur in späteren Formen des Abenteuerromans – so z. B. im Schauerroman –, sondern prägt auch Teile des realistischen und vor allem naturalistischen Romans, wo die Opposition von Kultur und Natur häufig eine tragende Rolle spielt. Insbesondere in der spanischen und lateinamerikanischen Literatur des 19. und 20. Jahrhunderts besteht ein wiederkehrendes Handlungsmuster darin, dass sich Vertreter des zivilisatorischen Fortschritts mit einem rückständigen provinziellen Raum oder einem feindlichen Naturraum auseinandersetzen müssen. In Pérez Galdós' *Doña Perfecta* ist es die konservative Mentalität der spanischen Provinz, die dem Protagonisten Pepe Rey, einem liberal eingestellten Ingenieur, zum Verhängnis wird, in Pardo Bazáns *Pazos de Ulloa* scheitert der Geistliche Julián mit seinem Plan, einen verwilderten Vertreter des galicischen Landadels wieder für die Zivilisation zu gewinnen. Ähnlich verhält es sich in den deutlich vom Naturalismus beeinflussten Klassikern des lateinamerikanischen Regionalismus: *Doña Bárbara* des Venezolaners Rómulo Gallegos schildert die Rückkehr eines durch

---

199 Ebenda, insbes. S. 341–343. – Im Anschluss an Andreas Mahlers systematische Darstellung des Lotmanschen Sujetmodells kann man im zuletzt geannten Fall von einem »Restitutionssujet« sprechen (siehe »Weltmodell Theater. Sujetbildung und Sujetwandel im englischen Drama der Frühen Neuzeit«, in: *Poetica* 30 [1998], S. 1–45, hier: S. 10 f.).

200 Vgl. *Die Struktur literarischer Texte*, S. 327.

sein Jurastudium städtisch geprägten Gutsbesitzers ins heimatliche Weideland, wo er sich mit der Mestizin Doña Bárbara, der Verkörperung der Mächte der ländlichen Barbarei, konfrontiert sieht; *La vorágine* des Kolumbianers Eustasio Rivera hat den Untergang eines aus Bogotá stammenden, die hauptstädtische Kultur repräsentierenden Dichters im Amazonas-Urwald zum Inhalt.[201]

Auch wenn diese kleine Beispielreihe als eine etwas einsinnige Illustration des Lotmanschen Sujetmodells erscheinen mag, lässt sie wohl gerade deshalb einige seiner Implikate besonders deutlich erkennen. In jedem Fall steht einem Bereich, dem der Held entstammt und dessen Werte er vertritt, ein Raum gegenüber, in dem diese Werte keine Geltung haben und daher in Frage gestellt werden. Dem Helden fällt dabei die Rolle zu, im fremden Raum die Tragfähigkeit der von ihm vertretenen Werte zu erproben und nach Möglichkeit ihre Überlegenheit zu beweisen. Damit privilegiert dieses Modell die Opposition zwischen dem eigenen und dem anderen Raum, zwischen dem Raum, der die eigene soziale, kulturelle, ethische und möglicherweise auch ethnische Identität garantiert, und einem Raum der Alterität. An den Beispielen lässt sich ablesen, dass eine typische Realisationsform dieses Schemas auf der Gegenüberstellung zwischen dem geschlossenen Innenraum der Zivilisation und einem Außenraum der Barbarei besteht. Wie oben schon am Beispiel des Märchens ausgeführt, wird das auch von Lotman so gesehen, da er die Opposition zwischen einem geschlossenen Innenraum, der Heimat und Sicherheit konnotiert, und einem offenen – sich als fremd, feindlich und kalt darstellenden – Außenraum als wesentliche räumliche Organisationsform bezeichnet. Natürlich sind, wie Lotman in diesem Zusammenhang ebenfalls feststellt, auch umgekehrte Interpretationen dieses Schemas möglich[202], etwa wenn ein positiv semantisierter Naturraum einem depravierten Raum der Zivilisation gegenübergestellt wird. Dort, wo der erste Typ vorliegt, ist das Schema besonders dazu geeignet, dem Selbstverständnis der gesellschaftlichen Eliten Ausdruck zu verleihen, dem ritterlichen Ethos der Aristokratie, dem Fortschrittsdenken des Bürgertums und – im kolonialen und postkolonialen Kontext – dem Eurozentrismus der sozialen Oberschicht. Man kann dann in Analogie zu der von Bachtin konzipierten monologischen Linie des Romans[203], welche einer einheitlichen Sprache und einem einheitlichen Kulturmodell verpflichtet ist, von einer monologischen Raumkonzeption sprechen. Lotman selbst allerdings legt

---

201 Den Hintergrund bildet in den zuletzt genannten Fällen die im Lateinamerika des 19. Jahrhunderts vorherrschende positivistische Fortschrittsideologie, die eine wirtschaftliche und soziale Entwicklung nach europäischem und nordamerikanischem Vorbild anstrebte und immer wieder mit dem Oppositionspaar von *civilización* und *barbarie* operierte. Diese Oppositionsbildung geht zurück auf Faustino Sarmientos kritische Diagnose der argentinischen Entwicklung nach der Unabhängigkeit in *Facundo. Civilización y barbarie* (1845).

202 *Die Struktur literarischer Texte*, S. 327.

203 Zu den beiden stilistischen Linien vgl. »Das Wort im Roman«, S. 251 ff. (vgl. auch oben, S. 30).

sich nicht auf eine solche Monologizität fest, vielmehr betont er, dass im Falle von künstlerisch gestalteten Raummodellen im Gegensatz zu den Modellen, die in nicht-fiktionalen Diskursen transportiert werden, die Möglichkeit eines Nebeneinanders verschiedener Raumstrukturen und somit einer »Polyphonie der Räume« gegeben ist.[204] Gleichwohl bleibt auch in diesem Fall, also dann, wenn aus der Perspektive von verschiedenen Figuren oder Figurengruppen unterschiedliche Varianten der Raumaufteilung und Raumsemantisierung präsentiert werden, die grundsätzliche oppositive Struktur jedes Einzelentwurfs und eine entsprechende Opposition von Identität und Alterität erhalten. Darin besteht ein grundlegender Unterschied zu der Konzeption hybrider Räume, der wir uns jetzt zuwenden wollen.

Kontakträume und Hybridisierung

Wie oben ausgeführt wurde, sieht Michail Bachtin die »Familiarisierung« und damit den distanz- und respektlosen Umgang mit Diskursen, Symbolen und Normen der offiziellen Kultur als zentrales Merkmal des Romans – jedenfalls in der für ihn maßgeblichen dialogischen Gattungsvariante – an.[205] Die Verfahren der Familiarisierung haben, wie am deutlichsten in der Abhandlung über »Epos und Roman« ausgeführt wird, ihre räumliche Entsprechung in einer für den Roman konstitutiven »Zone des unmittelbaren und derben Kontakts«, für den der Karnevalsplatz als Ort einer volkstümlichen Praxis der Profanierung von Kultursymbolen das Modell bildet.[206] Die so beschaffenen Räume des Romans bilden häufig auch den Kontext für die parodistische Auseinandersetzung mit Texten der hohen Gattungen, deren Formen und Inhalte in eine die Familiarisierung ermöglichende »Kontaktzone« verschoben werden.[207] Damit liegt der typische Fall der ›Transkontextualisierung‹ (»trans-contextualization«) vor, in dem Linda Hutcheon das Basisverfahren der Parodie erkennt.[208] Der Unterschied zu Lotmans Konzeption des literarischen Raums liegt auf der Hand. Dort vertritt der Held seine Werte in einem Gegenraum, in dem sie zwar abgelehnt und möglicherweise bekämpft werden, der sie aber zugleich als Oppositionspol in ihrer Geltung bestätigt. Die Ritterwelt bedarf der Gegenwelt einer unkontrollierten Gewalt, die zivilisierte bürgerliche Welt bedarf der Barbarei, um ihre eigene Identität konstituieren zu können. Dieses Spiel von Identität und Alterität ist in der von Bachtin als romanspezifisch erachteten Kontaktzone so nicht gegeben, da dort die durch den Helden vertretene Welt-

---

204 Lotman, *Die Struktur literarischer Texte*, S. 329.
205 Vgl. oben, S. 30 ff.
206 Bachtin, »Epos und Roman«, S. 231.
207 Ebenda, S. 223: »Das epische Material wird in eine romanhafte Kontaktzone transponiert, wobei es das Stadium der Familiarisierung und des Lachens durchläuft.«
208 Hutcheon, *A Theory of Parody*, S. 15.

ordnung nicht mit einer mit ihr rivalisierenden Gegenwelt konfrontiert wird und somit auch die für Lotmans Kulturmodell konstitutive Grenzziehung ihre Bedeutung verliert. Die Kontaktzone ist vielmehr ein Raum der Hybridisierung, was bedeutet, dass an die Stelle der durch die Grenze garantierten Trennung ein Ort der Vermischung tritt. Die identitätsstiftenden Werte einer Kultur – die ja im Allgemeinen den Charakter von Idealvorstellungen haben – werden dabei nicht der Auseinandersetzung mit dem Anderen und Fremden ausgesetzt, sondern dem Kontakt mit einer vertrauten und niederen Wirklichkeit, die sie als irrelevant und nichtig erscheinen lässt. Entsprechend dem Modell karnevalesker Profanation steht hier die Konfrontation mit dem scheinbar Wertlosen und Nichtigen im Vordergrund – ein Kontakt, der aber letztlich viel zersetzender wirken kann als die Auseinandersetzung mit einer eine eigene Substanz enthaltenden Gegenwelt.

Cervantes' *Don Quijote* zeigt beispielhaft diesen Unterschied auf. Der Protagonist selbst sieht sich als Vertreter der althergebrachten Werte der Ritterlichkeit und meint, diese Werte in einem Raum, in dem sie missachtet werden, wieder herstellen zu müssen. Die Mancha und die angrenzenden Regionen Spaniens, die er durchstreift, stellen aber keinen solchen Gegenraum dar. Als ein zur heroischen Behauptung zwar nicht ritterlicher, aber spanisch-christlicher Ordnungsvorstellungen geeigneter Gegenraum käme im kulturellen Kontext, in dem sich Cervantes bewegt, beispielsweise der islamische Raum infrage, den er ja auch u. a. auf der Basis autobiographischer Erfahrungen verschiedentlich dargestellt hat.[209] Seinem Helden Don Quijote aber hat Cervantes die heroische Auseinandersetzung mit den Feinden der eigenen Kultur, an der er selbst bei Lepanto teilgenommen hat, versagt. Don Quijotes Heldentum bleibt ohne adäquates Objekt und gerät damit zur unsinnigen Farce. Anstelle der erhofften ritterlichen Auseinandersetzung mit den Übeln der Welt kommt es auf den Straßen und in den Gasthöfen der Mancha zu grotesken Abenteuern wie dem Kampf mit den Windmühlen, dem Angriff auf eine Schafherde oder dem Überfall auf einen harmlosen Leichentransport. Das alltägliche Ambiente der Mancha bildet somit den Rahmen einer parodistischen Transkontextualisierung der Abenteuersuche und somit eine Kontaktzone, in welcher der von Don Quijote intendierte Sinn seiner Handlungen in komischen Widersinn verkehrt wird. Diese Kontaktzone ist in Cervantes' Text in der Weise generalisiert, dass letztlich keine oppositive Raumstruktur mehr zu erkennen ist. Hier gibt es nur die eine Wirklichkeit, denn die von Don Quijote repräsentierte ritterliche Kultur existiert nur in den Büchern und in seinem Kopf.

Wie der *Don Quijote* erkennen lässt, sind die die Alteritätsrelation unterlaufenden Kontakträume in der Frühen Neuzeit vor allem der niederen bzw. komischen Gattungsvariante vorbehalten. Während der gehobene Roman – bzw. mit Bachtin gesprochen: die monologische Linie – auf das Identitätsparadigma

---

209 So z. B. in der Novelle »El amante liberal« und in der zu den ›eingelegten Geschichten‹ des *Don Quijote* zählenden »Historia del cautivo« (Bd. I, Kap. 39–41).

und die in ihm implizierte Alteritätsrelation angewiesen ist, da ja nur in der Auseinandersetzung mit feindlichen Mächten das heroische Abenteuer entstehen kann, ist die in der karnevalesken Tradition stehende komische und dialogische Gattungsvariante prädestiniert für die Darstellung des profanierenden Kontakts. In entsprechender Weise bilden Orte wie Landstraßen und Schenken, welche die Begegnung von Figuren aus allen Schichten ermöglichen – und darüber hinaus auch entsprechende Szenarien des städtischen Lebens[210] – nicht nur bei Cervantes, sondern auch im pikaresken Roman und im französischen komischen Roman des 17. Jahrhunderts wichtige Schauplätze. Auch im realistischen und modernen Roman sind entsprechende Räume des familiarisierenden Kontakts noch zu finden, machen dabei aber einen Funktionswandel durch.[211] Die Aktualität dieses Paradigmas der Raumgestaltung zeigt sich besonders deutlich, wenn man neben dem Begriff des Kontakts den der Hybridisierung berücksichtigt. Wie oben schon dargestellt, verwendet Bachtin in »Das Wort im Roman« das Konzept der Hybridisierung zur Charakterisierung der dialogischen Struktur des Romans, wobei zunächst die Verbindung zweier ideologischer Standpunkte und damit zweier Sprachen innerhalb einer Äußerung, dann aber auch die Makrostruktur des Romans gemeint ist.[212] In ähnlicher Weise wie im Falle der Begriffe des »familiären Kontakts« und der »Profanation« ist dabei die Vorstellung einer den kulturellen Ordnungsvorstellungen widersprechenden Vermischung im Spiel, welche in diesem Fall die Diskursordnung betrifft. Teilweise ausgehend von Bachtin, teilweise auch vor dem Hintergrund anderer Diskurskontexte[213], hat das Hybriditätskonzept in der postkolonialistischen Theoriebildung eine besondere Fortüne erlebt. Es bezieht sich in diesem Zusammenhang auf Formen des Kulturkontakts und der Kulturmischung – die Bachtinsche Einschränkung auf die Diskursmischung ist dabei also aufgehoben –, die sich im Zuge der Kolonialherrschaft ergeben haben und daher auch die postkolonialen Gesellschaften in mehr oder minder hohem Maße prägen. Dabei sind natürlich immer auch räumliche Vorstellungen mit im Spiel. So entwickelt Homi Bhabha das Konzept eines dritten Raumes, oder eines Zwischenraumes – »in-between-space« –, der für die postkoloniale Befindlichkeit besonders typisch sei.[214] In eine ähnliche Richtung deutet auch Mary Louise Pratts Verwendung des Begriffs der »contact

---

210 Vgl. die unten gegebenen Beispiele (S. 163 ff.).

211 Vgl. hierzu unten (S. 147 ff.) die Analyse der Raumstruktur in Balzacs *Le Père Goriot*, wo insbesondere die Darstellung der Pension Vauquer an das Paradigma der Kontakträume anknüpft.

212 »Das Wort im Roman«, S. 244 ff. (vgl. oben, S. 29). Zum makrostrukturellen Aspekt siehe S. 251: »Jeder Roman ist in seiner Gesamtheit […] eine *Hybride* [Hervorhebung im Original].«

213 Vgl. Monika Fludernik, »The Constitution of Hybridity: Postcolonial Interventions«, in: Fludernik (Hg.), *Hybridity and Postcolonialism. Twentieth Century Indian Literature*, Tübingen: Stauffenburg, 1998, S. 19–53.

214 Homi Bhabha, *The Location of Culture*, London: Routledge, 1994, S. 7.

zone«, mit dem sie einen Raum definiert, in dem Angehörige unterschiedlicher Kulturen aufeinander treffen.[215] Innerhalb dieses Begriffsspektrums hat Bachtins Konzeption der Kontaktzone, auch wenn er nicht mit Blick auf die postkoloniale Kultur und Literatur entwickelt wurde, den Vorteil, den Blick für den potentiell subversiven Aspekt der sich in den kolonialen und postkolonialen Räumen vollziehenden Kulturmischung besonders zu schärfen. Denn in dieser Kontaktzone findet ja nicht nur Kulturbegegnung statt, sondern auch die Infragestellung der als überlegen geltenden Kultur der ehemaligen Kolonialmächte.[216] Wie in den Räumen karnevalesker Profanierung werden in diesen Kontaktzonen häufig – jedenfalls in ihren typischen literarischen Gestaltungen – die politischen und kulturellen Vorgaben der globalisierten westlichen Kultur von einem scheinbar unterlegenen Standpunkt aus einer respektlosen Probe unterzogen. Diesen Zusammenhang will auch Homi Bhabha erfassen, indem er von einer kolonialen *mimikry* spricht, die sich dann ergibt, wenn die Kolonisierten die dominante Kultur zu kopieren suchen und sie dabei zwangsläufig auch immer entstellen.[217] Hybridisierung bedeutet in diesem Sinn dann also nicht nur Vermischung von Kulturen, sondern ist immer auch mit einem Moment der Profanation verbunden, das sich natürlich schon daraus ergibt, dass der Exklusivitäts- und Reinheitsanspruch von Kulturen durch die Vermischung dementiert wird.

Für die narrative Darstellung hybrider Räume in einem postkolonialen Kontext bietet die lateinamerikanische Literatur reichhaltiges Beispielmaterial. Ich will hier nur auf zwei besonders einflussreiche Texte verweisen, Alejo Carpentiers *El reino de este mundo* und Gabriel García Márquez' *Cien años de soledad*. Der Gegenstand von Carpentiers Roman ist die Erhebung des schwarzen, überwiegend aus Sklaven bestehenden Bevölkerungsanteils in der französischen Kolonie Haiti, die im Gefolge der französischen Revolution stattfand und schließlich zur Unabhängigkeit des Inselstaats führte. Wollte man die Raumstruktur des Textes auf der Basis von Lotmans Modell als räumlich-semantische Oppositionsstruktur beschreiben, müsste man entsprechend der ethnischen Zusammensetzung des Romanpersonals zunächst von einer Opposition zwischen Europa bzw. Frankreich als Herkunftsland der Kolonialherren und der afrikanischen Heimat der Sklaven ausgehen, auf die vor allem im Zusammenhang mit den breit entfalteten Wudu-Ritualen immer wieder verwiesen wird. Der Text spielt jedoch – abgesehen von einer

---

215 Mary Louise Pratt, *Imperial Eyes. Travel Writing and Transculturation*, London: Routledge, 1992, S. 6 f..

216 Auf diese Asymmetrie weist allerdings auch Pratt hin (ebenda, S. 7).

217 Bhabha, *The Location of Culture*, insbes. S. 85–101. – Néstor García Canclinis Konzept der ›hybriden Kulturen‹ weist ebenfalls in diese Richtung, da Hybridisierung bei ihm – im Falle des von ihm behandelten mexikanischen Beispiels – immer auch die Verbindung der offiziellen, westlich geprägten Kultur mit Praktiken einer indigenen oder mestizisch geprägten Volkskultur meint (siehe *Culturas híbridas. Estrategias para entrar y salir de la modernidad*, Mexiko: Grijalbo, 1990).

kurzen Episode am Ende – in Haiti, das sich somit als »in-between-space« im Sinne Bhabhas darstellt, allerdings unter Betonung der Tatsache, dass der Zwischenraum in diesem Fall der ganze im Text dargestellte Raum ist. Der haitianische Raum selbst weist dabei keine markante räumliche Gliederung auf. Allenfalls könnte man dem ländlichen Hinterland, wo die schwarze Bevölkerung in der Überzahl ist, die eher europäisch geprägte Inselhauptstadt Port au Prince gegenüberstellen. Letztlich entspricht es dem Text daher eher, wenn man auf das Modell oppositiver Räume verzichtet und das in ihm entworfene Haiti insgesamt als hybridisierten Kontaktraum beschreibt. Dabei bringt der Text einerseits durchaus Elemente einer zwei unterschiedliche Kulturen einbeziehenden Kulturmischung zur Darstellung, vor allem im Fall des synkretistischen, afrikanische und christliche Elemente aufnehmenden Charakters des Wudu-Kults; andererseits aber demonstriert er – im Sinne der oben vorgeschlagenen Pointierung des Hybriditätskonzepts – vor allem die Versetzung der europäischen Kultur des 17. und 18. Jahrhunderts in einen Kontext, in dem sie parodistisch entstellt wird und so einen widersinnigen Charakter annimmt. Die Aufführung der Racineschen *Phèdre* auf der Zuckerrohrplantage eines französischen Siedlers vor einem überwiegend schwarzen Publikum, die Errichtung einer Replik von Sans-Souci durch den König Jean-Christophe und schließlich am Textende die Ausstattung der bescheidenen Behausung des schwarzen Protagonisten Ti Noël mit den Überresten des aus dem Schloss stammenden französischen Mobiliars sind dafür prägnante Beispiele.

Während die Tendenz zur Hybridisierung bei Carpentier aufgrund ihres offensichtlichen Charakters immer schon bemerkt wurde[218], eröffnet das Hybridisierungskonzept in Verbindung mit dem des familiarisierenden Kontakts für *Cien años de soledad* eine Perspektive, die den topischen Argumenten der Kritik etwas zuwiderläuft. Häufig wollte man die Geschichte Macondos und der Familie Buendía als eine Darstellung des genuinen Lateinamerikas einschließlich des obligatorischen *realismo mágico* lesen.[219] Doch wird dabei die spezifische Funktion der – bereits verschiedentlich beschriebenen – karnevalesken Ele-

---

218 Nicht zuletzt deshalb, weil Carpentier selbst im Zusammenhang mit den für die lateinamerikanische Kultur reklamierten Begriffen des *maravilloso* und des *barroco* auf das Phänomen der Kulturmischung hingewiesen hat (vgl. Alejo Carpentier, »Conciencia e identidad de América«, in: Carpentier, *La novela latinoamericana en vísperas de un nuevo siglo y otros ensayos*, Mexiko: Siglo XXI Ed., 1981, S. 111–135). Allerdings wird das von mir betonte parodistische Implikat postkonolonialer Kulturmischung von Carpentier theoretisch nicht berücksichtigt, da er das Argument einer lateinamerikanischen Überbietung der europäischen Kultur bevorzugt.

219 Diese Verschiebung der kritischen Perspektive lässt sich auch am sich wandelnden Gebrauch des Begriffs des ›magischen Realismus‹ ablesen. Während er zunächst vor allem dazu eingesetzt wurde, um auf Restbestände der indigenen, mythisch geprägten Weltsicht zu verweisen, wird er nun zunehmend für die Kennzeichnung des kritisch-subversiven Potentials der postkolonialen Literatur in Anspruch genommen (vgl. hierzu Christopher Warnes, *Magical Realism and the Postcolonial Novel. Between Faith and Irreverence*, New York: Pallgrave Macmillan, 2009, S. 1–17, 75–96).

mente[220] übergangen. Versteht man Macondo als hybriden Raum der Familiarisierung und der Profanation, der als solcher – wie bei Carpentier – oppositive Raumstrukturen in den Hintergrund drängt, ergibt sich ein etwas anderes Bild. Zunächst ist in diesem Zusammenhang festzustellen, dass bei García Márquez eine Opposition zwischen westlicher, d. h. europäischer oder nordamerikanischer Welt und einer nicht-europäischen Welt – im Gegensatz zu *El reino de este mundo* – nicht wirklich vorliegt. Zwar nimmt die westliche Zivilisation in verschiedener Weise – u. a. in Gestalt der US-amerikanischen Bananenkompanie – auf Macondo Einfluss, aber eine indigene Gegenwelt kommt, abgesehen von einigen wenigen Figuren, gar nicht zur Darstellung. Vielmehr ist Macondo ganz überwiegend von spanischstämmigen *criollos* bevölkert. Dennoch kommt es zu einer Hybridisierung, von der aber vor allem die spanisch-europäische *criollo*-Kultur betroffen ist, und sie ergibt sich weniger durch den Kontakt mit einer fremden Kultur als mit einem ländlich-volkstümlichen Milieu, das im tropischen Raum des kolumbianischen Tieflands eine besondere Ausprägung erhält, zu der nicht zuletzt eine entfesselte Sexualität zählt. Nur in dieser Perspektive kann die Funktion des von García Márquez gewählten Schemas des eine Reihe von Generationen erfassenden Familienromans adäquat beurteilt werden. Denn der Familienroman illustriert ja, wie die kanonischen Beispiele, Thomas Manns *Buddenbrooks*, Galsworthys *Forsyte-Saga* oder Martin du Gards *Les Thibault* zeigen, vor allem die Werte der bürgerlichen Kultur und zugleich die ebenfalls bürgerlichen Phantasmen von ihrem Untergang. Und es sind eben diese auf den Erhalt des finanziellen und biologischen Kapitals der Familie gerichteten Ordnungsvorstellungen sowie die mit ihnen verbundene Sorge um das familiäre Vermögen und die gesunde Erbmasse, welche im volkstümlichen Raum von Macondo eine teils komische, teils pathetische Erprobung und Subversion erfahren. Wenn die männlichen Mitglieder der Familie der Buendía zwischen exzessiven sexuellen Eskapaden und dem Inzest schwanken, wenn sie den Wohlstand der Familie immer wieder durch die Neigung zum Hahnenkampf, zu Völlerei und abstrusen Unternehmungen in Gefahr bringen, dann stellen sie nicht nur den Familiensinn der weiblichen Familienmitglieder, insbesondere der Familienmutter Úrsula, auf eine harte Probe.[221] Vielmehr ist es darüber hinaus die europäisch geprägte bürgerliche Kultur, die hier, d. h. im postkolonialen Raum, auf den Prüfstand gestellt wird.

---

220 Besonders einschlägig sind die Szenen, in denen Arcadio sein überdimensioniertes Glied im Bordell zur Schau stellt, und die Fress- und Saufgelage, die Aureliano Segundo im Haus seiner Konkubine Petra Cotes veranstaltet (vgl. Gabriel García Márquez, *Cien años de soledad*, hg. v. Jacques Joset, Madrid: Cátedra, 1987, S. 16, 267 ff., 331 ff.). Vgl. Roberto Paoli, »Carnevalesco y tiempo cíclico en *Cien años de soledad*«, in: *Revista Iberoamericana* 50 (1984), S. 979–998; Volker Roloff, »Die Karnevalisierung der Apokalypse. Gabriel García Márquez: *Hundert Jahre Einsamkeit* (1967)«, in: Gunter E. Grimm/Werner Faulstich/Peter Kuon (Hg.), *Apokalypse. Weltuntergangsvisionen in der Literatur des 20. Jahrhunderts*, Frankfurt/M.: Suhrkamp, 1986, S. 68–87.

221 Vgl. García Márquez, *Cien años de soledad*, z. B. S. 266.

Individuum und gesellschaftlicher Raum

Auch wenn in den letzten Abschnitten hervorgehoben wurde, dass sowohl das Identitäts- als auch das Hybriditätsparadigma in der Raumgestaltung des Romans bis ins 20. Jahrhundert eine wichtige Rolle spielen, bleibt festzuhalten, dass beide Modelle vor allem Entsprechungen zu vormodernen und – im Kontext des Realismus und der Moderne – zu hierarchisch strukturierten, in diesem Sinn konservativen Kulturmodellen aufweisen und daher in den traditionellen Gattungsvarianten des gehobenen Abenteuerromans und des komischen Romans ihre typischen Ausprägungen finden. Am deutlichsten ist dies beim Identitätsparadigma der Fall. Ihm liegt die Vorstellung einer Opposition zwischen einer eigenen und eigentlichen kulturellen Ordnung und Mächten, die diese Ordnung bedrohen, zugrunde. Ihre typische räumliche Realisierung findet diese Vorstellung im Gegenüber eines schützenden Innenraums und eines feindlichen Außenraums. So stellen sich die oben genannten Beispiele vom Ritterroman bis zu den klassischen Texten des lateinamerikanischen Regionalismus als immer neue Spielarten eines Kampfes zwischen Zivilisation und Barbarei dar. Häufig sind solche Kulturmodelle mit dem Führungsanspruch einer bestimmten gesellschaftlichen Schicht verbunden, welche diesen eigenen und eigentlichen Raum zu repräsentieren glaubt. Daher entspricht das Identitätsparadigma weitgehend der von Bachtin als monologisch bezeichneten Linie des Romans, die besonders dafür geeignet ist, das Weltbild kultureller Eliten zu gestalten.[222] Auch das Hybriditätsparadigma erscheint zunächst an eine hierarchisch gegliederte Selbstrepräsentation der Gesellschaft gebunden, da es den Oppositionsstrukturen der dominierenden Kulturmodelle, die das Andere und Fremde aus ihrem Raum ausschließen, einen Kontaktraum entgegensetzt, der einen distanz- und respektlosen Umgang mit den symbolischen Repräsentationen der offiziellen Kultur ermöglicht. Bei Bachtin bildet der Karneval, und das heißt eine Institution ständischer Gesellschaften, hierfür das Paradigma, und die narrative Gestaltung erfolgt dementsprechend in der niederen, dialogischen Linie des Romans. In frühen Phasen der Gattungsentwicklung – so im Roman der Frühen Neuzeit – ergibt sich ein zentraler Aspekt der Raumdarstellung also daraus, dass sie von der Sicht einer ständischen Gesellschaft dominiert wird. Dem offiziellen Kulturmodell mit den für es charakteristischen Oppositionsrelationen steht eine inoffizielle Sicht gegenüber, welche die Aufhebung oder zumindest die Relativierung der identitätsstiften-

---

222 Eine Ausnahme bildet allerdings der griechische Roman nach dem Muster Heliodors, bei dem Bachtin gerade das Fehlen einer prägnanten Raumsemantik und damit einer Opposition zwischen dem Eigenen und dem Fremden konstatiert (*Formen der Zeit im Roman*, S. 26 ff.). Innerhalb der antiken Erzählliteratur weist eher das Epos eine solche Raumsemantik auf. Demgegenüber sieht Bachtin beim griechischen Roman einen eher privaten Charakter gegeben (S. 35–37).

den Oppositionen durch den familiarisierenden Kontakt favorisiert. Solche Raumstrukturen werden auch im Rahmen des gesellschaftlichen Modernisierungsprozesses nicht völlig obsolet, da auch die Kulturmodelle der europäischen bürgerlichen Gesellschaft auf Hierarchie und Abgrenzung beruhen – nicht zuletzt im Hinblick auf die nicht-europäische Welt –; und daher kann auch in kolonial und postkolonial geprägten Texten die Tradition karnevalesker Hybridisierung wieder aufgegriffen werden, um diese Abgrenzung infrage zu stellen.

Die Raumdarstellung des Romans seit der Frühen Neuzeit ist nun aber durch eine Entwicklung geprägt, die durch die beiden unterschiedlichen Paradigmen nur unzureichend beschrieben werden kann. Bei beiden Typen, dem homogenen sowie dem hybriden Raum, dominiert eine auf gesellschaftliche Werte und Sphären bezogene Repräsentationsfunktion, einerseits im Hinblick auf die Kulturmodelle der sozialen Eliten, andererseits im Hinblick auf den integralen Anspruch der Volkskultur, und das hat zur Folge, dass spezifische Räume des einzelnen Individuums vernachlässigt werden. Das bedeutet aber nun, dass diese Typen der Raumgestaltung einem zentralen Aspekt der neuzeitlichen Gattungsgeschichte, nämlich der Fokussierung auf das Spannungsverhältnis von Individuum und Gesellschaft, nicht Rechnung tragen können. Die zunehmende Rolle, welche die Gestaltung der Relation des Individuums zu seinem gesellschaftlichen Kontext in der Gattungsentwicklung spielt, geht daher mit einer grundlegenden Verschiebung und Umakzentuierung der räumlichen Relationen einher. Dieser Wandel lässt sich als Resultat einer Transformation der beiden herkömmlichen Paradigmen der Raumorganisation und der ihnen entsprechenden Gattungsvarianten beschreiben. Blickt man auf die gehobene Variante des Romans und das ihr entsprechende Identitätsparadigma der Raumorganisation, wie sie im frühneuzeitlichen Roman am deutlichsten durch den Ritterroman repräsentiert wird, stellt sich diese Transformation vor allem als eine Einschränkung der oppositiven Gliederung und des die Grenzüberschreitung in den anderen Raum inszenierenden Reisesujets dar. An die Stelle der Exkursion in den fremden Raum tritt zunehmend die Fokussierung eines eigenen und bekannten Raums. Hiermit wird eine bekannte gesellschaftliche Welt die Folie für das nun in den Vordergrund tretende individuelle Leben. Auf diese Weise kommt es zur Überlagerung mit den hybriden Räumen des familiarisierenden Kontakts, welche die niedere Gattungsvariante seit der Antike prägen und die ja immer schon in einer vertrauten zeitgenössischen Alltagswelt situiert waren. Dabei vollzieht sich allerdings in dieser Traditionslinie eine in gewisser Weise gegenläufige Tendenz: Die niedere Alltagswelt verliert ihren karnevalesken Charakter und damit auch ihre integrative, alle Mitglieder der Gesellschaft mit einbeziehende Funktion; stattdessen wandelt sie sich zunehmend zu einer für das einzelne Individuum fremden Welt. Das Ergebnis, das sich aus der Kombination beider Transformationsprozesse ergibt, ist die Darstellung einer bekannten und vertrauten Welt, die sich gleichwohl aus der Perspektive des Individuums als fremde Welt darstellt. Es ist offensichtlich, dass nur eine solche Raumorganisation die gesellschaftliche Existenz eines Individuums erfassen kann, das dem von Luhmann mit dem Begriff der Exklusionsindividualität bezeichneten Typ entspricht.[223] Beide Komponenten dieses Wandels der Raumorganisation sollen nun näher betrachtet werden.

Im Falle der gehobenen Gattungsvariante hat die sich in der Frühen Neuzeit vollziehende Entwicklung eine grundlegende Transformation der von Lotman vorausgesetzten binären Raumgestaltung zur Folge. Denn während das auf dem Modell oppositiver Räume – des eigenen und des fremden Raums – beruhende Identitätsparadigma seine deutlichste Ausprägung im Sujet der Reise findet, die vom eigenen in den fremden Raum führt, ist die in der Frühen Neuzeit einsetzende Modernisierung der Gattung gerade dadurch gekennzeichnet, dass sie sich zunehmend von dem Abenteuer- und Reiseschema löst, das die herkömmlichen gehobenen narrativen Gattungen dominiert. Ein erster schon im Roman der Frühen Neuzeit vollzogener Schritt besteht darin, dass das Reise- und Abenteuersujet dadurch eingeschränkt wird, dass es in den Kontext einer bekannten Welt versetzt wird. Das gilt, wie wir schon gesehen haben, genauso für den *Don Quijote* wie für den pikaresken Roman.[224] Besonders aufschlussreich sind daneben auch die frühneuzeitlichen Adaptionen des griechischen Romans, der ja, wie das kanonische Beispiel von Heliodors *Äthiopischen Abenteuern von Theagenes und Chari-kleia* zeigt, in besonderer Weise durch das Reisesujet geprägt ist.[225] So überschreibt Lope de Vega seinen Beitrag zu dieser Gattungsvariante mit dem programmatischen Titel *El peregrino en su patria*, dessen Doppelsinn sich erst im Laufe der Lektüre enthüllt. Denn es geht hier nur vordergründig um die Rückkehr eines Reisenden (»peregrino«) in seine Heimat (»patria«). Zwar gelangt der Protagonist zu Beginn des Romans tatsächlich nach einer abenteuerlichen Reise, die ihn durch Portugal, Nordafrika und Italien führte, wieder in sein Heimatland Spanien zurück. Doch muss er dort erleben, dass er noch zahlreicheren und gefährlicheren Abenteuern ausgesetzt wird als in der Fremde. Die Heimat wird damit zum eigentlichen Schauplatz seiner *peregrinación*. Diese Verwandlung des vertrauten Raums in einen Raum der Abenteuer hat Lope de Vega selbst hellsichtig kommentiert, indem er die *Odyssee* als kanonisches Beispiel einer in der Fremde situierten Aben-

---

223 Vgl. oben, S. 13.

224 Auch wenn der pikareske Roman der niederen Gattungsvariante angehört, hat er mit dem Reisesujet, das besonders deutlich Mateo Alemáns *Guzmán de Alfarache* und die seinem Modell folgenden Romane prägt (so z. B. Grimmelshausens *Simplicius Simplicissimus*), ein Element der epischen Tradition in sich aufgenommen.

225 Wie oben (S. 126, Anm. 222) schon festgestellt, eignet sich der griechische Abenteuerroman allerdings nicht als Beispiel für das Identitätsparadigma, da er keine prägnanten Identitäts- und Alteritätsrelationen entfaltet.

teuerreise zitiert und dann seinen Roman als eine in Spanien situierte Überbietung des epischen Abenteuerschemas bezeichnet.[226] Cervantes folgt demgegenüber in *Los trabajos de Persiles y Sigismunda* zunächst eher dem traditionellen Gattungsschema, wenn er im ersten Teil des Romans die Liebespilgerschaft seiner Protagonisten in einem offensichtlich fremden und unbekannten Raum, der Inselwelt des europäischen Nordmeers, beginnen lässt. Im zweiten Teil jedoch führt er seine Figuren ebenfalls durch mehr oder minder vertrautes Terrain, da nun ihre Landreise von Lissabon durch Spanien, Südfrankreich und Italien nach Rom geschildert wird.[227] Den Bedeutungsverlust des Reisesujets im frühneuzeitlichen Roman hat Michel Butor in einem mit »L'Espace du roman« überschriebenen Text darauf zurückgeführt, dass die zunehmende Erschöpfung des Repertoires an unbekannten Orten dazu geführt habe, die romaneske Imagination auf die vertraute Welt zu lenken, um diese vertraute Welt in neuer Weise zu entdecken.[228] Dies trifft sicher zu, doch reicht diese Erklärung nicht aus. Denn das Interesse an der eigenen Welt setzt eine spezifische Perspektive voraus, die ihre Wahrnehmung in neuer Weise motiviert. Diese Perspektive ergibt sich dann, wenn die bekannte Welt sowohl als individuelle als auch als gesellschaftliche Welt wahrgenommen wird und so einen Kontext bildet, in dem die Spannungen zwischen beiden Wahrnehmungsformen zum Austrag kommen. Wie oben schon dargestellt wurde[229], entsteht diese perspektivische Spannungsrelation aus

---

226 »Caso digno de ponderación en cualquier entendimiento discreto que un hombre no pudiese ni acertase a salir de tantas desdichas desde Barcelona a Valencia y desde Valencia a Barcelona, peregrinando en una pequeña parte de su patria España con más diversidad de sucesos que Eneas hasta Italia y Ulises hasta Grecia, con más fortunas de mar, persecuciones de Juno, engaños de Circe y peligros de lotófagos y Polifemos« (*El peregrino en su patria*, hg. v. Juan Bautista Avalle-Arce, Madrid: Castalia, 1973, S. 365–366). [Es ist ein für jeden klugen Sinn bedenkenswerter Fall, dass es einem Menschen nicht gelingen sollte, auf dem Weg von Barcelona nach Valencia und von Valencia nach Barcelona aus so vielen Widrigkeiten herauszukommen, so dass er auf der Reise durch einen kleinen Teil seines Vaterlandes Spanien eine größere Vielfalt von Abenteuern erlebte als Äneas auf der Reise nach Italien und Odysseus auf der Reise nach Griechenland, mit mehr Seestürmen, Verfolgungen der Juno, Täuschungen der Circe und Gefahren von Lotophagen und Polyphemen.]

227 Siehe hierzu Wolfgang Matzat, »Das Fremde und das Eigene: Überlegungen zur literarhistorischen Entwicklung am Beispiel der *novela bizantina* des spanischen Barock«, in: Frank Leinen (Hg.), *Literarische Begegnungen: Romanistische Studien zur kulturellen Identität, Differenz und Alterität. Festschrift für Karl Hölz zum 60. Geburtstag*, Berlin 2002, S. 213–230; »Peregrinación y patria en el *Persiles* de Cervantes«, in: *La modernidad de Cervantes. Nuevos enfoques teóricos sobre su obra (con una contribución de José Manuel Martín Moran)*, hg. v. Sabine Friedrich, Stefan Schreckenberg und Ansgar Thiele, Madrid/ Frankfurt/M.: Iberoamericana/Vervuert, 2013, S. 75–82.

228 Siehe Michel Butor, »L'espace du roman«, in: Butor, *Essais sur le roman*, Paris: Gallimard, 1975, S. 48–58 (vgl. insbes. S. 51: »cette proximité du lieu qu'on me décrit contracte en elle tout un voyage autour du monde«).

229 Siehe oben, S. 56 ff.

dem Zusammenspiel zwischen dem Standpunkt eines Erzählers, der diese Welt aufgrund ihrer Bekanntheit in neuer Weise überblicken und dem Leser präsentieren kann, und dem eines Individuums, das sich zunehmend von dieser Welt entfremdet fühlt.

Indem die Reduktion des Reisesujets die bekannte gesellschaftliche Welt in den Fokus rückt, ermöglicht sie die Verbindung mit literarischen Modellen der Raumgestaltung, die in den niederen Gattungsvarianten entwickelt wurden. Im komischen Roman wird schon seit der Antike eine vertraute Alltagswelt in den Blick gerückt, die sich vor allem als Welt des niederen Volkes präsentiert. Für Michail Bachtin setzt sich die Tradition dieser tendenziell karnevalesken Chronotopoi der niederen Alltagswelt im komischen Roman der Frühen Neuzeit fort, wobei er sich vor allem auf den pikaresken Roman bezieht. Um die Figur des Schelms bilden sich »besondere Mikrowelten, besondere Chronotopoi«, in denen das karnevaleske »Lachen der Volksplätze« ertönt.[230] Dabei zeichnet sich nun aber in dem Maße ein entscheidender Funktionswandel ab, in dem der Schelm in die Position einer gesellschaftlichen Randexistenz gerät. Ein gutes Beispiel ist Lazarillos Initiationserlebnis auf der Tormes-Brücke, auf dessen besondere Bedeutung oben schon verwiesen wurde.[231] Lazarillo wird hier Opfer der *burla* des Blinden – also eines groben Scherzes –, doch macht ihn das nicht zum Zentrum eines karnevalesken Rituals; vielmehr versteht er diese Szene als zeichenhaft für seine soziale Ausgrenzung und eine daraus resultierende existentielle Einsamkeit. Ähnlich stellt sich eine Szene zu Beginn von Quevedos *Buscón* (Kap. II) dar, in der der Protagonist Pablos zunächst durchaus eine explizit karnevaleske Rolle spielt. Er reitet als *rey de gallos* – als eine Art Karnevalskönig – inmitten einer Kinderschar durch seine Heimatstadt Segovia, bis er vom Pferd stürzt und in einem Kothaufen landet. Sicherlich gehört auch der Sturz des Karnevalskönigs und der Kot als »heitere Materie« für Bachtin zur Karnevalssymbolik.[232] Doch rückt der Ich-Erzähler Pablos nicht das kollektive Spottritual in den Vordergrund, sondern seine individuelle Scham angesichts des Missgeschicks, das ihm zustößt und das dazu führt, dass er die Stadt schleunigst verlassen möchte. Schon für den Picaro wird also die niedere Alltagswelt zu einer fremden Welt. Vom Zeremonienmeister karnevalesker Schwänke wandelt er sich zum sozialen Außenseiter.

In gewisser Weise kehrt im pikaresken Roman eine Konstellation wieder, die Bachtin in *Formen der Zeit im Roman* bereits im antiken Roman konstatiert. Dort hebt er – insbesondere im Hinblick auf Apuleius' *Goldenen Esel* – einen Aspekt der Darstellung der Alltagswelt hervor, der im Gegensatz zum ansons-

---

230 Bachtin, *Formen der Zeit im Roman*, S. 93–94. – Ähnliches gilt natürlich auch für den *Don Quijote*, wo sich die Abkehr von der ritterlichen Abenteuerreise bzw. die Fokussierung auf den spanischen Raum mit dem Wechsel ins komische Register der niederen Gattungsvariante verbindet.
231 Vgl. oben, S. 15.
232 Bachtin, *Rabelais und seine Welt*, S. 377.

ten karnevalesken Charakter dieses Textes steht. Er betont nämlich, dass die bei Apuleius geschilderte Sphäre eines niederen Alltags für den in einen Esel verwandelten Protagonisten aus gutem Haus eine fremde und darüber hinaus mit überwiegend negativen Merkmalen behaftete Welt bildet. Dies wird vor allem darauf zurückgeführt, dass es sich um ein vor der Öffentlichkeit verborgenes Alltagsleben handelt, in dem die egoistische und triebhafte Menschennatur zutage tritt. So besteht dieses Leben weitgehend »aus Bettgeheimnissen (Treulosigkeit ›böser Eheweiber‹, Impotenz der Ehemänner usw.), aus Geheimnissen der Bereicherung, aus kleinen Alltagsschwindeleien und dgl.«[233] Die offensichtliche Verbindungslinie zum pikaresken Roman, die von Bachtin selbst gezogen wird[234], ergibt sich vor allem aufgrund der Perspektive des Außenseiters, die sowohl Lucius in seiner Eselsrolle als auch der Picaro einnehmen. Allerdings liegt auch ein gewichtiger Unterschied vor. Denn der negative Eindruck, den die Alltagswelt auf Lucius macht, ist hier auch dadurch bedingt, dass er der niederen sozialen Welt vor seiner Verwandlung in den Esel nicht angehörte und sie daher auch nach seiner Rückverwandlung verlassen kann. Diese Möglichkeit aber ist dem Picaro versagt, da es in seinem Universum keine andere Welt gibt. Die niedere Alltagswelt ist für ihn keine Gegenwelt zu einer eigenen Welt, sondern die ganze Welt. Sie ist eine Welt, die ihn zu einem Außenseiterstatus verdammt und der er gleichwohl nicht entfliehen kann. Ob man nun den Chronotopos der Alltagswelt auf die karnevaleske Tradition bezieht oder ihre ebenfalls schon im antiken Roman angelegten negativen Merkmale in den Vordergrund rückt, so stellt sie im Kontext dieser Gattungstraditionen in jedem Fall zunächst eine Gegenwelt zur Welt der ›guten Gesellschaft‹ und ihren literarischen Repräsentationen dar. Die in den letzten Abschnitten dargestellte Entwicklung führt nun aber dazu, dass die niedere Alltagswelt diesen relativen Status verliert und zur Repräsentation der ganzen sozialen Welt wird. Die karnevaleske Schelmenfigur, welche die Gegenbildlichkeit des karnevalesken Raums zum Ausdruck brachte, wird somit zum ortlosen Außenseiter, dem die gesellschaftliche Welt nur noch in negativer Weise entgegentritt. Dabei muss man natürlich in Rechnung stellen, dass der Leser aus der guten Gesellschaft diese Sichtweise allenfalls teilweise übernehmen wird und die im pikaresken Roman entworfene Welt der skrupellosen Lebensbehauptung nach wie vor mehr oder weniger als Gegenwelt zu seiner eigenen Welt begreifen wird.

Gleichwohl bleibt festzuhalten, dass die Fokussierung der vertrauten Welt gegenüber den fremden Welten des Abenteuerromans mit der Tendenz zu einer Beförderung der – aus der niederen Gattungsvariante stammenden – niederen Alltagswelt einschließlich ihres Fremdheitspotentials zum umfassenden

---

233 Bachtin, *Formen der Zeit im Roman*, S. 52. Diese negative Darstellung des privaten Alltags sieht Bachtin darin begründet, dass bereits der antike Roman durch den Verlust einer archaischen Einheit des Volkslebens geprägt sei.

234 Ebenda, S. 99.

Romanchronotopos einhergeht. Diese Fusion der Entwicklung der beiden Gattungsvarianten hängt natürlich eng mit dem Geltungsverlust der ständischen Gesellschaft zusammen, die ja die literarische Hierarchie der Gattungen maßgeblich prägte. Der neue Chronotopos wird demgegenüber zum Modell einer sozialen Welt, die ihren Gegenpol nur im einzelnen Individuum finden kann. Die Konsequenzen dieses Funktionswandels sind nun im Einzelnen in den Blick zu nehmen. Sie bestehen zunächst vor allem in einer zunehmenden Ausgrenzung und Ortlosigkeit des Individuums innerhalb einer allgegenwärtigen gesellschaftlichen Welt, der es sich aufgrund ihres niederen oder zumindest prosaischen Charakters nicht zugehörig fühlt, und einer durch diese Erfahrung motivierten Suche nach eigenen, den individuellen Bedürfnissen entsprechenden Räumen. Diese räumliche Gestaltung der für das moderne Individuum typischen Entfremdungserfahrung nimmt in dem Maße eine neue Qualität an, wie die gesellschaftliche Welt als historische Welt begriffen wird, da sich dann der Kampf um den eigenen Raum als Auseinandersetzung mit dem sozialen Modernisierungsprozess darstellt. Ein zweiter Aspekt der neuen Modellierungsmöglichkeit des Verhältnisses von Individuum und Gesellschaft, die durch die Generalisierung des sozialen Chronotopos eröffnet wird, betrifft weniger den Ort des Individuums, sondern die individuelle Perspektive. Die zum umfassenden Chronotopos avancierte soziale Welt kann nämlich in dem Maße, wie sie sowohl für die Romanfiguren als auch für den Leser den Status einer Standardrealität gewinnt, den Rahmen für die Konturierung einer spezifisch individuellen Sichtweise bilden. Das – mehr oder minder ortlose – Individuum tritt dann vor allem durch die Ausbildung einer eigenen Perspektive dem gesellschaftlichen Raum und den ihm eingeschriebenen Wahrnehmungsformen gegenüber. Diese Möglichkeit ist in gewisser Weise schon durch den *Don Quijote* vorgegeben, wo der Held den sozialen Raum auf der Basis seiner Vorstellungen interpretiert, aber sie erhält ebenfalls erst im realistischen Roman ihre deutlichste Ausprägung. Insbesondere die Modellierung städtischer Räume ist hierfür prädestiniert, da in diesem Fall ein hochgradig sozial geprägter Erfahrungskontext vorliegt, der im Falle der Bezugnahme auf reale Städte häufig auch einen hohen Bekanntheitsgrad aufweist und so den Leser in das Spannungsverhältnis der romanimmanenten Perspektiven hineinzieht. Dies ist eine günstige Voraussetzung dafür, dass die Besonderheit der individuellen Sicht hervortreten kann. Natürlich können beide Modi der räumlichen Gestaltung des Verhältnisses von Individuum und Gesellschaft eng miteinander verknüpft werden. Mit der Entfremdungsrelation des entwurzelten Individuums verbindet sich dann eine Verfremdung, welche die bekannte Welt in neuer Weise, nämlich im Spiegel eines fremden Bewusstseins in Erscheinung treten lässt. In den folgenden Abschnitten soll zunächst der den individuellen Ort betreffende Aspekt in den Vordergrund gerückt werden, bevor – am Beispiel der Großstadtdarstellung – die Entwicklung der perspektivischen Differenz zwischen individueller und sozialer Wahrnehmung des Raums behandelt wird.

Ortlosigkeit des Individuums

Die zentrale gattungsgeschichtliche Rolle von Mateo Alemáns *Guzmán de Alfarache* im Hinblick auf die Gestaltung einer Lebensgeschichte und die Ausbildung der Ich-Erzählsituation wurde oben schon hervorgehoben.[235] Damit verbindet sich eine Erfahrung der Ortlosigkeit, die eng mit der Ausweitung der niederen Alltagswelt zum umfassenden Romanchronotopos verbunden ist. Zunächst zeigt sich das daran, dass dieser Roman keineswegs auf die niedere gesellschaftliche Sphäre beschränkt bleibt. Guzmán macht zahlreiche soziale Metamorphosen durch, bei denen er bis zum begüterten Kaufmann aufsteigt. Auch als Diener kommt er mit Vertretern der höheren sozialen Sphären in Kontakt, z. B. im Hause eines Kardinals und in den Diensten des französischen Botschafters in Rom. Auch in räumlicher Hinsicht ist die Absicht erkennbar, ein möglichst umfassendes Panorama der zeitgenössischen Realität zu geben. Guzmán durchquert Spanien von Andalusien nach Kastilien, dann von Madrid nach Toledo und Barcelona. Es folgt eine Reise durch Italien, die ihn durch zahlreiche Städte – u. a. Genua, Mailand, Bologna, Florenz, Rom, Neapel – führt. Dabei hat das Reisesujet in diesem Fall jedoch nicht die Funktion, die vertraute Welt mit einer fremden Welt zu konfrontieren. Einerseits erscheint auch Italien als grundsätzlich bekannte Welt, andererseits herrschen hier dieselben gesellschaftlichen Zustände. Der Blick auf Italien dient somit dazu, Alemáns negativer sozialer Diagnose einen noch umfassenderen Charakter zu verleihen. Überall, in allen sozialen Ständen, aber auch in allen von Guzmán bereisten Regionen dominiert ein rücksichtsloses, egoistisches Sozialverhalten, bei dem jeder nur seinen eigenen Vorteil sucht. Der ungeschminkte Egoismus, der – in Bachtins Analyse – die private Alltagswelt im *Goldenen Esel* prägt, hat hier nun auf die gesamte soziale Welt, auf alle Schichten und somit auch auf das gesamte öffentliche Leben übergegriffen. Alle lügen, betrügen, nicht nur Handwerker wie Schneider, Zimmermann, Schmied oder Maurer, sondern auch die Vertreter bürgerlicher Berufe wie Apotheker, Ärzte oder Rechtsanwälte.[236] Menschlichen Umgang sucht man vergebens, vielmehr belauern alle einander wie die wilden Tiere.[237]

Diese Generalisierung zieht wichtige Konsequenzen nach sich, da sich die Fremdheitsrelation, die Bachtin im antiken Alltagschronotopos konstatiert, trotz seiner Ausweitung durchhält. Hiermit kommt der Standpunkt eines ortlosen Individuums ins Spiel, für das die gesamte gesellschaftliche Welt zu einer fremden Welt wird. Guzmán stellt sich im Verlauf des Romans als grundsätzlich ein-

---

235 Siehe oben, S. 17 f., 96 ff.
236 Vgl. Alemán, *Guzmán de Alfarache*, Bd. 1, S. 297 f.
237 Ebenda, S. 298: »No hallarás hombre con hombre; todos vivimos en asechanza los unos de los otros, como el gato para el ratón o la araña para la culebra [...]«. [Du wirst keinen Menschen finden, der sich menschlich zu seinem Mitmenschen verhält: Wir alle belauern uns gegenseitig wie die Katze die Maus oder die Spinne die Schlange (...).]

sames Individuum dar. Nicht nur seine beruflichen Rollen, sondern seine sozialen Bindungen überhaupt sind einem ständigen Wandel unterworfen, der keine stabilen Beziehungen zu Räumen und Menschen zulässt. So geht Guzmán zweimal eine Ehe ein, doch beide Male impliziert der Ehebund kein ausgeprägtes emotionales Engagement und ist nur von relativ kurzer Dauer. Im ersten Fall verliert Guzmán seine Frau durch eine tödliche Krankheit, im zweiten Fall verlässt sie ihn wegen eines anderen Mannes, doch in beiden Fällen lässt das Guzmán weitgehend ungerührt. Im Hinblick auf den räumlichen Aspekt ist von besonderem Interesse, wie Guzmáns Bindung zu seinem Herkunftsort und seiner Familie dargestellt wird. Guzmán stammt aus Sevilla und kehrt nach langen Jahren des unsteten Lebens wieder nach Sevilla zurück. Im Kontext dieser traditionellen Anlage der Reisefabel wird auch das Verfahren der Anagnorisis zitiert, da Guzmán in Sevilla seine Mutter wiederfindet. Jedoch wird dies fast beiläufig geschildert, wobei nicht Wiedersehensfreude im Vordergrund steht, sondern die Diskussionen darüber, ob sich die Mutter mit der Schwiegertochter verstehen wird.[238] Der Protagonist hat also keine wirkliche Heimat, denn auch die Heimatstadt Sevilla ist Teil einer grundsätzlich fremden und feindlichen Welt, was auch dadurch bestätigt wird, dass Guzmán dort seine kriminelle Karriere fortsetzt und deshalb zu seiner Galeerenstrafe verurteilt wird. Natürlich steht bei Alemán ein christliches Konzept hinter Guzmáns irdischer Wanderschaft. Die Welt, in der sich der Picaro bewegt, ist eine sündige und gefallene Welt. Gleichwohl führt die konkrete Ausgestaltung dieser Welt dazu, dass dieses irdische Schicksal als ein gesellschaftliches Schicksal erscheint.

Die Verabsolutierung einer gesellschaftlichen Welt, die dem Individuum immer und überall als fremd und feindlich begegnet, führt somit zu einer Entdifferenzierung der räumlichen Oppositionsrelationen. Neben der fundamentalen Opposition zwischen eigener und fremder Welt sind von dieser Entdifferenzierung auch kulturelle Oppositionen wie die zwischen Italien und Spanien[239] und soziale Oppositionen wie die zwischen verschiedenen Milieus betroffen. Auch

---

238 Ebenda, Bd. 2, S. 461.

239 Allerdings konkurriert diese Entdifferenzierung wie auch im Don Quijote mit einer Tendenz, Spanien bereits Züge eines nationalen Chronotopos zu verleihen. Auch wenn Italien – und dabei insbesondere Rom – als bekannte Welt präsentiert wird, erscheint Spanien im zweiten Teil des Romans, welcher Guzmáns Lebensweg nach der Rückkehr aus Italien behandelt, als eine vertrautere, dabei aber nicht bessere Welt. U. a. aus diesem Grund ist Franco Morettis emphatisch formulierte These, der pikareske Roman definiere die Nation »as that space where strangers are never entirely strangers« (*Atlas of the European Novel*, S. 51), erheblich zu relativieren (vgl. hierzu auch Wolfgang Matzat, »El cronotopo de la novela picaresca en *Guzmán de Alfarache* de Mateo Alemán«, in: Eberhard Geisler [Hg.], *La representación del espacio en la literatura española del Siglo de Oro*, Barcelona: Anthropos, 2013, S. 165–181). Im Hinblick auf das hier vertretene Argument bleibt festzuhalten, dass die individuelle Fremdheitserfahrung in dem Maße, wie die dargestellte Welt sich als spanische und damit in engerem Sinne eigene gesellschaftliche Welt darstellt, noch verschärft wird und auch den – spanischen – Leser in neuer Weise mit einbezieht.

die Opposition zwischen städtischem und ländlichem Leben, die in der bukolischen Literatur eine so große Rolle spielt, kommt hier nicht zum Tragen. Im einsam gelegenen Gasthof herrscht dieselbe egoistische Mentalität, dieselbe Tendenz zu Täuschung und Betrug wie in den großen Städten. Auch nur in wenigen Episoden wird eine explizit pikareske Gegenwelt zur normalen sozialen Welt entworfen, die Welt der Straßenkinder in Madrid und die gut organisierte Bettlergesellschaft in Rom. Ansonsten tritt an die Stelle des Gegensatzes zwischen verschiedenen sozialen Gruppen und ihren Räumen der Gegensatz zwischen der Gesellschaft als ganzem und einem Individuum, das ohne eigenen Raum ist – eine Konstellation, die sich letztlich als konsequente räumliche Umsetzung des Konzepts der Exklusionsindividualität darstellt. Dabei ist es spezifisch für den historischen Ort des pikaresken Romans, dass die Differenz zwischen Individuum und Gesellschaft noch keine klaren Konturen erhält. Der Picaro unterscheidet sich – jedenfalls während seines Lebens in der Gesellschaft – nicht wesentlich von seiner sozialen Umgebung. Auch er ist durch den allgemeinen Wunsch nach Reichtum und sozialer Distinktion beseelt und lernt aufgrund seiner gesellschaftlichen Erfahrungen, sich im sozialen Konkurrenzkampf zu behaupten. Er hat also der Gesellschaft keine anderen Werte entgegenzusetzen, sondern wählt die Strategie der Anpassung, worin er eine besondere Meisterschaft entwickelt. Das Ergebnis sind die zahlreichen Metamorphosen, die er durchläuft. Dabei verweist die Vielzahl von sozialen Rollen zwar auf ein hinter diesem Rollenspiel stehendes Ich, doch bleibt die besondere individuelle Dimension dieses Ichs weitgehend eine Leerstelle, denn abgesehen von der Darstellung gelegentlicher Anfälle von Reue wird Guzmáns Gefühlswelt nur wenig ausgestaltet.

Wie wir oben schon gesehen haben, wird die sich hier abzeichnende neue Relation zwischen Individuum und Gesellschaft durch die Wahl der Ich-Erzählsituation unterstrichen, denn mit ihrer Hilfe kann auch auf der Erzählebene eine Oppositionsrelation zwischen Individuum und Gesellschaft konstituiert werden. Dabei erhält diese Relation auf der Ebene des erzählenden Ichs ein etwas anderes Gepräge als auf der Ebene des handelndes Ichs, da der Erzähler Guzmán aufgrund seines Bekehrungserlebnisses auf der Galeere nun im Gegensatz zu seiner gesellschaftlichen Existenz eine Position gewonnen hat, die ihm eine kritische Haltung gegenüber der Gesellschaft erlaubt. Als Erzähler stützt sich Guzmán auf den christlichen Diskurs, wobei er eine besonders strenge Variante wählt, die dem Betrug der Welt den *desengaño*, das Wissen um die Nichtigkeit der irdischen Dinge, und eine asketische Weltabkehr entgegensetzt.[240] Dennoch verbindet sich das Gewinnen dieses Standpunkts gegenüber der gesellschaftlichen Welt nicht mit dem Finden eines Ortes im konkreten Sinne. Vielmehr verweist die von

240 Siehe oben, S. 97 f. – Vgl. z. B. Bd. 1, S. 208, wo sich der Erzähler in folgender Weise an den Leser wendet: »¿Ves ya cómo en la tierra no hay contento y que está el veradero en el cielo? Pues, hasta que allá lo tengas, no lo busques acá.« [Siehst du nun schon, dass es auf der Erde kein Glück gibt und dass das wahre Glück im Himmel ist? Dann suche es nicht hier, bevor du es dort erhalten wirst.]

Mateo Alemán im *Guzmán de Alfarache* gewählte Position des erzählenden bzw. schreibenden Ichs auf der Galeere darauf, dass diese Stimme ortlos bleibt. So ist auch diese Erzählsituation ein Indiz dafür, dass das frühneuzeitliche Ich sich in einer besonders prekären Situation gegenüber der Gesellschaft befindet.

Diese Form einer radikalen Ortlosigkeit kennzeichnet auch Texte des 17. und 18. Jahrhunderts, in der die Marginalisierung nicht sozial – wie im pikaresken Roman –, sondern affektiv, d. h. durch die Erfahrung einer den gesellschaftlichen Normen zuwiderlaufenden Liebe bedingt ist. So ist Mme de Lafayettes *Princesse de Clèves* beispielhaft dafür, wie sich die Beschränkung des Raums auf die eigene gesellschaftliche Welt in der hohen Gattungsvariante auswirkt. In der Gesamtanlage bildet *La Princesse de Clèves* einen Gegenentwurf zur großen Form des Barockromans, die im französischen Kontext vor allem durch die Romane der Mlle de Scudéry repräsentiert wird. So rekurriert Mlle de Scudéry insbesondere in *Le grand Cyrus* auf einen Typ des Liebes- und Abenteuerromans, der auf dem Reiseschema des griechischen Romans und seiner Aktualisierung in Cervantes' *Persiles* beruht und dabei überwiegend im Vorderen Orient und in der historischen Ferne der Antike spielt. Die Liebesgeschichte fürstlicher Figuren, die hier im Mittelpunkt steht, wird im Kontext eines ausgedehnten geographischen Panoramas entwickelt, wobei die im höfischen Kontext spielenden Episoden sich mit Handlungsphasen abwechseln, die auf der Reise bzw. auf der Flucht oder im Kontext von Feldzügen situiert sind. Im Gegensatz dazu verlegt Mme de Lafayette ihren Roman in das vorangehende Jahrhundert an den französischen Hof von Heinrich II., also in eine relativ nahe Vergangenheit und in einen gesellschaftlichen Kontext, der mit der zeitgenössischen höfischen Welt während der Regierungszeit von Ludwig XIV. sehr viele Berührungspunkte hat. Diese Pariser Hofwelt wird hier nun zum beinahe exklusiven Schauplatz und damit zu einer Welt, aus der kein Entrinnen möglich ist. Entsprechend dieser räumlichen Konstellation kann es für die Liebe zwischen der verheirateten Mme de Clèves und M. de Nemours keinen Ort geben. Vielmehr wird am Beispiel von Mme de Clèves' Leidenschaft gezeigt, wie das Individuum auch in seinen affektiven Bedürfnissen in den Sog der gesellschaftlichen Entfremdungsprozesse hineingezogen wird. Diese Liebe gedeiht im höfischen Kommunikationskontext, wird durch die in diesem Kontext habitualisierte Indiskretion sowohl entfacht als auch bedroht und weist letztlich nicht über ihn hinaus. Nur ein einziges Mal wird ein dem Barockroman entsprechendes Abenteuerszenario entworfen, als Mme de Clèves eine warme Sommernacht auf ihrem Landsitz damit verbringt, sich ihren sehnsüchtigen Gedanken an Nemours hinzugeben und ihn dabei u. a. auf einem Porträt in kriegerischer Pose bewundert. Obwohl Nemours sie heimlich dabei beobachtet, kommt es nicht zu der Liebesbegegnung, für die dieser Ort eigentlich prädestiniert ist.[241] Die Ausweglosigkeit der höfischen Existenz wird

---

241 Siehe Mme de Lafayette, *Romans et nouvelles*, hg. v. Émile Magne, Paris: Garnier, 1970, S. 366 ff.

dadurch unterstrichen, dass Mme de Clèves auch nach dem Tod ihres Ehemanns nicht in die Ehe mit Nemours einwilligen will, da sie nach wie vor die höfische Umgebung als unvereinbar mit einer exklusiven Liebesbeziehung erachtet. So entscheidet sie sich für den Rückzug ins Kloster, das damit die einzige Variante eines vor der Gesellschaft geschützten Rückzugsraums bildet.[242]

Es ist hier nun noch auf zwei weitere Romane zurückzukommen, die oben schon als Beispiele einer sich immer deutlicher ausbildenden Spannungsrelation zwischen Individuum und Gesellschaft behandelt wurden[243], auf *Manon Lescaut* des Abbé Prévost und auf Chateaubriands *René*, da in beiden Fällen die individuelle Marginalisierung in der Ortlosigkeit der Protagonisten ihre Entsprechung findet. In *Manon Lescaut* steht nicht wie in *La Princesse de Clèves* die gute Gesellschaft von Hof und Salon, sondern die ebenso vergnügungssüchtige wie sittenlose Pariser Welt der Financiers, der Halbweltdamen, der Spieler und Betrüger im Mittelpunkt. Es handelt sich hier also um eine Vermischung des Raums der gehobenen Gesellschaft mit dem pikaresken Chronotopos einer niederen Alltagswelt. Doch im Hinblick auf die Raumgestaltung ergibt sich derselbe Befund. Wieder bietet sich dem Individuum kein Ort, an dem es der Macht der Gesellschaft entgehen kann. Dabei spielt die Liebe wie in der *Princesse de Clèves* eine ambivalente Rolle, denn mit ihr verbindet sich einerseits die Vorstellung eines individuellen Glücks, andererseits führt sie aber zur Konfrontation mit der entfremdenden Macht der Gesellschaft. Des Grieux und insbesondere Manon können sich den Einflüssen ihrer gesellschaftlichen Umgebung, der Macht des Geldes, den Verlockungen der modernen Luxusgüter und dem Sog der kostspieligen gesellschaftlichen Vergnügungen, nicht entziehen. In ihren Zufluchtsorten, die sich die Liebenden in Gasthöfen oder angemieteten Wohnungen und Häusern suchen, werden sie immer wieder von den wohlhabenden Männern, die Manon umwerben, und Manons als Kuppler agierendem Bruder aufgespürt. Die Vorstellungen von einem anderen Raum bleiben Illusion, etwa wenn Des Grieux von einem idyllischen Leben auf dem Lande träumt.[244] Schließlich erweist sich selbst die Neue Welt, in die Des Grieux der nach Lousiana deportierten Manon folgt, nur am Anfang als der erhoffte naturnahe Liebesort, bevor die Liebenden auch dort von den gesell-

---

242 Vgl. hierzu Wolfgang Matzat, »Affektrepräsentation im klassischen Diskurs: *La Princesse de Clèves*«, in: Fritz Nies/Karlheinz Stierle (Hg.), *Die französische Klassik*, München: Fink, 1985, S. 230–266.

243 Siehe oben, S. 106 ff.

244 Abbé Prévost, *Manon Lescaut*, S. 40: »Je formai […], d'avance, un système de vie paisible et solitaire. J'y faisais entrer une maison écartée, avec un petit bois et un ruisseau d'eau douce au bout du jardin, une bibliothéque composée de livres choisis, un petit nombre d'amis vertueux et de bon sens, une table propre, mais frugale et modérée.« [Ich malte mir im voraus das Bild eines friedlichen und zurückgezogenen Lebens aus. Zu seinen Bestandteilen machte ich ein abgelegenes Haus mit einem kleinen Wald und einem Bach am Ende des Gartens, eine Bibliothek mit gut ausgewählten Büchern, eine kleine Anzahl tugendhafter und vernünftiger Freunde, eine gut gedeckte, aber bescheidene und mäßige Tafel.]

schaftlichen Zwängen eingeholt werden. Dies erscheint umso bitterer, als Des Grieux den natürlichen und unschuldigen Charakter seiner Liebe zu Manon immer wieder betont.

Definiert man die moderne Individualität mit Niklas Luhmann als Exklusionsindividualität, so erscheint es als offensichtlich, dass eine identitätsstiftende Relation zwischen den als Individuen konzipierten Figuren und einem gesellschaftlichen Raum in diesem Fall gar nicht möglich ist. Die semantischen Grundoppositionen des Texts können in der Außenwelt keine räumlichen Entsprechungen finden, weil die entscheidende Grenze zwischen Innenwelt und Außenwelt verläuft. Zugleich wird damit die äußere Welt entdifferenziert, da das Individuum nirgendwo in dieser Welt eine Möglichkeit findet, seine ureigensten Wünsche zu erfüllen.[245] Die der Exklusionsindividualität entsprechende Ortlosigkeit des Individuums hat wohl in der Romantik ihre deutlichsten Ausformulierungen gefunden. So zeigt Chateaubriands *René* als ein für die französische Romantik exemplarischer Text, wie der Protagonist vergeblich nach einem Ort sucht, der ihm gemäß ist. Erneut wird dabei die Entwertung des Reisesujets deutlich. Zwar unternimmt René ausgedehnte Reisen durch ganz Europa, bei denen er sowohl die Zeugnisse der antiken als auch der modernen Zivilisation kennenlernt, doch können die Reiseerlebnisse weder seine ihn überall verfolgende heftige Sehnsucht – »cette ardeur de désir qui me poursuit partout« – stillen, noch hat er den Eindruck, etwas für ihn Wesentliches dazugelernt zu haben (»L'étude du monde ne m'avait rien appris […]«).[246] Eine besonders prägnante Formulierung findet die Generalisierung der Entfremdungsrelation, als René nach der Rückkehr nach Frankreich bald feststellen muss, er sei in der Heimat noch stärker isoliert als in der Fremde: »Je me trouvais bientôt plus isolé dans ma patrie que je ne l'avais été sur une terre étrangère«.[247] In Paris wird er des städtischen gesellschaftlichen Lebens rasch überdrüssig und zieht sich daher in ein ländliches Exil zurück. Doch auch der naturnahe Raum erweist sich nach anfänglich intensiven Landschaftserfahrungen nicht als adäquat, vielmehr wird René hier nun von einem tiefen Lebensüberdruss (»profond sentiment d'ennui«)[248] und quälenden Suizidgedanken befallen. Wie *Manon Lescaut* endet der Text mit einem Aufenthalt in Amerika, wohin René nach dem Schock, den das Geständnis seiner Schwester, eine inzestuöse Liebe für ihn zu hegen, bei ihm verursacht hat, auswandert. Doch obwohl er dort vom Indianerstamm der Natchez herzlich aufgenommen wird, kann ihn auch die enge Stammesgemeinschaft nicht von seinem Leiden an der Entfremdung kurieren und er bleibt ein melancholischer Au-

---

245 Lotman selbst weist darauf hin, dass sein räumliches Sujetmodell in der Romantik außer Kraft gesetzt wird (*Die Struktur literarischer Texte*, S. 350 f.).

246 Vgl. Chateaubriand, *Œuvres romanesques et voyages*, Bd. 1, S. 126. [Das Studium der Welt hatte mich nichts gelehrt (…).]

247 Ebenda. [Ich fühlte mich in meiner Heimat bald noch mehr vereinsamt als in einem fremden Land.]

248 Ebenda, S. 130.

ßenseiter. Damit zeigt sich, wie sämtliche räumliche und kulturelle Oppositionen – zwischen Heimat und Fremde, Süd- und Nordeuropa, Antike und Moderne, Stadt- und Landleben und schließlich Alter und Neuer Welt – aufgehoben werden, da sich letztlich alle Orte als gleichermaßen inadäquat für die grenzenlosen Sehnsüchte des Helden erweisen.

Landschaftsräume

Allerdings wäre es einseitig, das zunehmende Gewicht der individuellen Perspektive im strukturellen Gefüge des Romans nur mit einer zunehmenden Entfremdung vom gesellschaftlichen Raum und einer entsprechenden Ortlosigkeit in Zusammenhang zu bringen. Denn diese soziale Ortlosigkeit verbindet sich – insbesondere seit Mitte des 18. Jahrhunderts – immer wieder mit dem Entwurf von Räumen, die das Individuum als seine eigenen Räume ansehen kann. In erster Linie kommen dafür Naturräume oder naturnahe Räume infrage, da sie sich aufgrund ihres gesellschaftsfernen Charakters besonders für eine individuelle Aneignung eignen. Auch die gerade getroffenen Feststellungen zu *René* sind insofern zu relativieren, als sich in Chateaubriands Erzählung zumindest zeitweise immer wieder Entsprechungen zwischen dem Naturraum und der Befindlichkeit des Subjekts ergeben, welche entweder die Möglichkeit einer identitätssichernden Geborgenheit verheißen oder zumindest insofern identitätsstiftend wirken, als sie ihm seine Unbehaustheit vor Augen führen. Ein Roman, der solche Formen eines affektiven Bezugs zur Natur exemplarisch inszeniert und daher auch für einen Text wie *René* Modellcharakter hat, ist Rousseaus *Nouvelle Héloïse*. Hier entwirft Rousseau einerseits – als aufklärerische Reprise des bukolischen Paradigmas – Räume empfindsamer Binnengesellschaften, andererseits aber auch individuelle Rückzugsräume, zu denen eine rein subjektive Identitätsrelation konstruiert wird. Wie Rousseau selbst im Vorwort ausführt, wählt er die idyllische Umgebung des Genfer Sees zum Schauplatz für seine Liebesgeschichte, um dem städtischen Publikum eine alternative Existenzform vorzuführen.[249] Dabei wird die Landschaftsdarstellung in verschiedener Weise funktionalisiert: einerseits – und vor allem im ersten Teil des Romans – bildet sie den Kontext für die Entfaltung von Saint-Preux' Sehnsüchten, welche durch die Liebesbeziehung zu Julie ausgelöst werden; andererseits wird im zweiten Teil das Landgut Clarens, welches Julie mit Wolmar, einem Freund ihres Vaters, den sie auf dessen Geheiß geheiratet hat, bewirtschaftet, zum Modell der Utopie eines naturnahen Lebens ausgestaltet. Im Folgenden soll der erste Aspekt im Vordergrund stehen, da er die Individualisierung der Landschaft besonders deutlich vor Augen führt.

---

249 *Julie ou La Nouvelle Héloïse*, in: Rousseau, *Œuvres complètes*, hg. v. Bernard Gagnebin und Marcel Raymond, Bd. 2, Paris: Gallimard (Pléiade), 1961, S. 1–793, hier: S. 21.

Die literarische Gestaltung der Korrespondenz zwischen der Landschaft und den Empfindungen von in dieser Landschaft weilenden Menschen hat eine lange Geschichte. Die besten Beispiele bietet die bukolische Literatur seit der Antike, daneben spielen affektiv getönte Naturszenerien auch in der petrarkistischen Lyrik eine wichtige Rolle. Typische Ausprägungen des Korrespondenzbezugs sind die Übereinstimmung zwischen der freundlichen Frühlings- und Sommernatur, für die der *locus amoenus* die topische Gestaltungsform bildet, und hoffnungsvollen Liebesgefühlen einerseits und zwischen einer düsteren – schroffen, kargen, nächtlichen, herbstlichen oder winterlichen – Natur und dem Liebesleid andererseits. Natürlich sind auch schon in der Bukolik und im Petrarkismus kompliziertere Relationen möglich, etwa dadurch, dass die schöne Natur mit ambivalenten Gefühlen assoziiert wird, indem sie zugleich auf vergangenes Glück und gegenwärtiges Leid verweist. Auch wenn Rousseau deutlich an die genannten Paradigmen anknüpft, stellt die Landschaftsdarstellung in der *Nouvelle Héloïse* doch einen Einschnitt in dem Sinne dar, dass hier eine neue Qualität der Individualisierung und Subjektivierung erkennbar wird, die trotz deutlicher Parallelen zur Entwicklung in der Lyrik in engem Zusammenhang mit der Ausbildung der Gestaltungsmöglichkeiten des Romans stehen.[250] Wenn im Folgenden einige Aspekte dieser Subjektivierung der Raumerfahrung an diesem Beispiel etwas ausführlicher erörtert werden, dann auch deshalb, weil sie zumindest teilweise auf die subjektive Aneignung anderer Räume und Orte, etwa im städtischen Kontext, übertragen werden können.

Zwei für die Subjektivierung der Landschaftserfahrung besonders illustrative Episoden sind in der Nähe eines Ortes mit dem Namen Meillerie am Ufer des Genfer Sees situiert, das dem Heimatort Julies, Vevey, gegenüberliegt. Saint-Preux weilt dort ein erstes Mal, nachdem Julie ihn gebeten hat, sich für eine gewisse Zeit von ihr zu entfernen, um die gefährlichen Auswirkungen eines ersten Kusses etwas abklingen zu lassen – umsonst, denn nach Saint-Preux' Rückkehr gibt sie sich ihm ein erstes Mal hin. Zehn Jahre später besuchen sie dann zu zweit noch einmal diesen Ort, nun zu einem Zeitpunkt, da ihrer Liebe aufgrund von Julies Ehe mit Wolmar jede Möglichkeit der Erfüllung versagt ist. Die erste Textstelle – sie ist Teil eines Briefes, in dem Saint-Preux Julie seine Befindlichkeit darlegt – zeigt ihn inmitten einer unwirtlichen spätherbstlichen Landschaft. Wie er selbst feststellt, ist die traurige und unwirtliche Umgebung seiner Unterkunft seinem Seelenzustand besonders angemessen, da die schroffe Landschaft seiner depressiven Stimmung entspricht. Auch bei seinen Spaziergängen am felsigen Seeufer findet er seine affektive Lage in der Landschaft gespiegelt: »je [...] trouve par tout dans les objets la même horreur qui regne au dedans de moi«.[251] Es liegt da-

---

250 Vgl. hierzu Gerhard Hess, *Die Landschaft in Baudelaires »Fleurs du Mal«*, Heidelberg: Winter, 1953, S. 14 ff.

251 Rousseau, *Julie ou la Nouvelle Heloïse*, S. 90 [ich (...) finde überall in den Dingen dasselbe Grauen, das in mir herrscht].

mit der traditionelle Typ der Korrespondenz zwischen Liebestrauer und düsterer Landschaft vor. Allerdings wird dieser Entsprechung zwischen affektiver Befindlichkeit und Naturumgebung, die ja schon durch die der Landschaft ohnehin anhaftenden Stimmungsqualitäten nahegelegt wird, nun dadurch ein individueller Charakter verliehen, dass der Bezug zwischen wahrnehmendem Subjekt und wahrgenommenem Raum in doppelter Weise konkretisiert wird. Einerseits ist das Landschaftserlebnis mit einem spezifischen Moment in der Lebens- und Liebesgeschichte des Protagonisten verknüpft, dem Moment einer ersten längeren Trennung und einer ersten ernsthaften Krise in der sich entwickelnden Beziehung, der dann durch die unmittelbar folgenden Ereignisse ein zusätzliches Gewicht erhält. Mit dieser lebensgeschichtlichen Referenz, die auch schon im Schäferroman – wenn auch noch nicht mit derselben Prägnanz – möglich ist, verbindet sich nun eine Form der geographischen Referenz, wie man sie in dieser Genauigkeit dort noch nicht findet. Dem Leser ist nicht nur von Anfang an bekannt, dass Julie in Vevey am Genfer See zu Hause ist, sondern darüber hinaus weiß er auch aus dem kurzen »billet«, der dem Klagebrief vorausgeht, dass Saint-Preux sich in Meillerie eine Unterkunft gesucht hat[252], von wo er nach Vevey hinüberblicken kann. Die an dieser Stelle geschilderte Landschaftserfahrung ist damit in zweifacher Hinsicht einmalig: als Teil eines individuellen Lebenslaufs ist sie an eine einmalige Gefühlslage und als Teil eines realen geographischen Raums ist sie an einen einmaligen Ort gebunden. Anders ausgedrückt: diese Landschaftserfahrung ist gebunden an die perspektivische Grundbedingung individuellen Erlebens, dass man zu einer Zeit immer nur an einem Ort sein kann.

Ein zweiter Aspekt der Individualisierung und Subjektivierung des Raumbezugs, der sich an dieser Stelle ablesen lässt, scheint nun den gerade getroffenen Feststellungen in gewisser Weise zu widersprechen. Er ergibt sich daraus, dass sich Saint-Preux längere Zeit – zumindest eine Reihe von Tagen – in Meillerie aufhält und sich dort die Spaziergänge am Seeufer zur Gewohnheit macht. So hat er sich dort auch einen Lieblingsort auserkoren, einen von Felsen umgebenen kleinen Aussichtsplatz, der den Blick nach Vevey freigibt. Dort verbringt er nun regelmäßig seine Tage, wie er in einer präsentischen Form des iterativen Erzählens[253] schildert: »Malgré la saison je m'y rends dès le matin et n'en reviens qu'à la nuit«.[254] Auch wenn der einmalige Charakter des Erlebnisses somit abgeschwächt wird, kommt das der Konstitution einer individuellen Beziehung zu diesem Ort gerade zugute. Denn die Korrespondenz stellt sich hier nicht aufgrund eines zufälligen Zusammentreffens äußerer und innerer

---

252 Ebenda, S. 89.

253 Zu diesem von Gérard Genette geprägten Begriff und den Formen des iterativen Erzählens siehe unten, S. 247 ff.

254 *Nouvelle Héloïse*, S. 90 [Trotz der Jahreszeit begebe ich mich schon am Morgen dorthin und kehre erst beim Einbruch der Nacht zurück].

Bedingungen ein, sondern ist das Ergebnis einer bewussten Suche und Wahl. Die Beziehung zum Naturort wird dadurch individuell, dass sie sich aus einer persönlichen Vorliebe ergibt. So kann man die Identitätsrelation zu einem solchen Ort ja dadurch zum Ausdruck bringen, dass man von ›meinem Platz‹ spricht – ein Platz, zu dem man nicht aufgrund der Herkunft gehört, sondern den man sich selbst aufgrund der persönlichen Veranlagung gesucht hat. Wie unser Textbeispiel zeigt, wird durch eine solche Habitualisierung des Raumbezugs keineswegs ausgeschlossen, dass eine lebensgeschichtlich bedingte Stimmungslage in den Korrespondenzbezug eingehen kann. Vielmehr erscheint der Ort nun der affektiven Befindlichkeit einer bestimmten Lebensphase zugeordnet, was der Korrespondenz natürlich einen gewichtigeren Charakter verleiht.

Der wiederholte Aufenthalt an einem Ort begründet auch insofern einen vertieften individuellen Bezug, als dieser Ort dann zunehmend mit Erinnerungen verknüpft werden kann. Das ist natürlich umso mehr der Fall, wenn die Landschaftserlebnisse nicht oder nicht nur eine iterative Serie bilden, sondern wenn die Rückkehr an den mit persönlichen Erinnerungen befrachteten Ort nach einem längeren Zeitabschnitt erfolgt. Rousseau hat sich diese Möglichkeit in der *Nouvelle Héloïse* effektvoll zunutze gemacht[255], indem er Saint-Preux und Julie zehn Jahre nach dem Beginn ihrer Liebesbeziehung einen Bootsausflug zum Ufer von Meillerie unternehmen lässt, wo sie dann auch Saint-Preux' früheren Lieblingsort aufsuchen und auch noch die Felsen vorfinden, in die er Julies Namen eingeritzt hat. Damit wird dieser Ort zu einem »lieu de mémoire« im Sinne von Pierre Nora, zu einem Ort, der nicht wie das »milieu de mémoire« eine andauernde Tradition bezeugt, sondern an eine definitiv verlorene Vergangenheit erinnert[256], an die Zeit, da ein gemeinsames Liebesglück noch möglich schien. Auch in diesem Fall knüpft Rousseau an ein schon im Schäferroman gebräuchliches Verfahren an. So setzt Jorge de Montemayors *Diana* damit ein, dass der Protagonist Sireno nach längerer Abwesenheit in das Tal zurückkehrt, das Schauplatz seiner Liebe zu Diana war, die nun wie Julie mit einem anderen verheiratet ist. Doch gilt auch in diesem Zusammenhang das oben schon Gesagte. Der vom Text modellierte affektive Bezug zum Erinnerungsort gewinnt dadurch an Prägnanz, dass sowohl die erinnerte Zeit als auch das Erinnerungserlebnis selbst in einen konkreten lebensgeschichtlichen Zusammenhang eingebettet sind, der so in der bukolischen Literatur noch kaum entwickelt ist.

An der Art, wie Rousseau die Erinnerungssituation am Ufer von Meillerie gestaltet hat, lässt sich nun noch ein weiteres Merkmal einer individualisier-

---

255 Darauf hat schon Gerhard Hess hingewiesen, der den Begriff der Korrespondenzlandschaft ausgehend von Baudelaires Sonett »Correspondances« u. a. mit Blick auf Rousseau geprägt hat (vgl. *Die Landschaft in Baudelaires »Fleurs du Mal«*, S. 17). Zum Folgenden vgl. *Nouvelle Héloïse*, S. 514 ff.

256 Zu diesen Begriffen siehe Nora, »Entre mémoire et histoire«, S. XVII ff., XXXIV ff.

ten Korrespondenz zwischen Subjekt und Landschaftsraum ablesen. Es besteht in einer Ambiguierung und Dynamisierung der Korrespondenz, die dann eintritt, wenn die Elemente der Landschaft nicht nur eine einzige, klar definierbare affektive Empfindung repräsentieren, sondern auf gemischte Empfindungen verweisen, die sich sowohl simultan als auch nacheinander in Form von Gefühlsumschwüngen manifestieren können. Es liegt auf der Hand, dass dann eher eine individuelle, durch ein spezifisches Affektgemenge charakterisierte Stimmungslage im Korrespondenzerlebnis zum Ausdruck kommen kann, als wenn nur ein singulärer Affekt betroffen ist. Zunächst einmal weist die Meillerie-Szene eine Gefühlsambivalenz auf, die, wie oben schon angedeutet, für Erinnerungssituationen typisch ist, jedenfalls dann, wenn sie auf eine mehr oder minder glückliche und zugleich unwiederbringliche Vergangenheit verweisen. Denn dann ergibt sich die Doppelreferenz auf ein vergangenes Glück und eine Gegenwart, die durch die Abwesenheit dieses Glücks charakterisiert ist, und ein entsprechendes affektives Schwanken zwischen den durch die Erinnerung aktualisierten vergangenen Gefühlen und dem schmerzlichen Bewusstsein, dass diese Gefühle nur den Status von erinnerten Gefühlen haben. So erwachen in Saint-Preux nach zehn Jahren wieder die heftigen Empfindungen der erinnerten Zeit, in der sein Denken nur um Julie kreiste und in der es ihm gelang, mit seinen Liebeswünschen bei ihr Gehör zu finden, um ihn dann nur noch deutlicher fühlen zu lassen, dass er auf ewig von ihr getrennt ist. Die Komplexität der Gefühlslage wird dadurch gesteigert, dass die vergangene Situation in der Erinnerung eine Umwertung erfährt, die Saint-Preux durchaus bewusst ist. Denn während er sich in der vergangenen Situation ja völlig verzweifelt fühlte, erscheint ihm diese Vergangenheit nun glücklicher als die Gegenwart.[257] Die paradoxe Relation zwischen Gegenwart und Vergangenheit wird durch den Wechsel der Jahreszeiten noch unterstrichen. Wie wir gesehen haben, fand Saint-Preux' erster Aufenthalt in Meillerie in einer spätherbstlichen Atmosphäre statt, was ja auch tatsächlich mit seinem damaligen Gemütszustand korrespondierte. Als er mit Julie an den früheren Ort der Trauer zurückkehrt, ist es jedoch Sommer, so dass der Verweisrelation noch eine weitere Dimension hinzugefügt wird. Trotz seines heiteren sommerlichen Charakters verweist der Erinnerungsort auf ein ganz und gar entschwundenes Glück und repräsentiert somit einen noch hoffnungsloseren Zustand als der erinnerte Herbstaufenthalt, während dessen die Liebeserfüllung noch als zukünftige erhofft werden konnte. Dieses Schema der doppelten Referenz ist auch für die romantischen Landschaftsschilderungen paradigmatisch. Denn die romantische Korrespondenzlandschaft – etwa in Form der von einer Anhöhe geschauten Ebene oder

---

257 *Nouvelle Héloïse*, S. 519: »Faut-il me retrouver avec toi dans les mêmes lieux, et regretter le tems que j'y passois à gémir ton absence?« [Muss ich mich mit dir an demselben Ort wiederfinden und der Zeit nachtrauern, die ich dort damit verbrachte, deine Abwesenheit zu beklagen?]

der vom Strand betrachteten Meeresfläche – verweist im Allgemeinen auf ein
rein imaginäres Glück, das sie einerseits aufgrund ihres idyllischen Charakters
vergegenwärtigt, andererseits aber als weite, zum Horizont offene Landschaft
als ein nur fernes und abwesendes erfahrbar macht, so dass der mangelhafte
Charakter der gegenwärtigen Situation umso stärker hervortritt.[258] Solche
Landschaften bieten dann auch die geeignete Folie für emotionale Um-
schwünge, da das wahrnehmende Subjekt zwischen den durch die Landschaft
aktualisierten schönen Gefühlen und der melancholischen Einsicht in ihren
ephemeren und illusionären Charakter hin und her schwankt. Auch in unserer Beispielszene aus der *Nouvelle Héloise* ist das der Fall, und zwar deutlicher
noch als beim Uferspaziergang bei der Schilderung der nächtlichen Boots-
fahrt ans andere Ufer. Denn die in friedlich-harmonischer Stimmung begon-
nene Fahrt über den mondbeschienenen See endet – wiederum aufgrund der
Erinnerung an ähnliche Ausflüge in der Vergangenheit – in tiefer gemeinsamer Trauer.

Auch der letzte Aspekt eines individualisierten und subjektivierten Raumbezugs, der hier erwähnt werden soll, lässt sich in den Meillerie-Szenen erkennen, und dabei am deutlichsten im Zusammenhang mit Saint-Preux' ers-
tem herbstlichem Aufenthalt. Es zeigt sich hier nämlich, dass im Falle des
Naturorts die Qualität eines individuellen Rückzugsraums eine besondere
Steigerung erfahren kann, wenn es sich nicht um eine völlig einsame und
wilde Natur handelt, sondern um eine Landschaft, die Spuren der Zivilisation
aufweist – wie etwa landwirtschaftliche Nutzung – oder an bewohnte Ge-
biete grenzt. Solche Zeugnisse menschlichen und gesellschaftlichen Lebens
lassen dann nämlich die Situation des einsamen Individuums in besonderem
Maße hervortreten, so dass das Landschaftserlebnis den Status der Exklusionsindividualität deutlich zur Anschauung bringt. Im Falle des von Saint-Preux
frequentierten Aussichtsplatzes am Meillerie-Ufer kommt dieser Effekt durch
den Blick auf Vevey am anderen Ufer zustande. Saint-Preux kann die Stadt,
in der Julie lebt – »la ville heureuse où vous habitez« –, aus der Ferne betrachten und er glaubt, sogar ihr Haus zu erkennen. Trotz des tröstlichen Charakters dieser Aussicht empfindet er umso deutlicher seine Einsamkeit, da sie
ihm das soziale Leben vor Augen führt, von dem er ausgeschlossen ist.[259]

---

258 Vgl. Matzat, *Diskursgeschichte der Leidenschaft,* S. 98 ff.

259 Auch diese Konstellation ist in der Folge für die romantische und die durch die Romantik geprägte Landschaftsdarstellung paradigmatisch. In ähnlicher Weise erhalten
die sehnsüchtigen Gefühle von Chateaubriands René, die er in der einsamen Natur
empfindet, durch den Vergleich mit Zeugnissen eines normalen gesellschaftlichen Lebens eine besondere Tönung. So löst der Klang einer Kirchenglocke, die offenbar nur
den Landmann zum Gottesdienst ruft (»qui appelait au temple l'homme des champs«,
Œuvres romanesques et voyages, Bd. 1, S. 120), bei dem sich im nahen Wald aufhaltenden
René stattdessen ihn bezaubernde Träumereien (»rêveries enchantées«) aus.

Historisierung des sozialen Raums

Wie oben dargestellt wurde, besteht ein erster wichtiger Schritt in der Entwicklung der für den neuzeitlichen und modernen Roman spezifischen räumlichen Gestaltung darin, dass die aktuelle gesellschaftliche Welt zum dominierenden Schauplatz des Romangeschehens wird. Die damit verbundene Entfremdungserfahrung und die durch sie motivierte Suche nach individuellen Räumen wurden in den letzten Abschnitten nachgezeichnet. Ein zweiter wichtiger Schritt in der Ausgestaltung des gesellschaftlichen Raums ist seine Historisierung. Wie die Konzentration der Darstellung auf einen vertrauten sozialen Raum ist die Historisierung der dargestellten Welt – wenn man beide Aspekte kombiniert, heißt das also: die Darstellung der zeitgenössischen Welt als einer historischen Welt – Ergebnis einer langen gattungsgeschichtlichen Entwicklung. Michail Bachtin hat in seinen Untersuchungen zum Chronotopos gezeigt, dass im antiken Roman der Chronotopos einer Abenteuerwelt dominiert, die einer spezifisch historischen Dimension völlig ermangelt.[260] Dieser häufig in einer entfernten Epoche situierte, aber ansonsten völlig neutrale Abenteuerchronotopos, dessen Modell Bachtin im griechischen Liebesroman erkennt, bildet für ihn den Anfangspunkt einer allerdings nur sehr punktuell beleuchteten Geschichte der literarischen Romanchronotopoi, die auf den realistischen Roman zuläuft. Hier erst werden konkrete, auf die aktuelle gesellschaftliche Welt verweisende Orte – als Beispiele nennt Bachtin den Empfangssalon und das Provinzstädtchen – geschildert; und hier erst kommt es zur »Verflechtung des Historischen und Gesellschaftlich-Öffentlichen mit dem Privaten und sogar höchst Privaten, Intimen«.[261] Letzteres steht natürlich ganz im Einklang mit Erich Auerbachs zentraler These zum literarischen Realismus, der gemäß erst im realistischen Roman das Leben der fiktiven Figuren »in eine konkrete, ständig sich entwickelnde politisch-gesellschaftlich-ökonomische Gesamtwirklichkeit« eingebettet wird.[262] Die Voraussetzung hierfür bildet die das Denken des 19. Jahrhunderts prägende Entstehung eines neuen historischen Bewusstseins, welches die Gegenwart als Teil eines historischen Prozesses begreift, der die ganze Gesellschaft, also nicht nur die soziale Elite, betrifft und somit den augenblicklichen sozialen Zustand in seiner Gesamtheit hervorgebracht hat.

Erste Anzeichen dieser gattungsgeschichtlichen Entwicklung zeigen sich allerdings schon im frühneuzeitlichen Roman. So ist im pikaresken Roman, jedenfalls in Mateo Alemáns *Guzmán de Alfarache*, durchaus ein durch die aktuelle politische und soziale Entwicklung bedingtes Krisenbewusstsein zu spüren, das die Absicht einer kritischen Durchmusterung sozialer Missstände motiviert, die als spezifisch für die gegenwärtige Gesellschaft erachtet werden.

---

260 Bachtin, *Formen der Zeit im Roman*, S. 15.
261 Ebenda, S. 196.
262 Auerbach, *Mimesis*, S. 431.

Auch in Texten von Cervantes wird das historische Schicksal des spanischen Vaterlands thematisch, indem etwa auf die aktuelle Moriskenfrage Bezug genommen wird.[263] Ein wiederkehrendes Thema in den narrativen Texten des spanischen *Siglo de Oro*, insbesondere im pikaresken Roman, ist schließlich auch die prekäre Situation der zur Aufgabe ihres jüdischen Glaubens gezwungenen Neuchristen.[264] Allerdings bleibt hier doch eine Sicht vorherrschend, welche die krisenhaften Erscheinungen der aktuellen gesellschaftlichen Situation stärker in als mehr oder minder zeitlos begriffenen menschlichen Schwächen – insbesondere im Laster der Selbstliebe bzw. des Egoismus – als in einem historischen Prozess begründet sieht. Demgegenüber erhält die gesamtgesellschaftliche Perspektive, die auf der Voraussetzung einer die fiktiven Figuren ebenso wie die Leser betreffenden historischen Entwicklung beruht, erst im realistischen Roman ihre typische Ausprägung.

Balzacs programmatisches Vorwort zur *Comédie humaine* bringt diese gattungsgeschichtliche Entwicklung in klarer Weise zum Ausdruck. Die leitenden Gesichtspunkte für sein Projekt einer umfassenden Gesellschaftsdarstellung gewinnt Balzac dort durch den Vergleich der sozialen Welt mit dem Tierreich. Mit Bezugnahme auf den Zoologen Geoffroy Saint-Hilaire führt er aus, dass die Konzeption einer aus den jeweiligen Milieubedingungen resultierenden tierischen Artenvielfalt auf die Gesellschaft übertragen werden könne.[265] So stellt sich für Balzac die Gesellschaft als Funktionszusammenhang sozialer Arten dar, deren Existenz an je unterschiedliche Milieubedingungen gebunden ist. Festzuhalten ist dabei zunächst Balzacs Rekurs auf einen umfassenden Gesellschaftsbegriff, der als solcher gleichberechtigt neben den Naturbegriff tritt. Zugleich wird damit der Gesellschaft Systemcharakter zugeschrieben und dem Erzähler die übergreifende Perspektive dessen, der dieses gesamte System im Blick haben muss, um die einzelnen Phänomene richtig erfassen zu können. Zu den Besonderheiten der sozialen Existenz,

---

263 In einer Episode des zweiten Teils des *Quijote* schildert Cervantes eine Begegnung zwischen Sancho Panza und einem Morisken aus seinem Heimatdorf, der aufgrund des Dekrets von 1609 Spanien verlassen musste (Bd. II, Kap. 54). Auch im *Persiles* wird das Thema wieder aufgegriffen, indem anlässlich des Aufenthalts der Protagonisten in einem Dorf von Morisken, die Spanien mithilfe türkischer Korsaren heimlich verlassen wollen, die Vertreibung in prophetischer Weise vorausgesagt wird (Kap. III, 11).

264 Die Gründe für diese ersten Anzeichen einer historisierenden Sicht sind wohl in der kulturgeschichtlichen Entwicklung zu suchen: in der frühen staatlichen Zentralisierung, in der raschen Abfolge eines phänomenalen politischen Aufstiegs und einer darauf einsetzenden Dekadenz, in den mit der Kolonisierung Amerikas, aber auch den europäischen Expansionsbestrebungen verbundenen Kulturkontakten sowie in der aus dem Mittelalter ererbten eigenen kulturellen und sozialen Vielfalt. Diese Faktoren begünstigen nicht nur den Entwurf hybrider Kontaktzonen, sondern darüber hinaus auch die Entstehung einer Perspektive, die vom Bewusstsein einer gemeinsamen *res publica* und eines besonderen historischen Schicksals getragen ist.

265 Balzac, *La Comédie humaine*, Bd. 1, S. 8: »je vis que, sous ce rapport, la Société ressemblait à la Nature« [ich sah, dass die Gesellschaft in dieser Hinsicht der Natur ähnlich ist].

welche für Balzac die menschliche Gesellschaft vom Tierreich abheben, zählen einerseits die Möglichkeiten der Überschreitung der Milieugrenzen, wobei er vor allem auf Beispiele des sozialen Aufstiegs und Abstiegs verweist,
andererseits – und das ist in unserem Zusammenhang der wichtigere Aspekt
– der historische Charakter der vom Menschen gestalteten Umwelt und der
mit ihr zusammenhängenden Lebensgewohnheiten: »les habitudes de chaque
animal sont, à nos yeux du moins, constamment semblables en tous temps;
tandis que les habitudes, les vêtements, les paroles, les demeures d'un prince,
d'un banquier, d'un bourgeois, d'un prêtre et d'un pauvre sont entièrement
dissemblables et changent au gré des civilisations«.[266] Der Milieudarstellung
kommt in diesem Zusammenhang eine besondere Bedeutung zu, da die
Menschen ihre je historischen Lebens- und Denkgewohnheiten in der von
ihnen geformten Umwelt zum Ausdruck bringen, die damit den Status einer
materiellen Repräsentation ihrer inneren Welt (»représentation matérielle
[…] de leur pensée«) erhält. So wird die Milieudarstellung zu einer zentralen
Komponente einer Romankonzeption, die sich als gesellschaftliche Sittengeschichte, als »histoire des mœurs«, definiert, und letztere wiederum ist ein Teil
der Geschichte der französischen Gesellschaft, als deren Chronisten sich der
Romancier versteht.[267]

Aus dieser Konzeption ergibt sich eine Form der Raumgestaltung, mit der
sowohl das Paradigma der identitätsstiftenden Räume als auch das Paradigma
der karnevalesk-hybriden Räume überschritten werden. Dies lässt sich am Beispiel des *Père Goriot* verdeutlichen. Der Roman weist durchaus noch Züge einer oppositiven Semantisierung im Sinne des Identitätsparadigmas auf, und das
in verschiedener Hinsicht.[268] Einerseits steht Rastignac, der junge Protagonist
des Romans, zwischen zwei Welten, zwischen der moralisch intakten provinziellen Welt, in der er aufgewachsen ist, und der korrupten Pariser Welt, in der die
Sucht nach gesellschaftlichem Aufstieg die menschlichen Beziehungen – vor
allem die familiären Bindungen, wie das Schicksal des von seinen Töchtern ver-
lassenen Vater Goriot eindringlich vorführt – und die an sie geknüpften Werte
völlig zerrüttet. Als Rastignac eine ehebrecherische Beziehung mit der Ban-
kiersfrau Delphine de Nucingen, einer der Töchter Goriots, eingeht, erscheint
das vor diesem Hintergrund als Grenzüberschreitung in den Raum des Bösen,
die vom Erzähler mit dem Überqueren des Rubikon verglichen wird.[269] Andererseits gleicht Rastignacs Aufenthalt in der heruntergekommenen Pension
Vauquer einer Verbannung in eine soziale Unterwelt, so dass sein gesellschaft-

---

266 Ebenda, S. 9 [die Gewohnheiten eines jeden Tieres bleiben sich, zumindest in unseren
      Augen, in allen Zeiten gleich, während sich die Gewohnheiten, die Kleidung, die Re-
      deweise, die Behausungen eines Fürsten, eines Bankiers, eines Bürgers, eines Priesters
      und eines Armen gemäß den Zivilisationen völlig unterscheiden und verändern].
267 Ebenda, S. 11.
268 Vgl. hierzu Rainer Warning, »Chaos und Kosmos. Kontingenzbewältigung in der *Co-
      médie humaine*«, in: Warning, *Die Phantasie der Realisten*, München: Fink, 1999, S. 35–76.
269 Balzac, *Le Père Goriot*, in: *La Comédie humaine*, Bd. 3, S. 237.

licher Aufstieg auch als Inbesitznahme eines ihm eigentlich zustehenden Raumes interpretiert werden kann. Diese Sicht wird auch durch den Romanschluss nahegelegt, wo Rastignac nach dem Begräbnis des Père Goriot Paris zum Kampf herausfordert. Allerdings werden solche Deutungen, welche eine Klassifizierung der Räume mithilfe der Kategorien der Identität und der Alterität implizieren, durch eine totalisierende Sicht der Gesellschaft dementiert. Der Erzähler präsentiert Rastignacs Werdegang nicht – oder nicht nur – als abenteuerliche Suche nach dem die eigene Identität bestätigenden Milieu, sondern vor allem als soziale Fallstudie und damit als Beispiel für die den gegenwärtigen gesellschaftlichen Zustand prägenden psychologischen und sozialen Gesetzmäßigkeiten. Diese sozialgeschichtliche Sicht manifestiert sich etwa darin, dass der Erzähler von einem sozialen Normensystem (»jurisproduction sociale«) spricht, von dem der gesellschaftliche Erfolg abhängt, oder auch von einem »code parisien« der Liebe, der die Regeln für das Verhältnis von Rastignac und Delphine vorgibt.[270] Nimmt man einen solchen Standpunkt ein, so erscheinen Rastignacs Aufstiegsbemühungen nicht als dramatische Grenzüberschreitung, sondern als ein komplexes Zusammenspiel unterschiedlicher sozialer Faktoren – insbesondere von Rastignacs konservativer Erziehung und den Pariser Milieubedingungen –, die eine geduldige Beobachtung und eine differenzierte Beschreibung erfordern.[271] Diese Perspektive zielt also nicht nur auf die wertende Gegenüberstellung ab, sondern vor allem auf ein Verständnis des sozialen Gesamtzusammenhangs der Räume und der diesen Zusammenhang regulierenden Gesetzmäßigkeiten. Dabei geht es nicht wie im *Guzmán de Alfarache* um die Denunziation einer grundsätzlich sündigen Welt, sondern um die Kritik einer historischen Welt, wie sie aus dem epochalen Umbruch der Französischen Revolution hervorgegangen ist und in der nach der Abschaffung der Standesgrenzen der soziale Konkurrenzkampf generalisiert ist.

Auch das Paradigma der karnevalesk-hybriden Räume setzt sich im *Père Goriot* noch in gewisser Weise fort. So lässt sich die Pension Vauquer durchaus noch als quasi-karnevalesker Kontaktraum begreifen, in dem die bürgerliche Fortschrittsideologie des 19. Jahrhunderts einer – im Sinne Bachtins – familiarisierenden Infragestellung unterzogen wird. Wie die schäbige und abgenutzte Einrichtung der Pension die Spuren eines von ökonomischen Interessen und Zwängen beherrschten Alltagslebens aufweist, so werden auch ihre zusammengewürfelten Bewohner in ihrer heruntergekommenen Kleidung und durch den dadurch akzentuierten körperlichen Verfall zu einem grotesken Gegenbild

---

270 Ebenda, S. 109, 236. – Ausführlicher dazu Wolfgang Matzat, »L'image de la ville et sa fonction dans *Le Père Goriot*«, in: *L'Année Balzacienne* 5 (2004), S. 303–315.

271 So beschreibt der Erzähler (*Le Père Goriot*, in: *La Comédie humaine* Bd. 3, S. 158) sein Projekt als »la peinture des sinuosités dans lesquelles un homme du monde, un ambitieux fait rouler sa conscience, en essayant de côtoyer le mal, afin d'arriver à son but en gardant les apparences« [die Darstellung des Zick-Zack-Kurses, den ein Gesellschaftsmensch, ein Ehrgeizling seinem Gewissen zumutet, bei dem Versuch, das Böse zu umgehen, um sein Ziel unter Wahrung des Scheins zu erreichen].

des Fortschrittsanspruchs der Gesellschaft des 19. Jahrhunderts. Dabei ist allerdings die komische Dimension dieser Karikatur der bürgerlichen Kultur vor allem deshalb erheblich reduziert, weil die historische Zwangsläufigkeit des Entwicklungsprozesses die komische Infragestellung der Gesellschaftsstruktur – im Sinne von Auerbachs These vom historischen Ernst realistischer Mimesis – kaum noch zulässt. Alle Bewohner der Pension sind Protagonisten sozialer Dramen und auf je eigene Weise in den historischen Prozess verstrickt.[272] An die Stelle des komischen Außenseiters der Gesellschaft tritt somit zunehmend das potentiell tragische Opfer der historischen Entwicklung. Zwar finden sich durchaus Formen einer karnevalesken Subversion, die dem Distinktionsbegehren der Oberschicht durch die Enthüllung der allen sozialen Schichten gemeinsamen, aber im Falle der Unterschicht unverstellten Körpernatur entgegentritt, wie dies etwa in dem mit grotesker Hyperbolik veranschaulichten Pensionsmief (»odeur de pension«)[273] oder in der ungeschminkten Schilderung der Aufmachung von Mme Vauquer noch erkennbar ist.[274] Diese Karnevalisierung wird jedoch überlagert durch eine Gesellschaftkritik, welche die soziale und historische Degradierung der menschlichen Natur in den Blick nimmt. So wird hier nun eine auf einer ständischen Gliederung beruhende Sicht, die nur der Oberschicht eine historisch bedeutsame und daher eine ernste Darstellung erfordernde Existenzform zubilligen will, dadurch überwunden, dass eine alle sozialen Gruppen betreffende historische Fehlentwicklung diagnostiziert wird. An die Stelle der gemeinsamen Natur, auf die sich die karnevaleske Sicht der Gesellschaft bezieht, tritt das gemeinsame historische Schicksal, das hier am Beispiel des in die Katastrophe führenden bürgerlichen Lebenswegs des Père Goriot vergegenwärtigt wird.

Durch die Historisierung der erzählten Welt werden Erzähler, Figuren und Leser zu einer Schicksalsgemeinschaft. Die Voraussetzung hierfür besteht in der in doppelter Hinsicht – nicht nur räumlich, sondern auch zeitlich – hergestellten Nähe zwischen Leser und erzählter Welt, denn diese Nähe führt dazu, dass sich der Leser nicht nur als Bewohner desselben Raums, sondern auch als Zeit-

---

272 Ebenda, S. 57: »Ces pensionnaires faisaient pressentir des drames accomplis ou en action« [Diese Pensionsgäste ließen vergangene oder gegenwärtige Dramen erahnen]. Mme Vauquer hat ihr Vermögen nach ihrer eigenen Aussage »dans les malheurs« verloren, wobei man bei diesen mit dem bestimmten Artikel bezeichneten Unglücksfällen durchaus eine historische Dimension vermuten darf; Rastignac sucht sich als Sohn einer verarmten Adelsfamilie der gesellschaftlichen Entwicklung, dem »mouvement futur de la société« (S. 56) anzupassen; über den einem Automaten gleichenden M. Poiret mutmaßt der Erzähler, dass er sein Leben als Staatsangestellter verbracht hat, und bezeichnet ihn als »un des ânes de notre grand moulin social« (S. 58) [einen an unseren großen sozialen Mühlstein geketteten Esel].

273 Ebenda, S. 53.

274 Sie wird unter anderem als fette Kirchenratte (»personne dodue comme un rat d'église«) mit einem überquellenden Busen (»corsage trop plein et qui flotte«) bezeichnet (ebenda, S. 54).

genosse der fiktiven Figuren fühlen kann.[275] Dafür muss neben den geographischen Referenzen auch der historische Charakter der erzählten Welt durch explizite oder implizite Verweise auf den historischen Kontext oder auf zeittypische Erscheinungen konkretisiert werden. Die fiktive Welt wird so in zweifacher Weise in einem realen Referenzrahmen angesiedelt: im Rahmen der realen geographischen und kulturellen Räume und im Rahmen des realen zeitlichen Zusammenhangs der Geschichte, wobei im Realismus des 19. Jahrhunderts im Allgemeinen ein nationaler Chronotopos den ausschlaggebenden Bezugspunkt bildet.[276] Dieser Anspruch des realistischen Erzählens wird von Balzac gleich zu Beginn des *Père Goriot* dem Leser unmissverständlich ins Bewusstsein gerufen. Dort wird der Roman zunächst als eine »scène parisienne« definiert, die wohl nur vom hauptstädtischen Publikum verstanden werden könne.[277] Damit wird also mit aller Klarheit eine Vertrautheit zwischen Leser und dargestellter Welt postuliert, die sich daraus ergibt, dass der Text von einem sozialen Raum, der Stadt Paris, handelt, dem der Leser selbst angehört oder dem er als nationaler Hauptstadt eine besondere Bedeutung zuschreibt. Eine wesentliche Bedingung dieses Effekts ergibt sich daraus, dass der Leser in den Figuren seine Zeitgenossen erkennt. In dem 1835 erschienenen Roman wird durch einen schon auf der ersten Seite erfolgenden expliziten Verweis auf das Jahr 1819 Bezug genommen, so dass Leser mittleren Alters in Rastignac einen Repräsentanten ihrer eigenen Generation und in seiner Geschichte eine Darstellung ihrer eigenen Jugend- und Studentenzeit erkennen können; und wie Rastignac werden sie durch die Figur des Père Goriot mit der Lebensgeschichte der vorhergehenden Generation, also auch ihrer eigenen Elterngeneration, und ihren historischen Rahmenbedingungen konfrontiert. Goriot ist als Nudelfabrikant im Zusammenhang mit der Französischen Revolution und der durch sie verursachten Nahrungsknappheit zu Geld gekommen, konnte seine abgöttisch geliebten Töchter während des napoleonischen Empire mit sozial höher stehenden Männern verheiraten und hat nun die Konsequenzen dieser historisch bedingten Konstellation zu tragen. Beide Ehen sind unglücklich, so dass die von ihren Ehemännern knapp gehaltenen Töchter weiterhin die finanzielle Unterstützung ihres Vaters suchen und ihn völlig ruinieren. Zugleich verleugnen sie ihn aber, da er angesichts der sich in der Restaurationszeit erneut verfestigen-

---

275 Dieser Effekt geht auch bei einer späteren Rezeption nicht völlig verloren, da im Lektürevorgang diese Zeitgenossenschaft mehr oder weniger rekonstruiert werden kann.

276 Vgl. neben den oben (52 ff.) referierten Ausführungen zu der durch den Roman konstituierten *imagined community* im Sinne von Benedict Anderson auch Franco Moretti, *Atlas of the European Novel*, insbes. S. 11–73.

277 *Le Père Goriot*, in: *La Comédie humaine*, Bd. 3, S. 49: »Sera-t-elle [la scène] comprise au-delà de Paris? le doute est permis. Les particularités de cette scène pleine d'observations et de couleurs locales ne peuvent être appréciées qu'entre les buttes de Montmartre et les hauteurs de Montrouge […].« [Wird man sie (diese Szene) jenseits von Paris verstehen? Man darf daran zweifeln. Die Besonderheiten dieser an Beobachtungen und Lokalkolorit reichen Szene können nur zwischen den Hügeln von Montmartre und den Höhen von Montrouge gewürdigt werden (…)].

den Standesgrenzen nicht mehr als präsentabel erscheint. Vor diesem Hintergrund wird die im *Père Goriot* erzählte Geschichte seines jämmerlichen Todes als beispielhaft für die moderne Zivilisation bezeichnet, die ihre Opfer wie ein indischer Prozessionswagen – »le char de la civilisation, semblable à celui de l'idole de Jaggernaut«[278] – zermalmt. Diese Geschichte ist nicht, wie zu Beginn des Textes zu verstehen gegeben wird, Stoff einer Unterhaltungslektüre, die man rasch wieder vergessen kann, sondern sie führt dem Leser eine soziale Realität vor Augen, die ihn, wie er durch eine ehrliche Selbstprüfung erkennen kann, zutiefst angeht[279], und zwar auch dann, wenn er als Angehöriger einer privilegierten Schicht es sich in einem weich gepolsterten Lesesessel (»dans un moelleux fauteuil«) bequem gemacht hat.

Privater und öffentlicher Raum

Oben wurde beschrieben, wie die im pikaresken Roman initiierte Verabsolutierung des gesellschaftlichen Raums mit der zunehmenden Ortlosigkeit des Individuums einhergeht. Der frühneuzeitliche Roman kennt kaum individuelle Räume, und erst ab der zweiten Hälfte des 18. Jahrhunderts wird der Naturraum als individueller Rückzugsort erschlossen. Letzteres setzt sich auch im realistischen Roman fort, wie etwa Julien Sorels gelegentliche Ausflüge in die Umgebung von Verrières in Stendhals *Le Rouge et le Noir* zeigen. Andererseits impliziert die dem Realismus inhärente Kritik an der literarischen Romantik auch eine Kritik am illusorischen Charakter der romantischen Natursehnsucht.[280] Daneben kommt es aber im realistischen Roman zu einer neuen Gestaltung der privaten Alltagswelt, bei der nun auch spezifisch individuelle Räume eine zunehmende Rolle spielen. Wie Bachtin gezeigt hat, ist die private Welt im antiken Roman, soweit sie zur Darstellung kommt, eine fremde und abstoßende Welt, in der die im öffentlichen Raum verborgenen Defizite der menschlichen Natur und insbesondere die in ihr angelegte egoistische Triebhaftigkeit zum Vorschein kommen.[281] Dies gilt auch noch für den pikaresken Roman, in dem der Picaro immer wieder Zeuge eines Alltagslebens wird, das durch niedere Motive wie etwa Geiz und unverblümte Körperlichkeit geprägt ist. Im französischen Roman des 17. Jahrhunderts setzt sich die Abwertung der privaten Alltagswelt fort, insbesondere im Falle des Bürgertums, das die Trägerschicht für die

---

278 Ebenda, S. 50.
279 Ebenda: »[…] chacun peut en reconnaître les éléments chez soi, dans son cœur peut-être« [jeder kann ihre (d. h. der Geschichte) Bestandteile bei sich selbst, vielleicht in seinem Herzen wiederfinden]. Vgl. hierzu auch oben, S. 72 f.
280 Einschlägige Beispiele bilden Emma Bovarys klischeehafte Sehnsüchte nach einer Hochzeitsreise in einem wildromantischen Italien in *Madame Bovary* (vgl. oben, S. 86) oder auch Frédéric Moreaus Ausfahrten in der Umgebung von Fontainebleau in der *Éducation sentimentale*.
281 Vgl. oben, S. 130 f.

Ausbildung der Vorstellungen von einem privaten Familienleben bildet.[282] Wie im Folgenden gezeigt werden soll, ist eine in dieser Tradition der Bürgersatire stehende negative Charakterisierung des Innenraums auch noch im Roman des 19. Jahrhunderts zu finden, doch zeichnet sich zugleich auch ein grundlegender Wandel ab. Dies wird vor allem dadurch ermöglicht, dass private Innenräume sich mit den positiven Werten der Tradition und der Intimität verbinden können und somit einen Schutzraum vor der historischen Instabilität des sozialen Daseins darstellen. Dies bildet dann zugleich auch wieder die Voraussetzung dafür, dass der prekäre Status des Individuums in einer alle Lebensbereiche beherrschenden gesellschaftlichen Welt in neuer Weise dargestellt werden kann, dadurch nämlich, dass die Bedrohung des Individuums durch die sozialen und historischen Prozesse ihre Entsprechung in der Gefährdung und Zerstörung des eigenen Raums findet.

Wie oben am Beispiel der Individualisierung von Naturräumen bzw. Landschaftsräumen gezeigt wurde, trägt eine aufgrund eigener Vorlieben erfolgende Auswahl maßgeblich zur persönlichen Aneignung von Räumen bei. Im Falle von Innen- und Wohnräumen kann dieser Aspekt noch stärker ins Spiel gebracht werden, da hier ja nicht in einem bereits vorhandenen Raum ein spezifischer Ort gewählt wird, sondern ein persönlicher Ort selbständig gestaltet wird.[283] Diese Gestaltung kann sich einerseits auf das ganze Haus beziehen – insbesondere dann, wenn es neu gebaut oder umgebaut wird –, andererseits und vor allem auf die Inneneinrichtung. Ein in mehrerer Hinsicht aufschlussreiches Beispiel für die sich damit ergebende Relation von Individuum und Raum bietet Balzacs Erzählung *Le Curé de Tours*. Der Wunsch nach dem eigenen Raum und die dadurch bedingten Auseinandersetzungen bilden ihr zen-

---

282 Ein gutes Beispiel ist hierfür Antoine Furetières *Roman bourgeois*, bei dem die den Roman durchziehende Bürgersatire auch eine entsprechende Thematisierung der Interieurs mit einbegreift. Dies ist etwa der Fall bei der Beschreibung des Zerstörungswerks, das der junge Nicomède bei seiner Werbung um die Tochter des Anwalts Vollichon ungewollt in dessen Wohnung anrichtet. Ihm fällt eine Reihe von Gegenständen zum Opfer, die aus der Sicht des Erzählers jedes Wertes entbehren, aber von der Familie hoch geschätzt werden, u. a. eine wacklige Kommode (»un buffet boiteux«) und eine schöne Porzellanvase, die als Einzelstück einen besonderen Rang einnahm (»une belle porcelaine, qui était une fille unique fort estimée dans la maison«) (Furetière, *Le roman bourgeois*, hg. v. Jacques Prévost, Paris: Gallimard [Folio], 1981, S. 79). Eine ähnliche satirische Intention zeigt sich auch in der Beschreibung der Wohnung des ebenfalls dem Anwaltsberuf nachgehenden Bedout, welche deutlich durch den Geiz seines Besitzers geprägt ist (S. 85). Sehr aussagekräftig ist auch die folgende Charakterisierung des bürgerlichen Familienlebens (S. 100): »[…] c'est la coutume de ces bons bourgeois d'avoir toujours leurs enfants devant leurs yeux, d'en faire le principal sujet de leur entretien, d'en admirer les sottises« [(…) diese guten Bürger haben die Angewohnheit, immer ihre Kinder bei sich zu haben, sie zum Hauptgesprächsgegenstand zu machen, ihre Dummheiten zu bewundern].

283 Eine Zwischenstufe stellt der Garten als ein nach persönlichen Wünschen gestalteter Naturort dar (siehe etwa Julies von ihr als »Élysée« bezeichneten Garten in der *Nouvelle Héloïse*).

trales Thema. Im Mittelpunkt steht eine an Geistliche vermietete Wohnung im nahe der Kathedrale gelegenen Anwesen einer alten Jungfer. Der erste Inhaber der Wohnung, Abbé Chapeloud, hat sie im Laufe der Jahre mit großer Sorgfalt zu einem richtigen Kleinod ausgestaltet und löst damit bei seinen Amtsbrüdern Birotteau und Troubert heftige Begehrlichkeiten aus. Dies motiviert ein richtiggehendes »drame bourgeois«, wie der Erzähler formuliert, um den bürgerlichen Charakter des Sujets hervorzuheben.[284] Nachdem der mit Chapeloud befreundete Birotteau nach dessen Tod die Wohnung geerbt hat und so in korrekter Weise in ihren Besitz gelangt ist, wird er von Troubert durch eine heimtückische Intrige aus seinem Reich vertrieben. Der Text lässt sowohl die Aufwertung als auch die sich fortsetzende kritische Sicht der privaten Sphäre erkennen. Die neue Bedeutung der individuellen Prägung des Wohnraums, der damit den Charakter eines persönlichen Ambientes annimmt, wird vor allem im Zusammenhang mit der rückblickenden Schilderung von Chapelouds geduldiger und umsichtiger Gestaltung der Wohnung verdeutlicht. Als Chapeloud die Wohnung bezieht, befindet sie sich in einem äußerst verwahrlosten Zustand. Zunächst richtet er sich eine Bibliothek mit einem ansehnlichen Bestand religiöser Autoren ein, dann einen Gebetsraum, und schließlich stattet er mit der Unterstützung seiner weiblichen Beichtkinder auch das Schlafzimmer und den Salon in geschmackvoller und gediegener Weise aus.[285] Auf diese Weise entsteht ein Interieur mit einem eigenen Charakter, das einerseits gut zum geistlichen Stand seines Inhabers passt – so heißt es über den Bibliotheksraum, er entspreche sehr wohl der Würde der kirchlichen Sitten (»la gravité des mœurs ecclésiastiques«) –, andererseits aber auch dessen Geschmack und nicht zuletzt dessen Wunsch nach Bequemlichkeit bezeugt. Dieser Innenraum wird somit zum Ort eines individuellen Glücks, das Balzac mit dem Begriff der »félicités de la vie matérielle« kennzeichnet.[286] Allerdings wird der positive Tenor dieser Beschreibung, der auch dadurch bedingt ist, dass der Erzähler immer wieder auf die bewundernde Sichtweise Birotteaus Bezug nimmt, durch diesen Begriff auch wieder relativiert. Denn er konnotiert ja eine Fixierung auf die leibliche Dimension des Daseins, die seit jeher ein Topos der Kritik am Bürger ist. Hinzu kommt, dass Balzac die extreme Sorge um den eigenen Wohnbereich in dieser Erzählung als typische Leidenschaft der *célibataires*, in diesem Fall der durch ihren geistlichen Stand zum Zölibat verpflichteten Priester sowie auch ihrer Ver-

---

284 Balzac, *Le Curé de Tours*, in: *La Comédie humaine*, Bd. 4, S. 200.
285 Die sorgfältig ausgewählten Einrichtungsgegenstände werden genau aufgeführt: die Bibliothek enthält u. a. einen Bücherschrank aus Eichenholz (»une bibliothèque en chêne«), alte Sessel aus geschnitztem Nussbaumholz (»vieux fauteuils en bois de noyer sculpté«) und einen langen Tisch aus Ebenholz (»une longue table en ébène«); das Schlafzimmer ein Bett mit langen Seidenvorhängen (»lit à grands rideaux de soie«), der Salon Vorhänge aus rotem Lampas-Stoff (»rideaux de lampas rouge«), Mahagonimöbel (»meubles d'acajou«) und einen Teppich aus Aubusson (»tapis d'Aubusson«) (ebenda, S. 185–186).
286 Ebenda, S. 187 [Wonnen des materiellen bzw. physischen Lebens].

mieterin, der alten Jungfer Gamard, darstellt.[287] Schließlich trägt auch die Situierung in der Provinz zu dieser Abqualifizierung bei, da der provinzielle Raum in der *Comédie humaine* für das Entstehen egozentrischer Leidenschaften prädestiniert ist.

Gleichwohl kommt in dieser Erzählung eindrucksvoll zur Darstellung, wie der Innenraum zum Paradigma eines individuellen Raumbezugs erhoben wird. Diese neue Bedeutung des Innenraums ist natürlich überhaupt eine zentrale Komponente von Balzacs Milieukonzeption. Wie oben schon ausgeführt, bezeichnet er im »Avant-propos« der *Comédie humaine* die vom Menschen gestaltete Umwelt als eine »représentation matérielle« der menschlichen »pensée«[288], also seiner Vorstellungen und Affekte. Dabei spielt neben der die eigenen Vorlieben, den eigenen Geschmack und die eigene Gestaltungskraft bezeugenden Ausstattung des Innenraums eine weitere Form der Prägung eine Rolle, die sich erst allmählich und mehr oder weniger unbewusst einstellt. Denn mit der Zeit wird das Interieur nicht nur Ausdruck des eigenen Gestaltungswillens, sondern empfängt auch den Abdruck der persönlichen, insbesondere auch die körperliche Dimension der Existenz einschließenden Gewohnheiten. Dieser Form der individuellen Prägung des Raums hat Balzac besondere Aufmerksamkeit geschenkt. Wenn dabei die Beschreibung weniger gepflegter Milieus als beispielsweise das des Abbé Chapeloud häufig besonders eindrucksvoll ausfällt, so liegt das zunächst natürlich daran, dass in diesem Fall der individuelle Abdruck stärker zur Geltung kommt. Zugleich wird somit auch an die Tradition einer negativen Darstellung der privaten Alltagssphäre angeknüpft. Ein bekanntes Beispiel dieser Milieurelation ist die Pension Vauquer im *Père Goriot*. Auch wenn der Salon und das Speisezimmer der Pension, die zu Beginn des Textes breit geschildert werden, einen halböffentlichen Charakter haben, da sie allen Pensionsgästen zur Verfügung stehen, wird der persönliche Bezug zur Wirtin, Mme Vauquer, doch besonders hervorgehoben. So bildet ihr ungepflegtes Äußeres eine genaue Entsprechung zu ihrer räumlichen Umgebung.[289] Aussehen und Milieu zeugen gemeinsam von einer charakterlichen Verwahrlosung, von Schäbigkeit, Geiz und grausamer Indifferenz gegenüber den Mitmenschen. Es sei noch ein Beispiel aus dem *Cousin Pons* genannt, in dem diese negative Prägung des Innenraums in noch drastischerer Weise vorgeführt wird. Der Jurist Fraisier, dessen Äußeres u. a. durch die sein

---

287 Vgl. die Beschreibung des ›gelben Salons‹, an dem Mlle Gamard besonders hängt (ebenda, S. 209).

288 Vgl. oben, S. 147.

289 *Le Père Goriot*, in: *La Comédie humaine*, Bd. 3, S. 54: »Sa face vieillotte, grassouillette […], sa personne dodue […], son corsage trop plein et qui flotte, sont en harmonie avec cette salle où suinte le malheur, où s'est blottie la spéculation, et dont madame Vauquer respire l'air chaudement fétide sans en être écœurée.« [Ihr gealtertes, aufgedunsenes Gesicht (…), ihre gedrungene Figur (…), der überquellende Busen harmonieren mit diesem Raum, wo das Unglück von den Wänden trieft, wo sich die Spekulation eingenistet hat und dessen warme übelriechende Luft sie atmet, ohne angeekelt zu sein].

Gesicht bedeckenden Pusteln verunstaltet wird, haust in einer Wohnung in einem äußerst heruntergekommenen Haus, die wie im Falle der Pension Vauquer die Habsucht und Achtlosigkeit ihres Inhabers zur Schau stellt. Die Polsterstühle sind zerschlissen, der Boden mit Staub bedeckt, die Decke hat durch den Rauch des Kamins eine gelbliche Färbung angenommen, der Wandspiegel ist trübe, die aus dem Ensemble hervorstechende Standuhr stammt offenbar aus einer Zwangsversteigerung. Wiederum kulminiert die Beschreibung in der Evokation des Geruchs, der hier nun explizit als individuelle Komponente der Milieuprägung bezeichnet wird: »Le cabinet sentait si bien son Fraisier, qu'on devait croire que l'air y était pestilentiel«.[290] Wenn Balzac auf diese Weise auf den von Körper und Kleidung ausgehenden Ausdünstungen insistiert, so wohl deshalb, weil sie in besonderer Weise einen intimen Zusammenhang zwischen dem Individuum und seinem Milieu herstellen.

In diesen Schilderungen von Innenräumen setzt sich das von Bachtin beschriebene antike und frühneuzeitliche Paradigma eines negativ konnotierten Chronotopos der Alltagswelt fort, wobei sie allerdings – im Kontext der historischen Perspektive des 19. Jahrhunderts – die zusätzliche Funktion gewinnen können, die Schattenseiten des Fortschritts aufzuzeigen. So werden die heruntergekommenen Möbel der Pension Vauquer explizit mit den ins Obdachlosenheim verbannten menschlichen Überresten der Gesellschaft (»débris de la Civilisation«[291]) verglichen, die wie die Pensionsbewohner, auf die das Mobiliar metonymisch verweist, von der gesellschaftlichen Entwicklung zurückgelassen wurden. Aufgrund der umfassenden, auch in die Alltagswelt eingreifenden Historisierung der gesellschaftlichen Welt kann der Innenraum nun aber auch dadurch an Wert gewinnen, dass er sich als ein persönliches Refugium vor den vom historischen Prozess verursachten Umwälzungen darstellt. In diesem Fall kann die historische Perspektive nun dadurch auch in positiver Weise ins Spiel kommen, dass sich das Interieur als Hort der Tradition darstellt und somit Geschichte als identitätsstiftenden Sinnzusammenhang anschaulich werden lässt. Beispielhaft für diese Funktionszuweisung ist das Haus der Familie Claës in *La Recherche de l'absolu*. Das in Douai gelegene Anwesen einer Familie, die schon im 17. Jahrhundert aus dem niederländischen Teil Flanderns nach Nordfrankreich übersiedelte, aber auch weiterhin an den teils flämischen, teils spanischen Sitten ihrer Vorfahren festhielt, ist das Symbol einer bürgerlichen Tradition, die sich ganz der Pflege des häuslichen und familiären Lebens verschrieben hat. Die Darstellung der von einem solchen Streben nach häuslicher Kultur und Wohnlichkeit (»désir domestique«[292]) geprägten Räume gipfelt in der Beschreibung von Salon und Speisezimmer[293], wo sich der Geist des

---

290 *Le Cousin Pons*, in: *La Comédie humaine*, Bd. 7, S. 635. [Die Kammer roch so genau nach ihrem Fraisier, dass man glauben darf, dass es dort wie die Pest stank.]
291 Balzac, *Le Père Goriot*, in: *La Comédie humaine*, Bd. 3, S. 54.
292 Balzac, *La Recherche de l'absolu*, in: *Comédie humaine*, Bd. 10, S. 660.
293 Ebenda, S. 705 f.

alten Flanderns – »L'esprit de la vieille Flandre«[294] – harmonisch mit der Geschichte der Familie verbindet. So findet man in der »salle à manger« Stühle aus dem 16. Jahrhundert, Gläser, wie sie auf Gemälden der holländischen und flämischen Schule abgebildet sind, kunstvoll verziertes Steingutgeschirr aus englischer Herstellung sowie ein Silberbesteck, an dessen Formen und Musterung man die Familiengeschichte ablesen kann.[295] Diese Milieudeskription lässt erkennen, dass der Nexus von Häuslichkeit und Bürgerlichkeit in dem Maße mit positiven Konnotationen verbunden werden kann, wie damit die Vorstellungen einer altbürgerlichen und als solche von der modernen Entwicklung bedrohten Lebensform assoziiert werden. Allerdings ist in diesem Fall der spezifisch individuelle Charakter des Raums natürlich dadurch reduziert, dass es sich um einen familiären Raum handelt, und als solcher fällt er dann auch der Zerstörung durch die spezifisch individuelle Besessenheit von Balthazar Claës anheim, der den ganzen Besitz für seine kostspieligen alchemistischen Experimente opfert.

Nicht nur als Raum der Tradition kann das Interieur an Wert gewinnen, sondern auch als Raum der Intimität.[296] Auch hierfür ist die Beschreibung der »maison Claës« beispielhaft, und zwar dort, wo das Schlafzimmer von Mme Claës zur Darstellung kommt. Der exklusive und intime Charakter des Raums wird vom Erzähler emphatisch hervorgehoben. Auch hierfür wird die Tradition flämischer Häuslichkeit als Grund angeführt. Während in Frankreich erst die modernen englischen Sitten das traditionellerweise durchaus gesellschaftlichen Zwecken dienende *boudoir* der Dame zu einem Arkanum haben werden lassen, war für die flämischen Frauen ihr Schlafraum schon immer ein Ort, zu dem jeder Zutritt verwehrt war. Der besondere Charakter des Raums wird durch die religiöse Metaphorik unterstrichen: Der Erzähler bezeichnet ihn als heiligen Ort (»un lieu sacré«) und als kostbares Heiligtum (»délicieux sanctuaire«), wo sich das Süßeste und Heiligste (»le plus doux et le plus sacré«) der menschlichen Beziehungen vollzieht.[297] Als Ort der ehelichen Liebe ist das Schlafzimmer das Allerheiligste des Bürgerhauses. Der intime und sinnliche Charakter des Ortes erhält durch das sehr geschmackvolle Dekor seine besondere, die kultivierte Lebensart von Mme Claës repräsentierende Note. Tulpensträuße und brennende Kerzen hellen die in dezentem Grau gehaltenen Stoffe

---

294 Ebenda, S. 663.

295 Ebenda S. 706: »argenterie de famille dont les pièces, toutes différentes de ciselure, de mode, de forme, attestaient les commencements du bien-être et les progrès de la fortune de Claës« [Familiensilber, dessen Teile mit ihren je unterschiedlichen Zisilierungen, ihren unterschiedlichen Formen und Stilen den Beginn des Wohlstandes und die Fortschritte des Geschäftserfolgs der Claës bezeugte].

296 Die mit dem Innenraum und dem Haus verbundenen »valeurs de l'intimité« hat Gaston Bachelard eindrucksvoll beschrieben (*La poétique de l'espace*, Paris: Presses Universitaires de France, 1958, S. 23 f.). Dabei bezieht er sich offensichtlich auf eine mit der bürgerlichen Familie verbundene Vorstellungswelt.

297 Balzac, *La Recherche de l'absolu*, in: *La Comédie humaine*, Bd. 10, S. 711 f.

durch farbige Lichtreflexe auf. Schließlich verweisen auch die sorgfältig zugezogenen Vorhänge auf das Bestreben, die eheliche Gemeinschaft sorgfältig von der Außenwelt abzuschirmen.[298]

Zunächst kann es als durchaus typisch angesehen werden, dass der Wert der Intimität am Beispiel eines weiblich geprägten Raums entfaltet wird. Die Werte der Privatheit und der Intimität verbinden sich auf diese Weise mit der ebenfalls für das 19. Jahrhundert spezifischen Mythisierung des weiblichen Körpers und der weiblichen Sexualität. Eine äußerst expressive und daher den Charakter des Intimen auch schon wieder überschreitende Variante dieser Merkmalskombination findet sich in Zolas *Nana* in der Beschreibung der Garderoben der Schauspielerinnen eines Variététheaters, in dem die Protagonistin des Romans auftritt. Zunächst wird hier durch den Gang hinter die Kulissen, den einige Herren – unter ihnen ein ausländischer Prinz, der anlässlich der Weltausstellung in Paris weilt, und der von Nana bereits faszinierte Comte Muffat – unternehmen, die Opposition zwischen dem öffentlichen Raum der Bühne und einem jenseits dieser Öffentlichkeit gelegenen Raum des Privaten und des Intimen in deutlicher Weise konstituiert. Der Besuch, den die Herren Nana abstatten wollen, ist somit deutlich als Grenzüberschreitung in einen anderen Raum markiert. Von Anfang an wird dieser Raum als ein weiblicher charakterisiert. Dabei schenkt Zola wie Balzac den Geruchswahrnehmungen eine besondere Aufmerksamkeit. Schon im engen Treppenhaus, das zu den in den oberen Etagen gelegenen Garderoben führt, herrscht ein betäubendes Gemisch von Gerüchen, die als »des senteurs de femme, le musc des fards mêlé à la rudesse fauve des chevelures« bezeichnet werden.[299] Nanas Garderobe, welche die Herren im Anschluss betreten, ist ein kleiner rechteckiger Raum, mit niedriger Decke, dessen Wände vollständig mit Stoff bespannt sind und der mit einem weichen Teppich ausgelegt ist. Auf dem Toilettentisch befinden sich die Schminktöpfe und die Parfümfläschchen, das zum Waschen benützte Seifenwasser ist noch nicht ausgegossen. Wieder wird die vor allem für Muffat betäubende Intensität der Gerüche hervorgehoben – »cette odeur de femme qu'il retrouvait, chauffée, décuplée sous le plafond bas«[300] –, zu dem auch ein Strauß bereits verwelkter Hyazinthen beiträgt. Dieser Raum ist also vor allem von der körperlichen Ausstrahlung der Frau geprägt. Dabei offenbart er eine besondere Ambivalenz: Einerseits handelt es sich um einen intimen Raum, welcher die Sphäre der persönlichen Existenz und der weiblichen Natur hinter der öffentlichen (Theater)Rolle vom

---

298 Allerdings will Mme Claës mit dieser ins Äußerste gesteigerten Diskretion auch ihre körperliche Behinderung kaschieren.

299 Émile Zola, *Nana*, in: *Les Rougon-Macquart*, hg. v. Armand Lanoux und Henri Mitterand, 5 Bde., Paris: Gallimard (Pléiade), 1960–1967, Bd. 2, S. 1206 [weibliche Gerüche, der Moschus der Schminke vermischt mit dem animalischen Ungestüm der Haarmähnen].

300 Ebenda, S. 1208 [dieser Frauengeruch, den er erhitzt und verzehnfacht unter der niederen Zimmerdecke wiederfand].

gesellschaftlichen Raum abzuschotten sucht; andererseits verweist er aber auch auf die Naturmacht der Sexualität, welche die – hier vor allem durch den Comte Muffat repräsentierte – bürgerliche Gesellschaft bedroht.

Die angeführten Textbeispiele lassen bereits erkennen, dass die privaten und intimen Räume des realistischen und naturalistischen Romans immer schon durch die Profanierung oder Zerstörung bedroht sind oder dass ihre Inhaber aus diesen Schutzräumen vertrieben werden. Der Verlust und die Zerstörung des persönlichen oder familiären Refugiums ist ein zentrales Thema des Balzacschen Romans. Neben dem *Curé de Tours* oder der *Recherche de l'absolu* sind *Le Cabinet des antiques*, die *Cousine Bette* und *Le Cousin Pons* weitere eindrucksvolle Beispiele. Die Gründe reichen vom faustischen Streben des Balthazar Claës über Neid und Rachsucht eines Abbé Troubert und einer Cousine Bette bis zum verschwenderischen Pariser Lebenswandel in *Le Cabinet des antiques* und zum Spekulantentum eines Fraisier in *Le Cousin Pons*. Im Hinblick auf den Zusammenhang zwischen dem privaten und individuellen Raum einerseits und dem öffentlichen und gesellschaftlichen Raum andererseits scheint sich dabei zunächst kein ganz klares Bild zu ergeben, da die Vernichtung des privaten Rückzugsortes ja nur zum Teil auf spezifisch gesellschaftlichen Ursachen zu beruhen scheint. Wenn man allerdings in Rechnung stellt, dass die Intensivierung egoistischer Leidenschaften und sozialer Konkurrenzkämpfe für Balzac insgesamt ein spezifisch modernes Phänomen darstellt, kann man in den Auseinandersetzungen um den privaten Raum durchaus ein räumliches Äquivalent für das den realistischen Roman prägende Oppositionsverhältnis von Individuum und Gesellschaft erkennen. Deutlicher zeigt sich diese Konstellation allerdings bei Flaubert und Zola, da hier die von Balzac bevorzugte dramatisierende Akzentuierung individueller Leidenschaften weiter gegenüber der Konfrontation zwischen dem Individuum und dem historischem Prozess zurücktritt.

Ein für unseren Zusammenhang besonders aufschlussreiches Beispiel ist die Darstellung der Räume der Mme Arnoux in Flauberts *Éducation sentimentale*. Die erste, in der Rue de Choiseul gelegene Wohnung des Ehepaars Arnoux ist aus der für die Beschreibung gewählten Perspektive Frédéric Moreaus »un endroit paisible, honnête et familier tout ensemble«.[301] Es ist also ein von der Unruhe der Außenwelt abgeschirmter Ort, der die Merkmale des familiären Daseins und einer gepflegten bürgerlichen Lebensart miteinander verbindet. Das gedämpfte Licht der Lampen vereint sich mit dem malvenfarbenen Satinstoff der Wandverkleidung zu einer harmonischen Atmosphäre. Im Kamin brennt ein Feuer. Einige intime Gegenstände (»choses intimes«), die nicht aufgeräumt wurden, eine auf dem Sofa liegende Puppe des Kindes, ein über eine Stuhllehne gehängtes Halstuch – sicherlich von Mme Arnoux – und das Strickzeug

---

301 Gustave Flaubert, *L'Éducation sentimentale*, hg. v. S. de Sacy (Vorwort von Albert Thibaudet), Paris: Gallimard (Folio), 1990, S. 64 [ein zugleich friedlicher, ehrbarer und familiärer Ort].

auf dem Nähtisch, verweisen auf das sich hier vollziehende häusliche und familiäre Leben, wobei die Hinweise auf Mme Arnoux' Rolle als Mutter und
Ehefrau dominieren. Allerdings sind die Milieubeziehungen in der *Éducation
sentimentale* von einer ausgeprägten Instabilität geprägt[302], was im Falle der Familie Arnoux dadurch zum Ausdruck kommt, dass sie in immer wieder anderen
häuslichen Umgebungen angetroffen wird.[303] Ein wesentlicher Grund hierfür
ist das mangelnde Geschick von Arnoux, sich als Kunsthändler auf dem Markt
zu behaupten, so dass sich in dieser räumlichen Entwurzelung das unbere-
chenbare Auf und Ab des modernen Wirtschaftssystems und die Lebensbedingungen der modernen Metropole miteinander verbinden. Als Frédéric nach
einem längeren Aufenthalt in seinem Heimatort wieder nach Paris zurückkehrt, trifft er die Arnoux nicht mehr in der Rue de Choiseul an und kann erst
nach einer verzweifelten Suche ihre neue Wohnung in der Rue Paradis-Pois-
sonnière ausfindig machen.[304] Hier ist nun die Dekoration in dunkleren und
einfacheren Stoffen gehalten – die Wandbespannung ist beispielsweise aus einem braunen Wollstoff –, und die schöne Intimität kippt in eine eher triviale
Alltäglichkeit, wie vor allem die Verweise auf Mme Arnoux' zweite Mutter-
schaft suggerieren. Auf den Kohlen des Kamins wird ein Fläschchen für das
offenbar hungrige Kind gewärmt, das in Frédérics Augen eine eher unsympa-
thische Erscheinung darstellt.[305] Im weiteren Verlauf kommen zur Degradierung des intimen Innenraums zunehmend auch unterschiedliche Formen der
Profanierung der familiären Intimität. Eine erste Stufe besteht darin, dass im
Zuge von Arnoux' Liaison mit der Kurtisane Rosanette eine Reihe von Gegenständen wie Fächer, Kästchen oder Wandschirme zwischen dem bürgerlichen Interieur der Mme Arnoux und dem Luxusappartement der Lebedame
hin- und herwandert.[306] Den Kulminationspunkt erreicht dieser Prozess gegen
Ende des Romans, als die Arnoux gezwungen sind, ihre letzte Pariser Wohnung aufzulösen und ihre Habseligkeiten versteigern zu lassen. Als Frédéric
die Versteigerung aufsucht, sind gerade Mme Arnoux' persönliche Kleidungs-
stücke an der Reihe: »les jupons, les fichus, les mouchoirs et jusqu'aux chemi-
ses étaient passées de main en main«.[307] Flaubert unterlässt es nicht, den sakra-
len Charakter der Intimität in diesem Zusammenhang zu zitieren. Für Frédéric

---

302 Vgl. Dominick LaCapra, »L'effondrement des sphères dans *L'Éducation sentimentale* de
     Flaubert«, in: *Annales. Économies, Sociétés, Civilisations* 42 (1987), S. 611–629.
303 Zu den drei Pariser Stadtwohnungen, die die Arnoux im Verlauf des Romans bewoh-
     nen (rue de Choiseul, rue Paradis-Poissonnière, rue de Fleurus), kommt ein Landhaus
     in Saint-Cloud, das sie in Zeiten des Wohlstands besitzen, und eine auf dem Gelände
     einer von Arnoux außerhalb von Paris betriebenen Keramikfabrik befindliche Woh-
     nung, in der Frédéric Mme Arnoux wiederholt aufsucht.
304 Zu einer ausführlichen Besprechung dieser Textstelle, siehe unten, S. 217 ff.
305 Ebenda, S. 129: »le mioche en chemise pleurait tout en se grattant la tête« [der im
     Hemd daliegende Bub weinte, während er sich am Kopf kratzte].
306 Vgl. ebenda, S. 166.
307 Ebenda, S. 445 [die Unterröcke, die Hals- und Kopftücher und selbst die Hemdchen
     gingen von Hand zu Hand].

handelt es sich um Reliquien, in denen er undeutlich ihre Körperformen erkennt (»reliques où il retrouvait confusément les formes de ses membres«) und die nun in grober Weise entweiht werden. Ebensowenig wird das Mobiliar des Schlafzimmers verschont: »le grand tapis bleu semé de camélias que ses pieds mignons avaient frôlés en venant vers lui, la petite bergère de tapisserie où il s'asseyait toujours en face d'elle, quand ils étaient seuls; les deux écrans de la cheminée, dont l'ivoire était rendu plus doux par le contact de ses mains«.[308] Zentrale positive Werte des intimen Innenraums werden hier also noch einmal aufgerufen, sowohl sein privilegierter Status für die Entfaltung persönlicher Affekte als auch seine metonymische Relation zum weiblichen Körper, um seine Entweihung durch eine Gesellschaft hervorzuheben, die völlig unter dem Diktat einer ökonomischen Rationalität steht.

Innerhalb Zolas kritischer Darstellung der Gesellschaft des *Second Empire* im Familienroman *Les Rougon-Macquart* ist *La Curée*, der zweite Roman des Zyklus, in besonderer Weise dem Thema der mit dem Modernisierungsprozess verbundenen räumlichen Veränderungen gewidmet. Aristide Rougon bzw. Saccard, wie er sich nennt, um nicht sofort als Bruder eines erfolgreichen Politikers identifiziert zu werden, gehört zu den Spekulanten, die sich durch die mit dem Namen des Barons Haussmann verbundene Umgestaltung von Paris immens bereichern. Sein Lebensstil ist also repräsentativ für die durch Napoleon III. angeheizte Entwicklung kapitalistischer Wirtschaftsstrukturen. Dieser ökonomische Prozess führt, wie Zola in diesem Roman vorführt, zum Kollaps der für die bürgerliche Gesellschaft charakteristischen Opposition zwischen öffentlichem und privatem Raum.[309] Die Figur, an deren Beispiel die katastrophalen Folgen dieser Entdifferenzierung dargestellt werden, ist Aristides zweite Frau Renée. Sie stammt aus einer gutbürgerlichen Familie, deren auf der Ile Saint-Louis gelegenes Anwesen in Entsprechung zum zurückgezogenen Charakter des Stadtviertels schon durch die Dicke der Mauern, die vergitterten Fenster und das hermetisch abgeriegelte Portal eine bürgerliche Tradition repräsentiert, in der der Privatbereich sorgfältig von der gesellschaftlichen Sphäre abgeschottet ist.[310] Renée jedoch gerät durch ihre Ehe mit Saccard in eine Welt, in der solche Grenzen keinen Bestand mehr haben. Schon die erste Wohnung in der Rue de Rivoli bietet nicht den geringsten Schutz vor dem städtischen Außenraum: »La rue montait dans l'appartement, avec son roulement des voitures, son

---

308   Ebenda, S. 445 [der große blaue Teppich mit dem Kamelienmuster, über den ihre süßen kleinen Füße gehuscht waren, wenn sie ihm entgegenkam, der kleine mit Stoff bezogene Armsessel, auf dem er immer ihr gegenüber Platz nahm, die beiden Kaminschirme, deren Elfenbein durch die Berührung ihrer Hände noch glatter geworden war].

309   Zur Ausbildung dieser Oppositionsrelation vgl. Jürgen Habermas, *Strukturwandel der Öffentlichkeit. Untersuchungen zu einer Kategorie der bürgerlichen Gesellschaft*, Neuwied/Berlin: Luchterhand, [5]1971, insbes. S. 94 ff.

310   Émile Zola, *La Curée*, in: *Les Rougon-Macquart*, Bd. 1, S. 399.

coudoiement d'inconnus, sa licence de paroles«.[311] Mit dieser Grenzauflösung geht die Auflösung des bürgerlichen Ideals der Familie einher, die sich nur noch als eine Art Kommanditgesellschaft darstellt.[312] Das im Prunkstil des Second Empire erbaute Hôtel Saccard weist denselben unabgeschlossenen Charakter auf. Seine großen Fenster bieten wie die Schaufenster der modernen Geschäfte – »les glaces des grands magasins modernes« – den Luxus der Innenräume den Blicken der Passanten dar.[313] Dieser Mangel an schützenden Barrieren macht auch vor der Intimität von Renées Körper nicht halt. Anlässlich eines Kostümballs trägt sie eine besonders gewagte Garderobe, die sie als Südseeinsulanerin darstellt und als beinahe nackt erscheinen lässt.[314] Als sie sich nach dem Ball im Spiegel betrachtet, wird sie sich ihrer Rolle bewusst. Nun klagt sie in Gedanken die Gesellschaft an, die sie entblößt hat und mit ihrem Streben nach Geld und Sex zu ertränken droht.[315] Renées moralischer Verfall gipfelt in der Beziehung mit ihrem Stiefsohn Maxime, der die Tendenz zu einer totalen Entdifferenzierung, in der Zola das Spezifikum der Epoche sieht, als ›seltsamer Hermaphrodit‹ auf seine Weise repräsentiert.[316] Die Reprise des archaischen Inzestthemas – in Renées Untergang wiederholt sich, wie ihr im Text geschilderter Besuch einer Aufführung von Racines Tragödie verdeutlicht, das Schicksal der Phädra[317] – wird somit zur Allegorie eines modernen Ordnungsverlusts, der aus einer entfesselten ökonomischen und sozialen Entwicklung resultiert.

Eine – vom Werdegang der Protagonistin unabhängige – Episode, in der der Verlust des schützenden Interieurs in emblematischer Weise mit dem sozialen Modernisierungsprozess in Verbindung gebracht wird, findet sich gegen Ende des Romans, als eine Besichtigung der städtischen Baustellen geschildert wird. Aristide inspiziert in Begleitung einer für die Festlegung von Entschädigungen zuständigen Kommission den Fortschritt der Arbeiten am neuen Boulevard du Prince-Eugène, dem heutigen Boulevard Voltaire. Die zum Teil schon abgerissenen alten Gebäude geben den Blick in das Innere der ehemaligen Wohnungen frei:

---

311 Ebenda, S. 426 [Die Straße drang in die Wohnung mit dem Lärm ihrer Kutschen, ihrem anonymen Gedränge, ihrer schamlosen Sprache.]

312 Ebenda: »L'idée de famille était remplacée chez eux par celle d'une sorte de commandite.« [Die Vorstellung der Familie wurde bei ihnen durch die einer Art Kommanditgesellschaft ersetzt.]

313 Ebenda, S. 332.

314 Ebenda, S. 555.

315 Ebenda, S. 573: »[…] ce tapage de l'or et de la chair qui était monté en elle, dont elle avait eu jusqu'aux genoux, jusqu'au ventre, puis jusqu'aux lèvres, et dont elle sentait maintenant le flot passer sur sa tête […]« [(…) dieser Aufruhr des Goldes und des Fleisches, der in ihr aufgestiegen war, der ihr bis zu den Knien, bis zum Bauch und schließlich bis zu den Lippen reichte und dessen Flut nun ihren Kopf überspülte (…)].

316 Ebenda, S. 425: »hermaphrodite étrange venu à son heure dans une société qui pourrissait« [seltsamer Hermaphrodit, dessen Zeit in einer verfaulenden Gesellschaft gekommen war].

317 Renée ist die »incestueuse des temps nouveaux« (ebenda, S. 508).

[…] de hautes bâtisses éventrées, montrant leurs entrailles blafardes, ouvraient en l'air leurs cages d'escalier vides, leurs chambres béantes, suspendues, pareilles aux tiroirs brisés de quelque grand vilain meuble. Rien n'était plus lamentable que les papiers peints de ces chambres, des carrés jaunes ou bleus qui s'en allaient en lambeaux, indiquant, à une hauteur de cinq et six étages, jusques sous les toits, de pauvres petits cabinets, des trous étroits, où toute une existence d'homme avait peut-être tenu.[318]

[(…) hohe aufgeschlitzte Gebäude, die ihre fahlen Eingeweide den Blicken darboten, indem sie ihre leeren Treppenhäuser nach außen kehrten, wobei die weit geöffneten Zimmer wie die aufgebrochenen Schubladen einer großen hässlichen Kommode in der Luft hingen. Nichts konnte trauriger sein als die Tapeten dieser Zimmer, gelbe und blaue Quadrate in Fetzen, die in der Höhe des fünften oder sechsten Stockwerks direkt unter dem Dach kleine ärmliche Kammern erkennen ließen, enge Löcher, wo vielleicht eine ganze Menschenexistenz ihren Platz gehabt hatte.]

Der Eindruck der Zerstörung eines schützenden Innenraums wird hier durch die Bildlichkeit nachdrücklich unterstrichen. Zunächst dominieren die Körperbilder, welche die im Abriss befindlichen Gebäude als aufgeschlitzte und ausgeweidete Kadaver erscheinen lassen, dann evoziert der Vergleich mit den zer- oder aufgebrochenen Schubladen eines Schrankes oder einer Kommode die Vorstellung einer gewaltsamen Zerstörung, die auch vor den Behältnissen, die dem Aufbewahren persönlicher Dinge dienen[319] – Innenräume im Innenraum – nicht Halt macht. Der einfühlsame Ton, mit dem der Erzähler die ärmlichen Wohnungen mit ihren zerfetzten Tapeten schildert, lässt erkennen, dass hier nicht ein tristes und schäbiges Alltagsleben evoziert werden soll, sondern dass es darum geht, die fundamentale Bedeutung gerade eines auch nur bescheiden ausgestalteten Privatbereichs in den Vordergrund zu rücken. Die existentielle Dimension des Interieurs wird durch den letzten Satz des Zitats besonders hervorgehoben: »de pauvres cabinets, de trous étroits, où toute une existence d'homme avait peut-être tenu«. Dieser Aspekt wird im weiteren Verlauf der Textstelle noch weiter akzentuiert, als einer der Bauarbeiter sein ehemaliges Zimmer wieder entdeckt, wo er fünf Jahre lang gehaust hat, und sich daran erinnert, wie er den Raum mühsam hergerichtet und darin manche Nacht mit der Büglerin von gegenüber verbracht hat. Saccards Kommentar, dass man solchen Elendslöchern nicht nachtrauern solle und dass der Arbeiter nun bald die Möglichkeit habe, sich in den entstehenden modernen Häusern einzumieten, repräsentiert demgegenüber eine rücksichtslose Fortschrittsideologie, welche die gewachsenen Beziehungen zwischen dem Menschen und seiner räumlichen Umgebung nicht wahrhaben will. Zudem wird sich der Arbeiter eine am Boulevard gelegene Wohnung natürlich kaum leisten können, sondern gehört einem in die Vorstädte verdrängten Proletariat an.

---

318 Ebenda, S. 581.
319 Zur Symbolik des Schrankes und der Schubladen vgl. Gaston Bachelard, *Poétique de l'espace*, S. 82 ff.

Soziale und individuelle Perspektive im städtischen Raum

Die literarische und damit auch narrative Stadtdarstellung hat in den letzten Jahren ein ausgeprägtes Forschungsinteresse auf sich gezogen, was wohl vor allem daran liegt, dass dieser Untersuchungsgegenstand der aktuellen kulturwissenschaftlichen Orientierung der Literaturwissenschaft besonders entspricht. Hier soll dieses Thema vor allem deshalb behandelt werden, weil die Modellierung städtischer Szenerien besonders dazu geeignet ist, das Zusammenspiel der sozialen und der individuellen Perspektive bei der narrativen Raumdarstellung zu erläutern. Wie die Argumentation der vorhergehenden Abschnitte zu verstehen gab, stellt die soziale, insbesondere sozialgeschichtliche Kontextualisierung der individuellen Erfahrung eine gattungsgeschichtliche Tendenz dar, die den realistischen und modernen Roman besonders kennzeichnet. Einleitend ist daher zunächst darauf einzugehen, welchen Stellenwert die Stadtdarstellung im vorrealistischen und vormodernen Roman einnimmt.[320]

Aus einer solchen gattungsgeschichtlichen Perspektive ergibt sich als eine erste wichtige Feststellung, dass sich die narrative Stadtdarstellung überwiegend in der von Bachtin so genannten zweiten stilistischen Linie des Romans und damit also in der niederen Gattungsvariante ausbildet.[321] Dies folgt zwangsläufig aus der traditionellen rhetorischen Unterscheidung von Gegenständen und Stilebenen und ihrem Implikat einer ständisch gegliederte Wirklichkeitskonstruktion, aus der Forderung also, dass der hohe Stil dem Schicksal hochgestellter Figuren vorbehalten sein soll, während das Leben des ›Volkes‹ in einem niederen und komischen Stil darzustellen ist. Die Stadt gehört nicht zu den für die hohe Gattungsvariante charakteristischen Chronotopoi: Sie ist nicht wie der Hof und das Schlachtfeld Bühne des das fürstliche Leben prägenden (pseudo-)historischen Geschehens und sie ist nicht wie etwa das Meer oder der einsame Wald Ort heroischer Abenteuer. Vielmehr ist die Stadt überwiegend ein Ort der niederen gewerbetreibenden Schichten, der Bürger und Handwerker, und daher auch der Ort eines Alltagslebens, das sich weitab von den bedeutsamen Schicksalen der Helden des gehobenen Romans vollzieht. Aufgrund der sozialen Vielfalt und der sich in der Stadt besonders deutlich manifestierenden Unterschiede zwischen gehobenen und niederen Schichten, zwischen arm und reich, zwischen der Kultur der Elite und der Volkskultur ist sie prädestiniert für die Rolle der Kontaktzone sowie für die damit verbundene Darstellung von Hybridisierungsprozessen und karnevalesken Profanationen. Aufgrund der sozialen Vielfalt erscheint die Stadt zugleich paradigmatisch für die Sprachenvielfalt, die nach Bachtin die niedere Gattungsvariante

---

320 Zu einem überwiegend auf englisch- und deutschsprachige Texte bezogenen Überblick über die Geschichte der literarischen Stadtdarstellung vgl. Christoph Heyl, »Stadt und Literatur«, in: Harald A. Mieg/Christoph Heyl (Hg.), *Stadt. Ein interdisziplinäres Handbuch*, Stuttgart: Metzler, 2013, S. 222–243.
321 Vgl. oben, S. 30.

prägt. Schließlich bietet sie Raum für gesellschaftliche Randzonen und Randgruppen, welche entsprechend dem Dialogizitätsprinzip die Werte der offiziellen Kultur negieren und persiflieren: für die Halbwelt von Neureichen, Spie-
lern und Lebedamen wie auch für die Unterwelt der Bettler, Gauner und
Prostituierten. So sind bereits die für die Tradition des niederen Romans kanonischen Texte der Antike, Petronius' *Gastmahl* und – allerdings nicht mit
derselben Ausschließlichkeit – Apuleius' *Goldener Esel*, mit dem Raum der
Stadt verbunden und ebenso der für die neuzeitliche Aktualisierung dieser
Gattungslinie in hohem Maße paradigmatische pikareske Roman.

Welche Rolle der städtische Schauplatz im pikaresken Roman spielt, lässt sich
an Mateo Alemáns *Guzmán de Alfarache* und Quevedos *Buscón* erkennen. So
stammt Guzmán aus dem Milieu der Halbwelt von Sevilla, und sein abenteuer-
licher Lebensweg führt ihn zunächst nach Madrid, während seines Italienaufent-
halts dann u. a. nach Genua, Rom und Mailand, nach seiner Rückkehr nach
Spanien schließlich nach Zaragoza und dann wiederum nach Madrid und Sevilla. In Madrid macht er im pikaresken Milieu der Lastenträger und Küchen-
jungen seine Lehrzeit als Picaro durch, in Rom gehört er u. a. einer Bettlerorga-
nisation an und spielt dann den Kuppler für den französischen Botschafter,
während seines zweiten Madrid-Aufenthalts tätigt er betrügerische Bankge-
schäfte, in Sevilla lebt er wie zuvor schon in Madrid u. a. von den durch Prostitution erzielten Einkünften seiner Frau. Das soziale Chaos, das in dem Roman
gebrandmarkt wird, erscheint also in hohem Maße mit der Entwicklung der
Städte und der städtischen Gesellschaft verknüpft. Ähnlich verhält es sich in
Quevedos *Buscón*, wo nach Pablos' Kindheit in Segovia zunächst die Universi-
tätsstadt Salamanca, dann ebenfalls Madrid und Sevilla wichtige Schauplätze bilden. Wiederum verbindet sich die Schilderung der städtischen Existenz des Protagonisten mit der Darstellung gesellschaftlicher Randgruppen – aufmüpfige
Studenten, zur Bettelei gezwungene *hidalgos* und richtiggehende Verbrecher-
banden –, welche die bestehenden sozialen Normen und Werte respektlos
missachten. Auch im französischen komischen Roman des 17. Jahrhunderts
kommt die Stadt als Ort zur Darstellung, wo das kulturelle Milieu des Hofes und
der Adelsgesellschaft mit niederen gesellschaftlichen Gegenwelten kontrastiert
werden kann, etwa in den in Paris und in Rom spielenden Abschnitten von
Charles Sorels *Histoire de Francion*. Zur städtischen sozialen Subkultur gehören in
diesem Fall das durch Geiz, Eitelkeit und Ignoranz der Lehrer gekennzeichnete
Internatsmilieu, gewalttätige Jugendbanden, freigeistige Intellektuellenzirkel
und schließlich auch hier das Milieu der Prostitution und des Verbrechens. In
Furetières *Roman bourgeois* bildet demgegenüber das dort geschilderte Pariser
Ambiente – vor allem das im Zentrum stehende Viertel des Marais – zwar eine
betont bürgerliche Welt, damit aber auch eine komische Gegenwelt zur höfischen Gesellschaft. Ein besonders eindringliches Beispiel aus dem 18. Jahrhundert ist Prévosts *Manon Lescaut*, wo der Chevalier Des Grieux aufgrund seiner
Liebe zu der bürgerlichen, zum Leben einer Kokotte tendierenden Manon in
das Pariser Milieu der Financiers, der Falschspieler und schließlich auch der

Besserungsanstalten und Gefängnisse gerät. Die Tradition der durch den pikaresken und komischen Roman geprägten Stadtdarstellung setzt sich schließlich
auch im realistischen und modernen Roman fort. Auch in Balzacs *Comédie
humaine* – um nur dieses eine Beispiel zu nennen – erscheint Paris immer
wieder als Ort der erotischen Ausschweifung, einer radikalen kapitalistischen
Ausbeutungspraxis und schließlich auch einer verbrecherischen Unterwelt.

Auch wenn sich die realistische und moderne Stadtdarstellung nicht völlig
von der Tradition der satirisch-karnevalesken Thematisierung niederer Wirk-
lichkeitsbereiche löst, so erfährt sie doch eine Transformation, die sie zu einem
paradigmatischen Raum für die Gestaltung der Perspektivendifferenz zwischen Individuum und Gesellschaft werden lässt. Zum einen nämlich ist die
Stadt besonders zur Entfaltung einer gesamtgesellschaftlichen Sicht prädestiniert – im 19. Jahrhundert mit dem zunehmenden Einbezug einer sozialgeschichtlichen Perspektive –, zum anderen ermöglicht der städtische Raum die
Gestaltung von prägnanten Erfahrungen der individuellen Besonderheit. Bleiben wir zunächst beim ersten Aspekt, dem Wandel der Stadt bzw. Großstadt
von einer dem Alltagsleben der unteren Schichten – einschließlich der traditionellerweise zu ihnen zu zählenden bürgerlichen Schicht – vorbehaltenen Gegenwelt, die als solche in Opposition zu den sozialen Räumen der Elite steht,
zum paradigmatischen Ort des gesellschaftlichen Lebens überhaupt. Hierfür
sind zunächst vor allem sozialgeschichtliche Gründe anzuführen. Mit der Ab-
lösung der ständischen Gliederung der Gesellschaft bzw. der stratifikatorischen
Differenzierung – im Sinne Luhmanns – durch eine funktionale Differenzierung erhält die Stadt einen für die moderne Gesellschaftsstruktur beispielhaf-
ten Charakter, da sie sowohl die Trennung als auch den Zusammenhang der
gesellschaftlichen Funktionsbereiche deutlich erkennen lässt. Wie schon die
Besprechung der Innenräume in *L'Éducation sentimentale* und *La Curée* erkennen ließ, kann am Beispiel städtischer Räume die Verflechtung der privaten
Existenz mit dem öffentlichen Leben eindringlich zur Darstellung gebracht
werden. Insbesondere als Hauptstadt – aber auch im Fall von prototypischen
Metropolen wie New York – bildet die Stadt zudem das Zentrum des materiellen und kulturellen Fortschritts und bringt somit die für die moderne Gesellschaft konstitutive historische Dynamik zur Anschauung. Aufgrund der
wachsenden Bedeutung, die der Stadt aus sozialgeschichtlicher Sicht zu-
kommt, können die im Roman entworfenen »Textstädte«[322] zunehmend einen
paradigmatischen Chronotopos für die Erfassung der sozialen Welt bilden. In
gewisser Weise ist dies schon im pikaresken Roman der Fall – jedenfalls im

---

322 Andreas Mahler verweist mit dieser Begriffsbildung mit Recht auf die in neueren Arbeiten zur literarischen Stadtdarstellung häufig zu wenig berücksichtigte Differenz
zwischen den realen Städten, die als solche Gegenstand der empirischen Forschung
bilden, und den in fiktionalen Texten entworfenen Städten (siehe »Stadttexte – Textstädte. Formen und Funktionen diskursiver Stadtkonstitution«, in: Andreas Mahler
[Hg.], *Stadt-Bilder. Allegorie, Mimesis, Imagination*, Heidelberg: Winter, 1999, S. 11–36).

Guzmán de Alfarache –, da hier die städtische Welt das vom Erzähler gebrandmarkte gesellschaftliche Chaos am besten zur Anschauung bringt. Darüber hinaus ist der städtische bzw. großstädtische Raum, wie oben schon am Beispiel von Balzacs *Père Goriot* deutlich wurde, besonders dazu geeignet, die Vertrautheitsrelation zwischen Leser und erzählter Welt herzustellen, die ab der Frühen Neuzeit eine zentrale Komponente der im Roman konstituierten sozialen Perspektive darstellt. Denn die Großstadt – und die Hauptstadt zumal – ist ja nun gerade der Raum mit dem höchsten gesellschaftlichen Bekanntheitsgrad. Daher ist in diesem Fall die Referenz auf reale Städte die Regel, während im Falle der Provinzstadt auch fiktive Ortsnamen durchaus üblich sind. Die Großstadt bietet also eine ausgezeichnete Möglichkeit, die fiktiven Figuren in einen dem Leser ganz und gar real erscheinenden Kontext zu versetzen, in den Kontext bekannter Straßen, Plätze, Parks, U-Bahn-Stationen oder Unterhaltungsstätten wie Theater und Oper.[323] Die Öffentlichkeit der solchermaßen aufgerufenen Örtlichkeiten bedingt ihren gesellschaftlichen Charakter sowohl im Hinblick auf die dargestellten gesellschaftlichen Praktiken als auch auf das beim Leser aktualisierte gesellschaftliche Wissen. Wenn Flaubert Frédéric Moreaus Spaziergänge auf den *Champs-Elysées* oder im *Quartier Latin* schildert, wenn Galdós in *La desheredada* Isidora inmitten des an der *Puerta del Sol* herrschenden Gedränges zeigt, dann appellieren sie an eine spezifische soziale Kompetenz des Lesers, seine Vertrautheit mit den Gepflogenheiten des hauptstädtischen Lebens und seine Fähigkeit, an diesem Leben zu partizipieren.[324]

Doch dieselben Gründe, welche die Stadt zum privilegierten Ort eines gesellschaftlichen Bewusstseins – im Sinne des Bewusstseins der Zugehörigkeit des Einzelnen zur Gesellschaft – werden lassen, machen sie auch zu einem Ort moderner Formen der Individualität.[325] Denn diese Individualität konstituiert sich ja gerade im Zuge der rollenhaften Partizipation an verschiedenen gesellschaftlichen Funktionsbereichen und verdankt dieser Konstellation ihren identitätsstiftenden Charakter. Die Anonymität des großstädtischen Lebens hat dabei vor allem zur Folge, dass sich die Relation von Individuum und Gesellschaft aus subjektiver Sicht in prägnanten Formen der Entfremdungserfahrung niederschlagen kann. Die Entwicklung der narrativen Darstellungsverfahren, zum einen die deskriptive Erfassung des Milieus und zum anderen die Formen der Modellierung der individuellen Erfahrung, bietet hierfür die Möglichkeit einer zunehmend pointierten Gestaltung. Schon Saint-Preux in Rousseaus *Nouvelle Héloise* spricht nach seiner Ankunft in Paris von der städtischen gesellschaftlichen Welt als großer Ein-

---

323   Mahler bezeichnet dies als »referentielle Stadtkonstitution« (ebenda, S. 14).

324   Unter anderem aus den in den letzten Abschnitten genannten Gründen hat Volker Klotz »eine grundsätzliche Affinität zwischen Roman und Stadt-Sujet« konstatieren wollen (vgl. *Die erzählte Stadt. Ein Sujet als Herausforderung des Romans von Lesage bis Döblin*, München: Hanser, 1969, insbes. S. 429 ff.).

325   Vgl. Georg Simmel, »Die Großstädte und das Geistesleben«, in: Simmel, *Gesamtausgabe*, hg. v. Otthein Rammstedt, Band 7/1, Frankfurt/M.: Suhrkamp, 1995, S. 116–131.

öde (»vaste désert du monde«).[326] Hier bleibt der städtische Kontext allerdings noch abstrakt, während in der realistischen und modernen Literatur das konkrete, sinnlich wahrnehmbare Schauspiel der Stadt immer wieder eindringlich entfaltet wird. Vor allem der Gang durch die städtischen Straßen wird zu einem äußerst häufigen Motiv, das es erlaubt, zugleich mit dem städtischen Panorama die individuelle Wahrnehmungsperspektive zur Geltung zu bringen. In den literaturwissenschaftlichen Untersuchungen hat vor allem die Figur des Flaneurs ein besonderes Interesse auf sich gezogen.[327] Viel häufiger als die Figur des das ästhetische Schauspiel der Stadt genießenden Spaziergängers ist jedoch die des einsamen Passanten, der sich aufgrund seiner individuellen Nöte und Sorgen innerhalb der städtischen Gesellschaft besonders vereinzelt fühlt. Eindringliche Beispiele sind der sich mit Suizidgedanken tragende Raphaël in Balzacs *La Peau de Chagrin*, der von Gewissenskonflikten geplagte Rastignac in *Le Père Goriot*, der vom Liebeskummer heimgesuchte Frédéric in *L'Éducation sentimentale* oder auch die ins Obdachlosendasein abgesunkene Gervaise in Zolas *L'Assommoir*. Im Roman des 20. Jahrhunderts, bei Joyce (*Ulysses*), Dos Passos (*Manhattan Transfer*), Döblin (*Berlin Alexanderplatz*), Sartre (*La Nausée*), Cela (*La colmena*) – um nur einige wenige Texte zu nennen – kehrt dieses Motiv dann in zahlreichen Varianten wieder. Eine weitere typische perspektivische Konstellation ist die des Fensterblicks, durch den der private Innenraum mit dem äußeren Raum in Relation gesetzt wird.[328] Wie diese Beispiele zeigen, nimmt die Einsamkeitserfahrung im städtischen Raum einen anderen Charakter an als in dem hierfür zunächst privilegiert erscheinenden Naturraum. Während das vereinzelte Individuum im Rahmen einer Naturszenerie seine eigene Befindlichkeit verabsolutieren kann, indem es die Landschaft im Zusammenspiel von Projektion und Affektion – durch die Übertragung der eigenen Stimmung auf die Landschaft und durch das Aufnehmen der durch die Landschaft vorgegebenen Stimmungsqualitäten – als exklusive Kulisse seiner Subjektivität erfährt, ist es im städtischen Kontext immer auch mit der Existenz und Konkurrenz fremder, sowohl individueller als auch kollektiver Sinnentwürfe konfrontiert, und zwar nicht nur durch die ständige Wahrnehmung anderer und fremder Individuen mit ihren je eigenen Sinnperspektiven, sondern auch dadurch, dass die städ-

---

326 Rousseau, *La Nouvelle Héloïse*, S. 207.

327 Vgl. z. B. Eckhardt Köhn, *Straßenrausch. Flanerie und kleine Form. Versuch zur Literaturgeschichte des Flaneurs bis 1933*, Berlin: Das Arsenal, 1989; Keith Tester, *The Flâneur*, London/New York: Routledge, 1994; Dietmar Voss, »Die Rückseite der Flanerie«, in: Klaus Scherpe (Hg.), *Die Unwirklichkeit der Städte. Großstadtdarstellungen zwischen Moderne und Postmoderne*, Reinbek: Rowohlt, 1988, S. 15–60.

328 Vgl. Heinz Brüggemann (Hg.), *Das andere Fenster. Einblicke in Häuser und Menschen. Zur Literaturgeschichte einer urbanen Wahrnehmungsform*, Frankfurt/M.: Fischer, 1989. Allerdings steht bei den in diesem Band untersuchten Textbeispielen der Blick von außen in den privaten Innenraum gegenüber dem Blick von innen nach außen, der unten (S. 172 ff.) am Beispiel einer Stelle aus Camus' *Étranger* näher dargestellt wird, im Vordergrund.

tische Umgebung in ihrer gesamten materiellen Gestaltung eine Objektivierung individueller und sozialer Sinnintentionen darstellt. Eine für diesen Zusammenhang erhellende Sonderstellung nimmt dabei der nächtliche Gang durch die Straßen ein, da in diesem Fall die Relativierung des eigenen subjektiven Standpunktes durch alternative Sinnperspektiven weniger deutlich ausfällt. In seinem Madrid-Roman *La colmena* bringt José Camilo Cela dies im Zusammenhang mit den nächtlichen Spaziergängen des Protagonisten Martín Marcos explizit zum Ausdruck. Wenn die letzten Straßenbahnen verschwunden sind, dann hat er den Eindruck, die Stadt gehöre nun nur ihm (»La ciudad parece más suya«) und den anderen vereinzelten Nachtschwärmern, die mit in den Taschen vergrabenen Händen die dunkle Stadt durchstreifen.[329]

Der Überlagerung von sozialer und individueller Perspektive entspricht die in der Stadtdarstellung schon immer angelegte, aber im 20. Jahrhundert besonders entwickelte Tendenz einer möglichst simultanen Darstellung einer großen Anzahl städtischer Schicksale, wie man sie in kanonischen Texten der modernen Stadtliteratur, etwa in Dos Passos' *Manhattan Transfer*, José Camilo Celas *Colmena* oder Wolfgang Koeppens *Tauben im Gras* findet. Wie gerade der Roman von Cela besonders deutlich erkennen lässt, besteht die Intention dieses Verfahrens vor allem darin, hinter der wirtschaftlichen, kulturellen und politischen Selbstinszenierung der Gesellschaft, hinter den Rollenmasken der anonymisierten Massen und nicht zuletzt hinter den krassen sozialen Unterschieden die verborgenen individuellen Existenzbedingungen, Nöte und Antriebsmomente der Stadtbewohner sichtbar zu machen. So stellt Cela – wie auch schon Dos Passos – in seinem in Madrid spielenden Roman immer wieder Serien von Szenen nebeneinander, in denen die Stadtmenschen einerseits an öffentlichen Orten wie dem Café oder auf der Straße gezeigt werden, andererseits aber auch in ihren je individuellen privaten Umgebungen, ihren intimen Gewohnheiten und Bestrebungen, beim abendlichen Zu-Bett-Gehen und beim morgendlichen Aufstehen oder bei den vielfältigen – die sozialen Differenzierungen häufig unterlaufenden – Versuchen, ihr geschlechtliches Begehren auszuleben. Diese Beispiele verdeutlichen also, wie die narrative Stadtdarstellung die Engführung privater und öffentlicher Aspekte der Existenz erlaubt und wie sie den Kontrast zwischen der durch den sozialen Raum bedingten Anonymität und einem der romanspezifischen Perspektive vorbehaltenen Einblick in die intimen und je subjektiven Lebensvollzüge ermöglicht. Dabei kann diese zugleich kollektive und individuelle Erfahrung der Großstadt durchaus unterschiedlich akzentuiert werden. Während Dos Passos die Vielfalt, Unüberschaubarkeit und Dynamik des sich rasch entwickelnden New York der ersten Jahrzehnte des 20. Jahrhunderts betont, um auf diese Weise die Verlorenheit des Einzelnen besonders prägnant hervorzuheben, setzt Cela den Akzent auf die Monotonie des städtischen Lebens und den beengen-

---

329 Camilo José Cela, *La colmena*, hg. v. Jorge Urrutia, Madrid: Cátedra, 1990, S. 240.

den Charakter der sozialen Existenzbedingungen, die in Madrid in den ersten Jahren des Franco-Regimes herrschten.[330]

Stadtspaziergang

In den Untersuchungen zur literarischen Stadtdarstellung wurde schon häufig darauf verwiesen, dass der Gang durch die städtischen Straßen eine im realistischen und modernen Roman besonders beliebte Darstellungsform des städtischen Ambientes darstellt.[331] Dabei wurde vor allem betont, dass die Sichtweise des Passanten als mobile und eingeschränkte Perspektive – etwa im Gegensatz zu einem die Stadt im ganzen erfassenden ›Panoramablick‹ – die sinnliche Wahrnehmungsvielfalt des großstädtischen Schauspiels in besonders eindringlicher Weise erfassen kann. Das wichtigste Merkmal dieses Darstellungsverfahrens besteht in unserem Zusammenhang allerdings darin, eine durch den öffentlichen und sozialen Charakter der städtischen Außenwelt bedingte Sicht mit dem Entwurf einer individuellen Perspektive zu verbinden. Dies soll an einem Beispiel aus Flauberts *Éducation sentimentale* beschrieben werden, das zugleich den Zusammenhang zwischen gesellschaftlicher Vertrautheit der dargestellten Welt und individueller Entfremdung in paradigmatischer Weise vorführt.[332]

In der dem ersten Teil des Romans entstammenden Textstelle werden die ausgedehnten Spaziergänge über die Boulevards bis über die Champs-Élysées dargestellt, die Frédéric zu Beginn seiner Studentenzeit in Paris unternimmt.

> Les jours de soleil, il continuait sa promenade jusqu'au bout des Champs-Élysées.
>
> Des femmes, nonchalamment assises dans des calèches, et dont les voiles flottaient au vent, défilaient près de lui, au pas ferme de leurs chevaux, avec un balancement insensible qui faisait craquer les cuirs vernis. Les voitures devenaient plus nombreuses, et, se ralentissant à partir du Rond-Point, elles occupaient toute la voie. Les crinières étaient près des crinières, les lanternes près des lanternes; les étriers d'acier, les gourmettes d'argent, les boucles de cuivre, jetaient çà et là des points lumineux entre les culottes courtes, les gants blancs et les fourrures qui retombaient sur le blason des portières. Il se sentait comme perdu dans un monde lointain. Ses yeux erraient sur les têtes féminines; et de vagues ressemblances amenaient à sa mémoire Mme Arnoux. Il se la figurait, au milieu des autres, dans un de ces petits coupés, pareils au coupé de Mme Dambreuse.[333]

---

330 Vgl. Wolfgang Matzat, »Die Modellierung der Großstadterfahrung in Camilo José Celas Roman *La colmena*«, in: *Romanistisches Jahrbuch* 35 (1984), S. 278–302.

331 Vgl. Andreas Mahler, »Stadttexte – Textstädte«, S. 21–23; Susanne Hauser, *Der Blick auf die Stadt. Semiotische Untersuchungen zu literarischen Wahrnehmungen bis 1910*, Berlin: Reimer, 1990, S. 112 ff.

332 Zum Folgenden vgl. auch Wolfgang Matzat, »Stadtdarstellung im Roman: Gattungstheoretische Überlegungen«, in: Christian Moser/Frauke Bolln/Susanne Elpers/Sabine Scheid/Rüdiger von Tiedemann (Hg.), *Zwischen Zentrum und Peripherie. Die Metropole als kultureller und ästhetischer Erfahrungsraum*, Bielefeld: Aisthesis Verlag, 2005, S. 73–89.

333 Flaubert, *L'Éducation sentimentale*, S. 41.

[An sonnigen Tagen setzte er seinen Spaziergang bis zum Ende der Champs-Élysées fort.

Vor ihm fuhren lässig in ihren Kutschen sitzende Damen, deren Schleier im Wind flatterten, im raschen Schritttempo ihrer Pferde vorbei, mit einem unmerklichen Wiegen, das die lackierten Lederriemen knirschen ließ. Die Wagen wurde häufiger, und da sie ab dem Rond-Point langsamer fuhren, nahmen sie die ganze Fahrbahn ein. Die Mähnen befanden sich dicht neben anderen Mähnen, die Laternen neben Laternen; die metallenen Steigbügel, die silbernen Ketten, die Kupferschließen leuchteten hier und dort zwischen den kurzen Hosen, den weißen Handschuhen und den Pelzen auf, die über die auf den Wagenschlägen aufgemalten Wappen fielen. Er fühlte sich wie verloren in einer fernen Welt. Seine Blicke irrten über die weiblichen Köpfe; und vage Ähnlichkeiten riefen ihm Mme Arnoux ins Gedächtnis. Er stellte sie sich vor inmitten der anderen, in einem dieser kleinen Coupés, ähnlich wie das von Mme Dambreuse.]

Wie im weiteren Verlauf der Textstelle geschildert wird, kehrt Frédéric dann über die Place de la Concorde und entlang dem Seine-Ufer zum Quartier Latin zurück, wo er in einem einfachen, in der Rue de la Harpe gelegenen Restaurant sein Abendessen einnimmt, bevor er den Heimweg antritt. Wie die genaue Situierung des Spazierwegs erkennen lässt, setzt Flaubert die Strategie der Referentialisierung in gezielter Weise ein. Mit der unvermittelten, ohne weitere Erklärung erfolgenden Nennung der Ortsnamen richtet sich Flaubert in der *Éducation sentimentale* wie Balzac im *Père Goriot* ganz offensichtlich an einen Leser, der mit Paris ausreichend vertraut ist, um auf der Basis dieser Angaben Frédérics Spazierwege zu rekonstruieren. Dabei lässt allerdings der Vergleich mit Balzcas nur summarischer Charakterisierung von Rastignacs Gängen durch Paris erkennen, wie die Stadtdarstellung nun in noch deutlicherer Weise in den Horizont von typischen und durch einen hohen Bekanntheitsgrad geprägten gesellschaftlichen Erfahrungen eingerückt wird. Vor allem die Schilderung des Gangs über die Champs-Élysées und des sich dort bietenden Schauspiels eines regen Kutschenverkehrs, dessen alltäglicher Charakter durch den iterativen Modus angezeigt wird, ruft allgemein zugängliche Erfahrungsmuster auf. Diese Akzentuierung des Vertrautheitseffekts der dargestellten sozialen Welt ist nun aber die Basis für die Modellierung einer subjektiven Perspektive, durch die der durch die Partizipation am gesellschaftlichen Leben geprägten Sicht nun die individuelle Entfremdungserfahrung entgegengesetzt wird.

Die Voraussetzung ist hierfür die Verwendung der personalen Erzählsituation. Allerdings wird bei der Beschreibung der vorbeifahrenden Kutschen der Einsatz der Figurenperspektive zunächst darauf beschränkt, die zunächst fast ausschließlich visuellen Wahrnehmungen Frédérics zu notieren. Dabei wird die für die Großstadt typische Wahrnehmungsvielfalt dadurch besonders hervorgehoben, dass keine konkreten und kohärenten Einzeleindrücke geschildert werden; vielmehr ist eine Verbindung von resümierender Generalisierung – »femmes«, »calèches«, »chevaux«, »voitures« – und gleichzeitiger Fragmentarisierung – »crinières«, »lanternes«, »étriers d'acier« usw. – vorherrschend. Diese anfängliche Reduktion der subjektiven Perspektive auf das Wahrgenommene unter Absehung von den dadurch ausgelösten Empfindungen – Hugo Friedrich hat dafür den treffenden Begriff des »Affektvakuums« geprägt[334] – hat zur Folge, dass die affektive Qualität, welche die Szene für Frédéric hat, zunächst eigentümlich unbestimmt bleibt. So sind dem Text ja unterschiedliche affektive Konkretisierungsmöglichkeiten eingeschrieben: Faszination durch den Reichtum und die Lebensgewohnheiten der guten Gesellschaft, erotische Neugier angesichts der sich in lässiger Attitüde präsentierenden Damenwelt, euphorischer Genuss der sich in der Herbstsonne darbietenden Farb- und Lichteffekte. Diesen überwiegend positiven Reaktionsmöglichkeiten, die sich angesichts des erregenden Schauspiels des großstädtischen Lebens ergeben, wird nun aber Frédérics persönliche Sichtweise abrupt gegenübergestellt: »Il se sentait comme perdu dans un monde lointain.« Damit kommt es zu einem plötzlichen Umschlag vom Eindruck der Vertrautheit, der durch ein wohlbekanntes Szenario ausgelöst wird, zum Gefühl der Fremdheit. Allerdings ist hier die veränderte Sicht des städtischen Raums nicht mehr an eine äußere Grenzüberschreitung gebunden wie in der Eingangspassage des *Père Goriot* – man biegt um zwei Straßenecken und befindet sich in einem gänzlich unbekannten Paris –, sondern er resultiert ausschließlich aus einer perspektivischen Differenz. Zunächst wurden gewissermaßen objektive Stimmungsqualitäten der Szene entworfen, die einer überindividuellen und insofern sozialen Perspektive entsprechen, der Perspektive eines beliebigen Flaneurs, der ja durchaus als sozialer Typus bzw. als Repräsentant eines typisierten sozialen Verhaltens gelten kann. Dieser nicht weiter individualisierten Wahrnehmungsweise wird jedoch nun eine höchst subjektive Sicht gegenübergestellt: die Sicht dessen, der einerseits als armer, aus der Provinz stammender Student am Treiben der Reichen nicht partizipieren kann und dem andererseits aufgrund seiner Fixierung auf Mme Arnoux auch der sinnliche Reiz der Szene keinen Genuss verschafft. Die die Wahrnehmung des sozialen Raums prägende individuelle Gegenperspektive beruht hier also sowohl auf der Position der sozialen Marginalisierung als auch auf einer Liebessehnsucht, die durch die anonyme Form des städtischen Kontakts zwar angeregt, aber auch in ihrer Unerfüllbarkeit bewusst gemacht wird. Einen das Entfremdungsgefühl abmildernden Bezug zu der wahrgenommenen städtischen Umgebung kann Frédéric nur dadurch herstellen, dass er die in den Kutschen sitzenden Damen mit Mme Arnoux vergleicht. Damit projiziert er nun die seine Innenwelt beherrschenden Sehnsüchte auf die äußere Szenerie. Doch wirft ihn dieser Versuch einer imaginären Annäherung natürlich nur noch stärker in seine Isolation zurück.

Aufgrund der dieser Szene eingeschriebenen doppelten Perspektive wird das Verhältnis von Individuum und Gesellschaft hier in einer Form dargestellt, die als paradigmatische Realisierung der gattungsspezifischen Modellierungsmöglichkeiten begriffen werden kann: Die auf der Geschichtsebene angelegte

---

334 Hugo Friedrich, *Drei Klassiker des Romans*, Frankfurt/M.: Klostermann, [7]1973, S. 124.

thematische Opposition zwischen dem von seinen Wünschen beherrschten Individuum und einer mit diesen Wünschen nicht korrespondierenden Außenwelt kommt zugleich in Form einer perspektivischen Differenz zur Darstellung. Dem individuellen Entfremdungsgefühl angesichts der anonymen gesellschaftlichen Welt der Großstadt wird die Folie einer sozialen Sicht unterlegt, die vom beruhigenden Gefühl vertrauter Alltäglichkeit geprägt ist; und so wird die subjektive Sicht nicht nur besonders profiliert, sondern zugleich in ihrer Begrenztheit und Partialität sichtbar gemacht. Daher werden sich vor allem Pariser Leser und Leserinnen, zumal wenn sie zu denen gehören, die sich innerhalb der Kutschen befinden, Frédérics Perspektive nicht wirklich zu eigen machen, sondern wohl nur tentativ und in Form eines imaginären Probehandelns nachvollziehen. Allerdings ist natürlich auch der Tatsache Rechnung zu tragen, dass beide Sichtweisen der städtischen Szenerie, die des Erzählers und die der Figur, einen fiktionalen, durch ästhetische Distanz geprägten Standpunkt voraussetzen. Daher wirken die beiden perspektivischen Komponenten auch insofern zusammen, als sie gemeinsam den anderen Blick auf die bekannte Welt modellieren, der oben – im Zusammenhang mit den Ausführungen zum heterodiegetischen Erzählen – mit dem Begriff des Verfremdungsmodus bezeichnet wurde.[335] In diesem Fall spielen hierbei sowohl die affektive Unbestimmtheit als auch die spezifisch ästhetischen Qualitäten der Szene eine wichtige Rolle. Der ästhetische Genuss des bekannten Schauspiels, der ja dem Blick des Flaneurs entsprechen würde, wird duch die Überlagerung der Perspektiven seinerseits in gewisser Weise umgeformt, da er sich mit einer subjektiven und affektiven Tönung der Wahrnehmung verbindet, welche auch die ästhetische Warhnehmungsweise in eine reflexive Distanz rückt.

Fensterblick

Eine zweite häufig gewählte und als kanonisch einzustufende Möglichkeit, eine subjektive Perspektive mit der durch den öffentlichen Raum provozierten sozialen Form der Wahrnehmung zu kombinieren, bildet die Schilderung des Blicks durch das Fenster. In diesem Fall wird die perspektivische Überlagerung schon dadurch deutlich, dass der Fensterblick das spannungsreiche Nebeneinander von privatem Innenraum als Ort des individuellen Weltbezugs und öffentlichem Raum immer schon impliziert. Ein schönes Beispiel für die dadurch ermöglichten Effekte bildet eine Stelle aus Albert Camus' *Étranger*, an der der Protagonist und Ich-Erzähler Meursault beschreibt, wie er am Wochenende nach der Beerdigung seiner Mutter den Sonntagnachmittag bis zum Einbruch der Dunkelheit damit verbringt, aus seiner Wohnung auf die Straße hinauszublicken.[336] Neben der veränderten Wahrnehmungsposition, die nun

---

335 Vgl. oben, S. 60 ff.
336 Albert Camus, *L'Étranger*, Paris: Gallimard (Folio), 1991, S. 36–41.

einen statischen und dem städtischen Treiben enthobenen Charakter hat, sind weitere Unterschiede zu der gerade besprochenen Textstelle aus der *Éducation sentimentale* festzuhalten. Einerseits betrifft dies die Erzählsituation, da Camus den *Étranger* ja in Form einer autobiographischen Erzählung gestaltet hat, andererseits aber auch die dargestellte städtische Szenerie. In diesem Fall ist der Name der Stadt nicht genannt, doch lässt sie sich unschwer mit dem damals zu Frankreich gehörenden Algier identifizieren. Dabei ist der großstädtische Charakter der an dieser Stelle beschriebenen Stadtszenerie nicht so ausgeprägt. Die Wohnung Meursaults ist an einer zentralen Vorstadtstraße gelegen, die am Abend einen fast idyllischen Charakter annimmt. Trotz dieser Merkmale, die eigentlich dazu führen müssten, die soziale Kontextualisierung der Straßenszene zugunsten der individuellen Perspektive abzuschwächen, liegt auch in dieser Passage eine perspektivische Spannungsrelation vor, die sie der oben besprochenen Flaubert-Stelle nicht unähnlich erscheinen lässt.

Das von Meursault beobachtete städtische Schauspiel wird eingeleitet von den Familien, die mit ihren sich in der feiertäglichen Kleidung unbehaglich fühlenden Kindern einen Sonntagnachmittagsspaziergang unternehmen. Es folgen mit Krawatten und engen Sakkos ausstaffierte junge Männer, die offenbar mit der Straßenbahn ins Zentrum fahren wollen, um dort ins Kino zu gehen. Danach erscheint die Straße zunehmend menschenleer, nur im gegenüberliegenden Café kehrt der Kellner den Boden. Nach dem Rauchen zweier Zigaretten und dem Verzehr von etwas Schokolade kehrt Meursault ans Fenster zurück, wo er feststellt, dass sich die Straße wieder belebt: Zunächst fahren überfüllte Straßenbahnen vorbei, welche die Zuschauer eines Fußballspiels vom Stadion in die Stadt zurückbringen; dann kehren die Spaziergänger zurück, welche die nun müden und weinerlichen Kinder hinter sich herziehen müssen; schließlich bevölkern auch die Kinobesucher nach dem Ende der Nachmittagsvorstellungen wieder zunehmend die Straßen. Auch Jugendliche beiderlei Geschlechts promenieren in Gruppen vorbei. Es ist Abend geworden:

> Les lampes de la rue se sont alors allumées brusquement et elles ont fait pâlir les premières étoiles qui montaient dans la nuit. J'ai senti mes yeux se fatiguer à regarder les trottoirs avec leur chargement d'hommes et de lumières. Les lampes faisaient luire le pavé mouillé, et les tramways, à intervalles réguliers, mettaient leurs reflets sur des cheveux brillants, un sourire ou un bracelet d'argent. Peu après, avec les tramways plus rares et la nuit déjà noire au-dessus des arbres et des lampes, le quartier s'est vidé insensiblement, jusqu'à ce que le premier chat traverse lentement la rue de nouveau déserte. J'ai pensé alors qu'il fallait dîner. J'avais un peu mal au cou d'être resté longtemps appuyé sur le dos de ma chaise. Je suis descendu acheter du pain et des pâtes, j'ai fait ma cuisine et j'ai mangé debout. J'ai voulu fumer une cigarette à la fenêtre, mais l'air avait fraîchi et j'ai eu un peu froid. J'ai fermé mes fenêtres et en revenant j'ai vu dans la glace un bout de table où ma lampe à l'alcool voisinait avec des morceaux de pain. J'ai pensé que c'était toujours un dimanche de tiré, que maman était maintenant enterrée, que j'allais reprendre mon travail et que, somme toute, il n'y avait rien de changé.[337]

---

337 Ebenda, S. 40–41.

[Die Straßenlampen sind plötzlich angegangen und haben die ersten Sterne, die am Nachthimmel aufgingen, erblassen lassen. Ich habe gespürt, wie meine Augen durch den Anblick der Bürgersteige mit ihrer Fracht von Menschen und Licht ermüdet waren. Die Lampen ließen das feuchte Pflaster leuchten, und die Straßenbahnen warfen in regelmäßigen Abständen ihren Lichtschein auf glänzende Haare, ein Lächeln oder ein silbernes Armband. Wenig später, als die Straßenbahnen weniger wurden und der Nachthimmel über den Bäumen und den Lampen bereits dunkel war, hat sich das Viertel unmerklich geleert, bis die erste Katze langsam die nun wieder verlassene Straße überquert. Ich habe dann gedacht, dass es Zeit zum Abendessen sei. Der Hals schmerzte mir ein wenig, da ich mich so lange auf die Stuhllehne gestützt hatte. Ich bin hinuntergegangen, um Brot und Nudeln zu kaufen, habe das Essen vorbereitet und im Stehen gegessen. Ich wollte am Fenster eine Zigarette rauchen, aber die Luft hatte sich abgekühlt und ich fror ein wenig. Ich habe die Fenster geschlossen und, als ich zurück ins Zimmer trat, habe ich im Spiegel ein Ende des Tisches gesehen, wo meine Spirituslampe neben Brotbrocken stand. Ich habe gedacht, dass ich auch diesen Sonntag hinter mich gebracht hatte, dass Mama jetzt begraben war, dass ich wieder mit meiner Arbeit beginnen würde und dass sich eigentlich nichts geändert hatte.]

In ihrer Gesamtheit entfaltet die beschriebe Szene die typischen wiederkehrenden Episoden eines sommerlichen Sonntagnachmittags. Der vorherrschende Eindruck, den die Schilderung erweckt, ist der eines sich in normalen und geordneten Bahnen vollziehenden gesellschaftlichen Lebens. Dieser Eindruck hängt mit dem städtischen Ambiente eng zusammen. Denn er resultiert vor allem daraus, dass nicht individuelle Menschen den Gegenstand der Beobachtung bilden – als solche würden sie sofort eine auf ihre individuelle Befindlichkeit ausgerichtete Einfühlung provozieren –, sondern Menschen, die sich als Bewohner derselben Stadt in ähnlichen Lebensverhältnissen befinden und daher ihre Freizeit in ähnlicher Weise und damit auch gemeinsam verbringen. Dargestellt wird nicht individuelles, auf subjektiven Sinnperspektiven beruhendes, sondern kollektives, als solches von sozialen Konventionen beherrschtes und aus ihm seinen Sinn schöpfendes Handeln: der Nachmittagsspaziergang *en famille*, der Kinobesuch mit Freunden, die Fahrt zum Fußballstadion im Kreis der Anhänger des Vereins. Dabei wird durch die Diversifizierung der Gruppen und Aktivitäten der Eindruck städtischer Vielfalt unterstrichen. Insgesamt wird also eine prägnant gesellschaftliche Welt – überwiegend kleinbürgerlichen Zuschnitts – entfaltet, die der zeitgenössische französische Leser trotz des algerischen Kontexts sicherlich als mehr oder minder die seine oder als eine der seinen zumindest nahestehende Welt erkannte und die damit einen Vertrautheitseffekt bewirkte, der auch heute wohl noch von allen Lesern des westlichen Kulturkreises unschwer nachzuvollziehen ist. Es genügt hierfür, mit dem christlich geprägten Wochenrhythmus, der aus ihm erwachsenden Sonntagsstimmung und bestimmten Gepflogenheiten des städtischen Lebens vertraut zu sein. Vor allem die Erwähnung der Straßenbahnen, der Filmtheater und des Fußballspiels ist geeignet, bei jedem von der europäischen Stadtkultur geprägten Leser einen entsprechenden Vorstellungshorizont zu aktualisieren.

Dieser vertraute Vorstellungsrahmen bildet die Folie für die spezifische Prägung, welche die Straßenszene aus der Perspektive des Protagonisten erhält.

Zunächst ist er derjenige, der als Erzähler seiner eigenen Beobachtungen diese Vertrautheitsrelation vorgibt, doch sind diese Vertrautheitssignale in eigentümlicher Weise mit einer aus seiner spezifischen Situation erwachsenden Distanz vermischt. Dabei ist zu betonen, dass der *étranger* Meursault sich in der Welt seines heimischen Stadtviertels keineswegs als Fremder fühlt. Er erlebt die Vorstadtstraße, in der seine Wohnung liegt, als eine vertraute Umgebung, in der er zahlreiche Bekannte hat. So verweist er etwa darauf, dass mehrere der jungen Mädchen, die am Abend auf den Trottoirs flanieren, ihn am Fenster erkennen und ihm zuwinken. Auch die in der Straßenbahn vorbeifahrenden Zuschauer des Fußballspiels sehen Meursault offenbar als einen der ihren an, wenn sie ihm durch Zeichen und Zurufe zu verstehen geben, dass die eigene Mannschaft gewonnen hat. Diese Vertrautheitsrelation prägt auch den von Meursault in seinem autobiographischen Text gewählten Darstellungsmodus. Auch wenn die Erzählsituation des Textes nicht exakt zu bestimmen ist und somit auch die Frage, an welche Adressaten Meursaults Bericht gerichtet ist, nicht eindeutig beantwortet werden kann[338], so erweckt der Duktus der hier untersuchten Textstelle jedenfalls den Eindruck, dass Meursault von der Perspektive eines Lesers ausgeht, der die Stadt ebenfalls bewohnt oder zumindest kennt. So erklärt er zunächst in einem durchaus erzählerischen Gestus, dass sein Schlafzimmer auf die »rue principale du faubourg« (S. 37) hinausblickt, ohne aber den Namen oder die Situierung dieser mit dem bestimmten Artikel eingeführten Vorstadt zu nennen. In ähnlicher Weise ist dann später ganz unvermittelt von den »cinémas du centre« (S. 38) und den »cinémas du quartier« (S. 39) die Rede, und über die dem Zentrum zustrebenden Kinobesucher wird ebenso selbstverständlich notiert, dass sie sich beeilen, um die Straßenbahn zu erreichen. Das Wissen über die Existenz und Situierung der städtischen Filmtheater sowie über die zur Verfügung stehenden städtischen Verkehrsmittel wird hier also offensichtlich ebenso vorausgesetzt wie ausreichende Vorstellungen über das mit »faubourg« und »centre« Gemeinte.

Kommen wir nun aber zu den Aspekten, welche die Vertrautheitsrelation des Protagonisten zu seiner Umgebung durchbrechen. Als erstes ist natürlich auf die durch die Situation des Fensterblicks vorgegebene Distanz zu verweisen, durch die die Szene geprägt ist. Die Beobachtungsposition im privaten Innenraum der eigenen Wohnung impliziert zunächst vor allem, dass Meursault an den von ihm beschriebenen Aktivitäten nicht partizipiert und dass er – trotz der gelegentlichen Kontakte – im Augenblick jedenfalls zu keiner der von ihm beobachteten Gruppen gehört. Der Blick, den der einsame Beobachter am Fenster auf das soziale Leben wirft, bringt somit die Differenz zwischen Individuum und Gesellschaft in prägnanter Weise zur Darstellung. Es gehört nun zu Camus' besonderen Darstellungsintentionen – die übrigens, wie der Vergleich

---

338 Der tagebuchartige Bericht des ersten Teils nimmt im zweiten, den Gefängnisaufenthalt und den Prozess beschreibenden Teil eher den Charakter einer nachträglichen Erzählung an. Die konkrete Schreibsituation wird nirgends im Text thematisiert.

mit der vorher besprochenen Szene zeigt, dem großen Beispiel Flauberts durchaus verpflichtet bleiben –, auf eine ausgeprägte Kontrastierung der beobachteten öffentlichen Außenwelt mit einer spezifischen Innenwelt weitgehend zu verzichten.[339] Nach dem anfänglichen Verweis auf eine gewohnheitsmäßige sonntägliche Missstimmung (»je n'aime pas le dimanche«, S. 36) und eine nach dem Mittagessen auftretende Langeweile, die dann den langen Aufenthalt am Fenster motiviert, nimmt der Erzähler erst am Schluss wieder auf seine innere Befindlichkeit Bezug: auf die Erinnerung an das Begräbnis der Mutter und die Erleichterung darüber, dass das Leben weitergeht. Deutlicher werden demgegenüber die Körperwahrnehmungen notiert: die Ermüdung der Augen, das Schmerzen des Halses und der aufkommende Hunger. Eine zentrale Rolle spielt natürlich in der gesamten Szene die dem Erzähler eigene Grundbefindlichkeit der Entfremdung, die hier verschiedene und diffuse Ursachen hat: die Tatsache, dass Meursault seit einigen Monaten die vorher mit der Mutter geteilte Wohnung alleine bewohnt, dann natürlich der Tod der Mutter, unter dem er aber nicht allzu sehr zu leiden scheint – schließlich hat er ja die vergangene Nacht mit seiner neuen Freundin Marie verbracht –, der aber zumindest zur Folge hat, dass er nicht wie gewöhnlich in seinem Stammlokal zu Mittag essen will, da er die zu erwartenden Beileidsbezeugungen und einfühlsamen Fragen scheut. Natürlich verbinden sich diese spezifischen Ursachen mit der existentialistischen Grundsituation, die Camus mit dem Titel des Romans plakativ ankündigt, doch soll dem hier nicht weiter nachgegangen werden, da dies zu weit in die Interpretation des Romans hineinführen würde. In unserem Zusammenhang kommt es nur auf den Effekt an, den die Überlagerung der sozialen Vertrautheitsrelation mit der individuellen Fremdheitsrelation hervorruft. Er besteht wie bei Flaubert vor allem in einer eigentümlichen Verschränkung von Entfremdung und Verfremdung: Die existentiell motivierte subjektive Distanz der Figur bewirkt die ästhetische Distanz des Lesers, wobei dieser Wechsel zur ästhetischen Einstellung durch die nur sehr eingeschränkte Bezugnahme auf die individuelle Innenwelt besonders begünstigt wird. Andernfalls, also bei einer stärkeren Akzentuierung der subjektiven Befindlichkeit, würde der Text den Leser wohl zu einer weiter gehenden Identifikation mit der Figurenperspektive verleiten und damit einer negativen Semantisierung der äußeren Welt Vorschub leisten. Im Falle dieser Stelle aus dem *Étranger* herrscht jedoch – wie häufig auch bei Flaubert – ein perspektivisches Gleichgewicht, durch das die vertraute soziale Welt zum Gegenstand einer verfremdeten und daher intensivierten Wahrnehmung gemacht wird, die mit einem hohen Maß an ästhetischer Distanz einhergeht.

---

339 Auch in diesem Fall könnte man wie bei Flaubert von einem »Affektvakuum« (vgl. oben, S. 171) sprechen, das in diesem Fall ja schon durch den Titel zum Programm erhoben wird.

Nicht-Orte

Wir haben in der Entwicklung der Raumgestaltung im Roman von der Frühen Neuzeit bis in die Moderne zwei miteinander zusammenhängende Entwicklungslinien verfolgt. Die erste betrifft die Verteilung der Räume, wobei sich die Tendenz zur Verabsolutierung des gesellschaftlichen Raums und die – meist zum Scheitern verurteilten – Versuche der Ausdifferenzierung eines privaten Raums gegenüberstehen. Die zweite Entwicklungslinie betrifft die Ausbildung einer perspektivischen Differenz, bei der sich die individuelle Sicht des Raums und die gesellschaftliche Sicht gegenüberstehen. Im Hinblick auf den öffentlichen Raum findet sie ihren Ausdruck in einem Spannungsverhältnis zwischen der Vertrautheitsrelation, die für den Erzähler und den Leser im Falle eines bekannten Raums existiert, und der Sichtweise des in seiner subjektiven Sicht befangenen und sich im öffentlichen Raum mehr oder weniger fremd fühlenden Individuums. Eine für den modernen und postmodernen Roman typische Tendenz kann nun darin gesehen werden, dass die Räume ihre für das Verhältnis von Individuum und Gesellschaft relevanten Merkmale verlieren und sich dieses Oppositionsverhältnis daher abflacht. Das gilt nicht nur für die hybriden Räume der postkolonialen Literatur, sondern auch für jene Räume der Konsum- und Freizeitwelt, die mit dem Begriff des *non-lieu* bezeichnet wurden.

Den *non-lieu* bestimmt der Anthropologe Marc Augé in Opposition zum *lieu anthropologique*.[340] Während der ›anthropologische Ort‹ ähnlich wie Pierre Noras *milieu de mémoire*[341] auf eine kollektive Tradition verweist und daher dem Individuum die geeigneten Koordinaten für eine stabile Identitätsbildung zu bieten vermag, mangelt es dem *non-lieu* an sinnstiftender Referenz. Er ist daher nur negativ zu beschreiben als »espace qui ne peut se définir ni comme identitaire, ni comme relationnel, ni comme historique«.[342] Er ist also ein geschichtsloser Ort, zu dem sich das Individuum in keiner Weise in Beziehung setzen kann. Die Beispiele, die Augé dabei im Blick hat, sind die anonymen Orte des Konsums wie die außerhalb der Stadt gelegenen Einkaufszentren, der Freizeit wie die Vergnügungsparks oder des Verkehrs und der Reise wie Flughäfen, Autobahnen und standardisierte Hotelketten. In jedem Fall handelt es sich um Orte des nur provisorischen Aufenthalts, Orte, an denen man anonymer Kunde, Besucher oder Zuschauer ist. Damit lösen sich die bisher geltenden Merkmalskonfigurationen auf: Der *non-lieu* ist ein Ort der Einsamkeit, ohne die Chance einer »identité singulière« zu bieten.[343] Vielmehr verheißt die

---

340 Marc Augé, *Non-Lieux. Introduction à une anthropologie de la surmodernité*, Paris: Seuil, 1992, S. 97 ff.

341 Nora, »Entre mémoire et histoire«, S. XVIII.

342 Augé, *Non-Lieux*, S 100. – Zu einem ähnlichen Befund kommt Edward S. Casey, der in der Moderne einen zunehmenden Verlust des identitätsstiftenden *place* gegenüber dem konturlosen *space* konstatiert (vgl. *The Fate of Place. A Philosophical History*, London: Penguin, 1997).

343 Augé, *Non-Lieux*, S. 130.

Konsumwelt als öffentliche Welt allen Individuen in gleicher Weise die Erfüllung ihrer Wünsche, präsentiert sich für alle als eine für sie persönlich geschaffene Welt. Die Konsequenz ist die Dekonstruktion der Opposition zwischen
dem Eigenen und dem Fremden, die bewirkt, dass man überall und nirgends
zu Hause ist: »on est toujours et on n'est plus jamais ›chez soi‹«.[344] In der historischen Verortung seiner Beobachtungen ist Augé allerdings nicht immer genau. Zwar erachtet er die Nicht-Orte als typisch für die von ihm als ›Übermo-
derne‹ (*surmodernité*) bezeichnete Gegenwartskultur, doch sieht er schon in der
Romantik – er bezieht sich auf Chateaubriands Reisebericht von seiner Paläs-
tinareise[345] – Beispiele für den *non-lieu* gegeben, während er im Hinblick auf
Texte der frühen Moderne hervorhebt, dass hier noch nostalgische Referenzen auf die verlorenen *lieux anthropologiques* vorliegen.

In unserem Argumentationszusammenhang scheint mir das Konzept des
non-lieu vor allem insofern von Interesse, als es auf ein neues Verhältnis des Individuums zum gesellschaftlichen Raum und damit zugleich auf eine Entdifferenzierung von Privatbereich und öffentlichem Bereich aufmerksam macht.
Wie wir gesehen haben, stellt sich der öffentliche Raum für das moderne, sich
durch Exklusion definierende Individuum als Raum einer Gesellschaft dar,
mit deren Lebensgewohnheiten und Lebenszielen es sich nicht oder zumindest nur partiell identifizieren kann. In typischen Varianten dieser Entfremdungsrelation ist dies der Raum einer bürgerlichen Gesellschaft, die sich entweder aufgrund ihrer beschränkten selbstzufriedenen Mentalität oder durch
ihr rücksichtsloses Profitstreben – so bei Balzac und Zola – als unvereinbar mit
den individuellen Bedürfnissen erweist und daher den persönlichen Raum des
Individuums, soweit er überhaupt vorhanden ist, auch immer bedroht oder sogar vernichtet. Einschlägige Beispiele für eine Transformation dieser Raumstruktur bieten die Romane des Belgiers Jean-Philippe Toussaint.[346] Dies kündigt sich schon in *La Salle de bain* an, wo sich der namenlose Ich-Erzähler und
Protagonist das Badezimmer bzw. die Badewanne in der mit seiner Freundin
geteilten Wohnung als ständigen Aufenthaltsraum wählt und damit einen Ort
schafft, der die üblichen Merkmalsoppositionen sprengt. Das Badezimmer ist
einerseits intim, eignet sich andererseits aber aufgrund seines funktionalen
Charakters nicht dazu, es zu einem wirklich persönlichen Raum zu machen.
Hinzu kommt, dass der Ich-Erzähler die Kommunikation mit seiner Freundin
durchaus nicht abbricht, auch seine Mutter zum Besuch empfängt und somit
dem intimen Raum Züge eines gesellschaftlichen Raums verleiht.

Eine explizite Bezugnahme auf das Konzept des *non-lieu* bietet sich dann
vor allem im Falle von *L'Appareil-photo* an. Hier berichtet wiederum ein na-
menloser Ich-Erzähler über Erlebnisse, die ihm im Zusammenhang mit dem

---

344   Ebenda, S. 136.
345   Ebenda, S. 112.
346   Vgl. Wolfram Nitsch, »Paris ohne Gesicht. Städtische Nicht-Orte in der französischen
      Prosa der Gegenwart«, in: Mahler (Hg.), *Stadt-Bilder*, S. 305–321.

wiederholten Versuch, einen Führerschein zu erwerben, widerfahren sind. Im Zentrum steht die Bekanntschaft mit der Sekretärin der Fahrschule, die u. a. eine gemeinsame Wochenendreise nach London nach sich zieht. Breit geschildert werden auch der gemeinsame Versuch, eine neue Gasflasche für den Betrieb des Heizöfchens im Büro der Fahrschule zu erstehen, und die dadurch motivierte Odyssee durch die Pariser Vorstadt. Die Auflösung der Opposition zwischen privatem und öffentlichem Raum und ihre Konsequenzen sind in der Raumgestaltung des Romans konsequent umgesetzt. Augés oben zitierte Feststellung – »on est toujours et on n'est plus jamais ›chez soi‹« – scheint für den Ich-Erzähler in uneingeschränkter Weise zu gelten. Dieser Eindruck ergibt sich zunächst schon daraus, dass Toussaint Verweise auf einen privaten Wohnbereich konsequent ausspart. So ist zwar mit Sicherheit anzunehmen, dass der offenbar als Geschäftsmann tätige Ich-Erzähler eine eigene Wohnung hat, doch erfährt man darüber nicht das Mindeste. Dasselbe gilt für die Wohnverhältnisse von Pascale, der Dame von der Fahrschule. Ihre Lebensverhältnisse werden zwar stärker konkretisiert, u. a. im Hinblick darauf, dass sie Mutter eines schulpflichtigen Kindes ist, und an einer Stelle wird auch nahe gelegt, dass sie den Erzähler mit zu sich nach Hause nimmt, aber die Szenen, die sich dort vermutlich abspielen – einschließlich der Planung des Wochenendes in London – werden dem Leser vorenthalten. Somit präsentiert der Roman einerseits – im Falle des Fahrschulbüros – Räume, die einen Zwitterstatus zwischen dem Öffentlichen und dem Privaten haben, andererseits eine Reihe veritabler *non-lieux* im Sinne Augés, nämlich die Szenerie der modernen Pariser Vorstadt mit Tankstellen, einem Supermarkt und Freizeiteinrichtungen wie einem künstlich angelegten See, das in London bewohnte Hotelzimmer und ein dort besuchtes indisches Restaurant, schließlich Verkehrsmittel wie die Pariser U-Bahn, das Flugzeug, das der Protagonist bei einer Geschäftsreise nach Mailand benutzt, und die – in diesem Kontext einigermaßen altmodisch wirkende – Fähre über den Ärmelkanal.

Mit dieser Generalisierung des Aufenthalts an Orten des Konsums und des Transits verbindet sich eine Grenzverwischung zwischen dem privaten und dem öffentlichen Bereich, da der Erzähler sich wiederholt die von ihm frequentierten *non-lieux* für seine persönlichen Bedürfnisse zunutze macht. Ein besonders markantes Beispiel bildet eine Szene in dem engen Geschäftsraum einer Tankstelle, wo der Protagonist in Begleitung von Pascale und deren Vater darauf wartet, dass ihr Auto repariert wird. Er nutzt die Wartezeit zu einer Nassrasur mit einer in einem Supermarkt erstandenen Rasierausrüstung an einem kleinen Waschbecken hinter der Kasse, während der Tankstellenbetreiber gerade mit einer Partie Mikado beschäftigt ist. Völlig ungeniert wird hier also ein Akt der intimen Körperpflege in einen mehr oder minder öffentlichen Raum verlegt. Ähnliche Merkmale weist eine Szene während der Geschäftsreise in Mailand auf, in der der Erzähler sich der Behandlung eines Hühnerauges in einem von seinem Geschäftspartner empfohlenen Fußpflegesalon unterzieht und dabei die geschäftlichen Gespräche zwanglos fortsetzt. Ebenso ist der Erzähler immer wieder in der Lage, auch in der unpersönlichen Umgebung der Nicht-Orte seinem ausgeprägten Bedürfnis nach einem intimen Bei-sich-Selbst-Sein nachzukommen. Seinem Hang für intensive Formen der Selbstreflexion kann er sich ebenso in der Kabine einer öffentlichen Toilette – wiederum im Zusammenhang mit dem Aufenthalt an einer Tankstelle – hingeben wie in einer am Rande der Landstraße gelegenen Telefonzelle, von der er vergeblich Pascale zu erreichen versucht.

Die Identitätsproblematik, die sich mit dieser Existenz in den *non-lieux* verbindet, wird im Text dadurch in emblematischer Weise verdeutlicht, dass der Wunsch des Protagonisten nach Erwerb eines Führerscheins schon daran scheitert oder zu scheitern droht – der Ausgang der Angelegenheit bleibt ungewiss –, dass er nicht in der Lage ist, ein Passbild beizubringen. Zwar gelingt es ihm bei der nächtlichen Rückkehr nach Frankreich, während der Wartezeit bis zur Abfahrt des Schiffes in einer automatischen Fotokabine einige Bilder zu machen, doch scheint er mit deren unpersönlichem Charakter nicht zufrieden. Später, während der Überfahrt, versucht er sich dann mit einem in einer spontanen Reflexhandlung entwendeten Fotoapparat abzulichten, jedoch ohne dass dabei das erhoffte authentische Bild entsteht. Gleichwohl nimmt die hier unmissverständlich evozierte Gefahr einer radikalen, in den totalen Selbstverlust führenden Entfremdung nicht den dramatischen Charakter an, den man aus Texten der klassischen Moderne, etwa den zentralen Romanen des Existentialismus, Camus' *Étranger* und Sartres *La Nausée* kennt. Vielmehr weiß der Protagonist doch immer in irgendeiner Weise mit der Realität und mit seinen Mitmenschen zurechtzukommen. Zwar fehlt ihm mit der Fahrerlaubnis eine soziale Basiskompetenz, doch beschert ihm eben dieser Mangel die Bekanntschaft mit Pascale. Der Vergleich mit Zolas *Curée*, wo ja ebenfalls schon eine völlig konsum- und vergnügungsorientierte Gesellschaft dargestellt wird, verdeutlicht diesen Befund. Während dort der Kollaps der Barrieren zwischen privatem und öffentlichem Raum in die Katastrophe führt, gibt er hier Anlass zu komischen Effekten, wie die Szene der Nassrasur im Tankstellenhäuschen zeigt. Auch die Odyssee in der modernen Vorstadt, dem Ergebnis einer neuen – mit der bei Zola thematisierten ›Haussmannisierung‹ durchaus vergleichbaren – Umgestaltung des Stadtbildes, die den Erzähler mit Pascale und ihrem Vater bei ihrer Suche nach der U-Bahn-Station im Nieselregen zwischen den Glasfassaden der Hochhäuser zu einem tristen Freizeitpark und einem künstlichen See führt, hat trotz der den Horizont säumenden rauchenden Schlote nicht den damit angedeuteten infernalischen Charakter. Vielmehr kann der Erzähler auch dieser Situation eine komische Dimension abgewinnen, indem er sich vorstellt, wie sich ihre desolate Truppe von einem über sie hinweg fliegenden Hubschrauber wohl ausmacht. So endet denn auch diese Episode harmlos mit der gemeinsamen Heimfahrt in der dann doch noch gefundenen U-Bahn und mit der Aussicht auf einen Abend mit Pascale.

Was den Aufenthalt an den Nicht-Orten in diesem Roman für den Erzähler erträglich macht, ist offensichtlich, dass er sich überwiegend in zwar nicht dauerhaften, aber doch irgendwie funktionierenden gesellschaftlichen Beziehungen befindet. Hier impliziert der *non-lieu* also nicht die von Augé behauptete Erfahrung der Einsamkeit; und hier wird auch nicht ein radikal unangepasstes Individuum mit einer Welt der sozialen Konformität konfrontiert, wie das etwa in Sartres *Nausée* der Fall ist, wo Roquentin sich alleine der bürgerlichen Gesellschaft der fiktiven Hafentadt Bouville gegenüber sieht. Vielmehr ist aufgrund des anonymen Charakters der Konsumgesellschaft das Existieren in der Welt der *non-lieux* ein gemeinsames Schicksal, auf das Toussaints Figuren nicht mit Widerstand oder Verweigerung reagieren, sondern das sie durch Anpassungsfähigkeit bewältigen. Schließlich sind sie den in der modernen Gesellschaft gebotenen Konsum- und Freizeitangeboten durchaus nicht völlig abhold.[347] Zu dieser Anpassungsfähigkeit gehörte es auch, dass man sich mit den zufälligen sozialen Konstellationen, in die man im Transit durch die *non-lieux* gerät, zufrieden gibt. Dafür muss allerdings das Individuum bereit sein, seinen Anspruch auf Einzigartigkeit herabzusetzen und in mehr oder minder pragmatisch motivierte Beziehungen mit seiner Umwelt einzutreten. Wie wir gesehen haben, ist der gelegentliche Rückzug in Schutzräume, die trotz ihres – mit der Umgebung der *non-lieux* korrespondierenden – provisorischen Charakters diese Funktion erfüllen können, nicht ausgeschlossen. Es entspricht dieser eingeschränkten subjektiven Perspektive, dass der Ich-Erzähler sich auch gelegentlich an den Leser wendet, und zwar gerade auch im Zusammenhang mit der Betonung der komischen Aspekte. Damit öffnet der Erzähler seine individuelle Sicht im Hinblick auf eine gesellschaftliche Perspektive und eine dieser Perspektive entsprechende Verständigung über die gemeinsame Existenz in der Welt der *non-lieux*. Die ernste und potentiell tragische Perspektive des Realismus und der frühen Moderne kann auch deshalb dementiert werden, weil die *non-lieux* keine die moderne Krisenerfahrung begründende historische Dimension eröffnen, und zwar auch nicht mehr in der Weise – wie Augé betont –, dass ihnen der Verlust einer schönen Vergangenheit eingeschrieben ist.[348] Damit steht der öffentliche Raum nicht im Zeichen eines großen historischen Schicksals, das am Beispiel exemplarischer Opfer – eines Goriot bei Balzac oder einer Gervaise bei Zola – aufgezeigt wird, sondern ist das Feld einer alltäglichen Auseinandersetzung mit dem unüberschaubaren Geflecht der modernen Konsum- und Medienwelt.[349]

---

347 Das zeigt sich besonders deutlich in *La Télévision*, wo die Hauptfigur, ein Professor für Kunstwissenschaft, die selbst verordnete Askese im Hinblick auf den Fernsehkonsum nicht lange durchhalten kann. Aber auch schon in *La Salle de bain* ist der Rückzug aus der Gesellschaft nur vorläufig, da der Protagonist sich dann nach Venedig aufmacht, wo es sein dringlichster Wunsch ist, Tennis zu spielen.

348 Augé, *Non-lieux*, S. 97 ff.

349 Diese Enthistorisierung entspricht dem Verlust der affektiven und existentiellen Tiefendimension, den Frederic Jameson als typisch für die postmoderne Kunst ansieht. Siehe »The Cultural Logic of Late Capitalism«, in: Jameson (Hg.), *Postmodernism, or, The Cultural Logic of Late Capitalism*, Durham: Duke University Press, 1991, S. 1–54.

IV. Zeitgestaltung

Ebenso wie der Entwurf und die Gestaltung einer fiktionalen Welt und der sie konstituierenden Räume kann die Zeitgestaltung als zentrale Funktion des Romans angesehen werden. Das liegt zunächst daran, dass zwischen der menschlichen Zeiterfahrung und dem Erzählen von Geschichten ein unlösbarer Zusammenhang besteht. Dies gilt natürlich für alle Formen des Erzählens: nicht nur für die fiktionalen erzählenden Gattungen wie den Roman, sondern auch für die Geschichtsschreibung, die Autobiographie und die verschiedenen Formen der Alltagserzählung. Durch das Erzählen von Geschichten wird Zeit modelliert, da das Erzählen sich einerseits normalerweise auf Vergangenes bezieht und die Dimension der Vergangenheit als solche verbal konstituiert und da andererseits Geschichten Zeitverläufe strukturieren, indem sie Veränderungsprozesse darstellen und erklären. Auf diese Art und Weise dient das Erzählen von Geschichten der sinnhaften Gestaltung vergangener Zeit. Ein drittes zentrales Merkmal narrativer Zeitmodellierung, das nun in besonderer Weise das fiktionale Erzählen betrifft, auch wenn es nicht als exklusiv für die Fiktion angesehen werden kann, ergibt sich aus der Möglichkeit des Erzählens, Vergangenes als gegenwärtig erscheinen zu lassen. Vor allem die in der Geschichte des Romans zunehmend ausgearbeiteten Verfahren der Bewusstseinsdarstellung und der Konstitution von Figurenperspektiven ermöglichen es, die nachzeitige Perspektive des Erzählens mit der Gegenwartsperspektive des Erlebens zu verknüpfen. Aufgrund dieser Doppelperspektive kann das Erzählen von Geschichten nicht nur die Vergangenheit, sondern auch die Vergänglichkeit der je gegenwärtigen Zeit besonders prägnant erfahrbar werden lassen.

Aufgrund der Vielschichtigkeit des Verhältnisses von Zeit und Erzählen bildet die systematische Erfassung der unterschiedlichen Aspekte dieses Verhältnisses trotz der gewichtigen Beiträge, die hierzu in der Erzählforschung vorliegen, noch ein dringendes Desiderat. Bei dem folgenden Versuch einer Systematisierung werde ich mich vor allem auf Michail Bachtins *Formen der Zeit im Roman*, Paul Ricœurs *Temps et récit* sowie Gérard Genettes *Discours du récit* beziehen. Den Ausgangspunkt soll die Frage nach der Funktion des Strukturschemas der Geschichte – begriffen als kognitive Form – als einer ersten Ebene der Zeitgestaltung bilden. Danach soll in Anlehnung an Bachtins Typologie der Romanchronotopoi erläutert werden, in welche Zeitkontexte die Geschichte eingebettet werden kann und welche Möglichkeiten der Zeitsemantisierung sich daraus ergeben. Als eine dritte Konstitutionsebene wird – überwiegend ausgehend von Ricœur – die subjektive Zeitwahrnehmung behandelt und im Hinblick auf das durch sie ermöglichte Zusammenspiel von Figuren- und Erzählerperspektive untersucht. Damit ist auch die

Voraussetzung für die Diskussion des Verhältnisses zwischen subjektiver Zeitwahrnehmung und mehr oder minder objektivierten Zeitkonzeptionen und damit zwischen individueller und sozialer Zeiterfahrung geschaffen. Als letzte Konstitutionsebene soll dann auf der Basis von Genette die Ebene des Erzähltexts mit seinen verschiedenen den zeitlichen Verlauf der Geschichte zur Darstellung bringenden Gliederungsverfahren in den Blick genommen werden.

1.   Zeit der Handlung/Geschichte

Eine erste Konstitutionsebene der Zeit in narrativen Texten ergibt sich aufgrund der erzählten Geschichte. Die zentralen Merkmale der Geschichte – begriffen als kognitive Form – sind häufig beschrieben worden:[350] zu ihnen zählen erstens ein Subjekt, das eine Veränderung erfährt, zweitens eine Handlungssequenz, die diese Veränderung als chronologische und logische Abfolge entfaltet, sowie drittens die Eingrenzung und Formung dieser Handlungssequenz durch Anfang und Ende. Die so bestimmte Strukturform der Geschichte verbindet die Funktionen der Zeitdifferenzierung und der Kontinuitätsbildung. Indem die Geschichte einen Veränderungsprozess darstellt, ermöglicht sie es einerseits, verschiedene aufeinanderfolgende Zustände voneinander zu unterscheiden, andererseits stellt sie einen Zusammenhang zwischen ihnen her, indem sie die geschehene Veränderung zu erklären sucht. Letzteres kann sowohl dadurch erfolgen, dass Ursachen angegeben werden, die zu der Veränderung geführt haben, als auch durch die Deutung des Veränderungsprozesses als eine den Endzustand bewirkende Entwicklung. Auf diese Weise erfolgt durch das Erzählen von Geschichten eine grundlegende Form der Sinnstiftung, die ein Verstehen des vergangenen Geschehens ermöglicht.[351] Die Konstitutionsebene der Geschichte hat insofern einen handlungsinternen Charakter, als sie ausschließlich auf der durch die Strukturform der Geschichte gestifteten sinnhaften Geordnetheit von Veränderungsprozessen beruht. Das bedeutet auch, dass diese Form der Gliederung ganz ohne Zeitmaß auskommen kann und dass damit Zeitlichkeit nur in Form der reinen Abfolge thematisch wird. Eine kleine Fabel von La Fontaine mag hierfür als Beispiel dienen:

---

350 Zu einer zusammenfassenden Darstellung siehe Jürgen Straub, »Geschichten erzählen, Geschichten bilden. Grundzüge einer narrativen Psychologie historischer Sinnbildung«, in: Straub (Hg.), *Erzählung, Identität und historisches Bewusstsein. Die psychologische Konstruktion von Zeit und Geschichte*, Frankfurt/M.: Suhrkamp, 1998, S. 81–169.

351 Vgl. die lapidare Formulierung von Karlheinz Stierle: »Die Geschichte im Gegensatz zum Geschehen hat einen Sinn« (»Geschehen, Geschichte, Text der Geschichte«, in: Stierle, *Text als Handlung*, München: Fink, 1975, 49–55, hier: S. 51). Vgl. auch Jörn Rüsen, »Die vier Typen des historischen Erzählens«, in: Rüsen, *Zeit und Sinn. Strategien historischen Denkens*, Frankfurt/M.: Fischer, 1990, S. 153–230, hier insbes. S. 157 ff.

Le Cerf et la vigne

Un Cerf à la faveur d'une Vigne fort haute
Et telle qu'on en voit en de certains climats,
S'étant mis à couvert et sauvé du trépas,
Les Veneurs pour ce coup croyaient leurs chiens en faute.
Ils les rappellent donc. Le Cerf hors de danger
Broute sa bienfaitrice, ingratitude extrême!
On l'entend, on retourne, on le fait déloger.
        Il vient mourir en ce lieu même.
J'ai mérité, dit-il, ce juste châtiment:
Profitez-en, ingrats. Il tombe en ce moment.
La Meute en fait curée. Il lui fut inutile
De pleurer aux Veneurs à sa mort arrivés.
Vraie image de ceux qui profanent l'asile
Qui les a conservés.[352]

[Der Hirsch und die Rebe

Nachdem ein Hirsch sich dank einer sehr hohen Rebe,
Wie man sie in gewissen Klimazonen findet,
Verborgen und vor dem Tod gerettet hatte,
Glaubten die Jäger in diesem Fall ihre Hunde im Irrtum.
Sie rufen sie also zurück. Der Hirsch, außer Gefahr,
Frisst seine Wohltäterin ab, äußerster Undank!
Man hört ihn, man kehrt zurück, man scheucht ihn auf.
        Er wird an eben diesem Ort sterben.
Ich habe diese gerechte Strafe verdient, sagt er:
Macht euch das zunutze, Undankbare. Er fällt in diesem Moment.
Die Meute zerfleischt ihn. Umsonst
Klagte er vor den Jägern, die seinem Tod beiwohnten.
Wahres Bild derjenigen, die das Asyl entweihen,
        das ihnen Schutz geboten hat.]

Die Fabel präsentiert die Geschichte vom Tod eines Hirschs als warnendes Beispiel dafür, dass man gewährten Schutz nicht in undankbarer Weise missbrauchen sollte. Im Verlauf der Geschichte ist Zeit insofern impliziert, als die Situation des Hirsches eine Reihe von ereignishaften Veränderungen erfährt. Infolge einer Jagd gerät er in Lebensgefahr; eine hohe Rebe gewährt ihm Deckung, so dass er der Bedrohung zunächst entkommt; als er beginnt, die Blätter der Rebe abzufressen, verrät er sich durch die dabei entstehenden Geräusche; die Jäger kehren zurück, er wird von der Hundemeute gestellt und fällt ihr zum Opfer. Die oben genannten Grundfunktionen des Strukturschemas der Geschichte sind deutlich erkennbar: Zeitdifferenzierung erfolgt in Form einer Darstellung von aufeinanderfolgenden unterschiedlichen Zuständen, der Abfolge von Bedrohung, Rettung, nochmaliger Bedrohung und Tod; Kontinuität wird durch die Identität des Subjekts und durch das Herstellen kausaler Zusammenhänge gestiftet, etwa zwischen dem Fressgeräusch des sich in Sicherheit wähnenden Hirsches und der Wiederkehr der Jäger. Allerdings wird dabei

---

352 La Fontaine, Jean de, *Fables*, hg. v. Georges Couton, Paris: Garnier, 1962, S. 144–145.

Zeitlichkeit gar nicht thematisiert, wenn man einmal von dem aktualisierenden Gebrauch des Präsens (V. 6 ff.) absieht, mit dem der aus dem Beispiel zu ziehenden Lehre Nachdruck verliehen wird. Zu welcher Tages- und Jahreszeit die Jagd stattfindet, wie alt der Hirsch ist, wie lange die verschiedenen Phasen der Jagd dauern sowohl in objektivierter Zeitmessung als auch im Empfinden des Opfers selbst, all dies ist hier ausgespart. Was bleibt – und das ist für die intendierte Lektion ja völlig ausreichend –, ist die nackte Abfolge der Ereignisse, die zum Tod des Hirsches führen.

Im Kontext der Gattungsgeschichte des Romans entspricht diese Art der ereignisbezogenen Zeitgestaltung der von Bachtin so genannten »Abenteuerzeit«, die er am Beispiel des hellenistischen Liebesromans erläutert.[353] Der Zeitverlauf ergibt sich hier nur aus einer Folge von Abenteuern, die nach Belieben ausgedehnt werden kann, ohne dass die dabei implizierte Dauer in Monaten und Jahren messbar ist. Auch an den Figuren scheint die Zeit der Abenteuer spurlos vorüberzugehen. Sie liegt »außerhalb der biographischen Zeit«[354], so dass das Liebespaar, das im Mittelpunkt der Abenteuerhandlung steht, am Ende der Gefahren und Strapazen so jung und schön ist wie zu Beginn. Auch für die Einordnung der Handlung in den historischen Zeitkontext findet man in diesem Romantyp kaum Hinweise.[355] Für spätere Formen des Romans gilt dagegen – so Bachtins zentrale Feststellung bei seiner Untersuchung der Entwicklung der Romanchronotopoi –, dass die dem Prinzip der reinen Abfolge gehorchende Handlungssequenz des Abenteuerromans immer stärker mit weiteren Zeitperspektiven verbunden wird. Diesen Zeitreihen oder Zeitkontexten wollen wir uns jetzt zuwenden.

2.   Zeitkontexte

Die Konkretisierung des durch die Abfolge der Ereignisse konstituierten Verlaufs erfolgt dadurch, dass die erzählte Geschichte in Zeitkontexte eingerückt wird, die es ermöglichen, die Dauer der Handlungsphasen auf bestimmte Zeitmaßstäbe zu projizieren und ihnen zusätzliche Bedeutungen zu verleihen. Bachtin nennt folgende »Zeitreihen«, welche die reine »Abenteuerzeit« anreichern können und so eine konkretere Zeitdarstellung im Roman ermöglichen: die Lebenszeit, die vor allem in der Biographie und der Autobiographie ausgearbeitet wird, die Naturzeit, die besonders prägnant in der bukolischen Literatur entfaltet wird, sowie die Alltagszeit und die historische Zeit, die erst im rea-

---

353 Bachtin, *Formen der Zeit im Roman*, S. 10 ff.
354 Ebenda, S. 13.
355 So ist es beim kanonischen Beispiel von Heliodors *Äthiopischen Geschichten von Theagenes und Charikleia* weder möglich, die Entstehungszeit – das 3. und das 4. Jahrhundert nach Christus wurden vorgeschlagen – als auch den Zeitpunkt der Handlung auch nur annähernd zu konkretisieren, obwohl die geographischen Verhältnisse der antiken Welt einigermaßen realitätsgetreu evoziert werden.

listischen Roman besonders in den Vordergrund treten.[356] Diese Zeitverläufe bilden eine zweite Konstitutionsebene der Zeit im Roman, durch die dem nackten Handlungsgerüst der Geschichte ein externer zeitlicher Rahmen verliehen werden kann. Damit verbinden sich zwei unterschiedliche Funktionen: 1. Aufgrund der den Zeitreihen eigenen Verlaufsschemata ergeben sich zusätzliche Gliederungsmöglichkeiten. So impliziert die Lebenszeit das Verlaufsschema der Lebensalter, die Naturzeit das Verlaufsschema der Jahreszeiten, die Alltagszeit den täglichen und wöchentlichen ›Stundenplan‹, die historische Zeit die Abfolge der Epochen. Diese Formen der Zeitgliederung ermöglichen die Situierung der erzählten Ereignisse innerhalb bestimmter Zeitspannen oder in Verbindung mit bestimmten Zeitpunkten: im Zusammenhang mit dem Lebensalter (z. B. in der Jugend), mit historischen Zeiträumen und Daten (z. B. während des Zweiten Weltkriegs) oder mit den zyklischen Verläufen der Natur- und der Alltagszeit (z. B. am Frühlingsbeginn, am Wochenbeginn). 2. Die Zeitgliederung impliziert eine spezifische Zeitsemantik, die sich bereits aus der Einteilung des Verlaufs in oppositiv strukturierte Paradigmen von Zeiträumen ergibt – das Paradigma der Lebensalter, der Tages- und Jahreszeiten, der historischen Epochen – und dann mit weiteren Bedeutungen angereichert werden kann. Tag und Nacht, Frühling und Winter, Jugend und Alter und auch historische Epochen wie Barock und Aufklärung sind immer schon mit bestimmten Konnotationen verbunden. Auf diese Weise wird der je einmalige und irreversible Verlauf der erzählten Geschichte durch die unterschiedlichen Zeitkontexte in gesellschaftlich genormte und konventionalisierte Zeitstrukturen eingeschrieben. Dies soll nun im Folgenden noch etwas ausführlicher erläutert werden, wobei den von Bachtin genannten Zeitreihen noch eine weitere hinzugefügt bzw. ihnen vorangestellt wird: die Uhr- und Kalenderzeit, die zwar im Gegensatz zu den genannten Zeitschemata semantisch leer ist, aber die Funktionen der Zeitgliederung und – natürlich vor allem der Zeitmessung – mit den übrigen Zeitkontexten teilt und dabei eng mit ihnen zusammenwirkt.

Uhr- und Kalenderzeit

Einen ersten Zeitrahmen bildet somit die auf der physikalischen Zeitbestimmung beruhende Zeitmessung und Zeiteinteilung. Dieser Rahmen der Uhrzeit und der Kalenderzeit, der Stunden, Tage, Wochen, Monate und Jahre, impliziert zunächst – als rein quantitative Zeiteinteilung – keine qualitativen Differenzierungen, verbindet sich aber häufig mit semantisch stärker gefüllten Zeitvorstellungen. So etwa verweist eine Datumsangabe nicht nur auf einen Zeitpunkt in der endlosen numerischen Serie der Tage, sondern immer auch auf eine Zeitstelle im Jahreskreislauf und darüber hinaus im (welt-)historischen Verlauf. Die exakte Angabe der Tageszeit bezeichnet ebenso nicht nur

---

356 *Formen der Zeit*, S. 15.

die exakte Zeitstelle in der Reihe der Minuten und Stunden, sondern evoziert darüber hinaus den Kontext der alltäglichen Zeiteinteilungen und kann sich dabei mit den Vorstellungen der Frühzeitigkeit, der Rechtzeitigkeit oder der Verspätung verbinden. Wenn Flaubert die *Éducation sentimentale* am 15. September 1840 gegen sechs Uhr morgens[357] beginnen lässt – kurz vor dem Ablegen des Seine-Dampfers, auf dem Frédéric Moreau seine Heimfahrt nach Nogent antritt und dabei Mme Arnoux kennenlernt –, dann verweist diese Angabe zunächst auf das Jahrzehnt der französischen Geschichte, das aus der nachzeitigen Perspektive des Lesers – der Roman erschien 1869 – auf die Revolution von 1848 zuläuft; dann enthält sie einen Verweis auf die frühherbstliche Jahreszeit, der wenig später durch die Erwähnung der nebligen Atmosphäre an Anschaulichkeit gewinnt; und schließlich betont sie auch die noch sehr morgendliche Tageszeit, die das hektische Treiben vor der Abfahrt des Schiffes umso bemerkenswerter erscheinen lässt. In dem Maße, wie der Verlauf der geschilderten Vorgänge durch exakte Angaben bestimmt wird, entstehen Vorstellungen von Dauer und Geschwindigkeit, die dann zum Vergleich mit der normalerweise für den betreffenden Vorgang benötigten Zeit oder auch mit der persönlichen Zeiterfahrung herausfordern. Als Frédéric nach der vormittäglichen Flussreise und der anschließenden langen Fahrt in der von seiner Mutter geschickten Kutsche am Abend zu Hause ankommt, schlägt die Kirchturmuhr neun Uhr. Der Leser kann somit die Länge von Frédérics Reisetag genau ermessen und eigene Reiseerfahrungen zum Vergleich heranziehen. Exakte Zeitangaben verweisen darüber hinaus auf bestimmte gesellschaftliche Formen des Umgangs mit der Zeit und die ihn bestimmenden Institutionen und Diskurstypen, auf die genaue Zeitdisziplin in der Schule, beim Militär und in bestimmten Sektoren der Arbeitswelt, auf die protokollarische Festlegung des Zeitplans von öffentlichen Veranstaltungen oder auch auf die bei Kriminalfällen erforderliche genaue zeitliche Berechnung des Tathergangs und der Alibis. In Juan Goytisolos *Señas de identidad* findet man folgendes fiktives Beispiel eines polizeilichen Protokolls, das die Überwachungspraxis des Franco-Regimes beleuchten soll:

> Martes, día 5 – Gorila sale a las 14,30 en unión de Gitano y se trasladan en autobús a plaza Palacio. Entran en un bar; Gorila va a la estación M.Z.A., compra un billete, regresa al bar, y no hallando a Gitano, vuelve sobre sus pasos. A las 16 horas coge el tren en el andén número uno. Llega a Mataró a las 16,40, se encamina al centro de la población [...].[358]

> [Dienstag, der 5. – Gorilla verlässt seine Wohnung um 14.30 Uhr zusammen mit Gitano und sie fahren mit dem Bus zum Platz Palacio. Sie betreten eine Bar, Gorilla geht zur Station der M.Z.A. (Eisenbahngesellschaft Madrid-Zaragoza-Alicante), kauft eine Fahrkarte, kehrt zur Bar zurück, wo er Gitano nicht antrifft, geht wieder zum Bahn-

---

357 Flaubert, *L'Éducation sentimentale*, S. 19: »Le 15 septembre de 1840, vers six heures du matin«.
358 Juan Goytisolo, *Señas de identidad*, Madrid: Alianza, 1999, S. 184.

hof zurück. Um 16 Uhr nimmt er den Zug auf dem Bahnsteig 1. Er kommt um 16.40 Uhr in Mataró an, macht sich auf den Weg zum Ortszentrum (...)].

Wie der Text erkennen lässt, verweisen solche Zeitangaben darauf, dass exakte Zeitmessung ein wichtiges Instrument der sozialen Organisation und Kontrolle darstellt, und können somit dazu dienen, den von der gesellschaftlichen Welt auf das Individuum ausgeübten Druck anschaulich zu machen.[359] Natürlich hat diese Form der Zeitkonstitution ihre eigene Geschichte, in der erst allmählich der heutige Standard an Exaktheit erreicht wird: die Geschichte des Kalenders und der Kalenderreformen sowie die Geschichte der Uhr und der immer genaueren Messung und Einteilung der Tageszeiten, die von der Regulierung des Klosteralltags bis zur Etablierung genau aufeinander abgestimmter überregionaler Zeitzonen führt, wie sie vor allem mit der Entstehung des Eisenbahnwesens notwendig wurde.[360] Dabei geht die Entwicklung der technischen Möglichkeiten der exakten Zeitmessung immer Hand in Hand mit der Zunahme der sozialen Kontrolle.

Naturzeit

Die Naturzeit des Tages- und des Jahresablaufs bildet zunächst die Basis für die mathematisch und technisch verfeinerten Methoden der Zeitmessung und Zeiteinteilung. Da sie aber zugleich auch die Möglichkeit spezifischer semantischer Differenzierungen und Merkmalszuschreibungen bietet, wird sie hier als eigener Zeitrahmen behandelt. So ergeben sich die Semantisierungsmöglichkeiten der Tageszeiten häufig aufgrund von spezifischen Licht- und Stimmungsqualitäten, so im Fall von Morgenröte und Sonnenaufgang, der Mittagszeit – *high noon* –, des besonders am Sonntag ›langen‹ Nachmittags oder der Abenddämmerung. Ähnliches gilt für die den Jahresablauf gliedernden Unterscheidungen der Monate und der Jahreszeiten, die sich – jedenfalls im Falle unserer mitteleuropäischen Klimaverhältnisse – mit den Vorstellungen des Werdens und Vergehens und des Gegensatzes zwischen den hellen, warmen und glückhaften Zeiten des Frühlings und Sommers einerseits, den trüben und traurigen Zeiten des Herbstes und Winters andererseits verbinden. Da die an den Naturvorgängen orientierte Zeiteinteilung unmittelbar an den Veränderungen der räumlichen Umgebung ablesbar ist, kann sie mit besonderer Anschaulichkeit vermittelt werden und so eine besondere atmosphärische Suggestivität entfalten. Dies belegt z. B. die folgende Schilderung

---

359 In seinen Überlegungen *Über die Zeit* hat Norbert Elias besonders betont, dass die zunehmende Fixierung und Normierung der sozialen Praktiken sich beim Individuum in der Ausbildung eines inneren Zeitzwangs niederschlägt (siehe *Über die Zeit*, Frankfurt/M.: Suhrkamp, ³1990, S. XVIII f., 116 ff., 144 ff.).

360 Vgl. hierzu Arno Borst, *Computus. Zeit und Zahl in der Geschichte Europas*, Berlin: Wagenbach, 2004; David S. Landes, *Revolution in Time. Clocks and the Making of the Modern World*, London: Viking, 2000.

der trüben und ereignislosen Wintertage in Tostes im zweiten Jahr von Emma
Bovarys Ehe:

> L'hiver fut froid. Les carreaux, chaque matin, étaient chargés de givre, et la lumière,
> blanchâtre à travers eux, comme par des verres dépolis, quelquefois ne variait pas de la
> journée. Dès quatre heures du soir, il fallait allumer la lampe.[361]

> [Der Winter war kalt. Jeden Morgen waren die Fensterscheiben mit Reif bedeckt, und
> manchmal blieb das wie durch mattierte Scheiben fallende weißliche Licht den gan-
> zen Tag unverändert. Schon um vier Uhr abends musste man die Lampe anzünden.]

Durch die Verweise auf die draußen herrschende Kälte, das aufgrund der mit
Reif besetzten Scheiben nur gedämpfte Licht der Innenräume und die Kürze
der Tage entsteht hier in wenigen Zeilen ein sehr anschauliches Bild, das die
Stimmungsqualität der beschriebenen Wintertage in meisterhafter Weise vermittelt.

Diese Beispiele zeigen bereits, wie der Kontext der Naturzeit die der erzählten Geschichte eigenen Differenzierungen von Zuständen mit zusätzlichen Semantisierungen versieht. Der Frühling etwa ist dafür prädisponiert,
den zeitlichen Rahmen für den Beginn von Liebesgeschichten zu bilden –
paradigmatisch ist hierfür die bukolische Literatur –, wobei die Parallelisierung von Frühlings- und Liebeserwachen häufig die Funktion hat, die Na-
türlichkeit der Liebe zu unterstreichen. Aus demselben Grund kann die
Wiederkehr des Frühlings dann auch die Mangelerfahrung, die daraus resultiert, dass das menschliche Liebeserleben nicht in derselben Weise wiederhol-
bar ist wie der Naturzyklus, besonders akzentuieren. Zunächst sind aber natürlich Herbst und Winter die typischen Epochen für das Vergehen der Liebe
mit den damit verbundenen Erfahrungen der Trauer und der Abwesenheit
und bilden daher auch den adäquaten Zeitrahmen für entsprechende Korre-
spondenzlandschaften. Wie oben bereits im Zusammenhang mit der Raumgestaltung dargelegt wurde, hat Rousseau diese Semantisierungsmöglichkeiten in der *Nouvelle Héloïse* subtil ausgespielt, wobei auch der kulturellen und
sozialen Zeitsemantik widersprechende Semantisierungen ins Spiel gebracht
werden.[362] Es ist Winter, als sich Saint-Preux am Ufer von Meillerie am Genfer See in Sehnsucht nach der am anderen Ufer weilenden Julie verzehrt;
Jahre später aber ist es ein Sommertag, an dem er gemeinsam mit der ehemaligen Geliebten den Ort seines Leidens besucht. So lässt das sommerliche
Szenario, das eigentlich so schön mit einem glücklichen Ende ihrer Liebesgeschichte korrespondieren würde, die Tatsache, dass Julie als Ehefrau eines
anderen für Saint-Preux für immer verloren ist, umso schmerzlicher erscheinen.

Die der Zeitmessung innewohnende Zyklik kommt natürlich im Falle des
Tages- und des Jahresverlaufs besonders deutlich zum Ausdruck und verleiht

---

361 Flaubert, *Madame Bovary*, S. 99.
362 Vgl. oben, S. 140 ff.

dem Nexus von Wiederholung und Veränderung eine besondere Prägnanz. Dabei treten der Wiederholungscharakter des Zeitmaßes und damit der Zeitverlauf als solcher in dem Maße in den Vordergrund, wie die handlungsbedingte Gliederung des Verlaufs reduziert wird. Das gerade schon zitierte Kapitel I, 9 aus Flauberts *Madame Bovary* ist hierfür ein gutes Beispiel. Dort werden die ersten eineinhalb Jahre von Emmas Ehe auf wenigen Seiten zusammengefasst: Ein im Herbst nach der Hochzeit auf einem nahe gelegenen Schloss gegebener Ball, zu dem das Artzehepaar eingeladen wird, bildet – jedenfalls aus Emmas Sicht, die hier ganz im Vordergrund steht – das wichtigste der wenigen zäsurbildenden Ereignisse. Das folgende Jahr, das völlig durch die Erwartung einer Wiederkehr des Ballerlebnisses geprägt ist, wird dann vor allem durch knappe Verweise auf die Jahreszeiten zusammengefasst, wobei auch hier die Angaben zu Emmas Befindlichkeit im Frühling und im Sommer mit dem Naturzyklus kontrastiert werden:

> Le printemps reparut. Elle eut des étouffements aux premières chaleurs, quand les poiriers fleurirent.
>
> Dès le commencement de juillet, elle comptait sur les doigts, combien de semaines lui restaient pour arriver au mois d'octobre, pensant que le marquis d'Andervilliers, peut-être, donnerait encore un bal à la Vaubeyssard. Mais tout septembre s'écoula, sans lettres ni visites.
>
> Après l'ennui de cette déception, son coeur de nouveau resta vide, et alors la série de mêmes journées recommença.[363]

> [Der Frühling kam wieder. Während der ersten warmen Tage, als die Birnbäume blühten, litt sie unter Anfällen von Atemnot.
>
> Von Anfang Juli an zählte sie an ihren Fingern ab, wie viele Wochen sie noch bis zum Oktober warten müsse, da sie dachte, dass der Marquis von Andervilliers vielleicht wieder einen Ball auf dem Schloss Vaubeyssard geben würde. Aber der ganze September verstrich ohne Briefe und ohne Besuche.
>
> Nach dem Kummer dieser Enttäuschung blieb ihr Herz wieder leer und dann begann von neuem die Reihe der immer gleichen Tage.]

Es folgt die etwas ausführlichere Beschreibung des Winters, aus der vorher schon zitiert wurde. In ihrem Kontext finden sich Zeitangaben nur anlässlich der aufeinanderfolgenden Besuche von Emmas Schwiegermutter während der Fastenzeit und ihres Vaters Ende Februar. Wenig später lesen wir dann am Ende des Kapitels, dass das Ehepaar im März Tostes verlässt und dass Emma schwanger ist. Aufgrund des Mangels an handlungsbedingten Zäsuren wird hier der Zeittakt fast ausschließlich durch die zyklische Gliederung des Jahreslaufs angegeben, und das führt zu einer Akzentuierung der Leere der Zeit, die dem Zeiterleben eine besondere Prägnanz verleiht.

---

363 Flaubert, *Madame Bovary*, S. 98.

Alltagszeit

Von einer spezifischen Alltagszeit kann deshalb gesprochen werden, weil die wiederkehrenden Tätigkeiten und Pflichten, die sich aus der kontinuierlichen Notwendigkeit der Existenzsicherung ergeben – aus der Sorge um Gelderwerb und regelmäßige Ernährung, um ausreichende Phasen der Erholung und des Schlafes, um Bekleidung, Sauberkeit und Hygiene – im Allgemeinen mit einem mehr oder minder festgelegten Zeitschema verbunden sind. Das gilt schon für den Umkreis des häuslichen Alltags mit seinen regelmäßigen Essenszeiten, den gewohnheitsmäßigen Zeiten des Zu-Bett-Gehens, des Aufstehens und der Körperpflege und mehr noch für den Arbeitsalltag, der sich aus den Arbeitszeiten und den innerhalb dieser Zeiten zu verrichtenden Tätigkeiten ergibt. Neben den typischen Organisationsformen der Arbeitswelt wie in Fabriken, Firmen und Behörden entwickeln auch Institutionen wie Schule, Militär und Krankenhaus ihre je eigenen Formen des Alltags. Wie die Beispiele erkennen lassen, ist die Alltagszeit zunächst stark an die Naturzeit, insbesondere an den Tag-Nacht-Rhythmus, angelehnt und weist den entsprechenden zyklischen Charakter auf. Hinzu kommen sowohl individuelle Gewohnheiten als auch eine kulturelle und soziale Normierung, die sich vor allem im Arbeitsalltag und im Falle der genannten Institutionen beobachten lässt. Noch stärker als der Tagesablauf ist der Wochenrhythmus durch diesen kulturellen und gesellschaftlichen Aspekt geprägt, zumal die Sieben-Tage-Woche ein Spezifikum der christlich-jüdischen Kultur darstellt.

Bachtin weist darauf hin, dass der Chronotopos der Alltagswelt und damit auch die Alltagszeit in der Geschichte des Romans – ähnlich wie die Lebenszeit und die Zeit der historischen Welt – nur im Zuge einer langsamen Entwicklung erschlossen werden, die zwar schon bei Apuleius und Petronius ihren Anfang nimmt, ihren Höhepunkt aber erst im realistischen Roman findet. Wie oben schon dargestellt wurde, verbindet sich damit ein Wandel von einer überwiegend negativen Perspektivierung des Alltags niederer Schichten zur Darstellung einer bürgerlichen Kultur des Alltagslebens, die als solche eine positive Sicht zumindest nicht ausschließt.[364] Als beispielhaft für die Alltagsdarstellung im realistischen Roman sieht Bachtin den Chronotopos der Provinzstadt an[365], der vor allem im französischen Realismus besonders ausgearbeitet wird. Das gilt schon für Stendhal – insbesondere im Falle von Verrières in *Le Rouge et le Noir* – und Balzac – man denke an die Darstellung von Saumur in *Eugénie Grandet* oder von Angoulême in *Illusions perdues* –, dann aber besonders für Flauberts Provinzdarstellung in *Madame Bovary*, wo die routinemäßigen Verläufe des persönlichen und gesellschaftlichen Lebens besonders

---

364 Vgl. oben, S. 151 ff.
365 Bachtin, *Formen der Zeit im Roman*, S. 197.

nachdrücklich geschildert werden.[366] Besonders einschlägig ist hierfür das oben schon zitierte Kapitel I, 9, das Emmas erste Ehejahre in Tostes zum Gegenstand hat. Da ich auf diese Textstelle später noch einmal zurückkommen will, um die Interaktion von sozialer und subjektiver Perspektivierung der Zeiterfahrung zu verdeutlichen[367], wähle ich hier ein sehr viel früheres Textbeispiel, nämlich die *Escudero*-Episode aus dem *Lazarillo de Tormes*, die zeigt, wie die Darstellung des Alltagslebens einschließlich seiner zeitlichen Organisation schon im Roman der Frühen Neuzeit Eingang findet, auch wenn das zunächst nur in der niederen Gattungsvariante des komischen und satirischen Romans möglich ist.

Als der junge Lazarillo nach den schlimmen Erfahrungen, die er bei seinen ersten Herren, einem Blinden und einem Kleriker, gemacht hat – vor allem musste er ständig Hunger leiden –, von einem *hidalgo*, einem Adligen, wenn auch von niederem Rang, als Diener aufgenommen wird, glaubt er zunächst an eine Verbesserung seiner Lage. Dann muss er allerdings im Laufe des ersten Vormittags, an dem er Dienst tut, feststellen, dass er vom Regen in die Traufe gekommen ist, da sein neuer Herr völlig mittellos ist und kaum für seinen eigenen Unterhalt aufkommen kann. Der Zeitverlauf dieses Vormittags und die Gänge, die Herr und Diener gemeinsam machen, sind genau nachgezeichnet. Dabei ergibt sich eine besondere Spannung daraus, dass Lazarillo ständig versucht, die einzelnen Tätigkeiten im Rahmen eines Alltagsschemas zu deuten, das seinen Zielpunkt in einem reichlichen Mittagessen hat. Zunächst gehen die beiden auf den Markt, wo Lazarillo erwartet, es werde nun eingekauft, da dies der hierfür übliche Zeitpunkt sei.[368] Da sein Herr jedoch dazu keine Anstalten macht, tröstet sich Lazarillo darüber mit der Überlegung hinweg, dass das Angebot wohl nicht zufriedenstellend sei und die Besorgungen daher andernorts erledigt würden. Unterdessen schlägt es elf Uhr, und es ist Zeit für den Besuch der Messe, die der Herr andächtig bis zum Ende verfolgt. Als auch danach keine Einkäufe gemacht werden, nimmt Lazarillo an, der Herr müsse so wohlhabend sein, dass er die Gewohnheit habe, sich immer gleich für mehrere Tage mit Vorräten einzudecken, und das Mittagessen werde bereits zubereitet. Als die Kirchturmuhr ein Uhr schlägt, suchen sie schließlich das Haus des Herrn auf. Hier sieht sich Lazarillo zunächst in ein ausführliches Gespräch über seinen bisherigen Werdegang verwickelt, wobei ihm der Zeitpunkt allerdings sehr unglücklich gewählt scheint: »porque me parescía más conveniente hora de mandar po-

---

366 Zu Beispielen im spanischen Roman des 19. und 20. Jahrhunderts siehe Wolfgang Matzat,»La ciudad de provincias en la novela española del realismo a la actualidad: continuidad y transformación«, in: W.M. (Hg.), *Espacios y discursos en la novela española del realismo a la actualidad*, Madrid: Iberoamericana, 2007, S. 83–99.

367 Siehe unten, S. 248 f.

368 *Lazarillo de Tormes*, S. 130: »porque esta era propria hora, cuando se suele proveer de lo necesario« [da dies die richtige Stunde war, in der man sich mit dem Notwendigen zu versorgen pflegt].

ner la mesa y escudillar la olla«.[369] Schließlich ist es beinahe zwei Uhr, als Lazarillo die schreckliche Wahrheit erfährt, dass in diesem Hause gar nicht zu Mittag gegessen wird. Der anonyme Autor des *Lazarillo de Tormes* hat also das Zeitschema der Alltagszeit in einer frühneuzeitlichen Version in eindrucksvoller Weise thematisiert, um die Desillusionserfahrung seines Helden, der nichts sehnlicher wünscht, als an einem geregelten und das leibliche Wohl garantierenden Alltagsdasein zu partizipieren, anschaulich werden zu lassen. Der Text bietet somit auch schon ein sehr schönes Beispiel für die Modellierung des individuellen Zeitempfindens im Rahmen eines sozial geprägten Zeitschemas.

Lebenszeit

Der Zeitkontext der Lebenszeit und der Lebensgeschichte spielt, wie oben schon beschrieben wurde, in der Entwicklung des Romans in dem Maße eine ganz zentrale Rolle, wie der Roman die persönlichen Lebensschicksale einzelner Menschen in den Mittelpunkt der Darstellung rückt. Das lebensgeschichtliche Zeitschema definiert sich einerseits durch den durch Geburt und Tod markierten Rahmen, andererseits durch die Gliederung in unterschiedliche Lebensalter. Als ein im Zeichen von Werden und Vergehen stehender Verlauf ist die Lebenszeit eng mit der Naturzeit verbunden – Metaphern wie die vom ›Herbst des Lebens‹ bringen dies deutlich zum Ausdruck – und erscheint insbesondere dann, wenn die Abfolge der Generationen in den Blick kommt, als Variante der natürlichen Zyklik. Im Hinblick auf die Lebensalter ist aber zugleich festzustellen, dass ihre Differenzierung sowie die Vorstellungen über ihre Dauer und ihre besonderen Merkmale stark durch kulturelle Vorgaben und soziale Gegebenheiten wie z. B. die Schulpflicht oder die Definition des Alters als Ruhestand geprägt sind. Dabei hat der Zeitrahmen der Lebenszeit in jedem Fall eine spezifisch existentielle und daher, wie unten noch ausführlicher dargelegt werden soll, auch subjektive Komponente, indem er auf den je eigenen Tod eines jeden Menschen verweist. Insgesamt steht er also im Zeichen einer Zeitökonomie, die auf dem Wissen vom notwendigerweise begrenzten Charakter des zur Verfügung stehenden Zeitbudgets beruht, auch wenn der Umfang der noch verbleibenden Zeit immer nur geschätzt werden kann. Schließlich hat die Lebenszeit auch ihre typischen Zäsuren wie Berufseintritt und berufliche Veränderungen, Eheschließung und Geburt der Kinder, ökonomische Erfolge und Misserfolge oder Orts- und Wohnungswechsel.

Wie oben schon ausgehend von Bachtin festgestellt wurde, wird die Lebenszeit trotz ihrer zentralen Funktion für die Entwicklung der Gattung wie die anderen von ihm genannten Zeitkontexte nur allmählich erschlossen.[370] Die

---

369 Ebenda, S. 131 [weil mir der Zeitpunkt eher dazu geeignet schien, den Tisch decken zu lassen und die Schüsseln zu füllen].
370 Vgl. Bachtin, *Zeit im Roman*, S. 60–78.

Helden des Abenteuerromans, der ja sowohl in der Antike als auch in der Frühen Neuzeit zunächst die wichtigste Gattungslinie bildet, sind normalerweise jung und schön, die Abenteuer, die sie zu bestehen haben, hinterlassen keine Spuren, Alter und Tod betreffen nur die Nebenfiguren. Die Muster für umfassendere Beschreibungen von Lebensläufen werden ausgehend von den nichtfiktionalen Formen der Biographie und Autobiographie entwickelt. Dabei kommt der Autobiographie, insbesondere in ihrer religiösen Ausprägung, wie sie durch die *Confessiones* des Augustinus kanonisiert wurde, zunächst insofern eine Führungsrolle zu, als sie auch die historisch früheste Form des autobiographischen Romans, die *novela picaresca*, maßgeblich geprägt hat. Vor allem dort, wo sich der pikareske Roman als Geschichte eines reuigen Sünders präsentiert wie in Mateo Alemáns *Guzmán de Alfarache*, beruht das Sinngefüge des Textes wie schon bei Augustinus auf der Kontrastierung zweier Lebensalter: auf der Opposition zwischen der sündigen Jugendzeit und dem durch Einsicht und Läuterung geprägten Erwachsenenalter. Alemán verwendet somit das narrative Schema einer Generalbeichte, in der Rechenschaft über das vergangene Leben und über den Gebrauch der Lebenszeit abgelegt wird.[371] Auch in den stärker säkularisierten Formen des Ich-Romans, wie sie vermehrt ab dem 18. Jahrhundert entstehen, ist die Erzählperspektive in dem Maße, wie der Text als Rückblick auf die Jugend präsentiert wird, durch die inzwischen verstrichene Lebenszeit geprägt. Dieses Zeitschema erhält dort eine besondere Prägnanz, wo der Ich-Erzähler – wie schon im *Guzmán* – bekennen muss, den falschen Weg eingeschlagen und so die Lebenszeit schlecht genutzt zu haben. Besonders klar ist dieses Schema in *Les Égarements du coeur et de l'esprit* von Crébillon fils erkennbar, wo der Ich-Erzähler Meilcour auf seine ersten Schritte in der Pariser Adelsgesellschaft zurückblickt, die ihn zum Libertin werden ließen. Auch die oben schon besprochene romantische Lebensbeichte in Chateaubriands *René*, in der der Ich-Erzähler sich bezichtigt, er habe von Jugend an aufgrund seiner unbestimmten Sehnsüchte sein Leben sinnlos verstreichen lassen, entspricht diesem Muster.[372] Besonders deutlich wird dieses selbstkritische Erinnerungsschema in Prousts großer Reprise des Ich-Romans ausgearbeitet, dessen größter Teil ja in der Darstellung des *temps perdu* besteht, der Zeit also, in der der Protagonist Marcel seine Berufung als Künstler zu verfehlen scheint.[373] Auf-

---

371 Vgl. *Guzmán de Alfarache*, Bd. 2, S. 42 (vgl. oben, S. 97).
372 Vgl. oben, S. 108 f.
373 Vgl. oben, S. 113 ff. – Ihren eindrucksvollen Abschluss findet diese negative Zeiterfahrung in der Szene des »bal de têtes«, die kurz nach dem Erweckungserlebnis – der Entdeckung der *mémoire involontaire* – in der Bibliothek des »hôtel de Guermantes« situiert ist. Marcel, der nach langen Sanatoriumsaufenthalten bei einer Einladung zum ersten Mal wieder seinem Pariser Bekanntenkreis begegnet, meint im ersten Moment, die Gäste hätten sich wie Greise und Greisinnen geschminkt, bis ihm schlagartig bewusst wird, dass die ihm als jugendlich in Erinnerung gebliebenen Gesichter nun gealtert sind und er sich wohl ebenso verändert haben muss (*Le Temps retrouvé*, in: Proust, *A la recherche du temps perdu*, Bd. 4, S. 499 ff.).

grund seiner Prägung durch das Schema der Lebenserinnerung hat der Ich-Roman auch die Entdeckung der Kindheit als narratives Sujet maßgeblich befördert. Auch hier führt die Entwicklungslinie von der religiösen Autobiographie – so berichtet schon Augustinus in den *Confessiones* von einem jugendlichen Birnendiebstahl als Beleg für die tiefe Verwurzelung des Bösen im Menschen (Zweites Buch, 4, 9–10, 17) – zum pikaresken Roman, wo die Herkunft, die Prägung durch das Elternhaus und die ersten bitteren Erfahrungen des jungen Picaro in einer herzlosen Welt den typischen Erzähleingang bilden, und kulminiert in den Kindheitswelten, die im Roman des 20. Jahrhunderts entworfen werden. Einschlägig sind die Schul- und Internatsromane wie Alain-Fourniers *Le grand Meaulnes*, Musils *Törleß*, Hesses *Unterm Rad* oder – um auch ein eindrucksvolles lateinamerikanisches Beispiel zu nennen – José María Arguedas' *Los ríos profundos*, wo der Ich-Erzähler sein Internatsleben in einem in den peruanischen Anden gelegenen Städtchen schildert.

Da der Ich-Erzähler normalerweise nicht seinen eigenen Tod erzählen kann[374], bleibt die Darstellung einer ganzen, bis zum Tod führenden Lebensgeschichte den in der dritten Person geschriebenen Romanformen vorbehalten. Ein biographischer Zuschnitt deutet sich erstmals im Ritterroman an, der sich ja als pseudohistorisches, an der Fürsten- und Heldenchronik orientiertes Genre präsentiert und schon durch die den Namen des Protagonisten fokussierende Titelgebung – *Amadís de Gaula*, *Palmerín de Inglaterra* etc. – die Form der Lebensgeschichte anzeigt. Zwar ist hier die Erzählung noch weitgehend auf die Jugend des Protagonisten beschränkt und entspricht somit dem zeitlosen Charakter des Abenteuerromans, doch kann – etwa durch Garcí de Montalvos Fortsetzung des Amadís-Romans durch einen dem Sohn Esplandián gewidmeten Roman (*Las sergas de Esplandián*) – auch die Abfolge der Generationen thematisch werden. Angesichts dieser Gattungstradition ist Cervantes' Entscheidung, seinen Don Quijote im Alter von etwa fünfzig Jahren die Nachfolge der fahrenden Ritter antreten zu lassen, besonders bemerkenswert. Auch wenn völlig ausgespart wird, wie dessen Leben bis zu diesem Zeitpunkt verlaufen ist, zeigt sich der im Alter des Protagonisten angelegte lebensgeschichtliche Zuschnitt des Romans dann vor allem daran, dass Cervantes die Geschichte seines Helden mit dessen Tod enden lässt. Wie in den Fällen der übrigen Zeitkontexte wird auch das biographische Zeitschema erst im realistischen Roman völlig ausgearbeitet. Die Lebensgeschichten des Julien Sorel in Stendhals *Le Rouge et le Noir*, der Emma Bovary bei Flaubert oder von Nana in Zolas gleichnamigem Roman, um nur einige kanonische Romane des französischen Realismus und Naturalismus zu nennen[375], werden jeweils

---

374 Insbesondere in der als Bewusstseinsstrom inszenierten Form der Ich-Erzählung kann der Lebensrückblick allerdings sehr nah an den Tod herangeführt werden wie z. B. in Carlos Fuentes' *La muerte de Artemio Cruz*, wo die während der Agonie sich einstellenden Lebenserinnerungen dargestellt werden.

375 Dasselbe gilt natürlich für Fontanes Effi Briest oder auch Galdós' Fortunata in *Fortunata y Jacinta* usw.

von der Kindheit oder zumindest von der Jugend bis zum Tod erzählt, wobei der Tod allerdings in all diesen Fällen relativ früh erfolgt. Daneben kann der realistische Roman aber auch mit bemerkenswerten Schilderungen des Alters aufwarten. Unter den französischen Realisten ist vor allem Balzac zu nennen, der in seinen Romanen immer wieder eindrucksvolle Beispiele von Altersleidenschaft zeichnet, so die grenzenlose Liebe des Vaters Goriot zu seinen Töchtern, den Geiz des Vaters Grandet in *Eugénie Grandet*, die sexuelle Besessenheit von Hector Hulot in *La Cousine Bette*. Vergleichbares findet man im spanischen Roman des 19. Jahrhunderts vor allem bei Pérez Galdós, so seine Schilderung eines in den zeitweiligen Ruhestand versetzten Beamten in *Miau* oder des alten Wucherers Torquemada in der ihm gewidmeten Romanserie, der in fortgeschrittenem Alter seinem Leben durch die Einheirat in eine adlige Familie eine Wende zu geben versucht.[376]

Eine besondere Form der Thematisierung von Lebenszeit liegt dort vor, wo eine mehrere Generationen umfassende Familiengeschichte erzählt wird. Schon im realistischen Roman werden häufig Hinweise zumindest auf den Werdegang der Elterngeneration gegeben, so dass das individuelle Leben als Teil einer Abfolge von Lebensläufen erscheint. Vor allem im Naturalismus wird das Schema der Familiengeschichte zum Programm erhoben, da es sich, wie Zola in seinem Romanzyklus *Les Rougon-Macquart* demonstriert, besonders dazu eignet, das Dogma der Vererbungslehre zu illustrieren. Im 20. Jahrhundert knüpfen u. a. Thomas Mann mit den *Buddenbrooks*, John Galsworthy mit der *Forsyte Saga* und Roger Martin du Gard mit *Les Thibault* daran an.[377] Der Familienroman dieses Typs dient häufig dazu, die Bedrohung der an die bürgerliche Familie geknüpften Kontinuitätsvorstellungen durch die zeitbedingte Erosion vorzuführen. Dabei wird das Streben nach einer Sicherung des Bestands der Familie durch eine geordnete Lebensführung, die sowohl die Bewahrung des familiären Wohlstands als auch das Hervorbringen einer gesunden und lebenstüchtigen Nachkommenschaft garantieren soll, häufig mit dem aus dem Naturalismus stammenden Konzept einer destruktiven, krankheits- und todverfallenen Natur kontrastiert. Schon bei Zola ist nicht nur die illegitime Linie

---

376 Siehe Pérez Galdós, *Las novelas de Torquemada* (*Torquemada en la hoguera, Torquemada en la cruz, Torquemada en el purgatorio, Torquemada y San Pedro*). – Eindrucksvolle Altersdarstellungen findet man dann im 20. Jahrhundert z. B. im lateinamerikanischen ›Diktatorenroman‹, in García Márquez' *El otoño del patriarca*, wo das Alter und der Tod einer fiktiven kolumbianischen Diktatorenfigur geschildert werden, und Augusto Roa Bastos' *Yo el Supremo*, der Geschichte von Rodríguez de Francia, der Paraguay in der Zeit nach der Erlangung der Unabhängigkeit mit diktatorischer Machtfülle regierte. Thematisch rücken diese Romane den Kontrast zwischen politischem Machtanspruch und natürlicher Altersohnmacht in den Vordergrund; im Hinblick auf die Erzählverfahren ist u. a. eine komplexe Erzählsituation merkmalhaft, welche zwischen einer heterodiegetischen und einer homodiegetischen Erzählposition hin und her wechselt und es daher erlaubt, die biographische, den Tod mit einschließende Perspektive auf den Lebenslauf mit der autobiographischen, den Tod notwendigerweise aussparenden Sicht zu verbinden.

377 In welcher Weise García Márquez' *Cien años de soledad* durch dieses Schema geprägt ist, wurde oben schon dargestellt (124 ff.).

der Familie aufgrund des negativen Erbguts des Säufers Macquart durch die Dekadenz bedroht, sondern auch die robustere Nachkommenschaft des Gärtnerburschen Rougon erscheint schon nach wenigen Generationen dem Verfall geweiht. Thomas Manns Roman verweist bereits durch den Untertitel *Verfall einer Familie* auf das Thema der familiären Dekadenz, das am Ende des Romans durch den Tod des nur sechzehnjährigen Hanno, des Urenkels des erfolgreichen Johann Buddenbrook, mit dessen Umzug in ein repräsentatives Domizil der Roman einsetzt, zu Ende geführt wird. In all diesen Fällen wird auf diese Weise die zerstörerische Potenz, welche die Zeitvorstellung im Zusammenhang mit dem Verlaufsschema des menschlichen Lebens prägt, noch gesteigert.

Historische Zeit

Wie das Zeitschema der Lebenszeit hat auch die historische Zeit einen primär linearen, einmaligen und irreversiblen Charakter, auch wenn die Überlagerung mit zyklischen Vorstellungen des Werdens und Vergehens durchaus häufig ist. Im Gegensatz zur Lebenszeit sind im Falle des historischen Verlaufsschemas sowohl der Anfang – er verliert sich im Dunkel der Vorzeit – als auch das Ende unbestimmt, jedenfalls in den radikal aufgeklärten Formen der Historie, die sich von den ›großen Erzählungen‹ der Weltreligionen und der Geschichtsphilosophie befreit haben.[378] Der historische Zeitrahmen impliziert somit einen Horizont von einer äußerst weiten oder sogar endlosen Ausdehnung. Bei seiner Gliederung und den sich aus ihr ergebenden Semantisierungsmöglichkeiten überlagern sich die rein kalendarischen Bestimmungen mit Vorstellungen von Epochen mit ihren je spezifischen Merkmalen. Die epochenartigen Zeiträume können ganz unterschiedliche Ausdehnungen haben: den eine ganze Reihe von Jahrhunderten umfassenden Umfang der Großepochen Antike, Mittelalter und Neuzeit, die sich in Jahrhunderten oder Jahrhundertabschnitten bemessende Dauer der ›normalen‹ Epochen – Renaissance, Barock, Aufklärung, Romantik –, Regierungszeiten von Monarchen, Diktatoren oder demokratisch gewählten Staatsoberhäuptern, Jahrzehnte wie die Zwanziger Jahre, die Zeitspannen von Kriegs- und Zwischenkriegszeiten. Die zäsur- und somit epochenbildenden Ereignisse sind damit auch schon überwiegend bezeichnet: die Thronbesteigung und der Tod von Fürsten, Schlachten, Kriege und Revolutionen, daneben auch technische und kulturelle Innovationen, die Erfindung von Buchdruck, Dampfmaschine und Eisenbahn, die Einführung von Film und Fernsehen etc.

Aus dieser Auflistung ergeben sich bereits wichtige Möglichkeiten, einen historischen Kontext im Roman zu konstituieren. Am deutlichsten erfolgt dies durch die Datumsangabe, daneben durch die Nennung von Epochen, von historischen Persönlichkeiten oder Ereignissen, weiterhin durch die Nennung

---

378 Im Sinne der von Jean-François Lyotard so genannten »grands récits« (vgl. *La condition postmoderne. Rapport sur le savoir*, Paris: Minuit, 1988, S. 7).

und Beschreibung von historisch signifikanten Orten, Räumen und Dingen, von Burgen, Kirchen, Klöstern und anderen Gebäuden mit ihrem jeweiligen Epochenstil, von zeittypischen Gebrauchs- und Kunstgegenständen, von Schlachtfeldern, Hinrichtungsstätten und Friedhöfen, also dem ganzen Spektrum der von Pierre Nora so genannten »lieux de mémoire«.[379] Wie schon oben im Zusammenhang mit der »Historisierung des sozialen Raumes«[380] dargestellt wurde, fanden die vielfältigen Verfahren der historischen Zeitkonstitution erst spät, in ausgeprägter Weise wiederum erst im 19. Jahrhundert, im Roman Eingang. Erst dann wird das Schicksal der Romanfiguren nicht mehr in der pseudohistorischen fernen Vergangenheit des Ritterromans und des Barockromans und auch nicht mehr in einer historisch nur schwach determinierten gegenwärtigen Privatwelt wie im Roman des 18. Jahrhunderts situiert, sondern im dichten Kontext einer historischen und sozialen Nahvergangenheit. Dabei weist dieser nun exakt determinierbare zeitgeschichtliche Rahmen meist Züge eines nationalen Chronotopos auf. Es ist daher im Falle der zum Realismus führenden Linie des Romans, wie oben schon betont wurde, aus theoretischer Perspektive zwar konsequent, aber eigentlich doch irreführend, von der fiktiven Welt des Romans zu sprechen. Vielmehr präsentiert die Normalform des Romans seit dem *Don Quijote* und dem pikaresken Roman die Schicksale – überwiegend – fiktiver Figuren im realen geographischen und historischen Kontext unserer gemeinsamen historischen Welt. Dabei kommt es, wie Auerbachs Realismusthese besagt, bei der Erfassung der historischen Wirklichkeit im Roman des 19. Jahrhundert insofern zu einem qualitativen Sprung, als nun die Gesellschaft in ihrer Gesamtheit als historisches Phänomen aufgefasst wird.[381] Daher wird nun auch die Stiltrennungsregel, der gemäß nur die fürstlichen Personen ein Anrecht auf ernsthafte Darstellung haben, da nur sie auf der (welt)historischen Bühne agieren, obsolet. Die ernste Darstellung auch von Menschen niederen Ranges setzt für Auerbach demgegenüber voraus, dass die Geschichte als gesamtgesellschaftliche, das ganze Volk erfassende Bewegung begriffen wird. Das sieht Auerbach schon in den biblischen Texten gegben, wenn etwa vom Leben der Jünger Jesu berichtet wird, die als einfache Handwerker und Fischer plötzlich Teil des großen heilsgeschichtlichen Geschehens werden.[382] Auch die mittelalterliche Literatur bietet Bei-

---

379 Nora, »Entre mémoire et histoire«.
380 Siehe oben, S. 145 ff.
381 Vgl. oben, S. 18 f.
382 Vgl. *Mimesis*, S. 47: »Dasjenige, was die Evangelien und die Apostelgeschichte auf weite Strecken ihres Inhalts beschreiben […], ist ganz unverkennbar das Entstehen einer Tiefenbewegung, das Sichentfalten geschichtlicher Kräfte. […] Dabei fällt die antike Stilkonvention von selbst fort, denn das Verhalten der jeweils betroffenen Person kann unmöglich anders dargestellt werden als mit dem höchsten Ernst; der beliebige Fischer oder Zöllner oder reiche Jüngling, die beliebige Samariterin oder Ehebrecherin wird aus ihrer alltäglich-beliebigen Lebenslage unmittelbar vor die Erscheinung Jesu gestellt; und wie sich die Person in diesem Augenblick verhält, ist notwendig tiefer Ernst und sehr oft tragisch.«

spiele eines solchen ›christlichen Realismus‹, doch bleibt eine solche ernste Darstellungsweise des Schicksals einfacher Menschen bis zum Realismus des 19. Jahrhunderts weitgehend die Ausnahme. Die entscheidende Voraussetzung hierfür besteht darin, dass die politische, soziale, ökonomische und kulturelle Evolution neben den natürlichen Lebensvoraussetzungen als Grundbedingung unserer Existenz begriffen wird. Diese Konzeption der Geschichte setzt sich, wie besonders Michel Foucault nachdrücklich gezeigt hat, erst mit den sich im 19. Jahrhundert entwickelnden Formen des historischen Wissens durch.[383] Jeder Lebenslauf ist dann ein Teil und ein Beispiel des gemeinsamen historischen Schicksals und gewinnt daraus seine Bedeutung.

Für die Verknüpfung von individuellen Lebensgeschichten und kollektiver Zeitgeschichte sind im realistischen Roman verschiedene Modelle entwickelt worden. Im Folgenden möchte ich zwischen einer metonymischen, einer metaphorischen und einer ironischen Relation unterscheiden. Beispielhaft für die metonymische Relation ist Balzacs Behandlung der Zeitgeschichte in der *Comédie humaine*. Die Lebensläufe von Balzacs Protagonisten sind im Allgemeinen weniger durch einzelne historische Ereignisse als durch die allgemeine soziale Entwicklung und den Zeitgeist geprägt.[384] Vor allem hängt ihr Schicksal maßgeblich von den zeitspezifischen Chancen des sozialen Aufstiegs und des beruflichen Erfolgs ab. So erklärt sich der Verlauf ihrer Lebensgeschichten aus den gesellschaftlichen Veränderungen zwischen Revolution, napoleonischem Empire, Restauration und – in den späteren Romanen – auch noch der Juli-Monarchie: Goriot bezahlt in dem nach ihm benannten Roman seinen durch Revolution und Empire ermöglichten wirtschaftlichen und sozialen Erfolg mit einem jämmerlichen Ende während der Restaurationszeit; Lucien de Rubempré in *Illusions perdues* gerät ebenfalls in der Restaurationszeit zwischen die Fronten der liberalen und der konservativen Presse; der Baron Hulot in *La Cousine Bette* versucht seinen als Empire-General angenommenen militärischen Erfolgshabitus im bürgerlichen Klima der Juli-Monarchie mit seinen Bettgeschichten fortzusetzen. Das Zeitkolorit zeichnet sich dabei vor allem in den konkreten Lebensbedingungen ab, wie sie sich im Milieu als materieller Ausgestaltung von Berufs- und Privatwelt niederschlagen. Der Akzent liegt einerseits auf den sich verändernden äußeren Lebensumständen, etwa der sich wandelnden Physiognomie von Paris, oder auf den Auswirkungen des technischen Fortschritts[385], andererseits auf den vom Fortschritt bedrohten Residuen der Vergangenheit.[386]

---

383 Vgl. Michel Foucault, *Les mots et les choses. Une archéologie des sciences humaines*, Paris: Gallimard, 1966, insbes. S. 229–233, 262–313.

384 Allerdings gibt es auch Figuren, die in unmittelbarer Weise durch zeitgeschichtliche Ereignisse betroffen werden wie etwa der Colonel Chabert, der in der Schlacht von Eylau (1807) verwundet und unter den Gefallenen verschüttet wird.

385 Siehe die Darstellung der Modernisierung des Druckereiwesens, durch welche die geschäftliche Existenz von David Séchard bedroht wird (*Illusions perdues, Comédie humaine*, Bd. 5, S. 123 ff.).

386 Vgl. etwa die Darstellung des »Palais Royal« in *Illusions perdues* (ebenda, 355–361).

Der einzelne Lebenslauf wird auf diese Weise Teil einer gesamtgesellschaftlichen Entwicklung, die er jeweils ausschnitthaft zur Darstellung bringt. Entsprechend erklärt sich auch der Gesamtplan der *Comédie humaine*, der die Realisierung der intendierten Sozial- und Sittengeschichte der französischen Gesellschaft – der »histoire […] des moeurs«, wie es im »Avant-Propos« heißt[387] – durch eine Serie von ›Szenen‹ aus den verschiedenen gesellschaftlichen Milieus ermöglichen soll. Das Verfahren kann somit insofern als metonymisch bezeichnet werden, als hier die Gesamtgeschichte immer nur durch die jeweilige Teilgeschichte der Repräsentanten bestimmter Milieus in den Blick genommen wird.

Zola hat sich in seinen *Rougon-Macquart* offensichtlich am Beispiel Balzacs orientiert, da er die Mitglieder der von ihm dargestellten Familie wiederum in eine Reihe von unterschiedlichen Milieus versetzt, die je spezifische Ansichten der Epoche des *Second Empire* und damit der gesamtgesellschaftlichen Entwicklung bieten.[388] So ist das Schicksal von Aristide Saccard und seiner Frau Renée in *La Curée* maßgeblich mit der vom Präfekten Haussmann betriebenen architektonischen Umgestaltung von Paris verbunden.[389] In *Au Bonheur des Dames* steht ein modernes Kaufhaus im Mittelpunkt der Handlung, *La Bête humaine* ist ein erster Eisenbahnroman. Dabei hat Zola aber die historischen Ereignisse in sehr viel konkreterer Weise zur Darstellung gebracht als Balzac, etwa wenn er im Eingangsroman *La Fortune des Rougon* den Ablauf des napoleonischen Staatsstreichs von 1851 in einer südfranzösischen Provinzstadt minutiös nachzeichnet. Während dies allerdings dem Verfahren der ausschnitthaften Erfassung der historischen Entwicklung durchaus noch entspricht, schlägt Zola dort eine grundsätzlich andere Richtung ein, wo er eine symbolische Relation zwischen den Einzelgeschichten der Familienmitglieder und der Geschichte des *Second Empire* herstellt. Diese Tendenz wird schon in der »Préface« zu *La Fortune des Rougon* erkennbar, in der die Familiengeschichte im Ganzen zum Beispiel für die als Epoche des Wahns und der Schande (»époque de folie et de honte«[390]) gekennzeichnete Zeit des *Second Empire* erhoben wird, und konkretisiert sich dann besonders deutlich in den Referenzen auf das katastrophale Ende der Herrschaft von Napoleon III. im deutsch-französischen Krieg von 1870, wie man sie in *Nana* und *La Bête humaine* findet. Nana erliegt ihrer Krankheit, die nicht nur ihren eigenen, durch ihren Lebenswandel als Prostituierte bedingten Verfall, sondern auch die Fäulnis des Zweiten Kaiserreichs zur Anschauung bringt, genau in dem Moment, als die fanatisierten Massen durch die Pariser Straßen ziehen und den bevorstehenden Kriegsaus-

---

387 *Comédie humaine*, Bd. 1, S. 11; vgl. oben S. 146 f.
388 Wie Zola in der »Préface« der *Rougon-Macquart* ausführt, will er in dem Romanzyklus darlegen, wie die Evolution des Individuums einerseits durch die Vererbung, andererseits durch das sowohl natürliche als auch soziale Milieu geprägt wird (*La Fortune des Rougon*, in: *Les Rougon-Macquart,* Bd. 1, S. 3–4).
389 Vgl. oben, S. 160 ff.
390 Zola, *La Fortune des Rougon*, S. 4.

bruch mit der Parole »À Berlin, à Berlin« feiern.[391] In ähnlicher Weise wird in *La Bête humaine* der einem Truppentransport dienende Zug, der nach dem gewaltsamen Tod des Lokomotivführers Jacques Lantier unkontrolliert durch die Nacht rast, zum Symbol für das Ende einer überhitzten gesellschaftlichen Entwicklung und einer verantwortungslosen Politik. Hier ist also der Handlungszusammenhang individueller Schicksale nicht nur Teil einer sie umfassenden kollektiven Geschichte, sondern setzt diese Geschichte auch metaphorisch ins Bild.

Flauberts *Éducation sentimentale* zeigt demgegenüber, wie eine solche Form der metaphorischen Spiegelung der kollektiven Gesellschaftsgeschichte durch die individuelle Lebensgeschichte in ein Verhältnis der Sinnoffenheit und des ironischen Sinnentzugs überführt werden kann. Insgesamt gesehen ist die Relationierung von Frédéric Moreaus Lebensgeschichte mit der französischen Geschichte in den mittleren Jahrzehnten des 19. Jahrhunderts äußerst vielschichtig und lässt sich nicht auf ein Muster reduzieren. Zunächst können Frédérics Werdegang im Paris der vierziger Jahre und sein von Enttäuschungen geprägter weiterer Lebensweg durchaus – im Sinne einer metonymischen Relation – als repräsentatives Beispiel für die Geschichte einer Generation begriffen werden, deren Lebenshoffnungen durch den letztlich deprimierenden Verlauf der Revolution von 1848 zunichte gemacht wurden. Diese Interpretation wird auch dadurch gestützt, dass am Beispiel von Figuren, die Flaubert im Freundes- und Bekanntenkreis Frédérics ansiedelt, verschiedene Formen der historischen Erfahrung durchgespielt werden. Frédérics weitgehende politische Abstinenz steht zunächst im Kontrast mit dem Ehrgeiz seines Freundes Deslauriers, dessen sich durch die Revolution ergebende Chancen auf eine Verwaltungskarriere nach dem napoleonischen Staatsstreich ein rasches Ende finden. Weitere Kontrastfiguren sind der sowohl sozial engagierte als auch durch seine humane Gesinnung hervorstechende Dussardier, der bezeichnenderweise im Zuge des Staatsstreichs von 1851 umkommt, sowie der gewissenlose Sozialist Sénécal, der nach Bedarf sein Hemd wechselt und am Ende in der Uniform eines Polizisten den braven Dussardier niedersticht. Im Gegensatz zu diesen aussagekräftigen Verknüpfungen des individuellen und des kollektiven Schicksals steht jedoch die sich jeder stabilen Sinnkonstitution entziehende Relation der revolutionären Ereignisse mit Frédérics Liebesaffären. So fällt Frédérics Verabredung mit Mme Arnoux, von der er sich nach langen Jahren einer entsagungsvollen Schwärmerei die erste Liebeserfüllung erhofft, mit dem Ausbruch der Februarunruhen zusammen; aber das Treffen kommt nicht zustande, so dass eine zum historischen Geschehen parallele ›Revolution‹ der Beziehung nicht stattfindet. Doch wird die beginnende Revolution auch nicht als Hindernis für die Liebeshandlung in Szene gesetzt; vielmehr bleibt der Zusammenhang kontingent, da Mme Arnoux nicht wegen der in der Stadt

---

391 Zola, *Nana*, in: *Les Rougon-Macquart*, Bd. 2, S. 1484 ff.

herrschenden Zustände das Haus nicht verlassen will, wie Frédéric mutmaßt, sondern wegen einer plötzlichen Krankheit ihres Sohnes. Bittere Ironie schwingt dann mit, als Frédéric direkt im Anschluss in dem für Mme Arnoux hergerichteten Liebesnest die Liaison mit der Lebedame Rosanette beginnt und dies in Anspielung auf die politischen Ereignisse als Reform bezeichnet.[392] Allerdings ist es kaum möglich, diese ironische Relation zu spezifizieren. Soll die Parallelisierung hervorheben, dass Frédéric sein romantisches Liebesideal gerade dann verrät, als seine Generationsgenossen daran gehen, die Ideale einer politischen Romantik zu verwirklichen? Oder sollen beide Versionen romantischer Idealvorstellungen letztlich dadurch als untauglich gebrandmarkt werden, dass Rosanette – in Vorwegnahme des weiteren Verlaufs der Revolution – als Allegorie einer Republik erscheint, die sich wie eine käufliche Frau dem Meistbietenden hingibt?[393] Ähnlich rätselhaft ist auch die Parallelführung des mehrtägigen Ausflugs, den Frédéric mit Rosanette in die Idylle des Parks von Fontainebleau unternimmt, mit dem Juni-Aufstand als blutigem Höhe- und Wendepunkt der Revolution. Das gilt insbesondere für die Szene, in der im Kontext einer durch ein wildes Waldgelände und an einem Steinbruch vorbei führenden Kutschfahrt Bilder archaischer Gewalt entfaltet werden, die unverkennbar auf die Ereignisse in Paris verweisen.[394] Auch zur Zeit des Staatsstreichs, der der Revolution ein Ende setzt, stehen für Frédéric seine privaten Liebesgeschichten ganz im Vordergrund – »les affaires publiques le laissèrent indifférent, tant il était préoccupé des siennes«[395] –, doch fällt das endgültige Scheitern der Revolution signifikanter Weise mit dem Scheitern seiner letzten Liebeshoffnungen zusammen. Nach Mme Arnoux' Wegzug aus Paris und nach dem Bruch der Beziehungen mit Rosanette und der Bankiersgattin Mme Dambreuse reist Frédéric in den Heimatort Nogent, da er sich an Louise, die ihn vergötternde Jugendfreundin, erinnert, doch nur um feststellen zu müssen, dass sie gerade ihre Hochzeit feiert, und zwar ausgerechnet mit

392 »Je suis la mode, je me réforme« (Flaubert, *L'Éducation sentimentale*, S. 310).

393 Eine solche Deutung könnte dadurch gestützt werden, dass bei der Schilderung der Erstürmung der Tuilerien durch die revolutionären Massen eine Dirne erwähnt wird, die als Freiheitsstatue posiert (»une fille publique, en statue de la Liberté«, ebenda, S. 318). Vgl. hierzu Michel Crouzet, »Passion et politique dans *L'Éducation sentimentale*«, in: *Flaubert, la femme, la ville. Journée d'études organisée par l'Institut de Français de l'Université de Paris X. Publié avec le concours du Centre National des Lettres*, Paris: Presses Universitaires de France, 1983, S. 39–71, insbes. S. 52 f.

394 Vgl. Frank-Rutger Hausmann, »Im Wald von Fontainebleau – Sehnsuchtsort oder Metapher des Erzählens?«, in: Thomas Bremer/Jochen Heymann (Hg.), *Sehnsuchtsorte. Festschrift zum 60. Geburtstag von Titus Heydenreich*, Tübingen: Stauffenburg, 1999, S. 135–144; Dolf Oehler, »Der Tourist. Zur Struktur und Bedeutung der Idylle von Fontainebleau in der ›Education Sentimentale‹«, in: Eberhard Lämmert (Hg.), *Erzählforschung. Ein Kolloquium*, Stuttgart: Metzler, 1982, S. 490–505.

395 Flaubert, *L'Éducation sentimentale*, S. 448 [die öffentlichen Angelegenheiten kümmerten ihn nicht, so sehr war er mit den seinen beschäftigt].

seinem Freund Deslauriers. Als Frédéric nach Paris zurückkehrt, wird er schließlich Zeuge der Straßenkämpfe und des Todes des die liberalen Hoffnungen auf eine bessere Gesellschaft in besonders deutlicher Weise verkörpernden Dussardier.

Eine besondere Vorliebe für ironische Effekte, die sich aus dem Zusammenhang von Lebens- und Zeitgeschichte ergeben, entwickelt auch Pérez Galdós in den Romanen, die sich auf die von 1868 bis 1874 während Revolutionsphase in Spanien beziehen, welche dem isabellinischen Zeitalter ein Ende machte und dann in die bis zum Jahrhundertende und darüber hinaus reichende Restaurationszeit einmündete. Besonders deutlich zeigt sich dies in *Fortunata y Jacinta*, wo die zeitgeschichtlichen Referenzen besonders dicht gesetzt sind. Schon zu Beginn des Romans lässt Galdós Jacintas Mutter sich dazu beglückwünschen, dass ihre zahlreichen Kinder alle in historisch bedeutsamen Jahren der isabellinischen Ära zur Welt gekommen sind, allerdings nicht aufgrund eines besonders ausgeprägten historischen Bewusstseins, sondern weil sie sich so die Geburtsdaten besser merken kann. Im Verlauf des Romans werden dann die Peripetien der Ehebruchsgeschichte, die sich zwischen dem mit Jacinta verheirateten Juanito und der mit Maximiliano verheirateten Fortunata ergeben, immer wieder mit dem Wechsel von Revolution und Restauration parallelisiert. So trägt beispielsweise das Kapitel, das die Rückkehr des ehebrecherischen Juanito zu Jacinta beinhaltet, den offensichtlich ironischen Titel ›Die siegreiche Restauration‹ (»La restauración vencedora«[396]). Galdós verfolgt mit diesem Verfahren nicht die Intention einer Bedeutungssteigerung und symbolischen Erhöhung, wie sie sich aus den Koinzidenzen der individuellen Lebenskatastrophen mit der kollektiven historischen Katastrophe bei Zola ablesen lässt, sondern er will der spanischen Geschichte den Anspruch auf Bedeutung dadurch entziehen, dass er sie mit bürgerlichen Familienhistörchen gleichsetzt.[397]

Die Frage des Verhältnisses zwischen privaten Schicksalen und der nationalen Geschichte hat Doris Sommer in ihrem Buch *Foundational Fictions* am Beispiel des lateinamerikanischen Romans des 19. und 20. Jahrhunderts behandelt. Im Zentrum steht der Zusammenhang zwischen den Liebesgeschichten der Protagonisten und den politischen Verhältnissen, wobei die diesbezügliche These lautet, dass die an die Liebesgeschichten geknüpften Erwartungen und der politische Wunsch nach nationaler Einheit in eine allegorische Beziehung

---

396 Pérez Galdós, *Fortunata y Jacinta. Dos historias de casadas*, hg. v. Francisco Caudet, 2 Bde., Madrid: Cátedra, 1984, Bd. 2, S. 49.

397 Michael Nimetz, der die Analogiestiftung von Lebensgeschichte und Nationalgeschichte bei Pérez Galdós – ähnlich wie hier vorgeschlagen – mit dem Begriff der »historical metaphor« fasst, stellt diese Form der ironischen Relationierung vor allem am Beispiel von *La desheredada* dar (vgl. *Humor in Galdós. A Study of the* Novelas contemporáneas, New Haven: Yale University Press, 1968, S. 110 ff.).

treten.[398] Es kommt zu einer Relationierung von Eros und Polis in dem Sinne, dass der Wunsch nach der dauerhaften Vereinigung der Liebenden sich mit dem Wunsch nach einer positiven Entwicklung der Nation verbindet. Auch von Sommer werden metonymische und metaphorische Aspekte der Beziehung zwischen Liebes- und Nationalgeschichte unterschieden. Eine metonymische Relation sieht Sommer gegeben, wenn die politischen Verhältnisse in direkter Weise auf die Liebesgeschichte Einfluss nehmen, wobei das vor allem in der Weise geschieht, dass eine ungünstige politische Entwicklung ein Hindernis für die Liebenden darstellt.[399] Beispielhaft ist hierfür der Mitte des 19. Jahrhunderts entstandene Roman *Amalia* des Argentiniers José Mármol, in dem das zentrale Liebespaar sich der Verfolgung durch die Geheimpolizei des Diktators Rosas ausgesetzt sieht, da der junge Held Eduardo der von Rosas verfolgten Oppositionsbewegung angehört.[400] Die metaphorische bzw. allegorische Funktion der Liebesgeschichte gewinnt dabei in dem Maße an Prägnanz, wie das Liebespaar zugleich als Metapher für die Einheit der Nation begriffen werden kann.[401] Dies ist vor allem dann der Fall, so die These Sommers, wenn die heterogene, die Einheitsbildung erschwerende Struktur der nationalen Gemeinschaft durch die Liebesbeziehung abgebildet wird, wenn also die Liebenden soziale, ideologische oder – und das spielt im lateinamerikanischen Kontext eine besonders wichtige Rolle – ethnische Differenzen[402] verkörpern.

Wie damit schon deutlich wird, ist Sommers These zunächst auf den lateinamerikanischen Kontext bezogen, wo die Frage der Nationenbildung aufgrund des postkolonialen Status des Kontinents einen besonders dringlichen Charakter hatte und sich zudem aufgrund der kulturellen und ethnischen Heterogenität der Bevölkerung der neu entstandenen Staaten als besonders problematisch darstellte. In diesem Zusammenhang weist Sommer mit Recht darauf hin, dass

---

398 Doris Sommer, *Foundational Fictions. The National Romances of Latin America*, Berkeley: University of California Press, 1991, S. 6: »My own suggestion […] is to locate an erotics of politics, to show how a variety of novel national ideals are all ostensibly grounded in ›natural‹ heterosexual love and in the marriages that provided a figure for apparently nonviolent consolidation during internecine conflicts at midcentury.« Sommer schließt mit ihrer These einerseits an Benedict Andersons Konzept einer durch Romanlektüre sich bildenden nationalen *imagined community* an (vgl. oben, S. 52 ff.), andererseits an Frederic Jamesons Ausführungen zum allegorischen Charakter der »Third-World-Literature« (»Third-World Literature in the Era of Multinational Capitalism«, in: *Social Text* 15 [1986], S. 65–88).

399 Sommer, *Foundational Fictions*, S. 41, 47 f.

400 Vgl. ebenda, S. 83–113.

401 Ebenda, S. 18: »The marriage metaphor slips into, or out of, a metonymy of national consolidation if we stop to consider how marriages bridged regional, economic, and party differences during the years of national consolidation.«

402 Ein besonders deutliches Beispiel bildet hierfür ein Roman des mexikanischen Autors Ignacio Altamirano mit dem Titel *El Zarco*, in dem die glückliche Verbindung zwischen einem Indio und einer Mestizin die an Benito Juarez' Reform geknüpfte Hoffnung auf eine Neubegründung der mexikanischen Nation veranschaulicht (vgl. ebenda, S. 21, 205–206, 220 ff.)

der allegorische Charakter der Liebesgeschichten dadurch gestützt wird, dass sie in hohem Maße dem romantischen Ideal zweier füreinander bestimmter und sich daher vorbehaltlos liebender Partner verpflichtet sind. Demgegenüber sei für den europäischen Realismus eine sehr viel kritischere Behandlung des Liebesthemas charakteristisch.[403] Wie nun aber die obigen Überlegungen zur *Éducation sentimentale* nahe legen, kann Sommers These auch für europäische Romane einen aufschlussreichen Interpretationsansatz bieten. Denn Flauberts Roman wirft ja ganz offensichtlich die Frage auf, in welchem Zusammenhang die – auch hier romantisch konzipierte – Liebesgeschichte mit der französischen Geschichte und dabei insbesondere mit dem aus liberaler Perspektive negativen Verlauf der Revolution von 1848 steht und ob nicht – trotz aller ironischen Brechungen – Frédérics Scheitern als Liebender doch als Allegorie des nationalen Scheiterns zu lesen ist. Auch die spanischen Autoren spielen immer wieder mit der Möglichkeit einer allegorischen Interpretation ihrer – ebenfalls im Allgemeinen scheiternden – Liebes- und Familiengeschichten. So stellt sich die Liebesbeziehung von Juanito und Fortunata in *Fortunata y Jacinta* als Bild der durch die Revolution von 1868 als möglich erscheinenden, dann aber doch nicht realisierten Verbindung von Bürgertum und Volk dar.[404] Auch Leopoldo Alas' *La Regenta* legt die Möglichkeit einer solchen allegorischen Interpretation nahe. Wenn die mit einem impotenten Mann verheiratete Ana zwischen den Avancen eines liberalen Politikers und dem Einfluss eines von Amts wegen konservativen Priesters hin und her gerissen ist und schließlich an diesem Gegensatz zerbricht, so kann auch dies wiederum als Bild für die die Entwicklung der spanischen Gesellschaft lähmende politische Konstellation in der nach 1874 einsetzenden restaurativen Phase begriffen werden.[405]

---

403 Ebenda, S. 18.

404 Dadurch dass die bürgerliche Jacinta kinderlos bleibt und nur Fortunata Juanito einen Sohn schenken kann, wird die Frage nach dem Fortbestand der Nation in besonders deutlicher Weise aufgeworfen.

405 Bereits Pérez Galdós deutet in seinem Prolog zur zweiten Ausgabe der *Regenta* eine solche allegorische Lektüremöglichkeit an, indem er Anas Schicksal »un sutil parentesco simbólico con la historia de nuestra raza« [eine subtile symbolische Verwandtschaft mit der Geschichte unserer Rasse] zuschreibt (Benito Pérez Galdós, »Leopoldo Alas (Clarín)«, in: Pérez Galdós, *Ensayos de crítica literaria*, hg. v. Laureano Bonet, Barcelona: Ediciones Península, 1999, S. 245–255, hier: S. 253). – Besonders virtuos spielt Galdós in den die spanische Geschichte des 19. Jahrhunderts in 46 Bänden dokumentierenden *Episodios nacionales* mit den verschiedenen Möglichkeiten der Relationierung von privater Lebensgeschichte und Nationalgeschichte. Bereits in der ersten Serie, welche die französische Besetzung des Landes durch Napoleon und den spanischen Widerstand behandelt, bildet die Geschichte der Liebesbeziehung des Protagonisten der Serie, Gabriel Araceli, mit Inés einen ständig variierten Kontrapunkt zum historischen Geschehen. Dieses Verfahren wird vor allem in der dritten und der vierten Serie am Beispiel von Fernando Calpenas Beziehungen zu Aura und Demetria sowie Santiago Iberos Beziehung zu Teresa fortgesetzt. – Zur Möglichkeit allegorisierender Lektüren der spanischen Romane des 19. Jahrhunderts vgl. auch Frederic Jameson, »Third-World Literature in the Era of Multinational Capitalism«, S. 80 f.

Doris Sommer illustriert ihre These überwiegend an Romanen des 19. Jahrhunderts wie José Mármols *Amalia*, wo, wie gerade schon erwähnt, das Liebespaar in der Zeit der Diktatur von Juan Manuel de Rosas die Hoffnung auf nationale Versöhnung repräsentiert, Alberto Blest Ganas *Martín Rivas*, wo das Liebespaar soziale Gegensätze der chilenischen Gesellschaft überbrückt, oder Ignacio Altamiranos *El Zarco*, wo das Liebespaar das Ideal einer mestizischen Nation verkörpert. Darüber hinaus können aber, wie Sommer selbst feststellt, auch noch repräsentative Romane des 20. Jahrhunderts, insbesondere des sogenannten *boom* als Fortsetzung des Paradigmas der *Foundational Fictions* begriffen werden.[406] Denn auch hier werden immer wieder Lebens- und Liebesgeschichten und darüber hinaus auch Familiengeschichten im Zusammenhang mit der nationalen und kontinentalen Geschichte entfaltet. Ein besonders einschlägiges Beispiel ist Ernesto Sábatos *Sobre héroes y tumbas*.[407] Ausgehend von der unglücklichen Liebe seines jungen Protagonisten Martín zu Alejandra, dem letzten Spross eines alten argentinischen Geschlechts, erzählt Sábato eine Familiengeschichte, die in den Unabhängigkeitskämpfen der ersten Jahrzehnte des 19. Jahrhunderts ihren Anfang nimmt und bis in die fünfziger Jahre des 20. Jahrhunderts zu den Unruhen gegen Ende des ersten Perón-Regimes führt. Einer von Alejandras Vorfahren ist ein in Argentinien verbliebener Offizier der englischen Interventionstruppen, die 1810 Buenos Aires angriffen, die folgende Generation hatte dann besonders unter der Diktatur von Juan Manuel de Rosas zu leiden, und auch im weiteren Verlauf wird die Entwicklung der Familie durch den zum nationalen Mythos erhobenen Konflikt zwischen *civilización* und *barbarie*[408] geprägt, bis ihr katastrophales Ende dann mit den von Perón-Gegnern gelegten Kirchenbränden koinzidiert. Einerseits wird auf diese Weise das Bild einer Familie entworfen, die durch die Entwicklung des modernen Argentinien ins wirtschaftliche und soziale Abseits gedrängt wurde, was somit eine an das argentinische Bürgertum gebundene perspektivische Ansicht der nationalen Geschichte ermöglicht. Andererseits aber wird Alejandra auch zur Allegorie des

---

406 Vgl. Sommer, *Foundational Fictions*, S. 27 ff.
407 Auf weitere Beispiele sei kurz verwiesen: Gabriel García Márquez' *Cien años de soledad* erhebt die Familiengeschichte der Buendía zur Allegorie sowohl der kontinentalen Geschichte seit der Conquista als auch der kolumbianischen Geschichte seit der Unabhängigkeit, Carlos Fuentes' *La muerte de Artemio Cruz* entfaltet die Lebensgeschichte des Protagonisten im Zusammenhang mit der politischen Entwicklung seit der mexikanischen Revolution und deutet darüber hinaus wiederum eine bis zum Beginn der Unabhängigkeit reichende Familiengeschichte an; José Donosos *Casa de campo* präsentiert eine Familiengeschichte, die sich in stark allegorisierter Form sowohl mit dem indigenen Erbe als auch mit der Diktatur von Pinochet auseinandersetzt.
408 Einer der Begründer dieses Topos des argentinischen Identitätsdiskurses ist Faustino Sarmiento, der in *Facundo. Civilización y barbarie* am Beispiel eines Mitstreiters von Rosas die im Untertitel formulierte Opposition zwischen einer am europäischen Modell orientierten Fortschrittsideologie und einer sowohl durch die geographischen als auch ethnischen Gegebenheiten bedingten lateinamerikanischen Rückständigkeit entwickelt.

Vaterlands bzw. der Mutter Argentinien erhoben, und zwar zur Allegorie einer bösen Mutter, die aufgrund ihrer eigenen Zerrissenheit ihren Kindern nicht die Geborgenheit eines Heims und einer Heimat bieten kann.[409] Martíns Liebe zu Alejandra repräsentiert vor diesem Hintergrund die – zunächst jedenfalls – vergeblich erscheinende Hoffnung, Argentinien von seinen Erbübeln zu befreien.[410]

3.   Zeitperspektiven

In den letzten Abschnitten wurden die Grundlagen der narrativen Zeitkonstitution beschrieben. Sie bestehen einerseits in der im Handlungszusammenhang implizierten zeitlichen Abfolge und andererseits in den Zeitkontexten, die diese Abfolge konkretisieren und mit zusätzlichen Bedeutungsdimensionen anreichern. Auf dieser Basis erfolgt die für die erzählenden Gattungen spezifische Form der Zeitgestaltung in ähnlicher Weise wie bei der Raumgestaltung durch das Zusammenspiel von Figurenperspektiven und Erzählerperspektive. Dabei ergibt sich in diesem Fall eine erste wesentliche perspektivische Differenz daraus, dass das Erzählen dem Erleben normaler Weise zeitlich nachgeordnet ist.[411] Das Spannungsverhältnis zwischen Erzähler- und Figurenperspektive entsteht bei der Zeitgestaltung also aus einer Darstellung der erzählten Ereignisse, die sie einerseits als Vergangenheit des Erzählers und andererseits in mehr oder weniger ausgeprägtem Maß als Gegenwart der Figur erscheinen lässt. Auch wenn die rückblickende Perspektive zunächst die dem Erzählen entsprechende Anschauungsweise bildet, kann doch durch eine entsprechende Gestaltung und Gewichtung der Figurenperspektiven die erzählte

---

409 »Y de pronto parecía como si ella [Alejandra] fuera la patria, no aquella mujer hermosa pero convencional de los grabados simbólicos. Patria era infancia y madre, era hogar y ternura; y eso no lo había tenido Martín; y aunque Alejandra era mujer, podía haber esperado en ella en alguna medida, de alguna manera, el calor y la madre; pero ella era un territorio oscuro y tumultuoso, sacudido por terremotos, barrido por huracanes.« [Und plötzlich erschien es ihm, als ob sie (Alejandra) das Vaterland sei, nicht jene schöne, aber konventionelle Frau der symbolischen Druckbildnisse. Vaterland war Kindheit und Mutter, war Heim und Zärtlichkeit; und das hatte Martín nie gehabt; und obwohl Alejandra Frau war, hatte er in gewissem Maße, auf gewisse Weise in ihr die Wärme einer Mutter erhoffen können; aber sie war ein dunkles und unruhiges Territorium, erschüttert von Erdbeben, durchfegt von Orkanen.] Im Anschluss wird Alejandra als »contradictoria y viviente conclusión de la historia argentina« [widersprüchlicher und lebendiger Schlusspunkt der argentinischen Geschichte] bezeichnet (Sábato, *Sobre héroes y tumbas*, Barcelona: Seix Barral, 1985, S. 217).

410 Allerdings entwirft der Roman am Ende mit Martíns Reise nach Patagonien eine doch in gewisser Weise hoffnungsvolle Perspektive.

411 Natürlich wurde in der Gattungsgeschichte immer wieder mit den Möglichkeiten experimentiert, dieses Grundgesetz des Erzählens zu durchbrechen, so im Falle des Tagebuch- und des Briefromans und noch radikaler in den modernen Texten, die als Bewusstseinsstrom inszeniert werden.

Vergangenheit zugleich den Charakter einer durchlebten Gegenwart annehmen. Aufgrund dieser Perspektivenüberlagerung entfaltet das Erzählen eine doppelte Temporalität, die mit dem Verhältnis von Gegenwart und Vergangenheit sowohl die Relation von subjektiver und objektiver als auch von individueller und sozialer Zeitkonstitution betrifft. Einerseits nämlich steht der handlungsimmanenten Figurenperspektive eine aus dem zeitlichen Verlauf – mehr oder weniger[412] – herausgehobene und in diesem Sinn objektive Erzählposition gegenüber, andererseits wird durch den Erzählerstandpunkt eine tendenziell kollektive Sicht gegenüber dem individuellen Zeiterleben ins Spiel gebracht. Hierbei spielen die beschriebenen Formen der Zeitgliederung, der Handlungszusammenhang und die Zeitkontexte, in die er eingerückt wird, insofern eine zentrale Rolle, als sie sowohl für die subjektive figurenperspektivische Sicht als auch für die in höherem Maße objektiv und sozial angelegte Zeitperspektive des Erzählers die entscheidenden Orientierungspunkte bilden. Im Folgenden sollen nun zunächst die figurenperspektivische Sichtweise und die ihr entsprechende Form der subjektiven Zeitkonstitution in den Blick genommen werden, bevor das Zusammenspiel von Figuren- und Erzählerperspektive behandelt wird.

Zeitkonstitution aus Figurenperspektive

Der subjektiven Zeit hat Paul Ricœur in seiner umfangreichen und in vieler Hinsicht grundlegenden Untersuchung *Temps et récit* besondere Aufmerksamkeit geschenkt. Seine zentrale These im Hinblick auf fiktionale Erzähltexte besteht darin, dass sie imaginäre Variationen über die Zeiterfahrung (»variations imaginatives sur le temps«) zum Gegenstand haben, die sich primär auf das subjektive Zeiterleben beziehen.[413] Diese These einer Dominanz der subjektiven Zeitkonstitution soll im Folgenden vor allem die Basis für die Besprechung der Figurenperspektive bilden, da sie für die Einschätzung der narrativen Zeitmodellierung im Ganzen, wie ja schon deutlich wurde, nicht ausreicht. Wie Ricœur mit Bezug auf Augustinus und dann im Vergleich mit der aristotelischen Zeitkonzeption darstellt[414], besteht die Besonderheit der subjektiven Zeiterfahrung gegenüber den objektivierten Formen der Zeitkonstruktion darin, dass sie auf einer grundsätzlich anderen Perspektive beruht. Die Wahrnehmung objektivierter Zeitkontexte – innerhalb der oben vorgestellten Typologie gilt das besonders für den kalendarischen und den

---

412 Wie im Abschnitt zur »Zeitkonstitution aus Erzählerperspektive« (219 ff.) dargelegt wird, steht der Erzähler schon aufgrund der Temporaldeixis immer in einem Zeitzusammenhang mit der Zeitebene der Figuren und kann daher nie einen völlig objektiven Standpunkt einnehmen.
413 Vgl. Paul Ricœur, *Temps et récit*, 3 Bde., Paris: Seuil, 1983, Bd. 3, S. 229–251.
414 Vgl. ebenda, Bd. 1, S. 21–65, Bd. 3, S. 21–42.

historischen Kontext – erfordert immer einen Überblick über eine gewisse
Zeitstrecke, da nur so der zeitliche Verlauf als eine durch Maßeinheiten gegliederte Abfolge von Veränderungsprozessen erscheinen kann, und setzt da-
mit einen perspektivisch nicht gebundenen oder zumindest nachzeitigen
Standpunkt voraus. Demgegenüber hat die subjektive Zeiterfahrung ihren
Ausgangspunkt in der erlebten Gegenwart eines Subjekts, in der das Vorher
und Nachher sich als mehr oder minder nahe bzw. ferne Vergangenheit und
Zukunft darstellt. Die Gegenwart des Bewusstseins ist für die phänomenolo-
gisch orientierten Analysen des Zeiterlebens, die für Ricœur den primären
Bezugspunkt bilden – nach Augustinus vor allem Husserl und Heidegger[415] –,
ein wandernder Quellpunkt[416], aus dem die perspektivischen Ansichten der
Zeitumgebung, die vorgestellte Zukunft und die vorgestellte Vergangenheit
entspringen. Dabei verweist Ricœur nachdrücklich auf die seit Augustinus
problematische Frage, wie das Bewusstein überhaupt zu der Vorstellung von
Zeiträumen kommen kann, in deren Rahmen dann die jeweilige Gegenwart
situiert wird. Hier soll nur festgehalten werden, dass das subjektive Zeitbewusstsein offenbar eine spezifische Bewusstseinsspreizung – Ricœur spricht
in Anlehnung an Augustinus von der *distentio animi*[417] – voraussetzt, die daraus
resultiert, dass der Gegenwartpunkt mit seinen jeweiligen Retentionen und
Protentionen auf den Rahmen eines festen Verlaufsschemas mit Anfang und
Ende, etwa eines Liedes – dies ist eines der schon von Augustinus gewählten
Beispiele[418] – bezogen wird. Die Vorstellung des genormten Zeitverlaufs bildet dann das Zeitmaß, innerhalb dessen der gegenwärtige Moment situiert
wird, indem zugleich die schon verstrichene als auch die noch zu durchlau-
fende Zeitstrecke in den Blick genommen wird. Die oben unterschiedenen
Zeitkontexte mit ihrem mehr oder minder objektiven Charakter können sich
daher in der Weise mit einer subjektiven Figurenperspektive verbinden, dass
sie den Rahmen für einen dem Figurenstandpunkt entsprechenden Gegenwartpunkt bilden und so die Zeitumgebung markieren, welche die Bestimmung der Position der jeweiligen Gegenwart als Gegenwart erlaubt. Vor allem
die in den jeweiligen Zeitschemata angelegten Möglichkeiten der Gliederung des Verlaufs in bestimmte Phasen oder Epochen spielen in diesem Zusammenhang eine wichtige Rolle. Einerseits verleihen sie der Zeit der Geschichte aus nachträglicher Sicht Konturen, andererseits konstituieren sie
Zeiträume, in denen die vergangene Gegenwart der Figuren situiert werden
kann. Es bleibt somit festzuhalten, dass sowohl der durch den Verlauf der Ge-

---

415 Ebenda, Bd. 3, S. 43–178.
416 Zu diesem von Edmund Husserl geprägten Begriff vgl. Husserl, *Gesammelte Werke*,
     Bd. 10: *Zur Phänomenologie des inneren Zeitbewusstseins (1893–1917)*, hg. v. Rudolf
     Boehm, Den Haag: Nijhoff, 1966, S. 29.
417 Ricœur, *Temps et récit*, Bd. 1, S. 39 ff. Vgl. Augustinus, *Confessiones*, XI, 26, 33, wo Au-
     gustinus die Möglichkeit der subjektiven Zeitvorstellung auf die »distentionem […]
     ipsius animi« zurückführt.
418 Vgl. *Confessiones*, XI, 28, 38.

schichte gebildete Handlungskontext als auch die einzelnen Zeitkontexte nicht nur die Möglichkeit der Modellierung einer objektiv wahrnehmbaren Abfolge erlauben, sondern darüber hinaus auch die Möglichkeit bieten, eine vergangene Erlebnisperspektive zu konstituieren.

Auch wenn dies oben – insbesondere im Zusammenhang mit der Besprechung von Naturzeit, Alltagszeit und historischer Zeit – bereits erkennbar wurde, soll dieser Zusammenhang nun noch etwas genauer erläutert werden. Als erstes ist dabei die Rolle des Handlungs- oder Ereigniszusammenhangs in den Blick zu nehmen, in dem die Figuren befangen sind. Für das handelnde Subjekt gilt generell aufgrund des prinzipiellen Zukunftsbezugs des sinnhaften Handelns, dass sich sein Blick primär auf die sich mit seinen Handlungsentwürfen eröffnende Zukunft richtet; und dies trägt natürlich maßgeblich zum Spannungsverhältnis zwischen der Figurenperspektive und der nachzeitigen Perspektive des Erzählers und damit zur doppelten Temporalität narrativer Texte bei. Die zukunftsbezogene Perspektive des Handelns wird geleitet durch die Planung von den künftigen Zeitverlauf gliedernden Handlungsschritten. Zeit erscheint hier zunächst als lineares Ordnungsprinzip, dem das Handeln zu gehorchen hat. Sie nimmt in dem Maße weitere Erfahrungsqualitäten an, wie die Zukunftsvorstellung einen erwünschten Zustand, den man herbeisehnt, oder aber einen unerwünschten Zustand, dessen Eintreten man möglichst vermeiden oder hinausschieben möchte, beinhaltet. Zukünftiges erscheint dann noch zu fern oder schon zu nah, die darauf bezogenen Handlungsschritte sollen den vorgestellten Verlauf beschleunigen oder aufhalten. Diese Erfahrung wird akzentuiert, wenn das handelnde Gestalten des zeitlichen Verlaufs von Rahmenbedingungen abhängt, auf welche die Akteure keinen Einfluss haben. Im Handlungskontext der Geschichte betrifft das entweder objektive Gegebenheiten – Entfernungen, die zu überwinden sind, oder auch die mit bestimmten Tätigkeiten verbundenen Zeiterfordernisse – oder fremde Handlungen, nach denen sich das je eigene Handeln zu richten hat. Die oben besprochene *escudero*-Episode aus dem *Lazarillo de Tormes*[419] ist hierfür ein gutes Beispiel. Lazarillo, an dem sich die Erzählperspektive orientiert, sehnt den Zeitpunkt herbei, an dem er seinen Hunger stillen kann, doch ist er dabei völlig von seinem Herrn abhängig und erlebt daher den Gang zum Markt, den Besuch der Messe, die Rückkehr zum Haus des armen Edelmanns und das lange Gespräch vor der Haustür mit entsprechender Ungeduld. Die Darstellung von Wartezeiten, d. h. der erlebten Diskrepanz zwischen den in die Zukunft vorauseilenden Wünschen und den den Ereignisverlauf bestimmenden objektiven Gegebenheiten, ist also besonders geeignet, um die subjektive Erfahrung der Dauer hervortreten zu lassen. Flaubert hat aufgrund seiner dominant figurenperspektivischen Darstellungsweise diese Möglichkeit immer wieder meisterhaft zu nutzen gewusst. Emma wartet ein Jahr auf eine erneute

---

419 Vgl. oben, S. 192 f.

Einladung ins Schloss Vaubeyssard, die dann gar nicht erfolgt. Sie wartet während ihrer Beziehung mit Léon auf das nächste donnerstägliche Treffen in Rouen, Frédéric wartet im Sommer nach seinem ersten Studienjahr drei Monate auf die Rückkehr von Mme Arnoux. Es besteht somit eine Dialektik zwischen handlungs- bzw. ereignisbedingter Zeitartikulation und der an ihren Kontext gebundenen subjektiven Zeiterfahrung. Durch Handlung gefüllte Zeit erscheint als reines Gliederungsprinzip und wird damit als solche gar nicht wahrgenommen, wohingegen die handlungslose leere Zeit eine eigene Erfahrungsqualität annimmt. Hierbei ergibt sich auch eine erste Möglichkeit der Bildung eines Zeitraums, nämlich des Zeitraums zwischen zwei zäsurbildenden Ereignissen, etwa zwischen der Abreise und Rückkehr von Mme Arnoux.

Auch wenn Handlungszeit primär zukunftsorientiert ist, so kann sich die dem Erleben eigene Zeitperspektive natürlich auch auf vergangene Handlungen und Ereignisse bzw. auf Zustände, die aufgrund dieser Handlungen und Ereignisse nicht mehr bestehen oder eine Veränderung erfahren haben, richten. Auch hier spielt wie im Falle des Zukunftsbezuges das affektive Verhältnis zum vergangenen Zustand eine primäre Rolle. Man ist froh darüber, negative Zustände hinter sich gelassen zu haben, oder aber man trauert über das Verlorene und somit von einer grausamen Zeit Verschlungene. Einen paradigmatischen Status hat hierbei der letztere Fall, die Erinnerung an vergangene Freuden und an eine schönere Vergangenheit. Sie lässt nicht nur den gegenwärtigen Zustand als defizitär erscheinen, sondern bringt die Vergänglichkeit als eine temporale Grunderfahrung zum Vorschein. Schon der Schäferroman der Frühen Neuzeit ist durch eine solche nostalgische Perspektive geprägt, da die Schäfer häufig einem verlorenen Liebesglück nachtrauern. Die von der Vergangenheit überschattete Gegenwart ist dann eine Zeit des Unglücks, das mit dem Verlust der oder des Geliebten – sei es durch den Tod oder durch die Bevorzugung eines Rivalen – einsetzte. Diese Stilisierung der bukolischen Landschaft als Erinnerungsort kehrt wieder bei Rousseau, der im zweiten Teil der *Nouvelle Héloïse* das idyllische Landgut Clarens mit den Erinnerungen zwischen Julie und Saint-Preux verknüpft.[420] Dann ist es vor allem ein Merkmal des romantischen Romans, dass die Gegenwart vor dem Hintergrund einer unwiederbringlichen Vergangenheit, etwa der glücklichen Kindheit, situiert wird.

Die Thematisierung von Vergangenheit und Zukunft bewirkt unabhängig von der konkreten Füllung der beiden Zeitdimensionen immer die Konstitution einer subjektiven Erlebnisperspektive, welche dem jeweiligen Zeitpunkt im Ereigniszusammenhang der erzählten Geschichte Züge einer vergangenen Gegenwart verleiht. Flauberts Einführung des Protagonisten in der *Éducation sentimentale* lässt dies deutlich erkennen:

---

420 Vgl. hierzu Wolfgang Matzat, »Vergessen und Erinnern in Rousseaus *Nouvelle Héloïse*«, in: Roland Galle/Helmut Pfeiffer (Hg.), *Aufklärung*, München: Fink, 2006, S. 355–374.

M. Frédéric Moreau, nouvellement reçu bachelier, s'en retournait à Nogent-sur-Seine, où il devait languir pendant deux mois, avant d'aller faire son droit. Sa mère, avec la somme indispensable, l'avait envoyé au Havre voir un oncle, dont elle espérait, pour lui, l'héritage; il en était revenu la veille seulement; et il se dédommageait de ne pouvoir séjourner dans la capitale, en regagnant sa province par la route la plus longue.[421]

[Herr Frédéric Moreau, der gerade sein Abitur bestanden hatte, befand sich auf der Rückreise nach Nogent-sur-Seine, wo er noch zwei Monate zuzubringen hatte, bevor er sein Jurastudium beginnen konnte. Seine Mutter hatte ihn, ausgestattet mit der notwendigen Geldsumme, nach Le Havre zum Besuch eines Onkels geschickt, dessen Erbe sie für ihn erhoffte; er war am Vorabend von dort zurückgekommen; und er entschädigte sich dafür, nicht länger in der Hauptstadt weilen zu können, indem er für die Rückkehr in sein Provinznest die längste Reiseroute wählte.]

Frédérics Zeit- und Lebensgefühl wird hier durch wenige Verweise auf die Vergangenheit und die bevorstehende Zukunft anschaulich: Hinter Frédéric liegt das bestandene Abitur und die Reise zu seinem Onkel nach Le Havre, vor ihm das Jura-Studium in Paris, zunächst aber die Rückkehr nach Nogent und die beiden langweiligen Ferienmonate, die er vor dem Studienbeginn in der Provinz verbringen muss. Formal wird die gegenwartsbezogene Figurenperspektive durch die Verwendung des Imparfait (»s'en retournait«, »il se dédommageait«) markiert, wobei der Zukunftsbezug durch das »devait languir« hergestellt wird, während das Plusquamperfekt (»il en était revenu«) die Reise von Le Havre nach Paris als Vergangenheit der – aus Sicht des Erzählers ebenfalls schon vergangenen – Gegenwart ausweist. Dies ist die Basis für eine affektive Bewertung des Zeitverlaufs aus der Perspektive der erlebenden Figur: für das Bedauern, Paris nach einer Nacht schon wieder verlassen zu müssen, und für den Missmut beim Antritt der Rückreise in die ungeliebte Provinz. Es sind solche Hinweise auf eine durch den Zeitpunkt bedingte Stimmung, in denen sich die subjektive Perspektive besonders deutlich zeigt.

Die angeführten Beispiele verweisen bereits darauf, dass bei der Gestaltung subjektiver Zeitwahrnehmung neben dem der Geschichte inhärenten Kontext der Handlungsabfolge meist auch die für die Zeiterfahrung und Zeitmessung relevanten zusätzlichen Kontexte mitwirken. Das Zusammenwirken der Figurenperspektive mit diesen Kontexten soll daher nun genauer in den Blick genommen werden. Verweise auf die Uhr- und Kalenderzeit sind natürlich besonders geeignet, Zeitüberschuss oder Zeitmangel hervortreten zu lassen und somit die Diskrepanz zwischen der subjektiven Zeitperspektive und dem objektiv messbaren Zeitverlauf zur Anschauung zu bringen. So trägt die konkrete kalendarische Angabe, dass Frédérics Wartezeit bis zum Studienbeginn noch zwei Monate dauern wird, maßgeblich zu der hier modellierten Zeiterfahrung bei. Häufig verbinden sich solche exakten Zeitangaben mit den Zeitkontexten der Natur- und der Alltagszeit wie etwa bei der Evokation der frühen Morgenstunde, zu der Frédérics Abreise aus Paris stattfindet. Im Kontext der Naturzeit

---

421 Flaubert, *L'Éducation sentimentale*, S. 19–20.

kann die subjektive Erlebnisperspektive zunächst die elementare Bindung des Menschen an die kosmischen Verläufe thematisieren. Dies bietet sich im Falle des Reisesujets besonders an: Der Morgen ist die Zeit des Aufbruchs und der hereinbrechende Abend motiviert die Sorge um ein Nachtlager. Cervantes schildert beispielsweise, wie Don Quijote und Sancho Panza mit Eile vor dem Anbruch der Dunkelheit eine Ansiedlung zu erreichen versuchen[422], aber dann doch die Nacht im Freien verbringen müssen, was unterschiedliche Reaktionen hervorruft. Der bequeme Sancho ist unglücklich, während Don Quijote dies als willkommene Prüfung seiner ritterlichen Gesinnung ansieht. Daneben besteht natürlich vor allem in Texten, die Chronotopoi des ländlichen Alltagslebens entwerfen, die Möglichkeit, die Figurenperspektive in entsprechender Weise zu entfalten. Dies gilt schon für den Schäferroman, in dem häufig thematisch wird, wie sich die Figuren in ihrem Zeiterleben an dem für Mensch und Tier geltenden Tagesrhythmus, dem morgendlichen Austreiben der Schafe, der mittäglichen Siesta und der abendlichen Rückkehr ins Dorf, ausrichten, auch wenn keine prägnant figurenperspektivische Darstellung vorliegt. Ein zweiter wichtiger Effekt des Entwurfs eines naturzeitlichen Kontexts für das subjektive Zeiterleben ist die stimmungsmäßige Tönung der jeweiligen Erlebnisgegenwart. Sowohl die Tages- als auch die Jahreszeiten können aufgrund ihrer Zeitumgebung, wenn sie in der Vorstellung des erlebenden Subjekts als Vergangenheit und Zukunft konstituiert wird, eine besondere affektive Qualität erhalten. Die Zeitperspektive des Abends ergibt sich aus der Position zwischen Tag und Nacht, die des Herbstes aus der Zeitumgebung von Sommer und Winter und sie beziehen daraus die Möglichkeit entsprechender affektiver Konnotationen. Flauberts Schilderung der winterlichen Stimmung im Haus von Tostes, die oben schon zitiert wurde, bildet hierfür ein schönes Beispiel.[423] Mit den natürlichen Rhythmen des Tages und des Jahres verbinden sich häufig die Zeitgliederungen des Alltags und betonen zusätzlich zu dem als naturgemäß erscheinenden Zeitschicksal die Abhängigkeit des Individuums von den sozialen Zeitzusammenhängen. In der oben angeführten *escudero*-Episode des *Lazarillo de Tormes* werden die Stunden des Vormittags durch den Glockenschlag markiert; Emma ist in ihrer Beziehung zu Léon an den Wochenrhythmus gebunden. Doch auch ohne eine auf der Basis von Uhr und Kalender erfolgende Präzisierung können Verweise auf den Kontext der alltäglichen Abläufe darstellen, wie sich das Individuum in das soziale Zeitkorsett eingebunden fühlt. Wie in *Madame Bovary* muss auch in Fontanes *Effi Briest* der Ehebruch mit dem bürgerlichen Alltag in Einklang gebracht werden. Effi nutzt die Zeit des täglichen Nachmittagsspaziergangs dazu, um den Liebhaber zu treffen; und auch Lady Chatterley in dem Roman von D. H. Lawrence muss nach ihren Begegnungen mit dem Wildhüter rechtzeitig zum Abendessen zurück sein.

---

422 Cervantes, *Don Quijote*, Bd. 1, S. 118: »diéronse priesa por llegar a poblado antes de que anocheciese«.
423 Siehe oben, S. 189.

Die Zeitkontexte der Lebenszeit und der historischen Zeit ermöglichen es demgegenüber dem Subjekt, den gegenwärtigen Augenblick vor dem Hintergrund ausgedehnterer Zeiträume zu erfahren. Im Falle der Lebenszeit betrifft dies sowohl einzelne Lebensphasen als auch die Gesamtspanne des Lebens, deren Umfang aus der Perspektive des erlebenden Subjekts natürlich nur geschätzt werden kann. In jedem Fall sind hier die objektiven Parameter besonders eng mit der Konstitution einer subjektiven Perspektive verbunden. Der Rahmen der Lebenszeit evoziert von vornherein die Perspektive eines Subjekts, welches diese Lebenszeit als die je eigene wahrnimmt. In Falle des autobiographischen Erzählens ist das natürlich offensichtlich, da hier sowohl die imaginäre Gegenwart des vergangenen Ichs als auch der Zeitpunkt des Erzählens den biographischen Zeitkontext aus der Sicht des diesen Zeitkontext durchlebenden Menschen zur Anschauung bringen. Das Zusammenspiel von erlebendem und erzählendem Ich rückt die erzählten Ereignisse immer schon in einen Lebenszusammenhang und darüber hinaus in das Geflecht unterschiedlicher Lebensperspektiven ein. Doch auch wenn in der dritten Person erzählt wird, besteht bei der Situierung des Handelns der fiktiven Figuren in einem lebenszeitlichen Zusammenhang, also bei der Erwähnung ihres Lebensalters oder ihrer Lebensdaten, immer die Möglichkeit, dass eine subjektive Lebensperspektive aktualisiert wird. So wird durch die Erwähnung des fortgeschrittenen Alters des beinahe fünfzigjährigen Don Quijote nicht nur ein objektiv bestimmbarer Lebenszeitpunkt, sondern auch eine Lebensphase thematisch, in der der größere Teil des Lebens bereits Vergangenheit ist. Da der Leser dem lebenszeitlichen Verlaufsschema ebenfalls unausweichlich unterworfen ist, ergibt sich hieraus ein besonderes Identifikationspotential. Schon die Lektüre eines biographischen Lexikoneintrags fordert zum Vergleich mit der eigenen Lebenszeit heraus: Wenn ich ebenso alt werde wie die betreffende Person, dann habe ich noch so und so viele Jahre zu leben, oder: ich habe dieses Alter bereits um eine Reihe von Jahren überschritten. Um so mehr gilt dies für das fiktionale Erzählen, wo die subjektive Perspektive der dargestellten Figur in ganz anderer Weise gewichtet werden kann. In jedem Fall bewirkt die Thematisierung des Kontexts der Lebenszeit einer Figur eine Ausweitung des vom Text modellierten Zeitbewusstseins, da die Gegenwart vor einem relativ ausgedehnten Horizont wahrgenommen wird. Im Falle des oben zitierten Eingangs der *Éducation sentimentale* reicht schon der Hinweis auf das bestandene Abitur und das bevorstehende Studium aus, um diesen Kontext einzuspielen. Denn damit wird ein Zeitpunkt bezeichnet, der seine Bedeutung aus dem Bewusstsein seiner herausgehobenen Position im Gesamtzusammenhang des Lebenslaufs gewinnt: als Ende der im Elternhaus verbrachten Kindheit und Jugend und als Beginn einer Phase, in der die für die Bestimmung des Lebenssinns entscheidenden Weichenstellungen erfolgen – was ja dann durch die Begegnung mit Mme Arnoux sogleich bestätigt wird.

Der Romaneingang der *Éducation sentimentale* verweist auch darauf, dass im Falle einer Situierung der Figurenperspektive im lebenszeitlichen Kontext die oben schon betonte Möglichkeit der Epochengliederung eine besondere Rolle spielt, da damit die Unterscheidung verschiedener Lebensphasen möglich wird, die mit einem je unterschiedlichen Lebens- und Zeitgefühl verbunden sein können. Dabei können sich die spezifischen auf die Lebenszeit bezogenen Zeiträume – also beruhend auf dem Lebensalter, auf Ausbildung und Beruf oder auf dem Familienstand – mit den durch die anderen Zeitkontexte bereitgehalten Gliederungsmöglichkeiten verbinden, also den Zeiträumen der Naturzeit, des Alltagslebens oder auch des historischen Verlaufs. Auch die Einführung weiterer Gliederungsprinzipien ist denkbar, etwa die Zeiträume, die jemand an einem bestimmten Ort oder in einer bestimmten Wohnung gewohnt hat. So sind in Prousts *Recherche* bestimmte Lebensphasen mit bestimmten Orten verbunden: mit den Aufenthalten in Combray, Balbec, Doncières, Venedig, die dann auch den dazwischen liegenden Phasen in Paris ein je unterschiedliches Gepräge geben. Der Zeiteffekt dieser Gliederungsform beruht, wie oben schon betont, darauf, dass sie nicht einen objektiv wahrnehmbaren Zeitrahmen bereitstellt, der dem Lebenslauf Kontur verleiht, sondern auch die subjektive Figurenperspektive in besonderer Weise ins Spiel bringt. So wird durch die Vorstellung von zu überschreitenden oder überschrittenen Epochenschwellen die Differenz zwischen der Gegenwart und der einer früheren Lebensepoche angehörenden Vergangenheit betont. Zugleich wird aber mit der Thematisierung eines epochalen Zeitraums auch die Möglichkeit geboten, die Perspektive einer – in der erzählten Vergangenheit – durchlebten Gegenwart in intensiver Weise zu aktualisieren. Denn jede Gegenwart erhält erst in dem Maße eine eigene Qualität, wie sie sich nicht als flüchtiger Punkt in einer linearen Serie von Veränderungen, sondern als ein für eine gewisse Dauer veränderungsloser Zustand oder als Teil eines in sich geschlossenen Kontinuums darstellt. Erst dann wird es dem erlebenden Subjekt ermöglicht, die Gegenwart als Teil einer Zeiteinheit zu empfinden, welche diese Gegenwart umfasst, erst dann also stellt sich die Zeiterfahrung ein, die Augustinus am Beispiel des Singens oder des Hörens eines Liedes verdeutlicht. Der in diesem Zeitgefühl immer enthaltene Aspekt der Vergänglichkeit wird intensiviert, wenn der Text den Zeitverlauf der erzählten Geschichte in eine ganze Folge von Zeiträumen bzw. Epochen gliedert, wie das in Prousts *Recherche* geschieht. Bei der Bildung einer Serie von epochenartigen Zeiträumen entsteht ein Schichtenmodell der Vergangenheit, wodurch sowohl der Eindruck des quantitativen Umfangs der vergangenen Zeit als auch qualitative Differenzierungen im Hinblick auf ein je spezifisches Zeiterleben begünstigt werden.

Eine noch erheblich stärker ausgeprägte Ausweitung des Zeitbewusstseins erfolgt, wenn der durch die Figurendarstellung markierte Gegenwartspunkt innerhalb eines die Lebenszeit überschreitenden historischen Zeitzusammenhangs situiert wird. Dort, wo ein besonders weiter Zeitrahmen eingeblendet wird, kann ein akutes Gefühl der Vergänglichkeit bewirkt werden. Als typisch hierfür kann die romantische Wahrnehmung von Ruinenlandschaften oder anderen historischen Gedächtnisorten angesehen werden. Entsprechend lauten die Reflexionen von Chateaubriands René, der in London inmitten einer achtlosen Menschenmenge die Statue eines längst verstorbenen Königs – es handelt sich um den von Cromwell hingerichteten Charles II. – entdeckt: »Rien ne m'a plus donné la juste mesure des événements de la vie, et du peu que nous sommes. Que sont devenus ces personnages qui ont fait tant de bruit?«[424] Wird der lebensgeschichtliche Kontext mit einem stärker eingeengten historischen Kontext verbunden, kann das zunächst dazu genutzt werden, den besonderen Zeitgeist der geschilderten Epoche zu evozieren. Das gilt insbesondere für den realistischen Roman und die für ihn typische Verbindung individueller Lebensgeschichten mit der Zeitgeschichte. So vermischt sich Frédéric Moreaus durch jugendliche Unruhe geprägtes Lebensgefühl mit der angespannten politischen Situation der letzten Jahre der Julimonarchie, die vor allem in seinem Freundeskreis immer wieder diskutiert wird. Wie das Beispiel schon zeigt, ist die historische Kontextualisierung der individuellen Perspektive besonders wirkungsvoll, wenn dabei auf einschneidende historische Ereignisse Bezug genommen wird. So verleiht der Kontext der napoleonischen Kriege in Tolstois *Krieg und Frieden* oder die horizonthafte Präsenz des Ersten Weltkriegs in Romanen wie Joseph Roths *Radetzkymarsch* oder Thomas Manns *Zauberberg* dem Figurenerleben eine schicksalhafte Dimension. Weitere Effekte können durch die oben schon beschriebene ironische Relationierung des lebensgeschichtlichen und des historischen Verlaufs erzielt werden. Hierbei spielt eine zentrale Rolle, inwieweit eine Figur ein historisches Bewusstsein entwickelt und sich mit dem historischen Geschehen identifiziert. Wir hatten oben schon gesehen, wie subtil Flaubert den Lebenskontext von Frédérics Liebesgeschichten mit dem historischen Kontext der Februarrevolution verbindet.[425] Dabei wechselt Frédéric von der Indifferenz gegenüber den Demonstrationszügen vom 22. Februar, die er beim vergeblichen Warten auf Mme Arnoux aus der Ferne wahrnimmt, zur ironischen Scheinidentifikation, wenn er den Beginn der Beziehung zu Rosanette als ›Reform‹ bezeichnet. Hier wird also ein Zeitempfinden dargestellt, bei dem das Miterleben der historischen Ereignisse die Form, in der sich das Individuum selbst zeitlich situiert, kaum berührt. Im Gegensatz zu Flaubert zeigt Pérez Galdós in einem vergleichbaren Abschnitt von *La desheredada*, wie die Protagonistin Isidora sich ganz emphatisch, dabei aber völlig naiv mit den politischen Ereignissen identifiziert. Da die Zurückweisung ihres Anspruchs, die Tochter einer Aristokratin zu sein, mit der Abdankung des Königs Amadeo zusammenfällt, sieht sie sich in der Rolle einer auf den Thron

---

424 Chateaubriand, *René*, in: Œuvres romanesques et voyages, Bd. 1, S. 123. [Nichts hat mir deutlicher den richtigen Maßstab für die Ereignisse des Lebens und für unsere Geringfügigkeit gezeigt. Was ist aus diesen Persönlichkeiten, die so viel Lärm verursacht haben, geworden?]

425 Vgl. S. 201 ff.

verzichtenden Königin.[426] In beiden Fällen bildet ein auf die Geschichte des 19. Jahrhunderts bezogener nationaler Chronotopos den Rahmen für das individuelle Zeiterleben – ein Rahmen, der jedoch in beiden Fällen nicht in adäquater Weise wahrgenommen wird.

Auf die Vermittlung von subjektiver Lebensperspektive und kollektiver historischer Perspektive ist im Zusammenhang mit der Zeitperspektive des Erzählers zurückzukommen, da dabei das nachträgliche Erzählerwissen eine besonders wichtige Rolle spielt. Hier soll daher abschließend eine Textstelle aus Flauberts *Éducation sentimentale* als Beispiel vorgestellt werden, an der die Interaktion der subjektiven Perspektive mit den übrigen Zeitkontexten, sowohl mit dem durch den Ereigniskontext vorgegebenen Rahmen als auch mit dem Kontext von Alltags-, Natur- und Kalenderzeit, besonders eindringlich ausgestaltet ist. An dieser Stelle, die den Beginn des zweiten Teils bildet, wird geschildert, wie Frédéric, der im Anschluss an sein Jurastudium drei Jahre in einer Anwaltskanzlei seiner Heimatstadt Nogent gearbeitet hat, sich nun aufgrund einer Erbschaft in der Lage sieht, nach Paris zurückzukehren, um dort ein komfortables Leben zu führen. Angesichts dieser Aussichten und vor allem aufgrund der Hoffnung, Mme Arnoux wieder zu sehen, kann Frédéric die Fahrt nach Paris kaum erwarten und damit ist die subjektive Bezogenheit auf die Zukunft hier äußerst ausgeprägt. Doch wird auf diese Weise auch die Abhängigkeit von äußeren, sowohl natürlichen als auch sozialen Faktoren der Zeitgliederung besonders fühlbar. Dies gilt zunächst für die Reise, bei der Frédéric an den Zeitplan der öffentlichen Verkehrsmittel gebunden ist. Aufgrund der starken Belegung der am Tage verkehrenden Kutschen kann Frédéric erst für die Abendverbindung um sieben Uhr einen Platz erhalten. Schon zu Beginn erscheint ihm die Fahrt unerträglich langsam. Als er ein erstes Mal aus seinen auf die Ausgestaltung seiner Zukunft ausgerichteten Träumereien – »Comme un architecte qui fait le plan d'un palais, il arrangea d'avance sa vie«[427] – erwacht und hinausblickt, stellt er fest, dass sie erst fünf Kilometer zurückgelegt haben. Beim Wechseln der Pferde an einer Poststation schlägt die Uhr Viertel nach ein Uhr. Paris wird schließlich im Laufe des nächsten Nachmittags erreicht, doch die Einfahrt verzögert sich nicht nur aufgrund des Betriebs an der Zollschranke, sondern auch, weil die Seine Hochwasser führt, was zu langen Umwegen zwingt. Nachdem Frédéric in einem Hotel abgestiegen ist, plant er sofort einen Besuch bei den Arnoux. In seiner Sicherheit, dem Ziel nahe zu sein, lässt er sich nun Zeit – »Pour faire durer son plaisir il s'habilla le plus lentement possible«[428]

---

426 Pérez Galdós, *La desheredada*, S. 274: »También ella era una reina que se iba.« [Auch sie war eine Königin, die fortging.] – Amadeo verlässt Spanien im Februar 1873 nach einer nur zweijährigen Regierungszeit, was die Ausrufung der Ersten Spanischen Republik zur Folge hat.

427 Flaubert, *L'Éducation sentimentale*, S. 121 [Wie ein Architekt, der den Plan eines Palais zeichnet, entwarf er im Voraus sein Leben].

428 Ebenda, S. 124. [Um sein Vergnügen zu verlängern, kleidete er sich so langsam wie möglich an.]

–, doch als er feststellen muss, dass das Ehepaar nicht mehr an der alten Adresse anzutreffen ist, schlägt diese Form der subjektiven Zeitdehnung um in eine frenetische Suche. Er begibt sich sofort zur polizeilichen Meldestelle, doch weil die Bürozeit gerade vorüber ist, wird er gebeten, am nächsten Tag wiederzukommen. Hier zeigt sich die Abhängigkeit vom Alltagsstundenplan sozialer Institutionen besonders deutlich. Am nächsten Morgen nehmen Frédérics Nachforschungen jedoch eine andere Richtung, da er sich an einen guten Bekannten der Arnoux erinnert, den das Leben eines Bohémien führenden Maler Regimbart, von dem er mit Sicherheit die neue Adresse zu erfahren können glaubt. Hier nun sieht sich Frédéric – ähnlich wie Lazarillo in der oben besprochenen *escudero*-Episode – dazu gezwungen, sich an das Zeitschema des fremden Alltags, in diesem Fall an die normaler Weise recht regelmäßigen Lebensgewohnheiten des Künstlers, anzupassen. Schon um sieben Uhr am Morgen sucht er ein Lokal auf, wo Regimbart immer das erste Glas Weißwein zu sich nimmt. Die Kneipe ist noch geschlossen, und als Frédéric eine halbe Stunde später nach einem Spaziergang wiederkehrt, ist Regimbart gerade gegangen. Um elf Uhr sucht er vergeblich ein Restaurant auf, wo Regimbart zu Mittag zu essen pflegt, dann lässt er sich von einer Droschke zu einem Café Alexandre bringen, das er aus Erzählungen Regimbarts kennt. Dort wird ihm zu verstehen gegeben, der von ihm Gesuchte müsse in den nächsten zehn Minuten eintreffen, doch wartet Frédéric von der Mittagsstunde bis halb fünf Uhr am Nachmittag vergebens und muss sich eingestehen, dass man sich wohl über ihn lustig gemacht hat. Die Wartezeit wird hier mit der Erwähnung des wiederholten Blicks auf die scheinbar bewegungslosen Zeiger der Standuhr des Etablissements besonders emphatisch akzentuiert: »si les regards pouvaient user les choses, Frédéric aurait dissous l'horloge. Elle marchait cependant«.[429] Frédérics Odyssee währt noch bis zum Abend, wobei er Regimbart zunächst noch einmal nur knapp verpasst, bis er ihn in einer obskuren Kneipe dann doch antrifft und die gewünschte Auskunft von ihm erhält.

Wir sehen, dass an dieser Textstelle eine ganze Reihe der oben beschriebenen Aspekte der Zeiterfahrung zu einer sehr effektvollen Form der Zeitmodellierung beitragen. Frédéric sehnt die Zukunft besonders herbei, diese Zukunft wird jedoch verstellt durch eine Serie von Hindernissen, sowohl durch objektive Gegebenheiten wie die zurückzulegenden Entfernungen und das Hochwasser als auch durch die Unkalkulierbarkeit fremden Handelns. Hinzu kommen wiederholte Verweise auf die Alltagskontexte des städtischen Lebens, den strikt geregelten Behördenalltag und das Zeitschema der gastronomischen Betriebe, in denen Frédéric Regimbart vermutet. Frédérics Abhängigkeit von nicht zu beeinflussenden Handlungsumständen und Zeitschemata schlägt sich nieder im ständigen Wechsel von Eile und Warten. Niemals befindet er sich im Einklang mit den vorgegebenen Handlungs- und Zeitkontexten, niemals

---

429 Ebenda, S. 126. [wenn die Blicke die Gegenstände verschleißen könnten, dann hätte Frédéric die Uhr in ein Nichts verwandelt. Doch sie ging tatsächlich.]

kommt er rechtzeitig, sondern entweder zu spät – das Polizeibüro hat soeben geschlossen, Regimbart ist gerade gegangen –, oder aber zu früh: das Lokal hat noch nicht geöffnet, Regimbart wird erst später erwartet. Flaubert gelingt auf diese Weise eine eindrucksvolle Darstellung der Prägung des subjektiven Zeitgefühls durch die soziale Organisation des modernen Lebens. Die immer wieder sehr exakten Zeitangaben, die den Ablauf von Frédérics Suche verdeutlichen, tragen hierzu maßgeblich bei, da damit die Zeit den – heutzutage für uns selbstverständlichen – Charakter eines die individuelle Existenz bis ins Detail regulierenden Ordnungsrahmens erhält.

Das zuletzt besprochene Textbeispiel lässt deutlich erkennen, wie eine besondere Gewichtung der subjektiven figurenperspektivischen Zeitwahrnehmung zugleich auch das Spannungsverhältnis zwischen individuellem Erleben und einer ihm entsprechenden Zeitorganisation einerseits und den sozialen Zeitvorgaben andererseits hervortreten lässt. Dies ist in besonders ausgeprägter Weise im Zusammenhang mit der Alltagszeit der Fall. Wie Norbert Elias in seiner Abhandlung *Über die Zeit* gezeigt hat, ist menschliche Zeiterfahrung immer schon in hohem Maße sozial determiniert. Dabei macht er vor allem darauf aufmerksam, dass die den Zivilisationsprozess begleitende Transformation von gesellschaftlichen Fremdzwängen in internalisierte Selbstzwänge gerade im Falle der Zeiterfahrung besonders radikal ist, da die zunehmende Präzisierung der sozialen Zeitabläufe ein hohes Maß an interner Selbstregulierung nach sich zieht.[430] Wie wir gesehen haben, eignet sich im Falle der narrativen Zeitmodellierung vor allem die Darstellung der individuellen Alltagserfahrung für die Thematisierung der sozialen Zeitzwänge. Darüber hinaus ist natürlich vor allem der Kontext der historischen Zeit dafür geeignet, das Spannungsverhältnis zwischen Individuum und Gesellschaft im Hinblick auf die Zeiterfahrung zu gestalten. Neben der Figurenperspektive, deren Rolle, wie oben gezeigt wurde, maßgeblich durch die Ausprägung des historischen Bewusstseins bestimmt wird, kommt hier deutlicher die Perspektive des Erzählers ins Spiel, da er den historischen Verlauf schon weiter überblicken kann als die Figuren. Zudem entspricht es der Rolle des Erzählers, als Sprachrohr einer den Leser umfassenden gesellschaftlichen Perspektive zu fungieren. Dies soll in den folgenden Abschnitten weiter entwickelt werden.

Zeitkonstitution aus Erzählerperspektive

Als Zeit des Erzählers soll hier die Zeitebene begriffen werden, die durch die Inszenierung des Erzählakts konstituiert wird. Sie ist zu unterscheiden von der durch den Textverlauf ermöglichten Zeitgestaltung, den Formen der Raffung und Dehnung sowie der Vor- und Rückgriffe, da diese Verfahren von der gewählten Perspektive weitgehend unabhängig sind. Wie Gérard Genette zu

---

430 Elias, *Über die Zeit*, insbes. S. XXXIII ff.

Recht festgestellt hat, ist diese ›Textzeit‹, die im letzten Teil dieses Kapitels besprochen werden soll, insofern eine Pseudozeit, als sie gar nicht durch zeitliche Maßeinheiten bestimmbar ist, sondern nur auf der Ausdehnung und der Anordnung der einzelnen Teile des Erzähltexts beruht.[431] Die Zeitebene des Erzählers ist demgegenüber nicht an die reale Verlaufsform des Erzähltexts gebunden, sondern an die temporale Situierung der fiktiven Erzählinstanz. Konstitutiv für diese Zeitebene ist zunächst einmal die temporale Deixis, die bei den paradigmatischen Formen des Erzählens, d. h. bei der Verwendung der Tempora der Vergangenheit, den Erzählakt als nachzeitig zu den erzählten Ereignissen ausweist. Im Hinblick auf die Erzählinstanz bedeutet das zunächst einmal, dass sie, wenn auch zu einem späteren Zeitpunkt, auf derselben Zeitachse angesiedelt ist wie die Figuren, von denen erzählt wird. Aus diesem Grund stellt sich im Hinblick auf die zeitliche Dimension der Unterschied zwischen dem heterodiegetischen und dem homodiegetischen Erzählen nicht so deutlich dar wie bei der räumlichen Gestaltung. Das das heterodiegetische Erzählen definierende Kriterium der »Nicht-Identität der Seinsbereiche«[432], also die kategoriale Trennung von Erzähler und erzählter Welt, setzt das Fehlen jeglicher deiktischer Bezüge voraus. Diese Absenz der Deixis ist aber nur im Falle der räumlichen Situierung der erzählten Welt möglich. Denn die Temporaldeixis ist ja dem Gebrauch verbaler Formen immer schon eingeschrieben, so dass der Erzähler durch den Gebrauch der Tempora immer einen Zusammenhang mit der Erzählgegenwart herstellt.[433] Der Unterschied zwischen der Ich- und der Er-Erzählung besteht dann darin, dass in der heterodiegetischen Form die zeitliche Erzähldistanz unbestimmt bleiben kann, während sie beim homodiegetischen Erzählen durch die Lebenszeit des von seiner eigenen Vergangenheit berichtenden Erzählers begrenzt wird. Allerdings ist die Bezugnahme auf eine unbestimmte epische Vergangenheit[434] nicht der Normalfall des heterodiegetischen Erzählens, vielmehr erscheint der Erzähler meist enger mit der erzählten Vergangenheit verbunden.

Die Zeitebene des Erzählers bestimmt sich also in Relation zu der durch die Erzählung evozierten Vergangenheit. Darüber hinaus ist natürlich auch eine weitere, mehr oder minder eigenständige Ausgestaltung denkbar, wie hier nur kurz angedeutet werden soll. Der Erzähler kann etwa dadurch eine eigene Zeitperspektive konstituieren, dass er die während des Erzählens verflossene, die noch zur Verfügung stehende Zeit oder auch notwendige Pausen themati-

---

431 Genette, »Discours du récit«, S. 78.
432 In der Begrifflichkeit von Stanzel. Vgl. oben, S. 59.
433 Genette, »Discours du récit«, S. 228: »je peux fort bien raconter une histoire sans préciser le lieu où elle se passe, et si ce lieu est plus ou moins éloigné du lieu d'où je la raconte, tandis qu'il m'est presque impossible de ne pas la situer dans le temps par rapport à mon acte narratif, puisque je dois nécessairement la raconter à un temps du présent, du passé ou du futur.«
434 Käte Hamburger hat darin ein reines Fiktionssignal sehen wollen (*Die Logik der Dichtung*, S. 59 ff.).

siert. Dies ist vor allem typisch für die Inszenierung mündlicher Erzählsituationen, wie in dem berühmten Beispiel der Erzählungen der Scheherazade, die durch das Erzählen ihren eigenen Tod aufzuschieben sucht. Darüber hinaus eignet sich besonders die Ich-Erzählsituation für eine solche Bezugnahme auf die für das Erzählen benötigte Zeit, etwa indem der Erzähler sich fragt, ob der richtige Zeitpunkt für die Erzählung der Lebensgeschichte gekommen ist oder, wie im Falle von Prousts Erzähler in *A la recherche du temps perdu*, ob die noch verbleibende Lebenszeit für die Erzählung ausreicht. Abgesehen von diesen Ausnahmen, zu deren spektakulärsten sicherlich Lawrence Sternes *Tristram Shandy* zählt, wo die vergangene Lebenszeit durch das sich in immer neuen Details verlierende Erzählen gar nicht einzuholen ist, erscheint der Erzählakt häufig im Hinblick auf seine eigene Dauer wesentlich zeitlos.[435]

Das zentrale Merkmal der Zeitebene des Erzählers besteht jedoch in jedem Fall darin, dass die ihm eigene nachzeitige Erzählperspektive in ein dialogisches Verhältnis zu der handlungsimmanenten Zeitperspektive der Figuren tritt und so die doppelte Temporalität des Erzählens konstituiert. Diese nachzeitige Perspektive ist zunächst charakterisiert durch die Möglichkeit einer objektiven Wahrnehmung der vergangenen Zeit als einer vergangenen Zeit, die sich als reines Nacheinander präsentiert; und dabei spielen die im Handlungsverlauf und in den evozierten Zeitkontexten angelegten Gliederungsmöglichkeiten eine zentrale Rolle. Darüber hinaus ist jedoch für ihr Zusammenwirken mit der Figurenperspektive entscheidend, dass die nachzeitige Erzählerperspektive ein Wissen über den weiteren Verlauf der Ereignisse ermöglicht, der für die Figuren zum Erlebniszeitpunkt noch in der Zukunft liegt. Die dem Erzähler eigene Rückschau auf den vergangenen Verlauf ist auf diese Weise immer schon mit einer – zumindest impliziten – Bezugnahme auf vergangene Zukunftserwartungen verbunden. Damit ergeben sich besondere Möglichkeiten, den im Perspektivengefüge des Romans angelegten Gegensatz zwischen der Illusionsperspektive der Figur und der Realitätsperspektive des Erzählers zu entwickeln. Wie die unterschiedlichen Gestaltungen der Ich-Erzählsituation zeigen, kann dieser zeitbedingte Wissenszuwachs besonders im Fall des autobiographischen Erzählens effektvoll ausgespielt werden, etwa wenn der erwachsene Erzähler auf sein jugendlich-naives Verhalten zurückblickt.[436] Aber auch in heterodiegetischen Formen des Erzählens hat die doppelte Temporalität des Erzählens zur Folge, dass die Nachträglichkeit der Erzählperspektive eine besondere Wahrnehmung der auf die Zukunft zulaufenden Gegenwart der Figuren bewirkt, wobei sich das dann am deutlichsten zeigt, wenn die vergangenen Zukunftserwartungen unter das Signum der Vergeblichkeit und des Scheiterns gestellt werden. Hierzu kann insbesondere die Evokation eines historischen Kontexts wirkungsvoll beitragen, da – wie etwa

---

435 Vgl. »Discours du récit« (S. 234), wo Genette dem Erzählakt eine »essence intemporelle« zuschreibt.

436 Vgl. oben, S. 194.

im Falle der oben genannten Bezugnahmen auf die Napoleonischen Kriege oder den Ersten Weltkrieg – für den Erzähler und darüber hinaus für die Leser schmerzliche Gewissheit ist, was für die Figuren zum Zeitpunkt des Erlebens nur bange Erwartung sein konnte. In jedem Fall also sind Erzähler- und Figurenperspektive durch einen besonderen Zeitzusammenhang vermittelt. Seine zentralen Aspekte sollen im Folgenden entwickelt werden.

Indem das Erzählen das vergangene Leben der Figuren bzw. das von ihnen Erlebte aufbewahrt und vergegenwärtigt, gewinnt es eine fundamentale existentielle Komponente: Wer erzählt, wer zuhört oder liest, der lebt; diejenigen, von denen erzählt wird, sind tot oder werden sterben, um in der Erzählung weiterzuleben. Erzähler und Leser sind Überlebende, wobei das für Leser einer schriftlich verfassten Erzählung in besonderer Weise gilt, da sich in ihrem Fall die nachzeitige Perspektive immer weiter ausdehnen kann, solange das die Erzählung bewahrende Speichermedium Bestand hat.[437] Erzählen ist Rückkehr zum Vergangenen, Affirmation einer die Vergangenheit transzendierenden Dauer und ein Sich-Versichern der Kontinuität des Lebens ineins. Die Schlussformel des Märchens – ›wenn sie nicht gestorben sind, dann leben sie noch heute‹ – bringt diese perspektivische Einstellung auf den Punkt. Damit wird suggeriert, dass die Figuren der erzählten Geschichte einer Vergangenheit angehören, welche durch das Erzählen mit der Gegenwart der Hörer oder Leser verknüpft wird. Diese Grundbedingung allen nachzeitigen Erzählens gilt in modifizierter Form auch für den homodiegetischen Typ. Die Ich-Erzählsituation, jedenfalls in der das eigene Leben zum Gegenstand nehmenden quasi-autobiographischen Form, signalisiert natürlich zunächst, dass derjenige, von dem erzählt wird, zum Zeitpunkt des Erzählens – als Erzähler – noch lebt.[438] Doch wenn der Protagonist der Ich-Erzählung zum Erzähler wird, antizipiert er in gewisser Weise seinen Tod, indem er seiner Lebensgeschichte eine Form gibt, die ihn überdauern wird. Letzteres wird dann besonders akzentuiert, wenn die Ich-Erzählung von einem fiktiven Herausgeber als hinterlassenes

---

437 Diesen gewissermaßen jenseits des Todes angesiedelten Standpunkt hat Walter Benjamin besonders betont: »Vom Tod hat er [der Erzähler] seine Autorität geliehen« (»Der Erzähler. Betrachtungen zum Werk Nikolai Leskows«, in: Benjamin, *Illuminationen. Ausgewählte Schriften*, Frankfurt/M.: Suhrkamp, 1961, S. 409–436, hier: S. 421). Benjamin betont allerdings im Folgenden den Unterschied zwischen mündlichen Formen des Erzählens und dem an das Schriftmedium gebundenen Roman stärker, als dies der von mir vertretenen Position entspricht: Nur beim Erzählen im eigentlichen Sinne, d.h. dem mündlichen Erzählen »kann die Epik [...] mit der Gewalt des Todes ihren Frieden machen« (ebenda, S. 424). Während Benjamin die Einsamkeit des Romanlesers betont (ebenda, S. 427), welche die tröstliche Funktion des Erzählens nicht zur Geltung kommen lässt, wird hier davon ausgegangen, dass auch der schriftliche Text durch entsprechende Signale dem Leser vermitteln kann, dass er Teil einer Gemeinschaft von Lesern ist.

438 Texte, in denen die Stimme eines toten Erzählers sich Gehör verschafft, wie etwa Juan Rulfos *Pedro Páramo*, wo der tote Ich-Erzähler Juan einer ebenfalls Toten, die das Grab mit ihm teilt, seine Geschichte erzählt, bilden eine seltene Ausnahme.

Manuskript ausgegeben wird. Auch in der Ich-Erzählung tritt somit als zentrales Merkmal des Erzählens zutage, dass es den Tod mit einkalkuliert, und dies in doppelter Weise: Man kann die eigene Lebensgeschichte nur erzählen, solange man noch lebt, und deshalb motiviert die fortgeschrittene Lebenssituation besonders dazu, sich selbst oder anderen gegenüber Rechenschaft abzulegen, wie man seine Lebenszeit gestaltet hat und wie man zu dem geworden ist, der man ist – oder auch dazu, ein Geheimnis zu lüften, das man sonst mit ins Grab nehmen würde. Das Erzählte aber wird im Gedächtnis des Adressaten oder – im Falle der schriftlichen Fixierung – im Speichermedium der Schrift überdauern, so dass auch der Ich-Erzähler im Akt des Erzählens eine Perspektive einnimmt, die über die Spanne der eigenen Lebenszeit hinausweist.

Die Zeitebene des Erzählens impliziert also nicht nur den in ihrer Nachträglichkeit angelegten Vergangenheitsbezug, sondern auch eine spezifische Vorstellung von der Zukunft. Dabei beschränkt sich dieser Zukunftsbezug nicht auf die erzählte Vergangenheit, vielmehr verweist das Erzählen als nachträgliche Vergegenwärtigung des Vergangenen immer zugleich auch darauf, dass jede Gegenwart in der Zukunft zur Vergangenheit wird; und damit wird auch für die aktuelle Gegenwart sowohl des Erzählens als auch des Zuhörens oder Lesens der künftige Vergangenheitscharakter antizipierbar. Wie Mark Currie nachdrücklich betont, ist Erzählen nicht nur »retrospection«, sondern immer auch »anticipation«: »The present is the object of future memory, and we live it as such, in anticipation of the story we tell later, envisaging the present as past.«[439] Das Erzählen hat immer einen vorausweisenden Charakter, da es zusammen mit der vergangenen Gegenwart des Erzählten auch die aktuelle Gegenwart als Gegenstand künftigen Erzählens vorstellbar macht. Diese Zusammenführung von vergangener und gegenwärtiger Zukunftsperspektive gewinnt ihre affektive Komponente daraus, dass sie die Notwendigkeit des Absterbens und Vergehens, die Einmaligkeit und Unwiederbringlichkeit des je gegenwärtigen Augenblicks mit der Möglichkeit des Über- und Weiterlebens verbindet. Damit enthält also auch die Perspektive des Erzählers ein Merkmal, das oben als konstitutiv für das subjektive Zeiterleben bezeichnet wurde. Auch die Perspektive des Erzählers ist immer in dem Maße gegenwartsbezogen, wie sie die Vergangenheit nicht als abgeschlossene Zeitepoche in den Blick nimmt, sondern als Teil einer aus Vergangenheit und Zukunft bestehenden Zeitumgebung, welche auch die Gegenwart des Erzählens umfasst. Wie schon angedeutet wurde, gewinnt diese Verschränkung von Vergangenheit und Zukunft in dem Maße eine spezifische Dimension, wie historische Kontexte ins Spiel gebracht werden. Darauf ist nun noch etwas ausführlicher zurückzukommen.

Der das Erzählen mit dem Erzählten verbindende Zeitzusammenhang, der durch die Temporaldeixis hergestellt wird und das Zusammenspiel von Erzähler- und Figurenperspektive bedingt, muss zunächst natürlich als fiktiv einge-

---

439 Mark Currie, *About Time. Narrative, Fiction, and the Philosophy of Time*, Edinburgh: Edinburgh University Press, 2007, S. 5.

schätzt werden. Mit der oben zitierten Schlussformel des Märchens wird eine fiktive Welt evoziert, deren fiktive Vergangenheit in eine fiktive Gegenwart führt. An dieser Gegenwart kann der Leser nur imaginär teilhaben, indem er sich in die Welt versetzt, in der ein Rotkäppchen gelebt hat und, wenn es nicht gestorben ist, noch lebt. Dieser Zeitzusammenhang gewinnt allerdings in dem Maße ein anderes, seinen fiktiven Status infrage stellendes Gepräge, wie real-historische Kontexte evoziert werden. Denn nun werden nicht nur die Positionen des Erzählers und der Figuren, sondern auch die des Lesers dadurch miteinander vermittelt, dass sie in einen sie umfassenden historischen Verlauf eingebunden scheinen. Wie die geographischen Referenzen auf die reale Welt situieren auch Referenzen auf die historische Realität den Erzähler in einer mit den Figuren gemeinsamen Welt, der auch Autor und Leser angehören. Schon im *Amadís de Gaula*, wo der Erzähler die Handlung in die ersten Jahrhunderte nach dem Erscheinen von Jesus Christus verlegt, wird damit nicht nur der Eindruck einer besonderen historischen Ferne erweckt, sondern auch auf implizite Weise die gemeinsame Gegenwart des Erzählers und des Lesers ins Spiel gebracht, wobei beide Zeitebenen durch das historische Zeitbewusstsein einer christlichen Ära miteinander vermittelt sind. Noch sehr viel deutlicher zeigt sich dieser Gegenwartsbezug, wenn Cervantes seinen Protagonisten mit der Formulierung »no ha mucho tiempo que vivía un hidalgo« einführt.[440] Denn hier verlegt der Erzähler die Geschichte in die Nahvergangenheit seiner eigenen Gegenwart, die sich zugleich als die des Autors und seiner Generation darstellt. Auch hier kommt historisches Zeitbewusstsein dadurch ins Spiel, dass der Landedelmann aus der Mancha, der auf dem Dachboden die Rüstung seiner Vorfahren aufbewahrt, als ein Relikt aus einer vergangenen Zeit erscheint. Vor allem für den realistischen Roman des 19. Jahrhunderts ist eine solche Nahvergangenheit typisch und wird häufig durch ein dichtes Netz historischer Bezüge und darüber hinaus durch exakte Datumsangaben konkretisiert. Der oben schon zitierte Eingangssatz der *Éducation sentimentale*, der den Beginn der Handlung auf den 15. September 1840 datiert, ist hierfür ein einschlägiges Beispiel.

Die Evokation einer für Figuren, Erzähler und Leser gemeinsamen historischen Welt unterstützt natürlich die im einheitlichen Zeitzusammenhang des Erzählens ohnehin angelegte Nivellierung der Differenz zwischen dem heterodiegetischen und dem homodiegetischen Erzählen. So erklärt es sich, dass die Realisten ihre Nähe zu der Welt der Figuren gerne durch den gelegentlichen Wechsel in eine periphere Ich-Erzählsituation akzentuiert haben. Ein besonders bekanntes Beispiel ist die den Roman einleitende Erinnerung des Erzählers der *Madame Bovary* an den Tag, an dem Charles mit seiner unglaublichen Mütze in seine Klasse kam. Im spanischen Realismus hat vor allem Pérez Galdós immer wieder mit dieser Möglichkeit gespielt. Sowohl in *La desheredada* als auch in *Fortunata y Jacinta* gibt der Erzähler an einigen Stellen zu ver-

---

440 *Don Quijote*, Bd. 1, S. 35 [vor nicht allzu langer Zeit lebte ein Landedelmann].

stehen, dass er die Protagonisten seiner Geschichte persönlich kennt, ohne deshalb auf die dem heterodiegetischen Erzählen vorbehaltene Allwissenheit und eine entsprechend detaillierte Darstellung von fremder Innenwelt zu verzichten. Eine schwächere Variante der durch den historischen Kontext bedingten Grenzverwischung zwischen der erzählten Welt, dem heterodiegetischen Erzähler und der Welt des Lesers liegt dort vor, wo der Erzähler auf die erzählte Welt aus einer Erzählposition zurückblickt, die den weiteren historischen Verlauf mit einbezieht. Auch dieses Verfahren wird von Flaubert verwendet, z. B. bei der Präsentation von Yonville-l'Abbaye, dem zweiten Wohnort des Arztehepaars in *Madame Bovary*. Dort verweist der Erzähler darauf, dass Yonville, obwohl es im Jahr 1835 durch einen »chemin *de grande vicinalité*« (Hervorhebung im Original) mit den Nachbarorten verbunden wurde, sich bis zum Zeitpunkt des Erzählens nicht weiterentwickelt hat.[441] Das historische Bewusstsein, das in diesem Falle aufgerufen wird, ist durch das bürgerliche Fortschrittsdenken des 19. Jahrhunderts charakterisiert, wobei diese Prägung durch die Kursivierung der in der Behördensprache gehaltenen Erwähnung der neuen Verkehrsverbindungen zugleich ironisch unterlaufen wird. Ähnlich kommentiert der Erzähler in Zolas *La Fortune des Rougon* die Entwicklung der südfranzösischen Provinzstadt Plassans, wenn er feststellt, dass inzwischen, d. h. zwischen den im Roman berichteten Ereignissen vom Dezember 1851 und dem Erzählzeitpunkt, eine Eisenbahnverbindung hergestellt worden sei.[442] In beiden Fällen wird der ambivalente Status, den die erzählte Welt durch diese Referenzen auf den historischen Kontext erhält, dadurch noch gesteigert, dass die beschriebenen Orte jeweils einen fiktiven Namen tragen. Diese punktuellen Fiktionalisierungen ändern allerdings nichts daran, dass auf diese Weise durch den Erzähler eine kollektive Zeiterfahrung aktualisiert wird, deren Implikate nun noch näher auszuführen sind.

Individuelle und soziale Zeit

Paul Ricœur hat in *Temps et récit* versucht, die Unterschiede der Zeitmodellierung in der fiktionalen und in der historischen Erzählung differenziert darzustellen. Historische Zeit entsteht in der historischen Erzählung durch das Einschreiben von Lebenszeit in Weltzeit (»réinscription du temps vécu dans le temps du monde«[443]), d. h. also durch die Füllung der auf den kosmischen Verläufen beruhenden Kalender- und Weltzeit durch eine vom Menschen gestaltete und erlittene Geschichte. Dabei ist für Ricœur in der geschichtlichen Zeit

---

441 Flaubert, *Madame Bovary*, S. 108: »Cependant Yonville-l'Abbaye est demeurée stationnaire, malgré ses *débouchés nouveaux*« [Hervorhebung im Original]. [Yonville-l'Abbaye ist jedoch trotz seiner neuen Verkehrsverbindungen unverändert geblieben.]
442 Zola, *La Fortune des Rougon*, in: *Les Rougon-Macquart*, Bd. 1, S. 36.
443 Ricœur, *Temps et récit*, Bd. 3, S. 231. Zum Folgenden siehe vor allem S. 189 ff.

die objektive Determination des vergangenen Verlaufs immer schon mit der subjektiven Zeiterfahrung des »temps vécu« vermittelt, wobei dies durch verschiedene Verfahren erfolgt. Eines dieser Verfahren ist die Datumsangabe, da sie eine Zeitstelle isoliert, die dann immer auch als vergangener Gegenwartspunkt mit seinem Hof an Vergangenheits- und Zukunftsvorstellungen imaginiert werden kann und damit ein subjektives Zeiterleben ins Spiel bringt. Ein anderes Verbindungsglied sieht Ricœur im Konzept der Generation, da es eine imaginäre Zeitgenossenschaft evoziert und so das individuelle Zeiterleben mit der kollektiven historischen Existenz verknüpft. Wenn Ricœur auf diese Weise die Komponente des »temps vécu« schon in der historischen Zeit betont, hat das jedoch zur Folge, dass die fiktionale Erzählung völlig auf die Funktion der Gestaltung der subjektiven Zeit festgelegt wird.[444] Referenzen auf historische Fakten haben hier denselben irrealen Status (»statut irréel«) wie die anderen Ereignisse der fiktiven Geschichte und dienen ausschließlich der Akzentuierung bestimmter Aspekte der subjektiven Zeiterfahrung.[445] Auch wenn Ricœur im Anschluss die Überkreuzung von Geschichte und Fiktion (»entrecroisement de l'histoire et de la fiction«[446]) in den Blick nimmt und dabei nun neben der Zeiterfahrung der fiktiven Figuren auch die Funktion des nachzeitigen Erzählens berücksichtigt, wird letztlich die These vom ausschließlich fiktiven Charakter der im fiktionalen Erzählen konstituierten Welten nicht aufgehoben: Indem der Erzähler die Vergangenheitstempora verwendet, modelliert er wiederum eine rein fiktive Vergangenheit (»un passé fictif«) – und zwar seine eigene –, an der der Leser im Lektürevorgang teilhat.[447] Wie die letzten Abschnitte gezeigt haben, ist eine so eindeutige kategoriale Trennung zwischen dem fiktionalen und dem historischen Erzählen nicht sinnvoll. Natürlich trifft es zu, dass der Erzähler als fiktive Figur oder fingierte Stimme einen fiktiven Bezug zur Vergangenheit herstellt. Gleichwohl hat diese Vergangenheit in dem Maße, wie auf reale historische Gegebenheiten referiert wird, einen Status, der die fiktive Perspektive des Erzählers transzendiert und die reale Welt von Autor und Leser ins Spiel bringt. Daraus ergibt sich der Zwitterstatus der Erzählperspektive. Es handelt sich um eine historische Perspektive im Modus des ›als-ob‹, wobei dieses ›als-ob‹ gerade dann eine besondere Prägnanz gewinnt, wenn die fingierte historische Perspektive eine imaginäre Sicht auf eine bekannte historische Welt erlaubt.

Die Überkreuzung der historischen und sozialen Zeiterfahrung mit der subjektiven Zeiterfahrung, deren Möglichkeit Ricœur erst nachträglich und nur vorsichtig eröffnet, muss also als eine zentrale Funktion des fiktionalen Er-

---

444 Demgegenüber sieht Currie in der Vermittlung von perspektivisch gebundener, subjektiver und aperspektivischer, objektiver Zeitkonstitution ein wesentliches Merkmal fiktionaler Erzählungen (*About Time*, S. 137–151).
445 *Temps et récit*, Bd. 3, S. 232 f.
446 Ebenda, S. 329 ff.
447 Ebenda, S. 344.

zählens angesehen werden. Ausschlaggebend ist hierfür die sich im neuzeitlichen Erzählen immer stärker konkretisierende und für den Realismus typische Evokation realhistorischer Kontexte. Diese Kontexte können, wie wir gesehen haben, einerseits einen Rahmen für das Figurenerleben bilden, und zwar in dem Maße, wie die Figuren ihre individuelle Gegenwart als Teil einer kollektiven historischen Gegenwart begreifen und somit selbst schon die Funktion erhalten, die Verbindung von subjektiver und historischer Zeiterfahrung zu inszenieren. Andererseits kann der historische Kontext dazu dienen, einen die Figuren mit dem Erzähler und den Lesern vermittelnden Zeitzusammenhang zu konstituieren. Dies bietet dann auch die Möglichkeit, das sich aus der Rückschau ergebende historische Mehrwissen des Erzählers effektvoll zur Geltung zu bringen. Auf diese Weise kann der individuellen, möglicherweise schon mehr oder weniger von der Sorge um die politischen und sozialen Belange geprägten Figurenperspektive durch den Erzähler eine klar sozial und historisch ausgerichtet Perspektive entgegengesetzt werden. Der hierbei implizierte kollektive Adressatenbezug erscheint dann als besonders prägnant, wenn sich der Erzähler an eine Gemeinschaft von Hörern oder Lesern wendet, die derselben Gesellschaft angehören wie er selbst.[448] Eine solche Definition der impliziten Leserschaft kann, wie oben dargelegt wurde, schon durch die Wahl der Sprache erfolgen und dann durch die Bezugnahme auf weitere Formen des Wissens spezifiziert werden. Hierbei spielt das historische Wissen natürlich eine besondere Rolle, da damit ein gemeinsames historisches Imaginäres aufgerufen oder auch erst konstituiert wird.[449] Daher gilt für die zentrale, zum Realismus führende Entwicklungslinie des neuzeitlichen Romans, dass er für den Autor – und damit auch für den Erzähler als seinen Stellvertreter – ein Medium darstellt, um sich mit dem Leser über Aspekte des gemeinsamen gesellschaftlichen Schicksals zu verständigen, eines Schicksals, das spätestens ab dem 19. Jahrhundert vor allem als historisches Schicksal erscheint. Als ein Beispiel für die damit ermöglichte Spannungsrelation zur individuellen Figurenperspektive wurde oben schon Frédéric Moreaus Wahrnehmung der Revolution von 1848 genannt. In seiner weitgehend indifferenten Außenseiterperspektive verkennt er die Bedeutung, welche die historischen Ereignisse für die französische Gesellschaft und auch für ihn als Teil dieser Gesellschaft haben. Demgegenüber spielt der Text dem Leser eine Perspektive zu, die Frédérics Sicht als naiv und inadäquat ausweist – zugleich aber wohl auch von der skeptischen Frage geprägt ist, ob mehr Engagement den Gang der Ereignisse hätte verändern können. Das Beispiel zeigt auch, dass das durch den Text evozierte

---

448 Auch dort, wo sich etwa ein Ich-Erzähler an einen einzelnen Adressaten wendet, hat dieser häufig die Rolle, die Gesellschaft zu repräsentieren – wie etwa der mit »Vuestra Merced« angesprochene hochrangige Gönner im kanonischen Beispiel des *Lazarillo de Tormes.*

449 Dieses historische Imaginäre bildet für Benedict Anderson eine wichtige Basis für die nationale *imagined community* (vgl. *Imagined Communities*, insbes. S. 199 ff.).

historische und soziale Imaginäre nicht nur die Vergangenheit betrifft. Die Nachträglichkeit des Erzählens impliziert immer zugleich die Aspekte der Retrospektion und der Antizipation, und das gilt auch für die historisch-soziale Zeitperspektive. Wenn, wie oben betont wurde, die durch Erzähler und Adressaten gebildete Gemeinschaft eine Gemeinschaft von Überlebenden ist[450], so folgt für die soziale Dimension der Zeitperspektive des Erzählens daraus, dass sie eine auf Dauer angelegte kollektive gesellschaftliche Existenz ins Spiel bringt, die einen Gegensatz zur Endlichkeit des einzelnen Lebens bildet. Die Perspektivenstruktur des Romans erlaubt es, die Zeiterfahrung des individuellen Subjekts, die im Zeichen der notwendigen Begrenztheit des Lebens steht, mit einer kollektiven Zeiterfahrung, welche durch eine in eine unbegrenzte Zukunft weisende Kontinuitätsvorstellung geprägt ist, zu verbinden.

Die Spannungsrelation zwischen einer sozialen Perspektive, die auf der Hoffnung auf das Weiterleben der Gesellschaft im Ganzen beruht, und einer individuellen, auf das eigene Lebensende ausgerichteten Perspektive kann in unterschiedlicher Weise gestaltet werden. Zunächst ist ausschlaggebend, inwieweit der Erzähler sich der Figurenperspektive annähert oder aber seine eigene Perspektive des Überlebenden zur Geltung bringt. Für Letzteres sind natürlich insbesondere bis zum Tod reichende Lebensgeschichten prädisponiert. Weitere Differenzierungen ergeben sich daraus, in welchem Maße die soziale Perspektive des Erzählers durch eine der erzählten Welt immanente soziale Perspektive gestützt wird. Im Eingangskapitel zur Perspektivenstruktur des Romans wurde dargestellt, wie eine solche Perspektive durch Figurengruppen konstituiert werden kann, welche die Protagonisten umgeben.[451] Die Funktion solcher Gruppen für die Konstitution einer Zeitperspektive, welche die individuelle Zeiterfahrung transzendiert, lässt sich vor allem am Romanende erkennen. Wie der Erzähler nämlich haben die Figuren, die diese Binnengesellschaften konstituieren, das Privileg, zu überleben, wenn der Held stirbt. Es soll hier nun nicht der Versuch gemacht werden, die unterschiedlichen Möglichkeiten, eine Perspektive der sozialen Kontinuitätserwartung zu entwerfen, systematisch zu erfassen. Vielmehr will ich mich darauf beschränken, an einer Reihe von Textbeispielen einige typische Varianten vorzustellen. Hierfür ist die Betrachtung des Romanschlusses besonders geeignet, da dort die Überlebensperspektive des Erzählens besonders deutlich zur Geltung gebracht werden kann, etwa wenn berichtet wird, was aus den Figuren nach dem Ende der erzählten Geschichte geworden ist. Vor allem wenn sie ›heute nicht mehr leben‹, sondern gestorben sind, kommt die spezifische Perspektive des Erzählens zum Ausdruck.

---

450 Im Falle der *Éducation sentimentale* zählt der Protagonist, wie unten dargestellt wird, gewissermaßen selbst zu den Überlebenden, da er sowohl die sein Privatleben betreffenden als auch die historischen Katastrophen zumindest physisch unbeschadet übersteht.
451 Siehe oben das Kapitel zu den »Binnengesellschaften« (S. 37 ff.).

Der Schluss von Pérez Galdós' *La desheredada* kann das Beispiel für einen Typ bilden, bei dem die soziale Perspektive deutlich gegenüber der individuellen Perspektive überwiegt. Der Roman endet für die weibliche Hauptfigur Isidora damit, dass sie, nachdem sie sich schon von verschiedenen Männern hat aushalten lassen, endgültig aus der bürgerlichen Gesellschaft ausscheidet, indem sie sich dem Schicksal der Straßenprostitution ausliefert. Letztlich ist dies, wie die Metaphorik des Textes zum Ausdruck bringt, mit einem Suizid gleichzusetzen: Ihr selbstzerstörerischer Entschluss – sie verlässt mit einem »paso de suicida« ihre Wohnung[452] – bedeutet einen Sturz in den sozialen Abgrund, von dem sie wie die Beute eines Raubtiers verschlungen wird (»la presa fue devorada«). Allerdings endet der Text nicht mit dem Verschwinden von Isidora, sondern nun wird noch von den Menschen erzählt, die an ihrem Schicksal Anteil nehmen, von ihrem Patenonkel José Relimpio, der sich aufopferungsvoll um sie gekümmert hat, von dessen Tochter Emilia, die Isidoras behindertes Kind Riquín – es hat einen Wasserkopf – bei sich aufgenommen hat, und dem Arzt Miquis, der gegenüber der leichtsinnigen jungen Frau vergeblich eine Art Mentorrolle zu spielen versucht hat. Schon indem der Erzähler von den Reaktionen dieser ›Binnengesellschaft‹ berichtet, bringt er eine Perspektive zur Geltung, die nicht auf den Lebensrahmen der Hauptfigur beschränkt ist, sondern eine von ihrem Schicksal unabhängige Kontinuität voraussetzt. Allerdings geht nun am Romanende auch ein zweites Leben zu Ende – in diesem Fall im realen biologischen Sinn –, denn José Relimpio überlebt die Erschütterung nicht, die Isidoras Verschwinden bei ihm ausgelöst hat. Zuvor hat er jedoch noch Gelegenheit, eine von Einfühlung geprägte und dabei konventionelle Moralvorstellungen hintan stellende Perspektive zu affirmieren, wie sie oben als gattungstypisch bezeichnet wurde.[453] Noch im Delirium bekundet er seine ungebrochene Anhänglichkeit gegenüber dem geliebten Patenkind, indem er in quijotesker Manier die Vasallen und Sklaven seiner ›Königin‹, also die Männer, denen sich Isidora ausliefert, darum bittet, sie zu respektieren und nicht in den Schmutz zu ziehen.[454] Aber auch der Tod von José Relimpio, dem der Erzähler mit dem Abschiedsgruß ›José, du bist ein Engel‹ (»José, eres un ángel«) einerseits eine versöhnliche Note verleiht, andererseits explizit den dem Erzählen inhärenten Status des Überlebens entgegensetzt, bildet noch nicht das Endes des Textes. Vielmehr wird nun auf Relimpios Tochter Emilia eingegangen, die sich, in Tränen aufgelöst, mit dem kleinen Riquín zu trösten versucht:

---

452 Pérez Galdós, *La desheredada*, S. 500.
453 Vgl. oben, S. 48 ff.
454 Vgl. Pérez Galdós, *La desheredada*, S. 501: »Vasallos, esclavos, recogedla, respetad sus nobles hechizos. Tan celestial criatura es para reyes, no para vosotros.« [Vassallen, Sklaven, rettet sie, achtet ihre erhabenen Reize. Ein so himmlisches Wesen ist für Könige gedacht, nicht für euch.]

Abrazando estrechamente a *Riquín* y cubriéndole de besos la cara, Emilia le decía:
–Tan huérfano eres tú como yo; pero en mi tendrás la madre que te falta. Aquella mamá tuya no existe ya, se ha ido para siempre y no volverá; se ha caído al fondo hijo mío, al fondo … Ya lo entenderás más adelante.[455]

[Während sie Riquín fest umarmte und sein Gesicht mit Küssen bedeckte, sagte Emilia zu ihm:
»Du bist ebenso ein Waisenkind wie ich; aber in mir wirst du die Mutter haben, die dir fehlt. Diese Mama von dir existiert nicht mehr, sie ist für immer gegangen und wird nicht wiederkommen; sie ist ganz tief gefallen, ganz tief… Später wirst du das schon begreifen«.]

Wenn Emilia hier den Tod ihres Vaters, ihr eigenes Verwaistsein also, zum Anlass nimmt, um Riquín zu versprechen, dass sie sein Waisendasein erleichtern will, indem sie die Stelle seiner Mutter einnimmt, so kommt damit sehr schön eine Haltung zum Ausdruck, die auf den Fortbestand des Lebens und damit auch der Gesellschaft ausgerichtet ist.[456] Einerseits trägt dies zu der in der Kritik verschiedentlich erwogenen allegorischen Dimension von Isidoras Lebensgeschichte bei, welche Isidora als Personifizierung der spanischen Gesellschaft erscheinen lässt[457], andererseits weist die mit der Figur des Kindes verbundene Zukunftsperspektive auch einen unmittelbaren affektiven Charakter auf. Hier drückt sich in der spontanen Äußerung familiärer Liebe und Sorge vor allem ein Grundvertrauen ins Dasein aus, das letztlich die Basis allen gesellschaftlichen Lebens bildet. Eine besondere Akzentuierung, aber auch Ambiguierung dieser Sicht ergibt sich daraus, dass Emilia Riquín bedeutet, er werde das Verschwinden seiner Mutter erst später verstehen. Natürlich ist die Aussicht, dass Riquín einmal über den zweifelhaften Lebenswandel seiner Mutter aufgeklärt werden muss, nicht sehr ermutigend, und auch die Tatsache, dass das wasserköpfige Kind nicht die besten Lebenschancen hat, bewirkt eine Ironisierung der Szene. Dennoch verbindet sich hier mit dem Vergehen der Zeit eine tröst-

---

455 Ebenda, S. 502.
456 Auch in anderen Texten hat Galdós die Figur des Kindes dazu genutzt, um die Frage der gesellschaftlichen Kontinuität zu thematisieren, und zwar nicht nur im allgemeinen Sinn, sondern auch ganz konkret im Hinblick auf die spanische Gesellschaft der letzten Jahrzehnte des 19. Jahrhunderts. So lässt er *Fortunata y Jacinta* damit enden, dass Jacinta den Sohn ihrer im Kindbett verstorbenen Rivalin zu sich nimmt; und damit erhält die Vorstellung, dass die Verbindung des von Fortunata repräsentierten Volkes mit dem Bürgertum – das Kind stammt von Jacintas Mann Juanito, der aus einer wohlhabenden bürgerlichen Familie kommt – eine Erneuerung der spanischen Gesellschaft ermöglichen könnte, eine gewisse Erfolgsaussicht. Eine sehr viel pessimistischere Variante derselben Thematik entfalten demgegenüber die *Novelas de Torquemada*, wo das aus der späten Ehe des alten Wucherers mit einer Aristokratin stammende Kind vor dem Vater stirbt.
457 Vgl. z. B. Stephen Gilman, *Galdós and the Art of the European Novel 1867–1887*, Princeton: University Press, 1981, S. 107 ff.; Antonio Ruiz Salvador, »La función del trasfondo histórico en *La desheredada*«, in: *Anales Galdosianos* 1 (1966), S. 53–62, hier: S. 56. Zu Galdós' Spiel mit allegorischen Sinnbezügen vgl. auch oben, S. 245 ff.

liche Perspektive. Sie eröffnet den Blick in eine Zukunft, in der man mit Gelassenheit an die schreckliche Gegenwart zurückdenken kann.

Betrachten wir nun als Gegenbeispiel das Ende von Flauberts *Madame Bovary*, zu dem der Roman von Pérez Galdós ja durchaus in einer gewissen intertextuellen Beziehung steht. Denn schon *Madame Bovary* entfaltet ein Thema, das dann im naturalistischen Roman paradigmatischen Status gewinnt, den Untergang einer Frau, der aus einem fatalen Zusammenspiel zwischen ihrem eigenen Temperament und den Milieubedingungen resultiert.[458] So wird schon Emma Bovary sowohl aufgrund ihres Lebenswandels als auch durch finanzielle Schwierigkeiten in den – in ihrem Fall nicht nur metaphorischen – Suizid getrieben. Anders als Isidora ist Emma nun aber nicht von einer mit ihr sympathisierenden Figurengruppe umgeben. Nur Charles und die Tochter Berthe bleiben trauernd zurück und ihnen werden die letzten Abschnitte des Romans gewidmet. Zunächst steht Charles im Mittelpunkt, der sich nun der Tatsache nicht länger verschließen kann, von Emma betrogen worden zu sein, doch bleibt er – hierin Galdós' José Relimpio nicht unähnlich – letztlich seiner anhänglichen Liebe treu. Und wie im Falle von José Relimpio – aber in einer sehr viel ernsteren Tonart – wird dann geschildert, dass Charles seine Frau nicht lange überlebt, da er über den Kummer nicht hinwegkommt. Auch bei Flaubert wendet sich die Erzählung nun dem überlebenden Kind zu:

> Quand tout fut vendu, il resta douze francs soixante et quinze centimes qui servirent à payer le voyage de Mlle Bovary chez sa grand-mère. La bonne femme mourut dans l'année même; le père Rouault étant paralysé, ce fut une tante qui s'en chargea. Elle est pauvre et l'envoie, pour gagner sa vie, dans une filature de coton.[459]

> [Als alles verkauft war, blieben zwölf Francs und fünfundsiebzig Centimes, die dazu dienten, Fräulein Bovarys Reise zu ihrer Großmutter zu bezahlen. Die gute Frau starb im selben Jahr; da der Vater Rouault gelähmt war, nahm sich eine Tante ihrer an. Sie ist arm und schickt sie in eine Baumwollspinnerei, um ihren Lebensunterhalt zu verdienen.]

Hier verbindet sich mit der Figur des Kindes keine tröstliche Zukunftsperspektive. Die Großmutter stirbt, der Großvater ist gelähmt, so dass Berthe an eine entfernte Verwandte weitergegeben wird. Berthe ›lebt noch heute‹ – so gibt es das Präsens des Erzählers zu verstehen –, doch sie ist zur elenden Existenz einer Fabrikarbeiterin verdammt. Das ist also alles, was bleibt von der Familie Bovary. Indem der Erzähler diese traurige Geschichte erzählt, schafft er kein Gegengewicht zum Tod seiner Hauptfigur, sondern lässt es als unausweichliche Konsequenz erscheinen, dass das gescheiterte Leben der Mutter die soziale Deklassierung der Tochter nach sich zieht. Der Erzähler bleibt somit der Sichtweise der vom gesellschaftlichen Erfolg ausgeschlossenen Indivi-

---

458 Wie David Baguley mit Recht hervorgehoben hat, handelt es sich bei solchen Frauenschicksalen um ein typisches naturalistisches Sujet (vgl. *Naturalist Fiction. The Entropic Vision*, Cambridge: University Press, 1990, S. 102 ff.).

459 Flaubert, *Madame Bovary*, S. 440–441.

duen verhaftet, ohne dass eine Hoffnung auf eine Verbesserung der Lage eröffnet wird. Die Gegenwart des Erzählens erscheint hier als eine schlechte Gegenwart ohne Zukunftsperspektive; der ihr entsprechende trauernde Blick auf die Vergangenheit begreift die Trauer über diese Gegenwart mit ein. Allerdings ist auch das noch nicht das Ende, denn eine scheinbar hoffnungsvolle soziale Perspektive wird in einer letzten Coda dann doch noch eingespielt. Es wird nämlich berichtet, dass auch nach Bovary kein Arzt in Yonville-l'Abbaye reüssierte, da der Apotheker Homais seine Monopolstellung im Gesundheitswesen immer weiter ausbauen konnte. Wenn ihm dann der letzte Satz gewidmet wird – »Il vient de recevoir la croix d'honneur«[460] –, dann wird hier auf die optimistische Sicht einer bürgerlichen Gesellschaft verwiesen, von der sich der Erzähler mit bitterer Ironie distanziert.

Der Unterschied der beiden Romanschlüsse entspricht der Differenz zwischen der bei Galdós dominierenden auktorialen und der für Flaubert typischen personalen Erzählsituation. Denn in dem Maße, wie die Erzählfunktion an einen kommentierenden und wertenden Erzähler gebunden ist, liegt es nahe, dass dieser Erzähler eine den Leser mit einschließende gesellschaftliche Sicht entwickelt, die zugleich eine gewisse affektive Nähe zur erzählten gesellschaftlichen Welt impliziert. Demgegenüber ist die unpersönliche Stimme der personalen Erzählsituation eher mit einer radikalen Distanz gegenüber der erzählten Welt und damit auch mit einem außer- oder übergesellschaftlichen Standpunkt verbunden.[461] Allerdings sind diese Verbindungen nicht zwingend, wie nun unser letztes Beispiel, der Schluss von Flauberts *Éducation sentimentale*, belegt. Auch in diesem Roman überwiegt wie in *Madame Bovary* die personale Erzählsituation, so dass der Erzähler abgesehen von wenigen Ausnahmen keinen persönlichen Bezug zur erzählten Welt erkennen lässt. Sogar die Funktion, die erzählte Vergangenheit durch ein abschließendes Resümee mit der Gegenwart des Erzählens zu vermitteln, wird an die Figuren selbst delegiert. Die letzte Szene der *Éducation sentimentale* zeigt, wie der Protagonist Frédéric Moreau und sein Freund Deslauriers, nachdem sie sich lange Jahre aus den Augen verloren haben, nun am Kaminfeuer zusammensitzen und über vergangene Zeiten sinnieren. Seit dem eigentlichen Ende der Geschichte, an dem das Scheitern von Frédérics sämtlichen Liebeshoffnungen mit dem Staatsstreich von 1851 kombiniert wird[462], sind wohl fast zwanzig Jahre vergangen. Zunächst führt noch der Erzähler selbst mit der Zeitangabe ›zu Beginn dieses Winters‹ (»vers le commencement de cet hiver«[463]) die erzählte Geschichte an die Gegenwart des Erzählens heran und durchbricht dadurch die bisher vorherrschende Distanz. Dann aber kommen ausschließlich die Figuren, Frédéric und Deslauriers, zu Wort, die in ihrem Gespräch ihr vergangenes Leben

---

460 Ebenda, S. 441 [Er hat soeben das Kreuz der Ehrenlegion erhalten].
461 Siehe oben, S. 67 ff.
462 Siehe oben, S. 201 ff.
463 Flaubert, *L'Éducation sentimentale*, S. 455.

Revue passieren lassen. Damit übernehmen sie also die traditionell dem Erzähler obliegende Aufgabe, den Leser vom weiteren Werdegang der Figuren zu informieren. Dies wird besonders deutlich, als sie sich auch über das Schicksal der gemeinsamen Bekannten austauschen. Die einen haben Karriere gemacht wie der zum Senator avancierte Martinon, andere sind verschwunden wie Sénécal oder gestorben wie Arnoux. Für die beiden Protagonisten gilt weder das eine noch das andere. Sie sehen ihr Leben zwar als gescheitert an, denn weder Frédéric konnte seinen Wunsch nach Liebe noch Deslauriers seinen politischen Ehrgeiz in der gewünschten Weise verwirklichen, aber sie leben noch – und nicht schlecht. Schließlich beginnen sie, in Jugenderinnerungen zu schwelgen, und kommen dabei auf den mit einem Fiasko endenden Besuch in einem Provinzbordell zu sprechen. »C'est là ce que nous avons eu de meilleur!«[464], ist das ernüchternde Fazit, das sie gemeinsam ziehen. Trotz dieser resignativen Einsicht ist der Romanschluss weit entfernt vom desolaten Ende der Geschichte des Ehepaars Bovary. Das liegt vor allem daran, dass Frédéric und Deslauriers ihr Schicksal als ein gemeinsames ansehen können, das sie gemeinsam erzählend bewältigen. Sie repräsentieren damit ein Segment der Gesellschaft, das zwar mit den Verhältnissen nicht zurechtgekommen, aber auch nicht untergegangen ist. Und ihr Leben ist so lange doch noch lebenswert, wie sie sich gemeinsam über die alberne Geschichte ihres Auftritts bei der ›Türkin‹, so der orientalischen Zauber verheißende Spitzname der Bordellchefin, amüsieren können.

4.   Textuelle Zeitgliederung

Nach der Artikulation von Handlungsverläufen durch das Strukturschema der Geschichte, der Situierung dieser Geschichte in unterschiedlichen Zeitkontexten und der Konstitution einer komplexen Zeiterfahrung durch das Zusammenspiel von Figuren- und Erzählerperspektive soll nun die textuelle Gliederung als eine weitere Konstitutionsebene der narrativen Zeit in den Blick genommen werden. Die hierfür einschlägigen Verfahren sind häufig analysiert worden, am gründlichsten von Gérard Genette. Sie betreffen vor allem die Möglichkeiten der Veränderung des Erzähltempos durch den Wechsel von raffendem Bericht und szenischem Erzählen, das Überspringen von Zeitabschnitten durch Ellipsen, die Durchbrechung einer dem Verlauf der Geschichte entsprechenden linearen zeitlichen Anordnung der Erzählung durch Rückblicke und Vorausblicke bzw. – in der Terminologie Genettes – durch Analepsen und Prolepsen und schließlich die zusammenfassende Präsentation sich wiederholender Vorgänge durch das von Genette so genannte ›iterative

---

464 Ebenda, S. 459 [Das ist das Beste, was wir je erlebt haben].

Erzählen‹.[465] Diese Verfahren werden hier unter der Überschrift der textuellen Gliederung behandelt – analog zu Genettes Zuordnung zur Ebene des *récit*[466] –, da sie als weitgehend unabhängig von der Erzählperspektive bzw. der Erzählsituation angesehen werden können. So können ja Rückgriffe aus Erzähler- und Figurenperspektive erfolgen oder auch durch den Wechsel der Erzählerfigur – etwa im Fall einer eingelegten Figurenerzählung – motiviert werden. Vor allem haben die Verfahren der Textebene die Funktion, die auf den übrigen Ebenen erfolgende Zeitkonstitution in unterschiedlicher Weise zu akzentuieren, insbesondere auch die Zeitperspektiven des Erzählers und der Figuren. So ist das raffende Erzählen offensichtlich besonders geeignet, die nachzeitige Perspektive des Erzählers hervorzuheben, während das szenische Erzählen die Konstitution einer gegenwartsbezogenen Figurenperspektive begünstigt. Darüber hinaus können die Verfahren der textuellen Gliederung auch zur Unterstützung der Darstellung bestimmter Zeitkontexte und der ihnen entsprechenden Zeiterfahrung genutzt werden, was besonders deutlich an der häufig anzutreffenden Verbindung von iterativem Erzählen und dem Kontext der Alltagszeit zu erkennen ist. So besteht die Funktion der nun im Einzelnen zu besprechenden Verfahren generell darin, bestimmten Aspekten der auf den anderen Konstitutionsebenen erfolgenden Formen der narrativen Zeitkonstitution Prägnanz zu verleihen. Die folgende Behandlung dieser Verfahren ist daher – im Gegensatz zu der von Genette vorgenommenen typologischen Erfassung – vor allem funktionsorientiert. Dies wird Gelegenheit dazu geben, eine Reihe der schon getroffen Feststellungen wieder aufzugreifen und zu vertiefen.

Tempowechsel

Der Wechsel von Raffung und Dehnung ist ein Basisverfahren allen Erzählens, dem vielleicht gerade deshalb bisher noch zu wenig Aufmerksamkeit geschenkt wurde. Dennoch muss ich mich im Rahmen dieses Überblicks mit wenigen Andeutungen auf seine Funktionsweise begnügen. Zunächst ist festzustellen, dass der Wechsel von Raffung und Dehnung – unabhängig von seinen perspektivischen Konsequenzen – vor allem die durch die Geschichte bewirkte Zeitartikulation, also die Abfolge von Handlungen und Ereignissen, die jeweils einen neuen Zustand herbeiführen, unterstützt. Dies kann auf verschiedene Art und Weise geschehen, wobei wohl zwei Haupttypen zu unterscheiden sind. Ein erster Typ kann darin gesehen werden, dass das szenische Erzählen dazu eingesetzt wird, um dramatische Gipfelszenen hervorzuheben,

---

465 Diese Verfahren werden von Genette in »Discours du récit« unter den Überschriften »Ordre« (Analepsen, Prolepsen), »Durée« (Raffung, Dehnung, Ellipsen) und »Fréquence« (singulatives und iteratives Erzählen) abgehandelt (S. 77 ff., 122 ff., 145 ff.).
466 Vgl. ebenda, S. 72 f.

während die ereignislosen Zeitabschnitte in geraffter Form erzählt oder sogar übersprungen werden. Für diese Form eines ereignisbezogenen Erzählens gilt, was oben über die Form der Zeitkonstitution gesagt wurde, die allein auf den durch die Geschichte artikulierten Zustandsveränderungen beruht: das Zeitbewusstsein und Zeiterleben wird in dieser Form des Erzählens gar nicht thematisch. Im Gegensatz dazu kann der zweite Typ eines zustandsbezogenen Erzählens dadurch charakterisiert werden, dass hier ereignisreiche Abschnitte rasch erzählt werden, um dann den durch einen stabilen Zustand gekennzeichneten Zeitabschnitten mehr Raum zu geben. Zeitbewusstsein kann in diesem Fall deshalb entstehen, weil nun die durch die ereignishaften Zäsuren differenzierten Zustände in ihrer je besonderen Qualität als solche in den Vordergrund treten – zugleich mit dem Wissen um ihre immer nur begrenzte Dauer. Darüber hinaus wird auf diese Weise die Konstitution einer die Vergangenheit vergegenwärtigenden Figurenperspektive begünstigt.

Der erste Typ kann als das traditionelle Verfahren des Abenteuerromans angesehen werden, in dem die von Bachtin beschriebene Abenteuerzeit vorherrscht. Hier gibt es nur etwas zu erzählen, wenn etwas passiert.[467] Demgegenüber liegt es nahe, das zustandsbezogene Erzählen als eher moderne Form einzustufen, die etwa in Prousts *Recherche* durch die sehr markante Differenzierung und Ausgestaltung unterschiedlicher Zeitphasen besonders deutlich realisiert wird.[468] Allerdings ist bei diesen historischen Zuordnungen Vorsicht geboten, wie schon ein Blick auf den frühneuzeitlichen Roman zeigt. Denn während im Ritterroman das ereignisbezogene, mit der Form der Abenteuerzeit korrespondierende Erzählen überwiegt, spielt schon im frühneuzeitlichen Schäferroman das zustandsbezogene szenische Erzählen eine große Rolle. Besonders eindrucksvoll zeigt sich das in Honoré d'Urfés *L'Astrée*, wo die auf der primären Zeitebene verlaufende Haupthandlung der fünf Bände insgesamt nicht mehr als einige Monate umfasst. Allerdings wird diese sehr flächige Darstellung immer wieder durch ›eingelegte Geschichten‹ unterbrochen, in denen die unglücklichen Schäferinnen und Schäfer ihre Liebesschicksale erzählen; und darüber hinaus wird sie erst durch den das Verfahren der eingelegten Geschichten motivierenden Eingang *medias in res* ermöglicht. So beginnt der Roman damit, dass der von der eifersüchtigen Astrée aus ihrer Nähe verbannte Céladon sich in den Lignon stürzt, so dass die schon lang andauernde Geschichte ihrer gegenseitigen Liebe wie die Geschichten der sie umgebenden Schäfergesellschaft nachgetragen werden muss. Dennoch bleibt die über weite Strecken sehr gedehnte Form des Erzählens für diesen Romantyp prägend.

---

467 So kürzt z. B. der Erzähler des *Quijote* die Schilderung des ersten Tages des ersten Ausritts mit der Begründung ab: »Casi todo aquel día caminó sin acontecerle cosa que de contar fuese [...]« (Cervantes, *Don Quijote*, Bd. 1, S. 48). [Er war fast diesen ganzen Tag unterwegs, ohne dass ihm etwas zustieß, das erzählenswert wäre (...).]

468 Siehe hierzu unten die Analysen im Zusammenhang mit dem »iterativen Erzählen« (S. 247 ff.).

Auch für die weitere Entwicklung des Romans gilt, dass die Typen eines ereignisbezogenen und eines zustandsbezogenen Erzählens nebeneinander existieren und häufig miteinander vermischt werden. Gleichwohl kann man im Hinblick auf den realistischen Roman feststellen, dass Balzac eher zum ereignisbezogenen Typ neigt, während Flaubert das zustandsbezogene Erzählen in besonderer Weise entwickelt. So werden im *Père Goriot* zunächst vor allem die Momente in den Vordergrund gerückt, in denen wichtige erste Weichenstellungen für Rastignacs Initiation in das Pariser Leben erfolgen – Rastignacs erster Besuch beim Ehepaar Restaud und bei Mme de Bauséant –, später sind es die dramatischen Höhepunkte der Geschichte, die durch eine ausführliche Behandlung hervorgehoben werden: der Tag der Entlarvung Vautrins, der Beginn von Rastignacs Beziehung zu Delphine und dann die Agonie des Père Goriot. Da der erzählte Zeitabschnitt überhaupt nur wenige Wochen umfasst, fokussiert der Roman im Ganzen eine dramatische Wende im Leben Rastignacs, sein Überschreiten des Pariser Rubikon, wie der Erzähler seine milieubedingte Entwicklung bezeichnet. Zieht man etwa *Madame Bovary* zum Vergleich heran, so wird dort nicht nur dadurch eine ganz andere Zeitdimension entfaltet, dass Emmas Lebensgeschichte bis zu ihrem Tod erzählt wird, sondern auch durch die Einteilung ihres Lebens in klar unterschiedene Zeitphasen: auf die Jungmädchenzeit folgt die Zeit der Ehe zunächst in Tostes und dann in Yonville, und innerhalb dieser letzten Epoche lassen sich wiederum die Phasen von Emmas außerehelichen Liebesgeschichten differenzieren, zunächst die Phase eines ersten Hingezogenseins zu Léon, dann die Phasen der ehebrecherischen Verhältnisse mit Rodolphe und schließlich auch mit Léon. Dieses auf unterschiedliche Lebensphasen bezogene Erzählen schließt jedoch die spannungsvolle Gestaltung von Gipfelszenen der Handlung nicht aus, so vor allem der letzten Tage in Emmas Leben, als sie vergeblich versucht, ihre Schulden zu bezahlen und damit die moralische Schuld des Ehebruchs zu vertuschen.

Es ist in diesem Zusammenhang zu betonen, dass sowohl das raffende als auch das dehnende Erzählen zur Konstitution perspektivischer Zeitansichten beitragen können. Zunächst liegt es natürlich nahe, wie oben schon festgestellt wurde, das raffende Erzählen der nachzeitigen Perspektive des Erzählers und das dehnende Erzählen der Erlebnisperspektive der Figuren zuzuordnen. Allerdings kann auch das raffende Erzählen dazu genutzt werden, um das Zeiterleben der Figur zur Darstellung zu bringen. Ein besonders prägnantes Beispiel bildet hierfür das Ende der *Éducation sentimentale*, wo Frédérics Leben während der sechzehn Jahre, die zwischen dem eigentlichen Ende der Geschichte im Dezember 1851 und der ersten der beiden epiloghaften Schlussszenen liegen, in wenigen Sätzen geschildert wird:

> Il voyagea.
> Il connut la mélancolie des paquebots, les froids réveils sous la tente, l'étourdissement des paysages et des ruines, l'amertume des sympathies interrompues.
> Il revint.

Il fréquenta le monde, et il eut d'autres amours encore. Mais le souvenir continuel du premier les lui rendait insipides; et puis la véhémence du désir, la fleur même de la sensation était perdue. Ses ambitions d'esprit avaient également diminué. Des années passèrent; et il supportait le désœuvrement de son intelligence et l'inertie de son cœur.[469]

[Er reiste.

Er lernte die Melancholie der Dampfschiffe kennen, die kalten Morgenstunden im Zelt, die Faszination der Landschaften und der Ruinen, die Bitterkeit der unterbrochenen Sympathien.

Er kehrte zurück.

Er nahm am gesellschaftlichen Leben teil und hatte auch noch andere Liebesbeziehungen. Aber die ständige Erinnerung an die erste ließ sie ihm schal werden; und dann war die Heftigkeit des Begehrens, die Schönheit der Empfindung verloren. Auch sein intellektueller Ehrgeiz hatte nachgelassen. Jahre vergingen; und er fand sich ab mit dem Mangel an geistiger Beschäftigung und der Reglosigkeit seines Herzens.]

Im nächsten Satz wird dann die Szene der letzten Begegnung mit Mme Arnoux mit der exakten Zeitangabe »Vers la fin de mars 1867« eingeleitet. Natürlich ist die extreme Raffung bzw. die immense Ellipse, die durch die wenigen Angaben nur in sehr rudimentärer Weise gefüllt wird, formal der Perspektive des Erzählers zuzuordnen. Allerdings entspricht die mit der elliptischen Erzählung verbundene Einschätzung der ausgelassenen Ereignisse, der kurz evozierten See- und Orientreisen sowie der Partizipation am Leben der guten Gesellschaft mit den obligaten Liebesaffären, Frédérics eigener Erfahrung, der Erfahrung einer nicht zu füllenden inneren Leere. Es gibt hier nichts mehr zu erzählen, weil für Frédéric die übersprungenen Jahre inhaltslos und sinnlos sind und weil daher für ihn selbst die verstrichene Zeit ohne Konturen und Zäsuren erscheint. Trotz der raffenden Erzählweise bleibt der Erzähler hier also der Figurenperspektive sehr nahe, wie das ja auch durch die Verwendung des Personalpronomens »il« an Stelle des Namens signalisiert wird.

Analepse und Prolepse

Die unterschiedlichen Formen der Analepse und der Prolepse sind von Genette erschöpfend erfasst und klassifiziert worden.[470] Dabei beruft er sich auf folgende Kriterien: die Spannweite (»portée«), die sich daraus ergibt, ob ausgehend vom Gegenwartspunkt der erzählten Geschichte eine nahe oder ferne Vergangenheit oder Zukunft in den Blick genommen wird; den Umfang (»extension«) des durch die Analepse oder Prolepse erfassten Zeitabschnitts, und schließlich das Verhältnis dieses Zeitabschnitts zum primären Zeitrahmen der erzählten Geschichte, dem »récit premier«. Die Analepse oder Prolepse kann sich auf eine Zeit jenseits des »récit premier« beziehen, sie kann innerhalb des

---

469 Flaubert, *L'Éducation sentimentale*, S. 451.
470 Zum Folgenden vgl. »Discours du récit«, S. 89 ff.

»récit premier« situiert sein oder aber ein Zeitsegment umfassen, das teilweise außerhalb und teilweise innerhalb des »récit premier« liegt.[471] Kommen wir nun aber zu den durch die Analepse und die Prolepse bewirkten Zeiteffekten. Das zentrale Moment ergibt sich dabei zunächst aus der von Genette mit »portée« bezeichneten Tatsache, dass nämlich Analepse und Prolepse ein Verhältnis zwischen zwei Zeitpunkten, dem Gegenwartspunkt der erzählten Geschichte und einem – von dieser Gegenwart gesehen – in der Vergangenheit oder in der Zukunft liegenden Zeitpunkt, herstellen. Sie sind damit grundlegende Verfahren, um eine Zeitspanne zu konstituieren bzw. einen Zeitraum als Vorstellungsraum zu eröffnen. Sie können daher beim Rezipienten jene Bewusstseinsspreizung bewirken, die von Ricœur in Anlehnung an Augustinus als *distentio animi* bezeichnet wird[472], also die für das Zeitbewusstsein fundamentale gleichzeitige Wahrnehmung der Gegenwart und sie transzendierender Zeiträume. Die Intensität und Qualität dieses Effekts hängen von einer ganzen Reihe von Faktoren ab. Zunächst ist es offensichtlich, dass das Ausmaß der bei dem Zeitsprung implizierten Zeitspanne (»portée«) eine zentrale Rolle spielt, da die Intensität der *distentio animi* zu einem guten Teil auf der in der Vorstellung zu überbrückenden zeitlichen Distanz beruht. Weiterhin ist eine relativ kurze Einblendung eines vergangenen oder zukünftigen Zeitsegments wohl besonders effektiv, da dann die mentale Verbindung zum »récit premier« nicht abreißt, wohingegen bei längeren Ausflügen in die Vergangenheit oder in die Zukunft die primäre Zeitebene leicht in Vergessenheit geraten kann, falls sie nicht durch entsprechende Referenzen präsent gehalten wird. Schließlich hängt die Wirkung auch wesentlich davon ab, wie exakt der Zeitsprung durch entsprechende Zeitangaben determiniert wird. Neben diesen grundsätzlichen Feststellungen sind nun aber noch weitere Differenzierungen notwendig, die sich vor allem auf die perspektivische Gestaltung der Analepse und Prolepse beziehen, darauf also, ob sie aus der Erzähler- oder der Figurenperspektive präsentiert werden.[473]

Analepsen dienen häufig dazu, Elemente der Vorgeschichte nachzutragen, die zum Verständnis der Handlung oder der Figuren und ihrer Motive notwendig sind, oder aber sie rufen mit derselben Absicht bereits Erzähltes in Er-

---

471 Mit »récit premier« bezeichnet Genette die Erzählebene, die den Kontext der Analepsen bzw. Prolepsen bildet (ebenda, S. 90). Als Beispiel für eine externe Analepse führt er die Erzählung von der – vor dem trojanischen Krieg und damit vor der in der *Odyssee* erzählten Rückkehr von Troja – erfolgten Jagdverletzung des Odysseus an, als Beispiel einer internen Analepse den Rückblick auf die Schulzeit von Emma in *Madame Bovary*, die zeitlich nach dem Einsatz der Erzählung mit Charles' Auftritt in der Klasse des Erzählers liegt; als »analepse mixte« bezeichnet er den Bericht des Chevalier des Grieux in Prévosts *Manon Lescaut*, der hinter die den primären zeitlichen Rahmen konstituierenden beiden Begegnungen mit dem »homme de qualité« zurückreicht und dann auch Teile des Zeitraums zwischen den beiden Begegnungen umfasst.

472 Siehe oben, S. 209.

473 Genette, »Discours du récit«, S. 82. Hier wird diese Unterscheidung allerdings nicht weiter verfolgt.

innerung. Bei solchen erklärenden Analepsen geht es in vielen Fällen gar nicht darum, die zeitliche Differenz zwischen der erzählten Gegenwart und den nachgetragenen Ereignissen zu verdeutlichen, vor allem wenn sie aus der Erzählerperspektive präsentiert werden. Eine besondere Vorliebe für diese sich auf die Vorgeschichte beziehenden Erklärungen haben die Balzacschen Erzähler. So etwa wird in *La Cousine Bette* auf folgende Weise eine Erklärung für das nachsichtige Verhalten von Adeline Hulot gegenüber ihrem untreuen Ehemann angekündigt:

> Maintenant il est nécessaire d'expliquer le dévouement extraordinaire de cette belle et noble femme; et voici l'histoire de sa vie en peu de mots.[474]

> [Nun ist es notwendig, die außerordentliche Ergebenheit dieser schönen und edlen Frau zu erklären; hier also ihre Lebensgeschichte in wenigen Worten.]

Die auf den folgenden Seiten präsentierte Lebensgeschichte leistet zwar insofern einen Beitrag zur Gestaltung der zeitlichen Dimension des Romans, als sie dazu dient, die Geschichte des Ehepaars im historischen Kontext zu situieren: Man erfährt, dass für die aus bäuerlichem Hause stammende Adeline die Ehe mit dem Empire-General Hulot ein unfassbares Glück bedeutete und dass sie aus diesem Grunde dazu bereit ist, dem alternden und in der bürgerlichen Juli-Monarchie zur Untätigkeit verdammten Helden alle seine erotischen Eskapaden zu verzeihen. Doch wird darüber hinaus kein besonderer perspektivischer Effekt erzielt. Aus der Sicht des Erzählers ist die primäre Vergangenheit, in der die Geschichte situiert ist, die mittleren Jahre der Juli-Monarchie, genauso vergangen wie die Vorvergangenheit, auf die er sich in der Analepse bezieht.[475] Es kommt zwar zu einer Erweiterung der historischen Perspektive, doch ist davon die sich durch die Relation von Erzähler- und Figurenperspektive konstituierende Zeitlichkeit nicht betroffen.

Eine ganz andere Wirkung kann hingegen eine aus der Figurenperspektive präsentierte Analepse erzielen. Dies zeigt sich in der folgenden Passage aus *Madame Bovary*, in der ebenfalls auf die Lebensgeschichte einer Figur, nämlich die von Emma zurückgeblickt wird. Nach einem Treffen mit Léon in Rouen macht Emma noch einen Spaziergang, bevor sie mit der Kutsche nach Yonville zurückfährt:

> Un jour qu'ils s'étaient quittés de bonne heure, et qu'elle s'en revenait seule par le boulevard, elle aperçut les murs de son couvent; alors elle s'assit sur un banc, à l'ombre des ormes. Quel calme dans ce temps-là! Comme elle enviait les ineffables sentiments d'amour qu'elle tâchait, d'après des livres, de se figurer!
> Les premiers mois de son mariage, ses promenades à cheval dans la forêt, le vicomte qui valsait, et Lagardy chantant, tout repassa devant ses yeux… Et Léon lui parut soudain dans le même éloignement que les autres.[476]

---

474 Balzac, *La Cousine Bette*, in: *La Comédie humaine*, Bd. 7, S. 74.
475 Der Roman ist 1846 erschienen, so dass man die Gegenwart des Erzählers in etwa an diesem Zeitpunkt situieren kann.
476 Flaubert, *Madame Bovary,* S. 363.

[Eines Tages, als sie sich früh voneinander verabschiedet hatten und sie allein über die große Straße zurückkehrte, erblickte sie die Mauern ihrer Klosterschule; da setzte sie sich auf eine Bank im Schatten der Ulmen. Welche Ruhe in jener Zeit! Wie sie damals die unaussprechlichen Liebesgefühle herbeisehnte, die sie sich aufgrund der Bücher auszumalen versuchte!

Die ersten Monate ihre Ehe, ihre Ausritte in den Wald, der Vicomte beim Walzertanz, der singende Lagardy, all das zog an ihren Augen vorbei … Und Léon erschien ihr plötzlich in derselben Ferne wie die anderen.]

Im Gegensatz zu der oben zitierten Balzac-Stelle werden dem Leser hier durch die Analepse keine neuen Fakten präsentiert, vielmehr ermöglicht sie einen kurzen Rückblick auf bereits erzählte Episoden.[477] Im Vordergrund steht damit die intensive subjektive Zeiterfahrung, die auf den sich plötzlich einstellenden Erinnerungen beruht. Ausgelöst wird der Erinnerungsprozess in typischer Weise durch die Wiederkehr an einen Ort, der Emma aus ihrer Kindheit bzw. Jugend vertraut ist, den Platz vor dem Kloster, in dem sie zur Schule gegangen ist. In der Form der erlebten Rede wird zunächst die Differenz zwischen ihren damaligen Jungmädchenträumen und ihren tatsächlichen Liebeserfahrungen hervorgehoben, wobei sich die zeitliche mit der emotionalen Distanz verbindet; dann ziehen ihre Männerbekanntschaften an Emmas innerem Auge vorbei. Schließlich wird selbst die Gegenwart von dem Gefühl der Vergänglichkeit affiziert und auch Léon, der augenblickliche Geliebte, scheint ihr schon fern. Durch die Bindung an die Figurenperspektive ermöglicht es die Analepse, die Erfahrung der Dauer der durchlebten Zeit zu evozieren. Denn die durch die Analepse aufgerufene Zeit bildet den Horizont einer erlebten Gegenwart, deren Gegenwartscharakter gerade durch die Differenz zur erinnerten Zeit seine Prägnanz gewinnt. Da dabei jedoch die nachzeitige Erzählerperspektive aufgrund des Vergangenheitstempus immer präsent bleibt, erscheint Emmas Jugend zugleich als Vergangenheit einer Vergangenheit, da durch die figurenperspektivisch präsentierte Erinnerung der Vergangenheitsbezug der vergangenen Gegenwart der Figur neben den gegenwärtigen Vergangenheitsbezug des Erzählens tritt.

Im Falle der Prolepse erscheint es zunächst offensichtlich, dass sie nur aus der Perspektive des Erzählers präsentiert werden kann. Denn sie setzt einen Überblick über die Gesamtheit der erzählten Geschichte voraus, wie er sich aufgrund des ›olympischen Standpunkts‹ der heterodiegetischen Erzählposition oder auch der nachzeitigen Perspektive des erzählenden Ichs in der Ich-Erzählsituation ergibt. Damit besteht der primäre Effekt der Prolepse darin, die Nachzeitigkeit des Erzählens und die mit ihr verbundene Kontinuitätsvorstellung, welche die Absolutheit der erzählten Gegenwart der Figuren aufhebt, zu akzentuieren. Allerdings reicht diese perspektivische Zuordnung der Prolepse nicht aus, um ihre Funktionen zu beschreiben, da auch in ihrem Fall eine subtile Überlagerung von Erzähler- und Figurenperspektive möglich ist, wel-

---

477 In der Terminologie Genettes ist sie also intern und repetitiv (vgl. »Discours du récit«, S. 90 ff.).

che die doppelte Temporalität des Erzählens besonders effektiv zur Geltung bringt. Denn mit der Vorwegnahme des weiteren Verlaufs der Geschichte kann der Erzähler auch eine virtuelle Figurenperspektive entwerfen, die sich dann ergeben würde, wenn eine Figur in die Zukunft blicken könnte. Dass solche subtilen Effekte nicht erst im modernen Erzählen Verwendung finden, lässt schon das folgende Beispiel aus Garcí Rodríguez de Montalvos *Amadís de Gaula* erkennen. Dort wird der ersten Begegnung zwischen Amadís und der englischen Königstochter Oriana, die das zentrale Liebespaar bilden, durch einen Vorverweis auf die weitere Entwicklung ihrer Beziehung eine besondere Bedeutung verliehen. Die Prolepse hat hier die von Genette mit Recht als typisch erachtete Funktion, den anfangsstiftenden Charakter (»valeur inaugurale«) eines Ereignisses hervorzuheben.[478] Beide sind beinahe noch Kinder, als Amadís dem Mädchen als ein junger Ritter vorgestellt wird, der ihr dienen werde, und sie ernsthaft antwortet, dass sie seinen Dienst gerne annehmen wolle. Diese Antwort, so der Erzähler, behielt Amadís immer in Erinnerung, wie auch Oriana nie von ihrem Einverständnis abrückte, so dass sie ihr ganzes Leben in treuer Liebe miteinander verbunden blieben: »y este amor turó cuanto ellos turaron, assí que como la él amava assí amava ella a él, en tal guisa que una hora nunca de amar se dexaron«.[479] Hier wird durch die Prolepse der Zeitrahmen der Lebenszeit aktualisiert, und zwar vor allem als eine Zukunft, welche die Figuren noch vor sich haben, womit implizit ihre Zeitperspektive ins Spiel gebracht wird. Natürlich transzendiert die Perspektive des Erzählers die Figurenperspektive insofern, als er bereits um die Bedeutung dieses Moments weiß, während sie Amadís und Oriana erst im weiteren Verlauf ihres Lebens werden ermessen können. Dennoch kann der Moment nur deshalb als so zukunftsschwanger erscheinen, weil der weitere Verlauf der Geschichte durch die Prolepse nicht nur als Vergangenheit des Erzählers, sondern auch als Zukunft der Figuren, und das heißt als Zukunft einer vergangenen Gegenwart, erscheint.

Mit einer solchen Prolepse wird also immer auch ein Wissen antizipiert, das die Figuren später erlangen werden. Sie impliziert somit insofern den Vergangenheitsbezug der Analepse, als sie die Gegenwart als Beginn einer künftigen Entwicklung darstellt und ihr so eine Dimension verleiht, die sich für die Figuren erst in einem späteren Rückblick eröffnen wird.[480] Ganz offensichtlich ist dieser Nexus von Prolepse und Analepse in den für die Ich-Erzählsituation

---

478 Genette, »Discours du récit«, S. 110.

479 Garcí Rodríguez de Montalvo, *Amadís de Gaula*, hg. v. Juan Manuel Cacho Blecua, 2 Bde., Madrid: Cátedra, 1991, Bd. 1, S. 269 [und diese Liebe dauerte so lange an, wie ihr Leben andauerte, so dass er sie und sie ihn in der Weise liebte, dass sie keine Stunde aufhörten, einander zu lieben].

480 Vgl. hierzu Mark Currie, *About Time*, S. 29 ff. Dort spricht Currie der Prolepse einen für die im Erzählen erfolgende Zeitgestaltung zentralen Status zu, da sie als »anticipation of retrospection« (S. 29) besonders prägnant auf die Nachzeitigkeit des Erzählens und den mit ihr verbundenen Zukunftsbezug verweist (vgl. oben, S. 223).

typischen Vorgriffen, wie sie Proust besonders gerne verwendet, indem er seinen Erzähler darauf verweisen lässt, dass sich die wahre Bedeutung eines Sachverhalts für ihn erst später enthüllt hat.[481] Auch die heterodiegetische Erzählsituation bietet markante Beispiele für dieses Verfahren, wie der berühmte Eingangssatz von García Márquez' *Cien años de soledad* zeigt. Hier erscheint das erste im Text genannte Faktum, ein Kindheitserlebnis von Aureliano Buendía, sogleich in der durch den Nexus von Prolepse und Analepse ermöglichten temporalen Doppelperspektive:

> Muchos años después, frente al pelotón de fusilamiento, el coronel Aureliano Buendía había de recordar aquella tarde remota en que su padre lo llevó a conocer el hielo.[482]

> [Viele Jahre später, im Angesicht des Erschießungskommandos, sollte sich der Oberst Aureliano Buendía an jenen fernen Nachmittag erinnern, an dem ihn sein Vater mitnahm, um ihm das Eis zu zeigen.]

Der Kindheitsnachmittag, an dem Aureliano von seinem Vater ins Zigeunerlager mitgenommen wird, um dort das Wunder des Brucheises bestaunen zu können, wird nicht direkt präsentiert, sondern über den Umweg der späteren Erinnerung. Die mit der adverbialen Fügung »muchos años después« markierte Prolepse führt in eine weit vorausliegende Zukunft, in die Zeit, als sich der im Bürgerkrieg zum Oberst avancierte Aureliano schon Auge in Auge mit einem Erschießungskommando befindet – er wird, wie hier noch nicht gesagt wird, dann doch noch gerettet – und in dieser vermeintlichen Todesstunde an ›jenen weit entfernten Nachmittag‹ seiner Kindheit zurückdenkt. Die durch die Prolepse eröffnete Zeitspanne wird hier also simultan in zweifacher Richtung durchlaufen. Dabei ist es zunächst die nachzeitige Perspektive des Erzählers, die es erlaubt, eine dem Kind noch unbekannte Zukunft zu eröffnen. Doch wird mit dem Verweis auf die spätere Erinnerung dann eine in die Vergangenheit gerichtete Figurenperspektive, die des erwachsenen Aureliano, eingespielt, die dem Erinnerungszeitpunkt durch die Bezugnahme auf die erinnerte Vergangenheit Gegenwartscharakter verleiht. Darüber hinaus wird aber auch die subjektive Zukunftsperspektive des unwissenden Kindes in der Weise aktualisiert, wie das oben schon am Beispiel der Stelle aus dem *Amadís* festgestellt wurde. Das Kind konnte damals zwar noch nicht wissen, dass es angesichts des Todes an diesen Nachmittag zurückdenken würde; dennoch wird durch den Verweis auf seine Zukunft eine virtuelle Zukunftsperspektive konstituiert, durch die die vergangene Gegenwart des Kindes eine besondere Prägnanz gewinnt. García Márquez bringt somit zu Beginn seines Romans, der ja das Thema der Zeit schon im Titel führt, die dem Erzählen innewohnende Möglichkeit der Zeitgestaltung auf kleinstem Raum – also gewissermaßen in Form einer *mise en abîme* – zur Geltung: die Möglichkeit, die Vergangenheit zugleich als vergangen und als gegenwärtig erscheinen zu lassen. Dabei

---

481 Vgl. Genette, »Discours du récit«, S. 117 ff.
482 García Márquez, *Cien años de soledad*, S. 71.

wird die doppelte Temporalität des Erzählens dadurch akzentuiert, dass nicht nur die Vergangenheit, sondern auch die zu ihr gehörende Zukunft als bereits vergangene Gegenwart sichtbar gemacht wird. Der Nexus von Prolepse und Analepse erlaubt hier die Evokation dreier Zeitmomente als Teile einer sowohl objektiv wahrnehmbaren Zeitreihe als auch als Verschränkung subjektiver Gegenwartsmomente: Der Kindheitszeitpunkt stellt sich als auf die Zukunft zulaufende Gegenwart des Kindes dar, der Zeitpunkt der vermeintlichen Erschießung als Gegenwart des Erwachsenen, die sich vor der erinnerten Vergangenheit konturiert und zugleich die Zukunft des Erzählzeitpunkts aufruft, in dem die beiden Vergangenheiten durch das »había de recordar« zur vergangenen Gegenwart werden.

Die Struktur des Erinnerungsromans

Die durch die Analepse und die Prolepse ermöglichten Zeiteffekte werden in besonderer Weise in einem Zeitschema ausgespielt, das man als typisch für den modernen Erinnerungsroman bezeichnen kann. Als ein erstes kanonisches Beispiel kann hierfür Prousts *A la recherche du temps perdu* gelten, auch wenn dort diese Zeitstruktur noch nicht in aller Klarheit hervortritt. Prousts Roman beginnt mit der Evokation eines – möglicherweise in einem Sanatorium zugebrachten – Lebensabschnitts, während dessen der Erzähler früh zu Bett ging, daher dann oft lange wach lag und sich ausgehend von der nächtlichen Umgebung des Bettes und des dunklen Zimmers an frühere Nächte in anderen Zimmern und an frühere Lebensabschnitte an anderen Orten erinnerte. Die Sequenz der erinnerten früheren Lebensepochen führt schließlich zur tiefsten Schicht der Erinnerungen, zu den Abenden und Nächten während der Kindheitsaufenthalte in Combray, dabei insbesondere zum Drama des Zu-Bett-Gehens (»drame de mon coucher«[483]), d. h. zu den panischen Ängsten, die das Kind an den Abenden durchlitt, an denen man Besuch empfing und die Mutter daher während des Einschlafens nicht an seinem Bett sitzen konnte. Ihr Ende findet diese erste Erinnerungssequenz schließlich damit, dass sich die ausschnittartige Erinnerung an das abendliche Kindheitsdrama zu einem vollständigen Bild der Zeit in Combray erweitert, als der Erzähler durch den Geschmack des in Tee eingetauchten Madeleine-Gebäcks die erste intensive Erfahrung der sich spontan einstellenden Erinnerung (»mémoire involontaire«) macht.[484] Die Struktur von Prousts Erinnerungsroman beruht also – zumindest zu Beginn – auf der durch die Analepse ermöglichten Verdoppelung des Vergangenheitsbezugs. Der Erzähler bezieht sich auf eine primäre Ebene der Vergangenheit, auf die Zeit des frühen Zu-Bett-Gehens und der nächtlichen Unruhe, in der die Erinnerung an eine weiter zurückliegende Vergangenheit

---

483 Proust, *A la recherche du temps perdu*, Bd. 1, S. 44.
484 Ebenda, S. 44 ff.

einsetzt. Zwischen den Erzählzeitpunkt und die erinnerte Zeit wird die Zeit des Erinnerns als eine zusätzliche Zeitebene eingefügt, die Zeit des »sujet intermédiaire«, wie man in der Proust-Forschung sagt.[485] Damit wird zweierlei bewirkt: Zum einen kann so das Erinnern als ein bereits vergangener Prozess selbst zum Gegenstand der Erzählung werden, zum anderen kommt es durch die Verdoppelung des Vergangenheitsbezugs zur Evokation einer Vergangenheit der Vergangenheit und damit zu dem in der Analepse angelegten Effekt besonderer Zeitentiefe. Proust hat diese Verdoppelung der Zeitebenen nicht konsequent weitergeführt. Wie die in den Zeiten des Sanatoriumsaufenthalts und des frühen Zu-Bett-Gehens beginnende und sich dann mit der Madeleine-Episode fortsetzende Geschichte des Erinnerns weiter verläuft, bleibt im Dunkeln, da sich der Erzähler in der Folge fast ausschließlich auf die erinnerte Lebensgeschichte konzentriert, ohne auf die Umstände des Erinnerns einzugehen. Thematisiert wird die Geschichte des Erinnerns dann erst wieder an ihrem Ende, als der Erzähler während der im letzten Band der *Recherche* geschilderten »mâtinée de Guermantes« zur endgültigen Entdeckung der »mémoire involontaire« und der in ihr angelegten Romanpoetik gelangt.[486]

Als ein zweites zentrales Modell für die besondere zeitliche Schichtung des modernen Erinnerungsromans – für die Differenzierung zwischen der Zeit des Erzählens, der Zeit des Erinnerns und der erinnerten Zeit – kann wohl William Faulkners *Absalom, Absalom!* angesehen werden. Der Roman soll vor allem deshalb hier zumindest kurze Erwähnung finden, weil er sowohl auf den französischen *Nouveau Roman* als auch auf den modernen spanischen und lateinamerikanischen Roman großen Einfluss ausübte. Eine erste Ebene der Vergangenheit wird in *Absalom! Absalom!*, wo Faulkner im Gegensatz zu Prousts *Recherche* eine heterodiegetische Erzählposition wählt, durch Quentin Compsons Studienzeit in Harvard gebildet. Dort erzählt er seinem Zimmerkameraden Shreve von einer Geschichte, die sich in seinem Heimatort in den Südstaaten zugetragen hat: die den Untergang des ›alten Südens‹ verdeutlichende Geschichte von Thomas Sutpen und seiner Familie. Eine weitere Vermittlungsebene wird dadurch gebildet, dass Quentin, der die Geschichte der Sutpens – abgesehen von ihrem katastrophalen Ende – gar nicht aus eigener Anschauung kennt, sich auf die Erzählungen verschiedener Zeugen stützt, so etwa auf den Bericht von Sutpens Schwägerin, die einst selbst von Sutpen umworben wurde, und vor allem auf die Erinnerungen seines Vaters, der wiederum die Erzählungen des Großvaters wiedergibt. Auf diese Weise wird dem Proustschen Schichtenmodell der Erinnerung nicht nur eine weitere Schicht hinzugefügt, sondern es kommt auch zu einer wichtigen Akzentverschiebung im dargestellten Erinnerungsprozess: An die Stelle der Suche nach der indivi-

---

485 Der Begriff geht zurück auf Marcel Muller, *Les voix narratives dans la Recherche du temps perdu*, Genf: Droz, 1983 (Nachdruck der Ausgabe Genf 1965), S. 43 ff.

486 Dabei wird dann allerdings der Beginn der Erinnerungsgeschichte, der Sanatoriumsaufenthalt und die Madeleine-Episode, übersprungen.

duellen eigenen Vergangenheit tritt die Rekonstruktion einer fremden Geschichte, die als Teil eines kollektiven Imaginären mythische Dimensionen annimmt. Dadurch wird einerseits die Qualität der erinnerten Vergangenheit betroffen, die als ergänzungs- und interpretationsbedürftiges Puzzle erscheint, das der – vor allem im Gespräch von Quentin und Shreve entfalteten – Spekulation weiten Raum lässt. Andererseits tritt an die Stelle einer dominant subjektiven Erinnerungsperspektive, wie sie den Proustschen Roman kennzeichnet, eine intersubjektive Verständigung über die Vergangenheit und somit eine Form der sozialen Perspektive. Der Text zeigt, wie eine in einer schon anderen Zeit lebende Generation eine fremd gewordene – und als Geschichte fremder Figuren immer schon fremde – Vergangenheit rekonstruiert, von der sie gleichwohl entscheidend geprägt ist.

Im Bereich des modernen französischen Romans zeigt sich Faulkners Einfluss wohl am deutlichsten in Claude Simons *La Route des Flandres*. Simon geht aber insofern über Faulkner hinaus, als er den erinnernden Blick auf die eigene Vergangenheit und die Rekonstruktion einer fremden Geschichte aufs Engste miteinander verschränkt. Eine erste Vergangenheitsschicht, die allerdings im Verlauf des Romans erst allmählich erkennbar wird, bildet in diesem Fall eine Liebesnacht, die der Protagonist Georges, der zumindest in einem Teil des Textes auch die Rolle des Ich-Erzählers innehat[487], nach Ende des Zweiten Weltkriegs mit Corinne, der Frau seines in Flandern gefallenen Hauptmanns – und überdies fernen Verwandten – verbringt. In dieser Nacht durchlebt er noch einmal, teilweise im Halbschlaf, teilweise im Gespräch, seine Kriegserinnerungen und dabei auch die Unterhaltungen mit den Kameraden der Regimentszeit und der Gefangenschaft. Diese erinnerten Gesprächen im Kameradenkreis bilden eine zweite Erinnerungsebene, durch die eine weitere, dritte Ebene der Vergangenheit eröffnet wird, die nun aber nicht Georges selbst, sondern seinen Hauptmann und eben die Corinne betrifft, die auf der ersten Vergangenheitsebene mit Georges das Bett teilt. In ihrem Zentrum steht eine mögliche ehebrecherische Beziehung Corinnes mit einem vom Hauptmann beschäftigten Jockey, die auf die Imagination der jeder weiblichen Gesellschaft entwöhnten Männer eine besondere Faszination ausübt.[488] Simon hat auf diese Weise die höchst subjektive und weitgehend monologische Erinnerungssituation des mit Corinne geteilten Hotelzimmers mit der in den Gesprächen der Kriegskameraden erfolgenden gemeinsamen Rekonstruktion

---

487 Der Roman ist im Wechsel in der Ich-Erzählsituation mit Georges als Erzähler und in einer personalen Erzählsituation, in der Georges die Reflektorfigur bildet, abgefasst. Der Wechsel in die heterodiegetische Erzählposition wurde als Indiz für die von Georges empfundene Distanz gegenüber sich selbst interpretiert (vgl. z. B. Winfried Wehle, *Französischer Roman der Gegenwart. Erzählstruktur und Wirklichkeit im Nouveau Roman*, Berlin: Erich Schmidt, 1972, S. 47 ff.).

488 Darüber hinaus führen die Gespräche im Kameradenkreis auch noch weiter in die bis ins 18. Jahrhundert reichende gemeinsame Familiengeschichte von Georges und seinem Hauptmann zurück.

einer fremden Vergangenheit kombiniert. Dabei verweist neben dem Schichtenmodell der Vergangenheit vor allem die im Gespräch erfolgende Entfaltung der Erinnerungen auf das Modell Faulkners.

Eine ähnliche Struktur entwirft Ernesto Sábato in *Sobre héroes y tumbas*, einem der wichtigsten argentinischen Beiträge zum sogenannten *boom* des lateinamerikanischen Romans. Hier wird die katastrophal endende Geschichte der Liebe zwischen dem jungen Martín und der mysteriösen Alejandra[489] aus der Perspektive der nach Alejandras Tod stattfindenden Gespräche zwischen Martín und seinem älteren Freund Bruno berichtet. Dabei ist es auch für Sábatos Text charakteristisch – wie auch für die Romane von Faulkner und Simon –, dass die späteren Erinnerungssituationen nicht systematisch präsent gehalten, sondern in eher episodischer Manier eingeblendet werden, und dass daher keine wirkliche Geschichte des Erinnerns erkennbar wird. Wie im Falle von Quentins und Shreves Gesprächen und von Georges' Erinnerungsprozess während der Liebesnacht mit Corinne, so werden auch Martíns Unterhaltungen mit Bruno sowie die genauen Anlässe, die Umstände und die Abfolge dieser Erinnerungsdialoge nicht in konkreter Weise geschildert. Daher soll nun noch auf einige Texte verwiesen werden, in denen das Nebeneinander der Zeitebene des Erinnerns und der Ebene bzw. den Ebenen der erinnerten Zeit in systematischerer Weise entfaltet wird. In diesen Fällen bildet dann die Erzählung über das Zustandekommen bzw. die Wiederkehr der Erinnerungen einen vollständigen »récit premier« im Sinne Genettes, in den dann die Erinnerungsfragmente in Form einer Serie von Analepsen eingefügt sind. In diesem Fall ist es dann auch möglich, die jeweiligen Anlässe und auslösenden Momente des Erinnerns, die Formen der von Dorrit Cohn so genannten »generating episode«[490], zu einem zentralen Gegenstand der Darstellung zu machen, wie es ja ansatzweise auch schon bei Proust geschieht.

Im Textcorpus des französischen *Nouveau Roman* weist Michel Butors *Modification* eine Zeitstruktur auf, die dem beschriebenen Modell besonders deutlich entspricht. Die Ebene des *récit premier* ergibt sich hier aus der Schilderung einer Bahnfahrt von Paris nach Rom, die der Ich- bzw. Du-Erzähler[491] unternimmt, um mit seiner italienischen Geliebten ein neues Leben zu beginnen, und in deren Verlauf ein Erinnerungsprozess einsetzt, der schließlich eine Revision dieses Entschlusses herbeiführt. Besonderer Beliebtheit erfreut sich die-

---

489 Zur allegorischen Dimension dieser Liebesgeschichte vgl. oben, S. 206 f.

490 Cohn, *Transparent Minds*, S. 248 ff. – Birgit Neumann verwendet den treffenden Begriff der »Situation des Erinnerungsabrufs« (*Erinnerung, Identität, Narration. Gattungstypologie und Funktionen kanadischer* Fictions of Memory, Berlin: Walter de Gruyter, 2005, S. 163). Allerdings wird in der ansonsten sehr sorgfältigen Darstellung der Verfahren der »Fictions of Memory« die typische Struktur zweier Vergangenheitsebenen, die auch den »Erinnerungsabruf« zum Gegenstand des Erzählens macht, nicht klar bezeichnet.

491 Der Erzähler nimmt in dem Text durchgängig mit »vous« auf sich selbst Bezug. Diese Variante der Ich-Erzählsituation wurde in der Folge u. a. auch von Juan Goytisolo in *Señas de identidad* und Carlos Fuentes in *La muerte de Artemio Cruz* verwendet.

ser Typ des Erinnerungsromans auch bei den spanischen Autoren der letzten Jahrzehnte. So lässt Miguel Delibes die Protagonistin seines Romans *Cinco horas con Mario* in der Nacht nach dem Tod ihres Mannes – eben des im Titel genannten Mario – sich bei der Totenwache eine Reihe der Szenen ihrer Ehe in Form eines imaginären Dialogs mit dem Toten in Erinnerung rufen. In Juan Goytisolos *Señas de identidad* bildet die Rückkehr des Protagonisten nach Barcelona ins Haus seiner Eltern, wo er sich von einem Herzinfarkt erholen will, den Anlass der Erinnerungen. Während der vier Tage, die auf der Zeitebene des *récit premier* erfasst werden, haben die Beschäftigung mit einem Photoalbum der Familie, das Treffen mit Freunden und die Beerdigung eines ehemaligen Lehrers die Funktion von »generating episodes«, welche verschiedene Phasen der Lebensgeschichte wieder erstehen lassen. Auch Antonio Muñoz Molina hat verschiedentlich auf dieses Schema zurückgegriffen. In *El invierno en Lisboa* folgt er insofern deutlich dem Modell Faulkners, als er die Ebene des *récit premier* als eine Serie von Gesprächen zwischen dem Ich-Erzähler und dem Jazz-Pianisten Biralbo anlegt, in denen Biralbos Liebesgeschichte mit der geheimnisvollen Lucrecia rekapituliert wird. Im Gegensatz zu den genannten Romanen von Sábato und Faulkner wird dabei die Geschichte dieser Gespräche mehr oder minder linear entfaltet. In *El jinete polaco* ist es dann das Zusammensein des Protagonisten Manuel mit seiner Geliebten Nadia, der Tochter eines Exilspaniers, in deren New Yorker Wohnung, das eine gemeinsame Erinnerungsarbeit auslöst. Ihr Gegenstand ist Manuels Jugend in der fiktiven andalusischen Stadt Mágina und die ihm von seinen Eltern und Großeltern überlieferte Geschichte seiner Familie, die bis in die letzten Jahrzehnte des 19. Jahrhunderts zurückverfolgt wird. Wie bei Faulkner und Sábato verbindet sich hier also die Struktur des Erinnerungsromans mit dem Thema einer mehrere Generationen umfassenden Familiengeschichte[492]; und auch hier wird somit eine Form gewählt, die es ermöglicht, die subjektive Perspektive auf die Vergangenheit, die sich aufgrund des je eigenen Gedächtnisses ergibt, auf eine intersubjektive Sichtweise zu öffnen und darüber hinaus durch den Einbezug weiterer Vermittlungsinstanzen individuelle und kollektive Aspekte der Vergangenheit miteinander zu verknüpfen.

Iteratives Erzählen

Sowohl die Verknüpfung als auch die Differenzierung einer individuellen und einer kollektiven Zeiterfahrung lassen sich besonders deutlich am Beispiel des iterativen Erzählens erkennen, mit dem daher dieser kurze Überblick über die wichtigsten Verfahren der textuellen Zeitgestaltung abgeschlossen werden soll. Gemäß der Definition von Gérard Genette besteht der »récit itératif« darin,

---

492 Daneben kommt auch die Geschichte von Nadias Vater, der in Mágina als Kommandant der dortigen Garnison im Bürgerkrieg eine besondere Rolle spielte, zur Sprache.

sich wiederholende Verläufe in einer einmaligen Schilderung zusammenzufassen.[493] Es handelt sich damit um eine besonders prägnante Form des zustandsbezogenen Erzählens. Dabei sind, wie Genette ausführt, zwei zeitliche Verläufe und Kontexte impliziert: einerseits der Mikrokontext des iterativen Zeitsegments, also der immer gleiche Handlungs- oder Geschehensverlauf in einem sich wiederholenden Zeitabschnitt; andererseits der Makrokontext der gesamten Serie der sich wiederholenden Verläufe. Aufgrund dieser Struktur ist das iterative Erzählen besonders dazu geeignet, die in der Alltagszeit und in der Naturzeit angelegten Regelmäßigkeiten darzustellen, den für eine gewisse Zeit immer gleichen Verlauf von Tagen, Wochen oder auch Jahreszeiten, denn im Allgemeinen ist die Regelmäßigkeit durch eine Verbindung der natürlichen Zyklik mit Formen des gesellschaftlichen oder auch persönlichen Routinehandelns bedingt. Da die Alltagszeit häufig stark durch gesellschaftliche Normen und Konventionen geprägt ist, kann das iterative Erzählen in dem Maße, wie es auf die damit verbundenen sozialen Zeitstrukturen Bezug nimmt, die Relation von individuellem Zeiterleben und gesellschaftlicher Zeitgestaltung prägnant zur Darstellung bringen. Dabei bilden die Entfremdung vom gesellschaftlichen Handlungskontext und die Partizipation an kollektiven Verläufen, wie im Folgenden an Textstellen aus Flauberts *Madame Bovary* und Prousts *A la recherche du temps perdu* erläutert werden soll, zwei idealtypische Möglichkeiten.

Die Flaubert-Stelle stammt aus dem auch schon oben zitierten Kapitel I, 9 der *Madame Bovary*, in dem die erste Zeit von Emmas Ehe – die sich von der Hochzeit bis zur Übersiedlung von Tostes nach Yonville erstreckenden zwei Jahre – in geraffter Form geschildert werden.[494] Dabei kommt Emmas Zeiterfahrung in besonders intensiver Weise zur Darstellung. Zunächst geschieht dies aufgrund der Thematisierung der Natur- und Alltagszeit, die beide besonders erfahrungsnahe und anschauliche Zeitkontexte bilden. Hinzu kommt Flauberts sehr subtiler Einsatz der Figurenperspektive, mit der die subjektive Dimension der Zeiterfahrung akzentuiert wird. Die dritte Komponente der in diesem Kapitel erfolgenden Zeitgestaltung bildet das iterative Erzählen. Dies zeigt sich besonders eindrücklich in folgender Textstelle:[495]

> Comme elle était triste, le dimanche, quand on sonnait les vêpres! Elle écoutait, dans un hébètement attentif, tinter un à un les coups fêlés de la cloche. Quelque chat sur les toits, marchant lentement, bombait son dos aux rayons pâles du soleil. Le vent, sur la grande route, soufflait des traînées de poussière. Au loin, parfois, un chien hurlait: et la cloche, à temps égaux, continuait sa sonnerie monotone qui se perdait dans la campagne.

---

493 Zum Folgenden vgl. »Discours du récit«, S. 148 ff.

494 Vgl. oben, S. 190.

495 Zum Folgenden vgl. auch Wolfgang Matzat, »Comme elle était triste, le dimanche…‹ – Aspekte narrativer Zeitmodellierung am Beispiel Flauberts«, in: Franziska Sick/Christof Schöch (Hg.), *Zeitlichkeit in Text und Bild*, Heidelberg: Winter, 2007, S. 157–171. Allerdings wird dort die Bedeutung, welche die Erzählerperspektive durch ihr Zusammenspiel mit der Figurenperspektive gewinnt, noch nicht ausreichend berücksichtigt.

Cependant, on sortait de l'église. Les femmes en sabots cirés, les paysans en blouse neuve, les petits enfants qui sautillaient nu-tête devant eux, tout rentrait chez soi. Et, jusqu'à la nuit, cinq ou six hommes, toujours les mêmes, restaient à jouer au bouchon, devant la grande porte de l'auberge.[496]

[Wie traurig war sie am Sonntag, wenn man zum Vespergottesdienst läutete! Sie lauschte in einer nervösen Benommenheit dem brüchigen Klang jedes einzelnen Glockenschlags. Eine Katze, die langsam über die Dächer schlich, machte einen Buckel in den blassen Sonnenstrahlen. Der Wind wirbelte auf der Landstraße Staubwolken auf. In der Ferne heulte manchmal ein Hund; und die Glocke setzte gleichmäßig ihr monotones Läuten fort, das sich in den Feldern verlor.

Währenddessen verließ man die Kirche. Die Frauen in gewachsten Holzschuhen, die Bauern im neuen Kittel, die kleinen Kinder, die ohne Mütze vor ihnen herumhüpften, alle gingen nach Hause. Und bis zum Einbruch der Nacht spielten fünf oder sechs Männer, immer dieselben, das Korkenspiel vor dem großen Tor des Gasthofs.]

Der Mikrokontext des iterativen Segments besteht in diesem Fall im Ablauf des einzelnen Sonntagnachmittags vom Glockenläuten zu Beginn des Vespergottesdiensts bis zur einbrechenden Nacht; der Makrokontext der gesamten Serie ergibt sich aus den sich wiederholenden herbstlichen Sonntagnachmittagen. Die Regelmäßigkeit der miteinander gekoppelten Verläufe beruht, wie oben schon festgestellt, auf der natürlichen und alltäglichen Zyklik. Die Sequenz des Mikrokontexts wird bestimmt durch die sich wandelnde Tageszeit, durch die mit den herbstlichen Wetterverhältnissen verbundenen Naturphänomene – die Katze genießt die letzten Strahlen der blassen Sonne, der Herbstwind wirbelt den Staub der Straße auf – und die gesellschaftlichen Rituale des Sonntagnachmittags. Die Sequenz des Makrokontexts konstituiert sich aus dem die Wiederkehr der Sonntage bedingenden Wochenrhythmus. Auch die Zeitperspektive, die sich auf diese Weise eröffnet, ist eine doppelte; und so kann das iterative Erzählen ebenso wie die oben besprochenen Formen der Analepse und der Prolepse eine Aktualisierung der doppelten Temporalität des Erzählens bewirken. Einerseits vermittelt der Mikrokontext des sich wiederholenden Verlaufs des Nachmittags die Perspektive der erlebten Gegenwart. Zwar handelt es sich dabei um eine durch die iterative Synthese gebildete Pseudo-Gegenwart, denn es wird ja nicht ein bestimmter Nachmittag geschildert, doch wird durch die genaue Notierung einzelner Wahrnehmungen ein Anschein von Einmaligkeit erzeugt.[497] Andererseits impliziert der Makrokontext der Serie im Zusammenhang mit dem Vergangenheitstempus des Erzählens einen nachzeitigen Standpunkt, der einen Überblick über die Serie der Wiederholungsfälle erlaubt. Allerdings stellt diese Beschreibung der Perspektivenüberlagerung – die Zuordnung der Figurenperspektive zum Mikrokontext und der Erzählerperspektive zum Makrokontext – eine Vereinfachung dar. Denn schon für Emma selbst kann sich ja die erlebte Gegenwart mit der Erinnerung an die vergangenen Sonntage verbinden, so dass sie aufgrund der erin-

496 Flaubert, *Madame Bovary*, S. 98–99.
497 Genette spricht daher vom »*pseudo-itératif*« (»Discours du récit«, S. 152).

nerten vorangegangenen Sonntage auch den weiteren Verlauf des gegenwärtigen Nachmittags vorhersehen kann. Die für das subjektive Zeitempfinden konstitutive Einbindung des Gegenwartspunktes in einen ihn umfassenden Zeitkontext, also die von Augustinus am Beispiel der Melodie illustrierte Zeiterfahrung, wird hier durch den iterativen Modus besonders intensiv vermittelt. Allerdings unterscheiden sich die Figuren- und die Erzählerperspektive dann doch dadurch, dass sich für die Figur die erinnerte Serie der Wiederholungsfälle mit der Erwartung weiterer Wiederholungen in der Zukunft verbindet, während aus der nachzeitigen Sicht die gesamte Serie der Vergangenheit angehört. Daher kann sich für die Figur das Gefühl einstellen, dass die Zeitgrenzen verschwimmen, und damit der Eindruck einer konturlosen »Ewigkeitssuppe«, wie Thomas Mann das im *Zauberberg* genannt hat[498], während der Erzähler auf eine klar abgegrenzte vergangene Epoche zurückblickt.

Die Zeiterfahrung, die auf diese Weise in *Madame Bovary* modelliert wird, ist die einer leeren Zeit. Ausschlaggebend ist hierfür zunächst die Gegenwartsperspektive des Mikrokontexts, die hier dadurch konstituiert wird, dass der Text die Wahrnehmungen der wohl am Fenster sitzenden oder stehenden Emma wiedergibt und ihnen durch das plakative »comme elle était triste« eine subjektive Tönung verleiht. In diesem Zusammenhang ist noch einmal auf die unmittelbaren Stimmungsqualitäten zu verweisen, die den natürlichen Verläufen und den mit ihnen verbundenen Alltagspraktiken, hier den beobachteten spätherbstlichen Szenarien des Sonntagnachmittags, innewohnen. Entscheidend für Emmas Zeiterfahrung ist dabei, dass sie mit dem natürlich-alltäglichen Zeitrahmen und der in ihm implizierten Zeitgliederung kein Handlungsprogramm verbinden kann. Offensichtlich hat sie am Sonntagnachmittag nichts zu tun, so dass sie ihre Zeit am Fenster verbringt. Natürlich resultiert ihre Befindlichkeit zunächst daraus, dass der Sonntagnachmittag von den Alltagsgeschäften der Wochentage befreit ist, weshalb er ja auch für die damit drohende Langeweile einigermaßen berüchtigt ist. In diesem Fall aber ist diese Zeiterfahrung verbunden mit der Erfahrung einer Einsamkeit, die im Gegensatz zu den draußen beobachteten Vorgängen steht und daher besonders prägnant erscheint.[499] Die Kirche läutet für die regelmäßig praktizierenden Katholiken von Tostes, nicht aber für Emma, die Familien, welche die Kirche verlassen, kehren gemeinsam heim und scheinen sich auf einen gemeinsamen Ausklang des Sonntags einzurichten. Auch die vor der Kneipe bis in die Nacht spielenden Männer genießen gemeinsam die sonntägliche Freizeit. Während also das durch routinemäßige Wiederholung gekennzeichnete Sonntagnachmittagsprogramm in dem durch den Fensterblick eröffneten gesellschaftlichen Kontext des kleinen Provinznests einen selbstverständlichen Charakter hat, der durchaus auch Geborgenheit vermitteln kann, verbindet sich die allein verbrachte Zeit Emmas mit der Erfahrung der Ent-

---

498 Vgl. Thomas Mann, *Der Zauberberg*, Kap. V, 1: »Ewigkeitssuppe und plötzliche Klarheit«.
499 Zu dieser Form der Gestaltung der Entfremdungserfahrung vgl. oben (S. 172 ff.) die Analyse des Fensterblicks in Camus' *Étranger*.

fremdung. Das iterative Erzählen bringt hier also die Differenz zwischen individueller und gesellschaftlicher Zeiterfahrung dadurch zur Darstellung, dass es den normalen Ablauf des gesellschaftlichen Lebens zur Folie macht, vor der die individuell empfundene Leere der Zeit eine schmerzliche Prägnanz gewinnt.

Prousts Darstellung der Kindheitssommer in Combray ist demgegenüber beispielhaft für eine euphorische Variante der iterativen Zeiterfahrung. Wie Genette gezeigt hat, kann die Proustsche *Recherche* überhaupt als Kulminationspunkt des iterativen Erzählens begriffen werden.[500] In besonderer Weise gilt das für die Eingangsteile der *Recherche*, und dabei am meisten für den ersten, mit *Combray* überschriebenen Teil. So wirken die geschilderten glückhaften Kindertage in Combray »wie ein einziger, unendlich langer Tag«, wie schon Hans-Robert Jauß festgestellt hat[501], in dem Sinne jedenfalls, dass kaum die Ereignisse einzelner Sommertage oder einzelner Sommeraufenthalte dargestellt werden, sondern der regelmäßige Verlauf bestimmter Tageszeiten oder auch bestimmter Wochentage, dabei vor allem der Samstage und Sonntage. Besonders ausführliche iterative Sequenzen sind den Lektürenachmittagen im Garten des Hauses der Tante, den Spaziergängen in die beiden Richtungen, die Swann-Richtung (»du côté de chez Swann«) und die Guermantes-Richtung (»du côté de Guermantes«), dem Kirchgang am Sonntagvormittag und dem Besuch der Marienvesper an den Samstagabenden im Mai gewidmet. Offensichtlich wird der iterative Modus in diesem Fall dazu eingesetzt, glückhafte Erfahrungen zu modellieren, handelt es sich doch – nach der dem Drama des Zu-Bett-Gehens gewidmeten Eingangssequenz – in der Folge um die überwiegend schönen Erinnerungen aus der Kindheit, die der gealterte Erzähler evoziert. Natürlich liegt das in erster Linie an den thematisierten Kindheitserlebnissen selbst und an der entsprechend nostalgischen Perspektive des Ich-Erzählers, doch leistet auch die iterative Erzählweise ihren spezifischen Beitrag. Denn indem sie sich auf das der Wiederholungsserie gemeinsame und für sie typische Verlaufsschema bezieht, begünstigt sie eine Idealisierung, die sich als solche dem Akt der imaginären Synthese verdankt. Beispielhaft ist hierfür der Abschluss der Lektüreszene, wo der Erzähler sich in einer ausladenden Apostrophe an jene Sonntagnachmittage wendet, an denen er im Schatten des Kastanienbaums und begleitet von den regelmäßigen Glockenschlägen des nahen Kirchturms ein durch die Lektüre ermöglichtes imaginäres Leben lebte:

> Beaux après-midi du dimanche sous le marronnier du jardin de Combray, [...] vous m'évoquez encore cette vie quand je pense à vous et vous la contenez en effet pour l'avoir peu à peu contournée et enclose – tandis que je progressais dans ma lecture et que tombait la chaleur du jour – dans le cristal successif, lentement changeant et traversé de feuillages, de vos heures silencieuses, sonores, odorantes et limpides.[502]

---

500 Genette, »Discours du récit«, S. 148–149: »aucune œuvre romanesque, apparemment, n'a jamais fait de l'itératif un usage comparable«.

501 Vgl. Hans-Robert Jauß, *Zeit und Erinnerung in Marcel Prousts »A la recherche du temps perdu«. Ein Beitrag zur Theorie des Romans*, Heidelberg: Winter, 1965, S. 66.

502 Proust, *Du côté de chez Swann*, in: *A la recherche du temps perdu*, Bd. 1, S. 87.

[Schöne Sonntagnachmittage unter dem Kastanienbaum im Garten von Combray, (…) ihr ruft mir noch immer dieses Leben ins Gedächtnis und ihr bewahrt es tatsächlich, da ihr es nach und nach – während ich in meiner Lektüre fortschritt und die Hitze des Tages nachließ – umschlossen und eingefasst habt im langsam sich wandelnden und auf einander folgenden, von Blättern durchkreuzten Glas eurer schweigenden, tönenden, duftenden und klaren Stunden.]

Am Beispiel der oben zitierten Flaubert-Stelle wurde erläutert, wie der iterative Modus die Relation zwischen dem wandernden Gegenwartspunkt und dem sich wiederholenden Kontext des iterativen Zeitsegments herstellt. Hier geschieht das nun ganz explizit, indem hervorgehoben wird, wie der allmählich fortschreitende Lektürenachmittag – »tandis que je progressais dans ma lecture et tombait la chaleur du jour« – durch das sich wiederholende Maß der Stunden geformt wird. In dem Bild des Stundenglases – »le cristal successif […] de vos heures« – findet diese formstiftende Funktion abgegrenzter Zeiteinheiten ihren schönen Ausdruck. Die damit erfolgende Akzentuierung der Synthesefunktion des iterativen Erzählens geht offensichtlich mit einer Dominanz der nachzeitigen Erzählperspektive einher. Während die überwiegend aus der Figurenperspektive geschilderten Sonntagnachmittage in Tostes als Teil einer unabgeschlossenen Serie erscheinen und daher den Aspekt der leeren Dauer zur Anschauung bringen, setzt Prousts Erzähler bei der Schilderung der Sonntagnachmittage in Combray den Akzent auf die mit dem Abschluss der Serie vollendete Gestalt. Entsprechend der Erinnerungspoetik der *Recherche* ergibt sich daraus der Eindruck der Aufhebung der Zeit und einer die Zeit überdauernden Fülle.

Wenn das iterative Erzählen solchermaßen eine positive Zeiterfahrung modelliert, so impliziert das eine genussvolle Partizipation am Wiederholungsrhythmus, die sich dann auch auf den gesellschaftlichen Alltag beziehen kann. Die Lektüreszene ist hierfür sicher nicht ganz typisch, da sich der Lesende ja im imaginären Lektüreerlebnis vereinzelt. Gleichwohl bleibt der gesellschaftliche Kontext präsent, sowohl durch die Einrahmung des allein verbrachten Nachmittags durch die festgelegten familiären Essenszeiten – kurz vor der zitierten Stelle wird darauf verwiesen, dass »le bon dîner qu'apprêtait Françoise« eine durchaus erfreuliche Aussicht bildet[503] – als auch durch das soziale Zeitmaß der Kirchturmuhr, deren Stundenschläge den Nachmittag strukturieren. Letzteres bildet wieder einen deutlichen Gegensatz zu der Flaubert-Stelle, da dort das den Vespergottesdienst ankündigende Geläut zu Emmas Sonntagnachmittagsdepression beiträgt. Besonders klar kommt die soziale Komponente der iterativ strukturierten Zeiterfahrung jedoch an einer anderen Stelle zum Ausdruck, an der auf den besonderen Zeitverlauf der Samstage eingegangen wird.[504] Innerhalb der unveränderlichen Alltagsroutine im Haus der Tante – »le traintrain de ma tante« – ist der Samstag durch eine »uniformité secon-

---

503 Ebenda, S. 86 [das gute Abendessen, das Françoise vorbereitete].
504 Ebenda, S. 108–110.

daire« geprägt. Am Samstag nämlich möchte das Dienstmädchen Françoise am Nachmittag einen Markt in einem nahegelegen Ort besuchen, so dass man, um ihr dies zu ermöglichen, eine Stunde früher als gewöhnlich zu Mittag isst. Der Erzähler gefällt sich darin, ausführlich darzustellen, wie mit derselben Regelmäßigkeit wie das verfrühte Mittagessen sich auch die Gespräche der Familie wiederholen, in denen der allsamstägliche Ausnahmezustand scherzhaft thematisiert wird. Dies geschieht humorvoll, herzlich und mit Patriotismus (»avec bonne humeur, avec cordialité, avec patriotisme«), womit die gemeinschaftsstiftende Funktion des Familienritus klar bezeichnet wird. Entsprechend amüsiert reagiert man dann auch bei der ebenfalls regelmäßigen Überraschung von zufälligen Besuchern, welche die Familie schon bei Tisch vorfinden: »la surprise d'un barbare (nous appelions ainsi tous les gens qui ne savaient pas ce qu'avait de particulier le samedi)«.[505] Indem der Erzähler den Gegensatz zwischen der familiären Gruppe und dem ahnungslosen Besucher humorvoll mit dem Begriff des ›Barbaren‹ pointiert, hebt er seine Identifikation mit der Gemeinschaft besonders hervor. Im Gegensatz zur Außenperspektive der vom sozialen Leben entfremdeten Emma wird hier die iterative Zeiterfahrung aus einer gesellschaftsimmanenten Sicht entfaltet, in der der ausgeschlossene Andere nun als Fremder erscheint. Der iterative Modus verbindet sich in diesem Fall also mit einer rückhaltlosen Bejahung der sozialen Alltagsordnung und lässt die alltäglichen Verläufe als Teil eines vorgegebenen gemeinschaftlichen Sinnzusammenhangs erscheinen, in dem sich das Individuum in guter Weise aufgehoben fühlt.

5.   Konstitutionsebenen der narrativen Zeitmodellierung (Flaubert: *Un cœur simple*[506])

Im Lauf des Kapitels wurde ein Modell zur Erfassung der narrativen Zeitgestaltung entworfen, das vier Konstitutionsebenen umfasst: die Konstitutionsebenen der Handlung bzw. der Geschichte, der Zeitkontexte, der Zeitperspektiven sowie des Textverlaufs. Dieses Modell soll nun abschließend noch einmal insgesamt in den Blick genommen und am Beispiel eines kurzen narrativen Textes erprobt werden. Ich wähle dafür Flauberts Erzählung *Un cœur simple*, da Zeit – die Zeit des Lebens eines einfachen Menschen – ihr eigentliches Thema ist. Im Mittelpunkt der Erzählung steht somit die Darstellung der Lebenszeit, wobei aber auch die übrigen Zeitkontexte der Naturzeit, der Alltagszeit und

---

505 Ebenda, S. 110 [die Überraschung eines Barbaren (wir nannten alle Leute so, die nichts von der samstäglichen Besonderheit wussten)].

506 Der Text wird zitiert nach der Ausgabe: Gustave Flaubert, *Trois Contes. Un Cœur simple, La Légende de saint Julien l'Hospitalier, Hérodias*, hg. v. Édouard Maynial, Paris: Garnier, 1969.

der historischen Zeit mit ins Spiel kommen. Flauberts Tendenz zu einer figurenperspektivischen Darstellung rückt zudem das Zusammenspiel der Zeitperspektiven von Figur und Erzählinstanz in den Vordergrund. Im Folgenden
soll das Augenmerk vor allem auf die Konstitutionsebene der Geschichte, die
Konstitutionsebene der Zeitkontexte und die Konstitutionsebene der Zeitperspektiven gerichtet werden. Die Konstitutionsebene des Erzähltexts soll
demgegenüber nicht gesondert, sondern im Zusammenhang mit den anderen
Konstitutionsebenen besprochen werden, da sie vor allem dazu dient, die in
ihnen angelegten Zeiteffekte sichtbar zu machen.

In *Un cœur simple* werden die eng miteinander verwobenen Lebensgeschichten der Dienstbotin Félicité und ihrer Herrin Mme Aubain erzählt. Allerdings wäre es besser, von gemeinsam verbrachter Lebenszeit als von miteinander verbundenen Lebensgeschichten zu sprechen, denn das Leben der
beiden Frauen ist äußerst ereignisarm, und gerade dadurch kommt die Lebenszeit zur Darstellung. Gleichwohl sei zunächst das den Zeitverlauf konstituierende und gliedernde Ereignissubstrat nachgezeichnet, wobei ich mit
Mme Aubain beginne, da ihre Lebensgeschichte den Hintergrund bzw. den
Rahmen für das Leben von Félicité bildet. Mme Aubain wird zu Beginn des
Textes als eine in Pont-l'Évêque, einem kleinen Ort in der Normandie, ansäs-
sige Dame eingeführt, die von den Einnahmen aus ihrem Grundbesitz in relativ bescheidenen Verhältnissen lebt. Das erste sie betreffende Ereignis, von dem
berichtet wird, ist der Tod ihres Ehemanns, der ihr zwei noch sehr kleine Kinder mit den Namen Paul und Virginie hinterlässt.[507] Bald darauf erfolgt die Begegnung mit der noch jungen Félicité, die sie als ihr Dienstmädchen in ihr
Haus aufnimmt. Die weiteren zäsurbildenden Ereignisse in der Geschichte der
Mme Aubain sind der Beginn des Schulbesuchs der Kinder in nicht am Ort
befindlichen schulischen Einrichtungen und die damit verbundene Trennung,
der Tod von Virginie, die im Laufe des zweiten auswärtigen Schuljahrs an einer
Lungenkrankheit stirbt, die Hochzeit von Paul und schließlich ihr eigener Tod
im Alter von 72 Jahren. Félicités Lebensgeschichte ist etwas detailreicher. Sie
stammt, wie in einer im zweiten Kapitel platzierten Analepse nachgetragen
wird, aus sehr einfachen Verhältnissen. Da sie schon als Kind beide Eltern verliert, verdingt sie sich als Magd auf einem Bauernhof. Nach einer unglücklichen Liebesgeschichte mit einem jungen Mann aus der Umgebung verlässt sie
ihre Stellung und wird das Dienstmädchen von Mme Aubain. Fortan lebt sie
deren Leben mit, vor allem in ihrer Liebe zu den Kindern, so dass sie ebenso
wie ihre Herrin durch die aus Gründen des Schulbesuchs erfolgenden ersten
Trennungen und dann durch den Tod Virginies betroffen ist. Wenig zuvor hatte
sie ihren Neffen Victor verloren, der ihr ebenfalls ans Herz gewachsen war und
der als Seemann in Havanna dem Gelbfieber erliegt. Nachzutragen ist noch

---

507 Dies ist ein erster Verweis auf den kulturhistorischen Kontext. Das Ehepaar Aubain gehört offenbar zu der Generation, die von Bernardin de Saint-Pierres 1787 erschiene-
nem Liebesroman *Paul et Virginie* begeistert wurde.

die religiöse Initiation, die die ohne jede Bildung aufgewachsene Félicité erfährt, als sie Virginie regelmäßig zum Kommunionsunterricht begleitet, und
die ihrer ohnehin stark ausgeprägten Opfer- und Hilfsbereitschaft einen spiri-
tuellen Rahmen gibt. Nach dem Verlust der wichtigsten affektiven Bezugsper-
sonen – das Verhältnis zu Mme Aubain bleibt weitgehend distanziert – bildet
dann das Geschenk eines Papageis ein epochemachendes Ereignis in Félicités
Leben, und selbst nach seinem Tod bleibt er in ausgestopfter Form ihr Beglei-
ter. Nach dem Tod von Mme Aubain wohnt sie, ausgestattet mit einer kleinen
Rente, weiterhin in deren Haus, das entgegen dem ursprünglichen Vorhaben
der Erben nicht verkauft wird und allmählich verfällt, bis sie selbst an einem
Fronleichnamstag verstirbt.

Dieses kurze Resümee lässt erkennen, dass im Falle dieses Ereignissubstrats
von einer Geschichte im eigentlichen Wortsinne nur bedingt die Rede sein
kann. Wenn wir uns auf den Fall der Protagonistin beschränken, so ist festzustellen, dass ein konkreter Handlungszusammenhang zunächst nur im Falle der
Erzählung von Félicités Jugendliebe vorliegt: Er führt von der anfänglich rü-
den Attacke des jungen Mannes zu einer ›normalen‹, mit der Aussicht auf eine
Ehe verbundenen Werbung und schließlich zur Enttäuschung, da Théodore
eine ältere Witwe heiratet, um dem Wehrdienst zu entgehen. Auch die Ereignisse, die zu Virginies Tod führen, bilden einen – in diesem Fall beide Frauen
betreffenden – Zusammenhang, der durch eine abenteuerliche nächtliche
Heimkehr eingeleitet wird und der dann die dadurch ausgelöste Krankheit
mit Phasen der Besserung und der Verschlimmerung sowie die Umstände des
Todes umfasst. Ähnlich könnten die mit Victor zusammenhängenden Ereignisse und auch Félicités letzte Liebe zu dem Papagei jeweils als eine Mini-Ge-
schichte begriffen werden. Und insgesamt ist natürlich ins Feld zu führen, dass
alle Ereignisse, die sich auf Félicité beziehen, die Geschichte ihres ›einfachen
Herzens‹ ergeben, die Geschichte also ihrer bescheidenen affektiven Bindungen. Gleichwohl ist unmittelbar einsichtig, dass diese ›Geschichte‹ nur durch
den Zeitrahmen der Lebenszeit ihre Bedeutung erhält, denn die zentrale Frage,
die der Text aufwirft, ist ja, ob dies ein vertanes oder womöglich doch ein
glückliches Leben gewesen ist, wie der Name Félicité suggeriert.

Bei der Analyse der Zeitkontexte muss daher der lebenszeitliche Kontext
im Vordergrund stehen. Im Falle beider Hauptfiguren wird er immer wieder
deutlich evoziert, wobei dies zunächst vor allem durch Angaben zum Lebensalter und zum Prozess des Alterns geschieht. Mme Aubain ist eine junge Frau
mit Kindern von sieben und vier Jahren, als sie Félicité verpflichtet. Paul heiratet relativ spät, mit 36 Jahren, so dass sich Mme Aubain schon in einem fortgeschrittenen Alter befindet. Sie stirbt schließlich mit 72 Jahren. Félicité ist
18 Jahre zur Zeit ihrer unglücklichen Liebesaffäre und kaum älter (18 oder
19 Jahre), als sie den Dienst bei Mme Aubain aufnimmt; sie ist damit wohl
etwa 10 Jahre jünger als ihre Herrin, die sie auch um etliche Jahre überlebt.
Von ihrem physischen Altern ist kaum die Rede. Schon mit 25 Jahren sieht sie
aus wie eine Vierzigjährige, nachdem sie die 50 überschritten hat, erscheinen

ihre Züge und ihre Gestalt als zeitlos (»Dès la cinquantaine, elle ne marqua plus aucun âge [...])« (S. 6). Gleichwohl werden Altersbeschwerden erwähnt: Noch zu Lebzeiten des Papageis wird sie zunehmend taub, später lässt auch das Augenlicht nach. Wie Virginie stirbt sie an einer Lungenentzündung. Die die Lebenszeit betreffende Zeitmessung wird durch die Nennung einer Reihe von Jahreszahlen unterstützt – so wird etwa das Jahr 1853 als das Todesjahr von Mme Aubain genannt –, worauf im Zusammenhang mit der historischen Kontextualisierung noch näher einzugehen ist.

Die Präsentation von Félicités Geschichte als Lebensgeschichte, als Geschichte also, die den Verlauf der Lebenszeit zum Gegenstand hat, wird durch die Gestaltung der Textebene effektvoll unterstützt. So werden die zäsurbildenden Ereignisse durch Formen der szenischen Erzählung hervorgehoben, so etwa die Art und Weise, wie Félicité Virginies Tod erlebt: Sie kann ihm nicht beiwohnen, weil sie noch einmal von der zur Klosterschule fahrenden Kutsche abspringt, um das beim eiligen Aufbruch unverschlossen zurückgelassene Haus zu hüten. Erst am nächsten Tag kommt sie nach und kann dann ihre Herrin nur noch bei der Totenwache begleiten. Ähnlich dramatisch ist auch der Abschied von ihrem Neffen ausgestaltet, bevor er zu seiner letzten Reise in See sticht. Félicité macht sich auf nach Honfleur, um ihn ein letztes Mal vor dem Auslaufen des Schiffes zu umarmen, verirrt sich und erreicht erst den Hafen, als das Schiff schon abgelegt hat, so dass sie Victor nur noch zuwinken kann. Die zwischen den Zäsuren liegenden ereignislosen Zeiträume werden aber nicht übersprungen, wie das bei Formen der Abenteuererzählung der Fall ist, die oben als Ereigniserzählungen bezeichnet wurden, sondern durch die Form des iterativen Erzählens erfasst. Es entsteht somit der Eindruck von stabilen Zeiträumen, die jeweils unterschiedliche Lebensphasen bilden: das glückliche Leben mit den Kindern, solange sie noch im Haus sind; ein durch erste Symptome von Virginies Lungenkrankheit motivierter Sommeraufenthalt in Trouville; dann die Zeit der regelmäßigen Besuche von Victor, den Félicité in Trouville kennengelernt hat, bevor er den Beruf des Matrosen ergreift; schließlich das Leben mit dem Papagei, das sich wieder unterteilen lässt in die Phase des noch lebenden und dann des ausgestopften Papageis. Auch weniger deutlich konturierte Phasen werden iterativ präsentiert, etwa die Zeit von Virginies Kommunionsunterricht oder die regelmäßigen Besuche von Mme Aubain bei der kranken Tochter.

In typischer Weise werden durch die iterative Darstellung vor allem der Kontext der Alltagszeit und die dem Alltagsleben innewohnende Zyklik entworfen. Zur Illustration beschränke ich mich auf die Nachzeichnung der ersten iterativ gestalteten Phase nach Félicités Aufnahme ins Haus von Mme Aubain. Dort werden vor allem die Ereignisse in den Vordergrund gerückt, die den Wochenrhythmus markieren. Donnerstags kommen Bekannte zum Kartenspielen, am Montagmorgen legt ein Altwarenhändler in der Nähe des Hauses seine Waren aus, dann füllt sich der Ort, da Markttag ist; weniger regelmäßig – »à des époques indéterminées« (S. 12) – erhält Mme Aubain den Besuch

eines Onkels, des Marquis von Gremanville. Allerdings sucht der ruinierte Adlige – hierauf wird zurückzukommen sein – seine Nichte immer zur selben
Tageszeit auf, nämlich »à l'heure du déjeuner« (S. 13). Eine weitere iterative
Szene umfasst die Ausflüge, die man bei schönem Wetter zu einem der beiden
von Mme Aubain verpachteten Bauernhöfe unternimmt. Diese Serie endet
im Herbst mit einem abendlichen Fußmarsch durch die Viehweiden, während
dessen es zu einer Begegnung mit einem Stier kommt, die zwar dank Félicités
heroischem Eingreifen glimpflich verläuft, aber dennoch die ersten Beein-
trächtigungen in Virginies Gesundheitszustand hervorruft. Das Beispiel zeigt,
dass das iterative Erzählen sich hier überwiegend auf Félicités Partizipation am
gemeinsamen Familienalltag bezieht, wie das auch bei der oben besprochenen
Stelle aus Prousts *Recherche* der Fall war, und nicht wie im Falle von Emmas am
Fenster erlebten Sonntagnachmittagen in *Madame Bovary* die Perspektive eines
entfremdeten Individuums unterstreicht. Die wichtigste Funktion besteht allerdings darin, dem Lebenslauf eine Epochenstruktur zu verleihen und damit
den Verlauf der Lebenszeit anschaulich zu machen.

Es entspricht der Situierung der Handlung in der ländlichen Umgebung
der Normandie, dass auch der Kontext der Naturzeit zur zusätzlichen Bedeu-
tungsstiftung eingesetzt wird. Bei der Schilderung des von Virginies Arzt an-
geratenen Familienaufenthalts in Trouville verbindet sich die iterative Darstellung des Ferienalltags mit der Evokation der schönen Sommertage an der
Küste. Virginies Tod findet einen adäquaten Rahmen durch Verweise auf die
winterliche Jahreszeit. Demgegenüber stirbt Felicité im Frühjahr bzw.
Frühsommer, so dass die Bilder einer heiteren Sommernatur kontrastiv zu der
durch die Handlung vermittelten Stimmung eingesetzt werden: »Les herbages
envoyaient l'odeur de l'été; des mouches bourdonnaient; le soleil faisait luire
la rivière, chauffait les ardoises« (S. 69).[508] Die friedliche Stimmung wird dadurch unterstrichen, dass die zur Pflege Félicités herbeigekommene Frau ein-
schläft, bis sie durch das die Fronleichnamsprozession ankündigende Glockengeläut geweckt wird. Der sommerliche Rahmen mit den ihm
eingeschriebenen Verweisen auf die Kontinuität der Naturvorgänge dient
hier jedoch nicht dazu, die bittere Einsicht in die Endlichkeit und Unwiederbringlichkeit des individuellen Lebens hervorzuheben, wie wir das oben an
einer Stelle aus der *Nouvelle Héloïse* gesehen haben.[509] Vielmehr verleiht er zusammen mit dem kirchlichen Fest dem Tod der alten Dienstbotin einen versöhnlichen Charakter.

Besonders interessant ist die Art und Weise, wie Flaubert den Kontext der
historischen Zeit evoziert. Dies geschieht zunächst durch die Nennung einer
Reihe von Daten bzw. Jahreszahlen, wodurch, wie oben ausgeführt, in jedem
Fall der historische Kontext aufgerufen wird, auch wenn keine konkreten his-

---

508 [Die Wiesen sandten den Sommergeruch, die Fliegen summten, die Sonne ließ den
    Fluss leuchten, erhitzte die Schindeln.]
509 Vgl. oben, S. 142 f., 189.

torischen Ereignisse genannt werden. Diese indirekte Bezugnahme auf den historischen Verlauf überwiegt in der Erzählung. So wird das Jahr 1809 als Todeszeitpunkt von Mme Aubains Ehemann angegeben und somit auf die napoleonische Zeit verwiesen, doch ob sein Tod durch die Kriegsereignisse verursacht wurde, bleibt offen. Ein Hinweis auf einen möglichen Zusammenhang mit den Umwälzungen der revolutionären und nachrevolutionären Ära ergibt sich lediglich aus der Erwähnung eines Bildes, auf dem M. Aubain als »muscadin«, d. h. in royalistischer Aufmachung, zu sehen ist. Auf jeden Fall kann aber davon ausgegangen werden, dass die Familie Aubain, deren Mobiliar noch von vergangenem Glanz zeugt, wie an einer Stelle erwähnt wird, durch die Revolution Einbußen im Hinblick auf Vermögen und Stand hat hinnehmen müssen. Deutlicher gesagt wird dies im Falle des Onkels von Mme Aubain, der sich als »ruiné par la crapule« (S. 13) bezeichnet, da »crapule« (Gesindel) als abfälliger Ausdruck für die durch die Revolution zur Macht gekommenen Gesellschaftsschichten zu lesen ist. Aufgrund der Nennung des Todesjahres von Mme Aubain (1853) und des von ihr erreichten Lebensalters (72 Jahre) ergibt sich, dass ihre Lebensspanne sich vom Ancien Régime bis zum Zweiten Kaiserreich erstreckt. Félicités Lebenszeit ist, wie oben schon gesagt, etwa zehn Jahre später anzusetzen und führt also von der Revolutionszeit – möglicherweise ist sie 1793, also im Jahr der Hinrichtung von Ludwig XVI. geboren – bis in die sechziger Jahre des 19. Jahrhunderts. Jedoch wird nur eine der den historischen Kontext markierenden Umwälzungen explizit genannt[510], nämlich die Julirevolution, die zur Folge hat, dass in Pont-l'Évêque ein neuer »sous-préfet« ernannt wird (S. 47). Und daraus resultiert für Mme Aubain und Félicité auch nur das Geschenk des Papageis, den der Präfekt bei seiner offenbar wenige Jahre darauf erfolgenden Versetzung nicht mitnehmen will. Angesichts dieser Insignifikanz historischer Daten muss es ironisch wirken, dass das Todesjahr des Papageis (1837) genannt wird (S. 58). Flaubert setzt die durch die Jahreszahlen bewirkte historische Kontextualisierung also vor allem dazu ein, um die Distanz zwischen einer in der rückständigen Provinz situierten privaten Existenz und einer von historischer Beschleunigung geprägten politischen und kulturellen Entwicklung hervorzuheben. Besonders klar erkennbar ist dieses Verfahren an der folgenden Textstelle, die sich auf die Zeit nach Virginies Tod bezieht:

> Puis des années s'écoulèrent, toutes pareilles et sans autres épisodes que le retour des grandes fêtes: Pâques, l'Assomption, la Toussaint. Des événements intérieurs faisaient une date, où l'on se reportait plus tard. Ainsi, en 1825, deux vitriers badigeonnèrent le vestibule; en 1827, une portion du toit, tombant dans la cour, faillit tuer un homme. L'été de 1828, ce fut à Madame d'offrir le pain bénit [...] (S. 46–47).

---

510 Bei der Charakterisierung eines von Félicité gepflegten alten Mannes wird allerdings erwähnt, ihm werde nachgesagt, sich 1793, also im Jahr der Terreur, besonders grausam verhalten zu haben (»un vieillard passant pour avoir fait des horreurs en 93« [S. 50]).

[Dann vergingen Jahre, alle gleich und ohne andere Höhepunkte als die Wiederkehr der großen Feste: Ostern, Mariä Himmelfahrt, Allerheiligen. Häusliche Ereignisse bildeten Daten, auf die man sich später bezog. So malten zwei Glaser im Jahr 1825 den Vorraum aus; 1827 tötete ein Teil des Daches, der in den Hof fiel, beinahe einen Mann. Im Sommer 1828 durfte Madame das geweihte Brot austeilen (...).]

Zunächst wird hier darauf verwiesen, wie der Jahresrhythmus durch die kirchlichen Feste bestimmt wird; und dann wird eine gewissermaßen familiäre Zeitrechnung vorgestellt. Den Jahreszahlen, die sich auf die letzten Jahre der Restaurationsepoche beziehen – 1824 folgte Karl X. seinem Bruder Ludwig XVIII. auf dem Thron nach –, werden hierbei die ihnen inhärenten historisch-politischen Konnotationen genommen, um sie nur auf häusliche Ereignisse zu beziehen. Wenn von diesen Ereignissen bzw. den Jahren, in denen sie stattfanden, gesagt wird, sie seien Daten, auf die man sich später bezog, wird dieses Verfahren ironisch reflektiert, indem geschildert wird, dass die Familiengeschichte in derselben Weise zur Zeitmessung herangezogen wird, wie dies im Falle der historischen Verläufe geschieht.

Im Hinblick auf die Konstitutionsebene der Zeitperspektiven ist zunächst festzustellen, dass sie weniger Auffälligkeiten enthält als die Ebene der Zeitkontexte. Der Text wird aus einer konsequent nachzeitigen Erzählperspektive präsentiert. Bereits im ersten Satz wird der nachzeitige Standpunkt markiert, da der Erzähler auf das ›halbe Jahrhundert‹ verweist, während dessen Mme Aubain in Pont-l'Évêque um ihre treue Dienstbotin beneidet wurde.[511] Den Erzählzeitpunkt und das sich daraus ergebende Verhältnis zur Zeit der Handlung bringt er nur an einer Stelle ins Spiel, als er anlässlich der von Mme Aubain organisierten Sommerfrische an der normannischen Küste erklärt, dass die »bains de mer de Trouville« in jener Zeit (»Dans ce temps-là«, S. 17) noch nicht in Mode waren. Hier blickt der Erzähler aus den siebziger Jahren, in denen der Text erschien, wohl etwa 50 Jahre zurück. Das Potential der perspektivischen Zeitmodellierung wird jedoch dadurch eingesetzt, dass in den Rahmen der nachzeitigen Perspektive die Figurenperspektive immer wieder in subtiler Weise eingebracht wird. Bevor dies an einigen Beispielen dargestellt werden soll, ist daran zu erinnern, dass der Einsatz der Figurenperspektive immer eine Aktualisierung der doppelten Temporalität des Erzählens bedeutet, da damit ja die erzählte Vergangenheit den Charakter einer Gegenwart erhält. Dies erscheint umso prägnanter, je stärker diese vergangene Gegenwart in einen je eigenen Kontext von Zukunft und Vergangenheit eingerückt wird, da mit ihrer Zeitumgebung nicht nur ihre besondere Qualität, sondern zugleich die Tatsache hervorgehoben wird, dass diese Gegenwart – wie jede Gegenwart – einmalig und daher unwiderruflich vorüber ist.

---

511 »Pendant un demi-siècle, les bourgeoises de Pont-l'Évêque envièrent à Mme Aubain sa servante Félicité« (S. 3). [Während eines halben Jahrhunderts beneideten die Bürgersfrauen von Pont-l'Évêque Mme Aubain um ihre Dienstbotin Félicité.]

Eine Szene aus *Un cœur simple*, in der die vergangene Gegenwart einen deutlichen Zukunftsbezug aufweist, ist Félicités nächtlicher Ausflug nach Honfleur, wo sie sich von ihrem Neffen vor dessen langer Seereise verabschieden will. Bei der Schilderung des Hinwegs wird vor allem die Eile betont, in der Félicité sich befindet. Nach dem Abendessen ›verschlingt‹ sie die vier Meilen (»avala les quatre lieues«, S. 32), die Pont-l'Évêque von Honfleur entfernt ist; und da sie beim Abstieg zum Hafen die falsche Richtung einschlägt, wird sie von Passanten, die sie nach dem Weg fragt, zu noch größerer Eile aufgefordert. So kommt sie denn tatsächlich zu spät und weiß nicht, ob ihr Abschiedsruf den an der Reling lehnenden Schiffsjungen noch erreicht. Auf dem Rückweg macht sie am über der Stadt gelegenen Kalvarienberg Station, um für ihren Neffen zu beten. Hier wird nun sehr anschaulich auf die gegenwartsorientierte Figurenwahrnehmung Bezug genommen, indem die Zeitwahrnehmung durch die Erwähnung des durch eine Schleuse strömenden Wassers und des Glockenschlags besonders akzentuiert wird: »La ville dormait, des douaniers se promenaient; et de l'eau tombait sans discontinuer par les trous de l'écluse, avec un bruit de torrent. Deux heures sonnèrent« (S. 34).[512] Der Zukunftsbezug tritt wieder stärker in den Vordergrund, als Félicité überlegt, ob sie die Gelegenheit nutzen soll, um Virginie im Ursulinenkloster zu besuchen. Die Perspektivenübernahme wird durch die Wiedergabe von Félicités Gedanken in Form der erlebten Rede noch stärker markiert: »Le parloir s'ouvrirait pas avant le jour. Un retard, bien sûr, contrarierait Madame; et, malgré son désir d'embrasser l'autre enfant, elle s'en retourna« (S. 34).[513] Félicité nimmt also von ihrem Vorhaben Abstand, da Virginie erst nach Tagesanbruch zu sprechen sein wird und sie bis dahin in den Kreislauf der Alltagspflichten zurückkehren muss. Die Zukunft konstituiert sich in dieser Szene somit vor allem aus Möglichkeiten, die nicht realisiert werden, sie steht im Zeichen der Vergeblichkeit und des Verzichts. Dabei erhält das Scheitern der Zukunftshoffnungen durch die Überlagerung mit der nachzeitigen Perspektive des Erzählens eine besondere Unwiderruflichkeit. Der Erzähler weiß bereits, dass der verpasste Abschied von Victor endgültig ist, und seiner Perspektive entspricht insofern auch die des Lesers, da der schriftliche Text ja die Möglichkeit der wiederholten Lektüre von vornherein enthält.

Ein etwas anderer Effekt ergibt sich, wenn die – vergangene – Gegenwart der Figur sich auf die Vergangenheit dieser vergangenen Gegenwart öffnet. Eine hierfür beispielhafte Stelle findet sich in einer Szene, die erneut einen Gang von Félicité nach Honfleur schildert. Dieses Mal will sie den toten Pa-

---

512 [Die Stadt schlief, die Zöllner machten ihre Rundgänge; und ohne Unterlass strömte Wasser, laut wie ein reißender Bach, durch die Öffnungen der Schleuse. Es schlug zwei Uhr.]

513 [Das Besuchszimmer würde erst bei Tagesanbruch geöffnet. Eine Verspätung würde sicher Madame verärgern; und trotz ihres Wunsches, ihr anderes Kind zu umarmen, machte sie sich auf den Rückweg.]

pagei dorthin bringen, um ihn mit einem Boot nach Le Havre zu einem Tier-
präparator zu schicken. Nachdem sie auf dem Weg beinahe von einem Gefährt
überfahren wurde und obendrein noch von dem erbosten Kutscher einen
Peitschenhieb übergezogen bekam, macht sie wieder auf den Hügeln über
Honfleur halt:

> Alors une faiblesse l'arrêta; et la misère de son enfance, la déception du premier amour,
> le départ de son neveu, la mort de Virginie, comme les flots d'une marée, revinrent à la
> fois, et, lui montant à la gorge, l'étouffaient (S. 60).

> [In diesem Moment ließ sie eine Schwäche innehalten; und das Elend ihrer Kindheit,
> die Enttäuschung der ersten Liebe, die Abreise ihres Neffen, der Tod Virginies kamen
> zurück, schwollen zusammen an wie das Wasser einer Flut, die ihr bis zum Hals reichte
> und sie ersticken ließ.]

Hier kommen ihr also die Erinnerungen an die Katastrophen ihres Lebens
wieder in den Sinn. Natürlich kann in diesem Fall nicht eindeutig von einer
figurensperspektivischen Darstellung gesprochen werden, da die Art der Zusammenfassung der Erinnerungen eher auf die Sicht des Erzählers verweist.
Dennoch hat die Gestaltung der Analepse[514] als Bezugnahme auf Félicités Erinnerungen zur Folge, dass der Leser zumindest partiell ihre Perspektive übernimmt. Schließlich soll der Leser nicht über die vergangenen Ereignisse, die er
ja schon kennt, informiert werden; vielmehr wird er dazu gebracht, sich mit
Félicité an diese Ereignisse zu erinnern. Er partizipiert an dem Erinnerungsvorgang, indem er sich selbst an das zuvor Gelesene erinnert. Allerdings bleibt
dieser Erinnerungsvorgang, der das Vergangene für die Figur wieder gegenwärtig werden lässt, aufgrund der nachzeitigen Komponente der narrativen
Doppelperspektive in zeitlicher Distanz. Auch die durch die Wiederkehr des
Erinnerten hervorgerufene Verzweiflung ist aus Sicht des Erzählers und des
Lesers vergangen. Sie wandelt sich in der Lektüreperspektive zu einer Trauer,
die auch insofern ein versöhnliches Moment erhält, als jene Verzweiflung als
vergangene durch das Erzählen aufbewahrt und dem Vergessen entzogen ist.[515]
Hinzu kommt natürlich der ästhetische Effekt der zeitlichen Distanzierung,
der mit der gegenüber dem – fiktiven – fremden Erleben ohnehin gegebenen
Distanz zusammenwirkt und es dem Leser ermöglicht, das durch die Trauer
über das gescheiterte Leben ausgelöste Gefühl und die Fähigkeit der Einfühlung als solche zu genießen.

---

514 Sie entspricht der oben (S. 239 f.) besprochenen figurenperspektivischen Analepse aus
   Madame Bovary.
515 Eine versöhnliche Variante des Erinnerns wird im Text selbst wenig später inszeniert,
   als geschildert wird, wie Félicité beim morgendlichen Erwachen angesichts des ausgestopften Papageis eine gleichmütige Sicht auf die Vergangenheit entwickelt: »elle [...]
   se rappelait alors les jours disparus, et d'insignifiantes actions jusqu'en leurs moindres
   détails, sans douleur, pleine de tranquillité« (S. 62) [sie erinnerte sich dann ohne
   Schmerz und ganz ruhig an die vergangenen Tage und an unbedeutende Vorgänge bis
   in ihre geringsten Einzelheiten].

Auf die besondere Bedeutung des iterativen Erzählens in diesem Text wurde schon verwiesen. Allerdings hat die Iteration hier nicht nur die oben beschriebene Funktion, die Lebenszeit in eine Reihe von Zeitphasen zu gliedern und ihr damit Konturen zu verleihen. Vielmehr dient sie vor allem dazu, der erzählten Vergangenheit in der Weise die Qualität einer Gegenwart zu verleihen, wie das oben am Beispiel der Sonntagsnachmittagsszene in *Madame Bovary* beschrieben wurde. Betrachten wir folgendes Beispiel aus der Passage, in der die Nachmittagsausflüge während des Sommeraufenthalts in Trouville geschildert werden:

> Presque toujours on se reposait dans un pré, ayant Deauville à gauche, le Havre à droite et en face la pleine mer. Elle était brillante de soleil, lisse comme un miroir, tellement douce qu'on entendait à peine son murmure; des moineaux cachés pépiaient, et la voûte immense du ciel recouvrait tout cela. Mme Aubain, assise, travaillait à son ouvrage de couture; Virginie près d'elle tressait des joncs; Félicité sarclait des fleurs de lavande; Paul, qui s'ennuyait, voulait partir (S. 21–22).

> [Fast immer machte man auf einer Wiese Rast, mit Deauville auf der linken, le Havre auf der rechten Seite und gegenüber das weite Meer. Es glänzte in der Sonne, glatt wie ein Spiegel, so sanft, dass man kaum sein Rauschen hörte; verborgene Spatzen zwitscherten, und das ungeheure Himmelsgewölbe überspannte das alles. Mme Aubain arbeitete im Sitzen mit ihrem Nähzeug; Virginie neben ihr flocht Schilf zusammen; Félicité riss Lavendelblumen aus; Paul, der sich langweilte, wollte aufbrechen.]

Wieder – wie in der Beispielszene aus *Madame Bovary* – wird trotz des zusammenfassenden Duktus die Perspektive der vergangenen Gegenwart durch die genaue Notierung von Wahrnehmungen, des Anblicks des Meeres, des entfernten Rauschens, des Zwitscherns der Vögel, aktualisiert, allerdings ohne dass hier eine genaue Zuordnung zu einer Figur möglich wäre. Vielmehr steht hier die gemeinsam erlebte Zeit im Vordergrund. Zugleich wird die vergangene Gegenwart hier in doppelter Weise gedehnt: Zu dem durativen Aspekt, der schon bei der Beschreibung der sich wiederholenden Szene gegeben ist, insbesondere in den evozierten Tätigkeiten der Figuren, kommt die in der Wiederholung der Ausflüge angelegte Dauer. Es entsteht auf diese Weise wie bei Proust der Eindruck einer großen Gegenwart – ein Eindruck, der auf der Gleichförmigkeit der beschriebenen Erlebnisse beruht. Doch auch diese große Gegenwart erscheint aufgrund des Vergangenheitstempus nicht nur immer schon vergangen, sondern sie kann überhaupt nur aufgrund der nachzeitigen Perspektive als eine solche große Gegenwart wahrgenommen werden. Denn erst durch die nachzeitige Perspektive des Erzählers, der den gesamten Zeitverlauf überschaut, konstituiert sich die iterative Serie. In subtiler Weise ist diese Nachzeitigkeit aber auch eine Komponente der Figurenperspektive, da schon zum Zeitpunkt des Erlebens sich das Gefühl der Dauer durch die Erinnerung an die vergangenen Nachmittage und die darin begründete Aussicht auf weitere Ausflüge dieser Art einstellt. Die doppelte Temporalität des Erzählens verbindet hier also in ganz spezifischer Weise die Effekte der Dauer und der Einmaligkeit bzw. Vergänglichkeit: der Einmaligkeit jenes Sommers in Trouville, den man zusammen mit den Kindern dort verbrachte.

Auch die Ellipse, die als letztes für *Un cœur simple* charakteristisches Verfahren der Zeitkonstitution genannt werden soll, unterstützt das Spiel der Zeitperspektiven. Zunächst ist die Ellipse recht eindeutig als Verfahren einzustufen, das der nachzeitigen Perspektive des Erzählers zuzuordnen ist, und sie entspricht in besonderer Weise dem olympischen Standpunkt des auktorialen Erzählers. Aber wiederum sind perspektivische Überlagerungen möglich, durch die die Figurenperspektive und das Zeiterleben der Figur zur Geltung kommen. Dies zeigt sich deutlich an der Darstellung des Zeitverlaufs nach dem Tod von Mme Aubain. Zunächst schildert der Erzähler die Befürchtungen, die der Plan von Mme Aubains Sohn, das Haus zu verkaufen, bei Félicité auslöst; dann werden ihre neuen Lebensumstände dargestellt, das Beziehen einer kleinen Rente, das Anpflanzen von Gemüse im Garten und die Hilfe, die sie durch eine Nachbarin erfährt. Schließlich wird in wenigen kurzen Sätzen die Zeit bis kurz vor Félicités eigenem Tod zusammengefasst: »Ses yeux s'affaiblirent. Les persiennes n'ouvraient plus. Bien des années se passèrent. Et la maison ne se louait pas, et ne se vendait pas« (S. 67).[516] »Bien des années« – die ausgelassene Zeitspanne bleibt unbestimmt und dies scheint mir hier ein Indiz dafür zu sein, dass eine Annäherung an die Zeitwahrnehmung der Figur erfolgt. Würde die Zahl der Jahre – sechs, acht, zehn oder mehr – genannt, entspräche dies eher dem Erzählerwissen; doch die ungezählte Reihe der vergangenen Jahre verweist auf ein Zeitbewusstsein, für das die genaue Anzahl keine Rolle mehr spielt. Auch das verwendete Verb – »se passèrent« – trägt zum perspektivischen Effekt bei. Denn die Formulierung von den Jahren, die ›vergingen‹, bringt ein menschliches Zeitempfinden ins Spiel, für das die begrenzte Lebenszeit den Rahmen bildet; und dabei wäre es falsch, den Rekurs auf dieses Zeitmaß nur der Sichtweise des Erzählers zuzuschreiben, denn indem der Erzähler diese Formulierung verwendet, betont er die auf den Tod zulaufende Lebensperspektive der Figur.

Unsere kurze Analyse zeigt, wie in dieser Erzählung die Geschichte eines fast ereignislosen Lebens als Reflexion über den Verlauf von Lebenszeit gestaltet wird. Dabei wirken die unterschiedlichen Zeitkontexte, die narrativen Zeitperspektiven und die Verfahren der textuellen Gliederung des Zeitverlaufs auf subtile Weise zusammen. So entsteht das Bild eines insofern unbedeutend erscheinenden Lebens, als es sich fernab vom kollektiven Erleben des zeitlichen Verlaufs und scheinbar unberührt von den historischen Umwälzungen abspielt. Stattdessen wird es vor allem durch den Kreislauf der Jahreszeiten, die harte alltägliche Arbeit und die Sorge um den engen – allerdings nicht einmal eigenen – Familienkreis bestimmt. Doch wird in der Darstellung Flauberts gerade am Beispiel dieses Lebens das menschliche Zeitschicksal besonders eindringlich fassbar: das Paradox einer ständig vergehenden Gegenwart, die erst durch diesen Prozess als solche, also als vergängliche Gegenwart, erfahrbar

---

516 [Ihr Augenlicht ließ nach. Die Fensterläden wurden nicht mehr geöffnet. Viele Jahre vergingen. Und das Haus wurde nicht vermietet und nicht verkauft.]

wird, und vor diesem Hintergrund die Notwendigkeit der Suche nach einem Lebenssinn – mit Heidegger gesprochen der »Sorge ums Sein« –, die durch die von der Zeit zugefügten Verlusterfahrungen wie Trennung und Tod immer wieder aufs Neue bedroht ist. Dabei sollte durch den Gang der Untersuchung hinreichend deutlich geworden sein, dass nur das Erzählen dieser Zeiterfahrung Anschaulichkeit verleihen und sie so ins Bewusstsein heben kann.

Schlussbemerkungen:
Der Roman als Medium des sozialen Imaginären

Eine zentrale Voraussetzung der vorangehenden Ausführungen besteht darin, dass der Roman ein Medium gesellschaftlicher Kommunikation bildet, in dem Erfahrungen der gesellschaftlichen Existenz thematisch werden. Der Roman trägt somit maßgeblich zur Bildung von »social imaginaries« im Sinne von Charles Taylor bei. Taylor prägte diesen Begriff in Abgrenzung zu abstrakten Formen der Gesellschaftstheorie. Demgegenüber bezieht sich der Begriff des »social imaginary« auf die mit der gesellschaftlichen Existenz verbundenen Vorstellungen der Menschen von ihrer gemeinsamen Existenzgrundlage: »the ways in which they imagine their social existence, how they fit together with others, how things go on between them and their fellows, the expectations which are normally met, and the deeper normative notions and images which underlie these expectations«.[517] Taylors Formulierungen zielen auf grundsätzliche, sich auf das unmittelbare alltägliche Erleben beziehende Formen der sozialen Vorstellungsbildung und damit auf Vorstellungen, die der Wirklichkeitskonstruktion des Romans in hohem Maß adäquat sind. In der Schilderung der Lebenserfahrungen fiktiver Figuren werden die von Taylor genannten grundlegenden Aspekte des gesellschaftlichen Umgangs, der Praxis der sozialen Interaktion und der sie leitenden Erwartungen und Normen, in jedem Fall thematisch; und ihre Darstellung und Vermittlung in der literarischen Kommunikation tragen vor allem dann zur Bildung des »social imaginary« bei, wenn die geschilderte gesellschaftliche Existenz der Erfahrungswelt des Lesers nahegerückt wird, wie das für die neuere Gattungsentwicklung typisch ist.

Wie oben ausführlich dargestellt wurde, geschieht die im Roman erfolgende Gestaltung eines sozialen Imaginären in mehrfacher Weise. Das gesellschaftliche Leben ist zunächst Gegenstand des Romans in dem Maße, wie das Leben der fiktiven Personen in gesellschaftlichen Kontexten stattfindet, was natürlich abgesehen von ganz seltenen Ausnahmen immer der Fall ist. Die Formen der gesellschaftlichen Kommunikation, das im gesellschaftlichen Leben erforderliche Rollenspiel, die Notwendigkeit der Beachtung gesellschaftlicher Normen sowie das Angewiesensein auf eine sozial geprägte Sprache sind daher in der Schilderung der Existenz der fiktiven Figuren immer schon mitgegeben. Konkrete Ausgestaltungen des gesellschaftlichen Rahmens sind die Darstellung bestimmter sozialer Gruppen in Form von Binnengesellschaften, die Schilderung gesellschaftlicher Räume wie des Hofs, des aristokratischen Salons und der Großstadt mit den für sie spezifischen Formen des sozialen und urbanen Lebens oder auch der Kleinstadt und des Dorfes. Darüber hinaus kann mehr

---

517 Charles Taylor, *A Secular Age*, S. 171.

oder weniger deutlich auf einen geographisch determinierten gesellschaftlichen Raum wie etwa ein nationales Territorium sowie auf für bestimmte gesellschaftliche Gruppierungen, insbesondere die nationale Gesellschaft, maßgebliche Zeitverläufe verwiesen werden. Neben die dargestellte, in bestimmten sozialen Chronotopoi situierte gesellschaftliche Interaktion – so eine der zentralen Thesen dieser Untersuchung – tritt eine Interaktion der Perspektiven, welche die dem individuellen Erleben inhärente subjektive Sicht mit einer den subjektiven Standpunkt transzendierenden Perspektive konfrontiert. Denn in dem Maße, wie der Erzähler die gesamte Figurenkonstellation überblickt, entwickelt er eine Sichtweise, die neben den individuellen Standpunkten der Figuren das soziale Miteinander in den Blick nimmt. Diese Perspektive wird darüber hinaus entscheidend dadurch geprägt, dass der Erzähler als Vermittler zwischen der dargestellten Welt mitsamt ihren Figuren und dem Publikum der Leser fungiert und daher dazu tendiert, sich als Sachwalter ihrer kollektiven Anschauungen und damit von je aktuellen Formen der gesellschaftlichen Vernunft zu präsentieren. Dies gilt nicht nur für das heterodiegetische Erzählen, sondern auch für die Ich-Erzählsituation, da der Ich-Erzähler – zumindest in seinen typischen Erscheinungsweisen – ebenfalls das gesellschaftliche Urteil mit ins Kalkül zieht, wenn er seine Lebensgeschichte offenlegt. Für den Leser hat das zur Folge, dass er – auch in der Situation der einsamen Lektüre – immer als Teil einer Leserschaft angesprochen wird, deren sozialer Status im Text in unterschiedlicher Weise definiert werden kann: im Hinblick auf den gesellschaftlichen Rang, das Bildungsniveau, auf die politischen, religiösen und anderweitigen Überzeugungen, auf die Sprache, auf ethnische, regionale oder nationale Zugehörigkeit. Aufgrund der Perspektivenstruktur des Romans und der ihm eigenen Formen der erzählerischen Vermittlung werden somit das individuelle Schicksal und die ihm entsprechende Weltsicht nicht nur auf der Figurenebene, sondern auch durch den vom Erzähler eingenommenen und dem Leser zugeschriebenen Standpunkt immer mit einer gesellschaftlichen Sicht konfrontiert. Auf beiden Ebenen werden auf diese Weise Vorstellungen vom gesellschaftlichen Zusammenleben entfaltet, die man mit Charles Taylor als Konstituenten eines sozialen Imaginären bezeichnen kann.

Eine zweite These, die hier auf der Basis dieser Voraussetzungen entwickelt wurde, besagt nun, dass sowohl die thematische als auch die perspektivische Spannungsrelation zwischen Individuum und Gesellschaft maßgeblich von der Wirklichkeitsnähe und vom Bekanntheitsgrad der dargestellten Welt abhängt. Die in den Text eingeschriebene soziale Perspektive gewinnt in dem Maße an Aktualität, wie der Leser dazu aufgerufen wird, die eigene soziale Welt als Horizont seiner Lektüre ins Spiel zu bringen. Damit wird nämlich sowohl die Identifikation mit den Protagonisten, die den Bedingungen der sozialen Existenz in ähnlicher Weise unterworfen sind wie der Leser, gefördert als auch die Übernahme der übergeordneten, auf einen sozialen Konsens abzielenden Sicht des Erzählers. Dort, wo der fiktive Charakter der erzählten Welt überwiegt, läuft die Gestaltung der Perspektivendifferenz zwischen Figuren und

Erzähler – abgesehen von der in ihr angelegten Möglichkeit der Spannungs-steigerung – weitgehend ins Leere, da dem Leser die Möglichkeit genommen ist, aufgrund seiner eigenen Weltkenntnis Position zu beziehen. Die Perspekti-vendifferenz erhält demgegenüber umso mehr Brisanz, je stärker sie vom Leser mit seiner eigenen gesellschaftlichen Wirklichkeit in Zusammenhang gebracht werden kann. Dabei sind unterschiedliche Akzentuierungen möglich: Die Fi-gurenperspektive kann als eine die Realität völlig verfehlende Illusionsper-spektive dem vom Erzähler vertretenen Standpunkt der Vernunft gegenüber-gestellt werden, sie kann aber auch dieser gesellschaftlichen Vernunft gegenüber ins Recht gesetzt werden, wenn diese zu resignativ oder in anderer Weise un-zulänglich erscheint.

Die Konsequenzen, die sich aus diesen vor allem in den ersten beiden Ka-piteln entwickelten Voraussetzungen ergeben, wurden im zweiten Teil der Un-tersuchung im Hinblick auf die Raum- und Zeitgestaltung weiter entfaltet. Die räumliche Modellierung der erzählten Welt erwies sich zunächst als be-sonders dazu geeignet, der Relation zwischen Individuum und Gesellschaft auf der Ebene der erzählten Geschichte Kontur zu verleihen. Dabei gewinnen die Erfahrung der erlittenen oder selbst gewählten Marginalisierung, die Su-che nach eigenen Räumen und der Wunsch, solche Räume im sozialen Kon-kurrenzkampf zu bewahren, entsprechend der gerade getroffenen Feststellun-gen in dem Maße an Gewicht, wie sie sich mit der Modellierung konkreter gesellschaftlicher Kontexte verbinden, die auf die tatsächlich gegebenen ge-sellschaftlichen Verhältnisse bezogen werden können. In diesem Fall zeigt sich daher auch besonders deutlich, in welcher Weise die perspektivische Differenz zwischen individueller und sozialer Perspektive vom Bekanntheitsgrad der dargestellten Welt abhängig ist. Die Vertrautheit mit der dargestellten Welt hat zur Folge, dass der Leser die Erfahrung der Figuren mit der sozial typisierten Sehweise bekannter Örtlichkeiten oder auch mit seinen eigenen Erinnerun-gen abgleichen kann. Beispielhaft hat dies Flaubert am Beispiel von Frédéric Moreaus Pariswahrnehmung vorgeführt, die immer in hohem Maße stim-mungsabhängig ist und in ihrer Subjektivität dadurch zur Geltung kommt, dass der Leser sie mit seiner eigenen Sicht der städtischen Szenarien abglei-chen kann. Im Hinblick auf die Zeitgestaltung bot sich ein ähnliches Bild. Auch hier kann das individuelle Zeiterleben sowohl auf der Ebene der erzähl-ten Geschichte als auch auf der Ebene der perspektivischen Gestaltung mit überindividuellen Zeitvorstellungen konfrontiert werden. Auf der Ebene der Geschichte geschieht dies durch die Verbindung des Zeitkontexts des indivi-duellen Lebens mit den sozialen Zeitkontexten des Alltags und der kollektiven historischen Erfahrung. Auf der Ebene der perspektivischen Vermittlung ist es die doppelte Temporalität des Erzählens, die Überlagerung der Gegenwart der Figuren mit der dem Erzählen inhärenten nachzeitigen Perspektive, welche die individuelle Sicht mit dem gesellschaftlichen Standpunkt konfrontiert, so dass die Einmaligkeit jedes erlebten Moments und die Endlichkeit des indivi-duellen Lebens der durch das Erzählen konstituierten sozialen Kontinuität gegenüberstehen. Und auch im Falle der Zeitmodellierung verleiht die Referenz auf einen bekannten historischen Zeitkontext der sozialen Perspektive insofern eine besondere Prägnanz, als sich damit die Vorstellung eines historischen Schicksals bilden kann, dem nicht nur die fiktiven Figuren, sondern auch Erzähler und Leser unterworfen sind.

Auf der Basis dieses dem Roman inhärenten Potentials von Gestaltungsmöglichkeiten ergeben sich konkrete und detailreiche Bilder des gesellschaftlichen Lebens. Wie die im Hinblick auf Aspekte der Raum-, Zeit- und Perspektivengestaltung entworfenen historischen Beispielreihen erkennen ließen, vollzieht sich dabei ein historischer Wandel, bei dem die je spezifische Selektion der literarischen Modellierungsverfahren und ihre Transformation im Zuge der Gattungsentwicklung in engem Zusammenhang mit dem Wandel der jeweils transportierten Gesellschaftsmodelle stehen. Angesichts der Komplexität dieser Zusammenhänge muss ich mich im Kontext dieses Resümees auf einige pauschale Bemerkungen hierzu beschränken. Die frühneuzeitliche Form des Erzählens, wie sie oben insbesondere am Beispiel des *Don Quijote* verdeutlicht wurde, erzeugt die Vorstellung einer Gesellschaft, die auf Verhandlung, gegenseitiger Anerkennung und einem daraus resultierenden Konsensus beruht. Dieses Gesellschaftsbild entspricht im Rahmen von Hans Blumenbergs historischer Typologie dem Wirklichkeitskonstrukt, in dem die göttliche Garantie durch intersubjektive Verständigung ersetzt wird. Dies lässt sich einerseits an der Gestaltung der Figurenebene erkennen: sowohl an den Dialogen, insbesondere zwischen Don Quijote und Sancho Panza, als auch am Verfahren der eingelegten Geschichten, das ja meist dazu genutzt wird, dass einzelne Figuren ihre Lebensgeschichte einer Gruppe von verständnisvollen Zuhörern präsentieren. Andererseits spielt die Gestaltung der auktorialen Erzählsituation eine zentrale Rolle, da sie in der für Cervantes typischen Form dem Erzähler die Rolle eines Moderators zuweist, der in seinem Urteil einen sowohl mit den vernünftigen Figuren der fiktiven Welt als auch mit dem Leser möglichen Konsensus voraussetzt. Im Hinblick auf den historischen Ort eines solchen Gesellschaftbildes, also des sozialen Imaginären der Frühen Neuzeit, ist wohl zunächst charakteristisch, dass die Gesellschaft noch gemäß der alteuropäischen Tradition – d. h. gemäß der von Platon und Aristoteles zur mittelalterlichen Scholastik führenden Traditionslinie – als naturgegeben und der Natur des Menschen entsprechend angesehen wird. Dabei wird die frühneuzeitliche Entwicklung des Romans maßgeblich dadurch geprägt, dass die Vorstellung naturgegebener sozialer Hierarchien an Geltung verliert und es somit zu einer Ausdehnung der Spielräume individueller Selbstgestaltung und zur Akzentuierung der Notwendigkeit intersubjektiver Verständigung kommt.[518]

---

518 Dies entspricht der von Taylor darstellten frühneuzeitlichen Entwicklung, in der sich die Gesellschaft zunehmend als Summe von Austauschprozessen zwischen prinzipiell gleichberechtigten Individuen darstellt, in der somit die naturgesetzliche Verfolgung des Eigeninteresses zu einem ebenfalls natürlichen Gleichgewicht führt (*A Secular Age*, S. 176 ff.).

Gleichwohl ist für diese Phase der gesellschaftlichen Reflexion zu konstatieren, dass die historische Entwicklung der Gesellschaft noch als zweitrangig gegenüber ihrem naturgegebenen Charakter erscheint. Die Spannungsrelation zwischen Individuum und Gesellschaft, die daraus resultiert, dass die menschliche Natur mit einer durch den historischen Prozess denaturierten Gesellschaft in Konflikt gerät, kann sich hier daher nur im Ansatz ausbilden. So erklärt es sich, dass eine solche Oppositionsbildung nur im rein fiktionalen Modus wie im Schäferroman oder im komischen Modus wie im *Don Quijote* entfaltet wird. Für die Ausgestaltung des auktorialen Erzählens bei Cervantes spielt daneben eine entscheidende Rolle, dass er im Sinne eines christlichen Humanismus eine überwiegend gute menschliche Natur voraussetzt.[519] Daher sind die für den sozialen Umgang konstitutiven Verhandlungen in seinen Texten in der Regel erfolgreich; und der auktoriale Erzähler, der als Menschenkenner den im Allgemeinen gegebenen guten Kern der Figuren zu erkennen vermag, kann bei diesen Verhandlungen die Rolle eines versöhnlichen Moderators spielen. Ein Gegenbild wird allerdings im pikaresken Roman präsentiert. Hier wird eine durch die Sündennatur des Menschen geprägte Gesellschaft entworfen, in welcher der Konkurrenzkampf egoistischer Individuen vorherrscht. Dabei verweist der doppelbödige Charakter der Ich-Erzählsituation zwar einerseits darauf, dass das Individuum sich durch seine spezifische gesellschaftliche Erfahrung als autorisiert ansieht, seine Stimme gegen die gesellschaftlichen Missstände zu erheben, andererseits aber lässt er auch das Fehlen eines stabilen individuellen Standpunkts erkennen. Daraus resultiert das für das pikareske Ich typische Schwanken zwischen provokativer Abgrenzung und zynischer Anpassung.

Die weitere Entwicklung der durch den Roman vermittelten Gesellschaftsbilder ist weitgehend dadurch geprägt, dass die Begründung der Gesellschaft von der Natur in die Geschichte verlegt wird. Erst dieser – am deutlichsten in Rousseaus Gesellschaftstheorie formulierte – Wandel ermöglicht die prägnanten Ausformungen des Gegensatzes zwischen Individuum und Gesellschaft in dem von Lukács beschriebenen Sinn, da nun erst diese Relation als ein Verhältnis der Entfremdung gedacht werden kann, in dem sich der Mensch einem gesellschaftlichen Zustand gegenüber sieht, der ihm die Befriedigung der natürlichen Bedürfnisse versagt oder aber die natürlichen Bedürfnisse durch künstliche ersetzt. Gleichzeitig ergeben sich mit der historischen Konzeption der Gesellschaft auch Vorstellungen von neuen Identifikations- und Gestaltungsmöglichkeiten. So kann der Roman im Sinne von Benedict Anderson zum Medium der Bildung eines nationalen Bewusstseins werden, indem die Figuren als Mitglieder einer nationalen Gesellschaft präsentiert werden, die durch die Hoffnung auf eine positive Entwicklung ihres Gemeinwesens

---

519 Dies ist die Voraussetzung dafür, dass Cervantes' Erzählmodell gerade in der Aufklärung, insbesondere bei Henry Fielding, so erfolgreich sein konnte, da auch in diesem Fall ein tendenziell optimistisches Menschenbild vorherrscht.

vereint sind. Dennoch gewinnt in den vom Roman präsentierten Gesellschaft-bildern nun die Vorstellung der Ohnmacht des Individuums gegenüber der historischen Entwicklung, die sein Leben bestimmt, zunehmend an Boden. Damit werden in der Fiktion vor allem soziale Erfahrungen thematisiert, die den optimistischen, dem Konzept des Fortschritts verpflichteten ›großen Er-zählungen‹ der Aufklärung widersprechen. Für den realistischen Roman sind Geschichten von scheiternden Lebensentwürfen typisch, Geschichten von In-dividuen, die an den sozialen Milieubedingungen und der sich in ihnen mani-festierenden historischen Entwicklung zerbrechen. Die Perspektivendifferenz zwischen der Erzähler- und der Figurenperspektive nimmt daher ein anderes Gepräge an: Nun entwirft der Erzähler nicht mehr eine in einer sozialen Ver-nunft gegründete versöhnliche Perspektive, sondern setzt – etwa in Balzacs *Comédie humaine* oder in Zolas *Rougon-Macquart* – der subjektiven Sicht der Figuren, ihren Illusionen im Hinblick auf ihre Selbstverwirklichung, ein histo-risches und soziologisches Wissen entgegen, das die Notwendigkeit ihres Scheiterns betont. Mit dieser Sichtweise kann sich wie etwa in den Romanen von Pérez Galdós oder auch von Theodor Fontane die Einsicht in die im so-zialen Leben erforderliche Anpassung oder aber wie bei Flaubert die resigna-tive Erkenntnis der Undurchschaubarkeit des historischen Prozesses verbin-den. Das deutlichste Indiz für das Gefühl der Ohnmacht gegenüber dem historischen Prozess ist der zunehmende Rückzug des Erzählers, der vor allem durch die Romane Flauberts eingeleitet wird. Gleichwohl bleibt dabei im All-gemeinen – auch bei Flaubert – eine gesellschaftskritische Perspektive impli-ziert. Sie beruht auf den modernen Idealvorstellungen vom Gemeinwesen, den Bildern einer gerechten, den Bedürfnissen des Individuums, insbesondere seinem Wunsch nach Freiheit und Selbstbestimmung entsprechenden Gesell-schaft. Die soziale Perspektive, die auf diese Weise an den Leser herangetragen wird, ist vor allem die einer historischen Schicksalsgemeinschaft, die im utopi-schen Wunsch nach einer besseren Gesellschaft miteinander verbunden ist.

Da die Entwicklung von der Frühen Neuzeit bis ins 19. Jahrhundert die historische Dimension der obigen Ausführungen weitgehend bestimmte, er-gaben sich für die im modernen Roman enthaltenen Formen des sozialen Imaginären nur einige wenige Hinweise, die sich kaum zu einer einheitlichen Gestalt zusammenfügen lassen. Ausgangspunkte für die Beschreibung der nun im Roman entwickelten Konzeptionen des gesellschaftlichen Lebens können die Wiederkehr der im realistischen Roman vernachlässigten Ich-Erzählsitua-tion, die besondere Beliebtheit der Identitäts- und Erinnerungsthematik oder auch die Schilderung von ›Nicht-Orten‹ bilden. Damit tritt vor allem die Fo-kussierung individueller Lebenserfahrungen und der Suche nach einem in ih-nen enthaltenen Lebenssinn als zentrales Moment hervor. Das gesellschaftliche Leben scheint hierfür kaum mehr sinnstiftende Orientierungspunkte zu lie-fern, tritt aber auch nicht in derselben Weise dem Individuum als autonome Macht entgegen wie im Roman des 19. Jahrhunderts. Vielmehr erscheint Ge-sellschaft nun als Konglomerat von ihren je eigenen Lebensweg verfolgenden

Individuen, wobei der sozialgeschichtliche Kontext vor allem im Hinblick auf die Identitätsressourcen ins Spiel kommt, die er für das individuelle Bedürfnis nach Selbstgestaltung bereithält.[520] In den Vordergrund tritt häufig die Frage, inwieweit die Konstruktion individueller Identität durch Komponenten, die sich aus nationalen, regionalen, ethnischen oder das Geschlecht betreffenden Identitätsvorstellungen ergeben, gestützt oder auch behindert wird. Hierbei können dann auch transnationale Prozesse der Dekolonisierung, der ökonomischen Globalisierung und des sie unterstützenden medientechnischen Fortschritts, die in der aktuellen Gattungsentwicklung zunehmend in den Vordergrund treten, eine entsprechende Rolle spielen. Es fällt auf, dass in diesem Zusammenhang die in den Anfängen der Gattungsentwicklung – sowohl in der Antike wie auch in der Frühen Neuzeit – dominierenden Formen des Reisesujets und der satirisch-karnevalesken Gattungslinie an Aktualität gewinnen. Allerdings darf nicht übersehen werden, dass das realistische Paradigma, in dem sich mit der nicht hintergehbaren Zugehörigkeit zur Gesellschaft die Partizipation an einem kollektiven historischen Schicksal verbindet, nach wie vor ein hohes Maß an Prägekraft besitzt. Dabei hängt das Ausmaß der realistischen Orientierung stark von der historischen Konstellation ab, wie es das Beispiel der ›Neorealismen‹ in Italien und Spanien oder auch die augenblickliche thematische Fixierung des deutschen Romans auf die DDR-Vergangenheit und ›die Wende‹ erkennen lässt. Dieser Ausblick, der natürlich in vieler Hinsicht zu erweitern wäre, mag ausreichen, um die Erwartung zu formulieren, dass der Roman seine Erfolgsgeschichte als Medium der gesellschaftlichen Reflexion weiter fortsetzen wird.

---

520 So stellen für Charles Taylor der moderne »expressive individualism« und die Zugehörigkeit zu zunehmend abstrakter gedachten sozialen Gemeinschaften und Räumen die für die Moderne typische Konstellation dar (*A Secular Age*, S. 481 ff., 207 ff.).

Bibliographie

Alemán, Mateo: *Guzmán de Alfarache*, hg. v. José María Micó, 2 Bde., Madrid: Cátedra, 1994.

Anderegg, Johannes: *Fiktion und Kommunikation*, Göttingen: Vandenhoeck & Ruprecht, 1973.

Anderson, Benedict: *Imagined Communities. Reflections on the Origin and Spread of Nationalism*, Revised edition, London: Verso, 2006.

Anonym: *La vida de Lazarillo de Tormes y de sus fortunas y adversidades,* hg. v. Alberto Blecua, Madrid: Castalia, 1972.

Auerbach, Erich: *Mimesis. Dargestellte Wirklichkeit in der abendländischen Literatur*, München/Bern: Francke, ⁶1977.

Augé, Marc: *Non-Lieux. Introduction à une anthropologie de la surmodernité*, Paris: Seuil, 1992.

Bachelard, Gaston: *La poétique de l'espace*, Paris: Presses Universitaires de France, 1958.

Bachtin, Michail M.: *Literatur und Karneval. Zur Romantheorie und Lachkultur*, München: Hanser, 1969.

– : *Probleme der Poetik Dostoevskijs*, München: Hanser, 1971.

– : »Das Wort im Roman«, in: Bachtin, *Die Ästhetik des Wortes*, hg. v. Rainer Grübel, Frankfurt/M.: Suhrkamp, 1979, S. 154–300.

– : *Formen der Zeit im Roman. Untersuchungen zur historischen Poetik*, hg. v. Edward Kowalski und Michael Wegner, Frankfurt/M.: Fischer, 1989.

– : »Epos und Roman. Zur Methodologie der Romanforschung«, in: Bachtin, *Formen der Zeit im Roman*, S. 210–251.

– : *Rabelais und seine Welt: Volkskultur als Gegenkultur*, hg. v. Renate Lachmann, Frankfurt/M.: Suhrkamp, 1995.

Baguley, David: *Naturalist Fiction. The Entropic Vision*, Cambridge: Cambridge University Press, 1990.

Balzac, Honoré de: *La Comédie humaine*, hg. v. Pierre-Georges Castex, 12 Bde., Paris: Gallimard (Pléiade), 1976–1981.

Barthes, Roland: »L'effet de réel«, in: *Communications* 11 (1968), S. 84–89.

Bauer, Matthias: *Der Schelmenroman*, Stuttgart: Metzler, 1994.

– : *Romantheorie*, Stuttgart: Metzler, 1997.

Benjamin, Walter: »Der Erzähler. Betrachtungen zum Werk Nikolai Leskows«, in: Benjamin, *Illuminationen. Ausgewählte Schriften*, Frankfurt/M.: Suhrkamp, 1961, S. 409–436.

Bergson, Henri: *Le Rire. Essai sur la signification du comique*, Paris: Alcan, 1908.

Bhabha, Homi K.: *The Location of Culture*, London: Routledge, 1994.

Blanckenburg, Friedrich von: *Versuch über den Roman*, Faksimiledruck der Originalausgabe von 1774, mit einem Nachwort von Eberhard Lämmert, Stuttgart: Metzler, 1965.

Blumenberg, Hans: »Wirklichkeitsbegriff und Möglichkeit des Romans«, in: Hans Robert Jauß (Hg.), *Nachahmung und Illusion (Poetik und Hermeneutik I)*, München: Fink, 1969, S. 9–27.

Booth, Wayne C.: *A Rhetoric of Irony*, Chicago: University of Chicago Press, 1974.

– : *The Rhetoric of Fiction*, Chicago: University of Chicago Press, ²1983.

Borst, Arno: *Computus. Zeit und Zahl in der Geschichte Europas*, Berlin: Wagenbach, 2004.

Brüggemann, Heinz (Hg.): *Das andere Fenster. Einblicke in Häuser und Menschen. Zur Literaturgeschichte einer urbanen Wahrnehmungsform*, Frankfurt/M.: Fischer, 1989.

Butor, Michel: »L'espace du roman«, in: Butor, *Essais sur le roman*, Paris: Gallimard, 1975, S. 48–58.

Camus, Albert: *L'Étranger*, Paris: Gallimard (Folio), 1991.

Carpentier, Alejo: »Conciencia e identidad de América«, in: Carpentier, *La novela latinoamericana en vísperas de un nuevo siglo y otros ensayos*, Mexiko: Siglo XXI Ed., 1981, S. 111–135.

Casey, Edward S.: *The Fate of Place. A Philosophical History*, London: Penguin, 1997.

Cela, Camilo José: *La colmena*, hg. v. Jorge Urrutia, Madrid: Cátedra, 1990.

Cervantes, Miguel de: *Don Quijote de la Mancha*, hg. v. Francisco Rico, 2 Bde., Barcelona: Crítica, ²1998.

– : *Novelas ejemplares*, hg. v. Jorge García López, Barcelona: Crítica, 2001.

Chateaubriand, François-René: *René*, in: Chateaubriand, *Œuvres romanesques et voyages,* hg. v. Maurice Regard, 2 Bde., Paris: Gallimard (Pléiade), 1969, Bd. 1, S. 101–146.

– : *Essai sur les révolutions, Génie du christianisme*, hg. v. Maurice Regard, Paris: Gallimard (Pléiade), 1978.

Chatman, Seymour: *Story and Discourse. Narrative Structure in Fiction and Film*, Ithaca/London: Cornell University Press, 1978.

Clark, Herbert H./Gerrig, Richard J.: »On the Pretense Theory of Irony«, in: *Journal of Experimental Psychology* 113 (1984), S. 121–126.

Cohn, Dorrit: *Transparent Minds. Narrative Modes for Presenting Consciousness in Fiction*, Princeton: University Press, 1978.

Crouzet, Michel: »Passion et politique dans *L'Éducation sentimentale*«, in: *Flaubert, la femme, la ville. Journée d'études organisée par l'Institut de Français de l'Université de Paris X. Publié avec le concours du Centre National des Lettres*, Paris: Presses Universitaires de France, 1983, S. 39–71.

Currie, Mark: *About Time. Narrative Fiction and the Philosophy of Time*, Edinburgh: University Press, 2007.

Dünne, Jörg/Günzel, Stephan (Hg.): *Raumtheorie. Grundlagentexte aus Philosophie und Kulturwissenschaften*, Frankfurt/M.: Suhrkamp, 2006.

274   Bibliographie

Elias, Norbert: *Über die Zeit*, Frankfurt/M.: Suhrkamp, ³1990.

Fielding, Henry: *Joseph Andrews*, London: Dent, 1962.

Flaubert, Gustave: *Trois Contes. Un Cœur simple, La Légende de saint Julien l'Hospitalier, Hérodias*, hg. v. Édouard Maynial, Paris: Garnier, 1969.

– : *L'Éducation sentimentale*, hg. v. S. de Sacy (Vorwort von Albert Thibaudet), Paris: Gallimard (Folio), 1990.

– : *Madame Bovary*, hg. v. Maurice Nadeau, Paris: Gallimard (Folio), 1990.

Fludernik, Monika: *Towards a ›Natural‹ Narratology*, London: Routledge, 1996.

– : »The Constitution of Hybridity: Postcolonial Interventions«, in: Fludernik (Hg.), *Hybridity and Postcolonialism. Twentieth Century Indian Literature*, Tübingen: Stauffenburg, 1998, S. 19–53.

Foucault, Michel: *Les mots et les choses. Une archéologie des sciences humaines*, Paris: Gallimard, 1966

Friedrich, Hugo: *Drei Klassiker des Romans*, Frankfurt/M.: Klostermann, ⁷1973.

Furetière, Antoine: *Le Roman bourgeois*, hg. v. Jacques Prévost, Paris: Gallimard, 1981.

García Canclini, Néstor: *Culturas híbridas. Estrategias para entrar y salir de la modernidad*, Mexiko: Grijalbo, 1990.

García Márquez, Gabriel: *Cien años de soledad*, hg. v. Jacques Joset, Madrid: Cátedra, 1987.

Gellner, Ernest: *Nations and Nationalism*, Oxford: Blackwell, 1964.

Genette, Gérard: »Discours du récit«, in: Genette, *Figures III*, Paris: Seuil, 1972, S. 65–282.

– : *Nouveau discours du récit*, Paris: Seuil, 1981.

Gergen, Kenneth J.: »Erzählung, moralische Identität und historisches Bewusstsein«, in: Jürgen Straub (Hg.), *Erzählung, Identität und historisches Bewußtsein. Die psychologische Konstruktion von Zeit und Geschichte (Erinnerung, Geschichte, Identität 1)*, Frankfurt/M.: Suhrkamp, 1998, S. 170–202.

Gilman, Stephen: *Galdós and the Art of the European Novel 1867–1887*, Princeton: University Press, 1981.

Goytisolo, Juan: *Señas de identidad*, Madrid: Alianza, 1999.

Greenblatt, Stephen: *Renaissance Self-Fashioning. From More to Shakespeare*, Chicago: University of Chicago Press, 1984.

Günzel, Stephan (Hg., unter Mitarb. von Franziska Kümmerling): *Raum. Ein interdisziplinäres Handbuch*, Stuttgart: Metzler, 2010.

Gusdorf, Georges: »Formes et limites de l'autobiographie«, in: *Formen der Selbstdarstellung. Analekten zu einer Geschichte des literarischen Selbstportraits. Festgabe für Fritz Neubert*, Berlin: Duncker & Humblot, 1956, S. 105–123.

Habermas, Jürgen: *Strukturwandel der Öffentlichkeit. Untersuchungen zu einer Kategorie der bürgerlichen Gesellschaft*, Neuwied/Berlin: Luchterhand, ⁵1971.

Halbwachs, Maurice: *La mémoire collective*, nouvelle édition revue et augmentée, Paris: Albin, 2005.

Hale, Dorothy: *Social Formalism. The Novel in Theory from Henry James to the Present*, Stanford: Stanford University Press, 1998.

Hamburger, Käte: *Die Logik der Dichtung*, Stuttgart: Klett, ³1977.

Hartung, Martin: *Ironie in der Alltagssprache. Eine gesprächsanalytische Untersuchung*, Opladen/Wiesbaden: Westdeutscher Verlag, 1998.

Hauser, Susanne: *Der Blick auf die Stadt. Semiotische Untersuchungen zu literarischen Wahrnehmungen bis 1910*, Berlin: Reimer, 1990.

Hausmann, Frank-Rutger: »Im Wald von Fontainebleau – Sehnsuchtsort oder Metapher des Erzählens?«, in: Thomas Bremer/Jochen Heymann (Hg.), *Sehnsuchtsorte. Festschrift zum 60. Geburtstag von Titus Heydenreich*, Tübingen: Stauffenburg, 1999, S. 135–144.

Hegel, Georg Wilhelm Friedrich: *Ästhetik*, 2 Bde., hg. v. Friedrich Bassenge, Frankfurt/M.: Europäische Verlagsanstalt, 2. Auflage (o. J.).

Hess, Gerhard: *Die Landschaft in Baudelaires »Fleurs du Mal«*, Heidelberg: Winter, 1953.

Heyl, Christoph: »Stadt und Literatur«, in: Harald A. Mieg/Christoph Heyl (Hg.), *Stadt. Ein interdisziplinäres Handbuch*, Stuttgar: Metzler, 2013, S. 222–243.

Hobsbawm, Eric J.: *Nations and Nationalism since 1780. Programme, Myth, Reality*, Cambridge: University Press, 1997.

Husserl, Edmund: *Gesammelte Werke*, Bd. 10: *Zur Phänomenologie des inneren Zeitbewusstseins (1893–1917)*, hg. v. Rudolf Boehm, Den Haag: Nijhoff, 1966.

Hutcheon, Linda: *A Theory of Parody. The Teachings of Twentieth-Century Art Forms*, New York: Methuen, 1985.

Iser, Wolfgang: *Der Akt des Lesens*, München: Fink, 1976.

– : *Das Fiktive und das Imaginäre. Perspektiven literarischer Anthropologie*, Frankfurt/M.: Suhrkamp 1993.

Jameson, Frederic: »Third-World Literature in the Era of Multinational Capitalism«, in: *Social Text* 15 (1986), S. 65–88.

– : »The Cultural Logic of Late Capitalism«, in: Jameson (Hg.), *Postmodernism, or, The Cultural Logic of Late Capitalism*, Durham: Duke University Press, 1991, S. 1–54.

Jauß, Hans-Robert: *Zeit und Erinnerung in Marcel Prousts »A la recherche du temps perdu«. Ein Beitrag zur Theorie des Romans*, Heidelberg: Winter, 1965.

Klotz, Volker: *Die erzählte Stadt. Ein Sujet als Herausforderung des Romans von Lesage bis Döblin*, München: Hanser, 1969.

Köhn, Eckhardt: *Straßenrausch. Flanerie und kleine Form. Versuch zur Literaturgeschichte des Flaneurs bis 1933*, Berlin: Das Arsenal, 1989.

Krappmann, Lothar: *Soziologische Dimensionen der Identität. Strukturelle Bedingungen für die Teilnahme an Interaktionsprozessen*, Stuttgart: Klett, ⁵1971.

LaCapra, Dominick: »L'effondrement des sphères dans *L'Éducation sentimentale* de Flaubert«, in: *Annales. Économies, Sociétés, Civilisations* 42 (1987), S. 611–629.

Lafayette, Mme de: *Romans et nouvelles*, hg. v. Émile Magne, Paris: Garnier, 1970.

La Fontaine, Jean de: *Fables*, hg. v. Georges Couton, Paris: Garnier, 1962.

Landes, David S.: *Revolution in Time. Clocks and the Making of the Modern World*, London: Viking, 2000.

Lapp, Edgar: *Linguistik der Ironie*, Tübingen: Narr, 1992.

Lanser, Susan Sniader: *Fictions of Authority. Women Writers and Narrative Voice*, Ithaca: Cornell University Press, 1992.

Lausberg, Heinrich: *Handbuch der literarischen Rhetorik*, Stuttgart: Steiner, ³1990.

Lope de Vega: *El peregrino en su patria*, hg. v. Juan Bautista Avalle-Arce, Madrid: Casalia, 1973.

Lotman, Jurij M.: *Die Struktur literarischer Texte*, München: Fink, 1972.

Luhmann, Niklas: *Gesellschaftsstruktur und Semantik. Studien zur Wissenssoziologie der modernen Gesellschaft*, Bd. 3, Frankfurt/M.: Suhrkamp, 1993.

Lukács, Georg: *Die Theorie des Romans. Ein geschichtsphilosophischer Versuch über die Formen der großen Epik*, München: dtv, 1994.

Lyotard, Jean-François: *La condition postmoderne. Rapport sur le savoir*, Paris: Minuit, 1988.

Madariaga, Salvador de: *Guía del lector del Quijote*, Madrid: Espasa-Calpe, 1976.

Mahler, Andreas: »Weltmodell Theater. Sujetbildung und Sujetwandel im englischen Drama der Frühen Neuzeit«, in: *Poetica* 30 (1998), S. 1–45.

– : »Stadttexte – Textstädte. Formen und Funktionen diskursiver Stadtkonstitution«, in: Mahler (Hg.), *Stadt-Bilder. Allegorie, Mimesis, Imagination*, Heidelberg: Winter, 1999, S. 11–36.

Marivaux (Pierre Carlet de): *La Vie de Marianne*, hg. v. Frédéric Deloffre, Paris: Garnier, 1963.

– : *Le Paysan parvenu*, hg. v. Henri Coulet, Paris: Gallimard (Folio), 1981.

Matzat, Wolfgang: »Die Modellierung der Großstadterfahrung in Camilo José Celas Roman *La colmena*«, in: *Romanistisches Jahrbuch* 35 (1984), S. 278–302.

– : »Affektrepräsentation im klassischen Diskurs: *La Princesse de Clèves*«, in: Fritz Nies/Karlheinz Stierle (Hg.), *Die französische Klassik*, München: Fink, 1985, S. 230–266.

– : *Diskursgeschichte der Leidenschaft. Zur Affektmodellierung im französischen Roman von Rousseau bis Balzac*, Tübingen: Narr, 1990.

– : »Mimesis und Lebensgeschichte. Zu den Möglichkeiten des autobiographischen Erzählens im Umkreis von Marivaux' *La Vie de Marianne*«, in: Andreas Kablitz/Gerhard Neumann (Hg.), *Mimesis und Simulation*, Freiburg: Rombach, 1998, S. 183–208.

– : »Barocke Subjektkonstitution in Mateo Alemáns *Guzmán de Alfarache*«, in: Joachim Küpper/Friedrich Wolfzettel (Hg.), *Diskurse des Barock. Dezentrierte oder rezentrierte Welt?*, München 2000, S. 269–291.

– : »Amor y subjetividad en *La Diana* de Montemayor«, in: Christoph Strosetzki (Hg.), *Actas del V Congreso de la Asociación Internacional Siglo de Oro, Münster 1999*, Madrid/Frankfurt/M.: Vervuert/Iberoamericana, 2001, S. 892–898.

– : »Das Fremde und das Eigene: Überlegungen zur literarhistorischen Entwicklung am Beispiel der *novela bizantina* des spanischen Barock«, in: Frank

Leinen (Hg.), *Literarische Begegnungen: Romanistische Studien zur kulturellen Identität, Differenz und Alterität. Festschrift für Karl Hölz zum 60. Geburtstag*, Berlin 2002, S. 213–230.

– : »L'image de la ville et sa fonction dans *Le Père Goriot*«, in: *L'Année Balzacienne* 5 (2004), S. 303–315.

– : »Stadtdarstellung im Roman: Gattungstheoretische Überlegungen«, in: Christian Moser/Frauke Bolln/Susanne Elpers/Sabine Scheid/Rüdiger von Tiedemann (Hg.), *Zwischen Zentrum und Peripherie. Die Metropole als kultureller und ästhetischer Erfahrungsraum*, Bielefeld: Aisthesis Verlag, 2005, S. 73–89.

– : »Vergessen und Erinnern in Rousseaus *Nouvelle Héloïse*«, in: Roland Galle/Helmut Pfeiffer (Hg.), *Aufklärung*, München: Fink, 2006, S. 355–374.

– : »›Comme elle était triste, le dimanche…‹ – Aspekte narrativer Zeitmodellierung am Beispiel Flauberts«, in: Franziska Sick/Christof Schöch (Hg.), *Zeitlichkeit in Text und Bild*, Heidelberg 2007, S. 157–171.

– : »La ciudad de provincias en la novela española del realismo a la actualidad: continuidad y transformación«, in: Matzat (Hg.), *Espacios y discursos en la novela española del realismo a la actualidad*, Madrid: Iberoamericana, 2007, S. 83–99.

– : »Subjektivität im spanischen Schäferroman«, in: Roger Friedlein/Gerhard Poppenberg/Annett Vollmer (Hg.), *Arkadien in den romanischen Literaturen. Zu Ehren von Sebastian Neumeister zum 70. Geburtstag*, Heidelberg: Winter, 2008, S. 21–39.

– : »Peregrinación y patria en el *Persiles* de Cervantes«, in: Sabine Friedrich/Stefan Schreckenberg/Ansgar Thiele (Hg.): *La modernidad de Cervantes. Nuevos enfoques teóricos sobre su obra (con una contribución de José Manuel Martín Moran)*, Madrid/Frankfurt/M.: Iberoamericana/Vervuert, 2013, S. 75–82.

– : »El cronotopo de la novela picaresca en *Guzmán de Alfarache* de Mateo Alemán, in: Eberhard Geisler (Hg.), *La representación del espacio en la literatura española del Siglo de Oro*, Barcelona: Anthropos, 2013, S. 165–181.

Mead, George H.: *Mind, Self, and Society*, Chicago: University of Chicago Press, 1967.

Moretti, Franco: *Atlas of the European Novel 1800–1900*, London/New York: Verso, 1999.

Muecke, Douglas C.: *The Compass of Irony*, London: Methuen, 1969.

Muller, Marcel: *Les Voix narratives dans la Recherche du temps perdu*, Genf: Droz, 1983 (Nachdruck der Ausgabe Genf 1965).

Neubauer, John: »Bakhtin versus Lukács: Inscriptions of Homelessness in Theories of the Novel«, in: *Poetics Today* 17 (1996), S. 531–546.

Neumann, Birgit: *Erinnerung, Identität, Narration. Gattungstypologie und Funktionen kanadischer »Fictions of Memory«*, Berlin: De Gruyter, 2005.

Nimetz, Michael: *Humor in Galdós. A Study of the »Novelas contemporáneas«*, New Haven: Yale University Press, 1968.

Nitsch, Wolfram: »Paris ohne Gesicht. Städtische Nicht-Orte in der französischen Prosa der Gegenwart«, in: Andreas Mahler (Hg.), *Stadt-Bilder. Allegorie, Mimesis, Imagination*, Heidelberg: Winter, 1999, S. 305–321.

Nora, Pierre: »Entre mémoire et histoire. La problématique des lieux«, in: Nora (Hg.), *Les lieux de mémoire*, 3 Bde., Bd. 1: *La république*, Paris: Gallimard, 1984, S. XVII–XLII.

Oehler, Dolf: »Der Tourist. Zur Struktur und Bedeutung der Idylle von Fontainebleau in der ›Education Sentimentale‹«, in: Eberhard Lämmert (Hg.), *Erzählforschung. Ein Kolloquium*, Stuttgart: Metzler, 1982, S. 490–505.

Paoli, Roberto: »Carnevalesco y tiempo cíclico en *Cien años de soledad*«, in: *Revista Iberoamericana* 50 (1984), S. 979–998.

Pérez Galdós, Benito: *Fortunata y Jacinta. Dos historias de casadas*, hg. v. Francisco Caudet, 2 Bde., Madrid: Cátedra, 1984.

– : »Leopoldo Alas (Clarín)«, in: Pérez Galdós, *Ensayos de crítica literaria*, hg. v. Laureano Bonet, Barcelona: Ediciones Península, 1999, S. 245–255.

– : *La desheredada*, hg. v. Germán Gullón, Madrid: Cátedra, 2000.

Petriconi, Hellmuth: »Das neue Arkadien«, in: *Antike und Abendland* 3 (1948), S. 187–200.

Pratt, Mary Louise: *Imperial Eyes. Travel Writing and Transculturation*, London: Routledge, 1992.

Prévost d'Exiles, Antoine-François: *Histoire du Chevalier des Grieux et de Manon Lescaut*, hg. v. F. Deloffre und R. Picard, Paris: Garnier, 1967.

Proust, Marcel: *A la recherche du temps perdu*, hg. v. Jean-Yves Tadié, 4 Bde., Paris: Gallimard (Pléiade), 1987–1989.

Ray, William: *Story and History. Narrative Authority and Social Identity in the Eighteenth-Century French and English Novel*, Cambridge (Mass.): Blackwell, 1990.

Rico, Francisco: *La novela picaresca y el punto de vista*, Barcelona: Seix Barral, ³1982.

Ricœur, Paul: *Temps et récit*, 3 Bde., Paris: Seuil, 1983.

– : *Soi-même comme un autre*, Paris: Seuil, 1990.

Robbe-Grillet, Alain: *Pour un noveau roman*, Paris: Minuit, 1963.

Rodríguez de Montalvo, Garcí: *Amadís de Gaula*, hg. v. Juan Manuel Cacho Blecua, 2 Bde., Madrid: Cátedra, 1991.

Roloff, Volker: »Die Karnevalisierung der Apokalypse. Gabriel García Márquez: *Hundert Jahre Einsamkeit* (1967)«, in: Gunter E. Grimm/Werner Faulstich/Peter Kuon (Hg.), *Apokalypse. Weltuntergangsvisionen in der Literatur des 20. Jahrhunderts*, Frankfurt/M.: Suhrkamp, 1986, S. 68–87.

Rötzer, Hans Gerd: *Der europäische Schelmenroman*, Stuttgart: Reclam, 2009.

Rousseau, Jean-Jacques: *Julie ou La Nouvelle Héloïse*, in: Rousseau, *Œuvres complètes*, hg. v. Bernard Gagnebin und Marcel Raymond, Bd. 2, Paris: Gallimard (Pléiade), 1961, S. 1–793.

Ruiz Salvador, Antonio: »La función del trasfondo histórico en *La desheredada*«, in: *Anales Galdosianos* 1 (1966), S. 53–62.

Rüsen, Jörn: »Die vier Typen des historischen Erzählens«, in: Rüsen: *Zeit und Sinn. Strategien historischen Denken*s, Frankfurt/M.: Fischer, 1990, S. 153–230.

Ryan, Marie-Laure: *Possible Worlds, Artificial Intelligence, and Narrative Theory*, Indiana: University Press, 1991.

Sábato, Ernesto: *Sobre héroes y tumbas*, Barcelona: Seix Barral, 1985.

Sartre, Jean-Paul: *L'Imaginaire*, Paris: Gallimard, 1971.

Schlegel, August Wilhelm: *August Wilhelm von Schlegel's Vorlesungen über dramatische Kunst und Literatur: Kritische Ausgabe*, eingeleitet und mit Anmerkungen versehen von Giovanni Vittorio Amoretti, Bonn/Leipzig: Schroeder, 1923.

Schmid, Wolf: *Elemente der Narratologie*, Berlin/New York: De Gruyter, 2008.

Schutz, Alfred: »*Don Quijote* and the Problem of Reality«, in: Schutz, *Collected Papers* II, hg. v. A. Bredersen und Matinus Nijhoff, Den Haag: Nijhoff, 1964, S. 135–185.

Simmel, Georg: »Die Großstädte und das Geistesleben«, in: Simmel, *Gesamtausgabe*, hg. v. Otthein Rammstedt, Band 7/1, Frankfurt/M.: Suhrkamp, 1995, S. 116–131.

Sklovskij, Viktor: »Kunst als Verfahren«, in: Jurij Striedter (Hg.), *Russischer Formalismus. Texte zur allgemeinen Literaturtheorie und zur Theorie der Prosa*, München: Fink, 1971, S. 5–35.

Sommer, Doris: *Foundational Fictions. The National Romances of Latin America*, Berkeley: University of California Press, 1991.

Sperber, Dan/Wilson, Deirdre: »Irony and the Use–Mention Distinction«, in: Peter Cole (Hg.), *Radical Pragmatics*, New York: Academic Press, 1981, S. 295–317.

Staël, Mme de: *De la littérature considérée dans ses rapports avec les institutions sociales*, hg. v. Paul van Tieghem, 2 Bde., Genf: Droz, 1959.

Stanzel, Franz K.: *Typische Formen des Romans*, Göttingen: Vandenhoeck & Ruprecht, 1964.

– : *Theorie des Erzählens*, Göttingen: Vandenhoeck & Ruprecht, 1979.

Stendhal: *Le Rouge et le Noir*, hg. v. Henri Martineau, Paris: Garnier, 1960.

Stierle, Karlheinz: »Geschehen, Geschichte, Text der Geschichte«, in: Stierle, *Text als Handlung*, München: Fink, 1975, S. 49–55.

Straub, Jürgen: »Geschichten erzählen, Geschichten bilden. Grundzüge einer narrativen Psychologie historischer Sinnbildung«, in: Straub (Hg.), *Erzählung, Identität und historisches Bewusstsein. Die psychologische Konstruktion von Zeit und Geschichte*, Frankfurt/M.: Suhrkamp, 1998, S. 81–169.

– : »Identität«, in: Friedrich Jaeger/Burkhard Liebsch (Hg.), *Handbuch der Kulturwissenschaften. Bd. 1. Grundlagen und Schlüsselbegriffe*, Stuttgart: Metzler, 2004, S. 277–303.

Taylor, Charles: *Sources of the Self. The Making of Modern Identity*, Cambridge (Mass.): Harvard University Press, 1989.

– : *Modern Social Imaginaries*, Durham: Duke University Press, 2004.

– : *A Secular Age*, Cambridge (Mass.): Harvard University Press, 2007.

Terdiman, Richard: *Present Past. Modernity and the Memory Crisis*, Ithaca: Cornell University Press, 1993.

Tester, Keith: *The Flâneur*, London/New York: Routledge, 1994.

Uspenskij, Boris A.: *Poetik der Komposition*, Frankfurt/M.: Suhrkamp, 1975.

Voss, Dietmar: »Die Rückseite der Flanerie«, in: Klaus Scherpe (Hg.), *Die Un-wirklichkeit der Städte. Großstadtdarstellungen zwischen Moderne und Postmo-derne*, Reinbek: Rowohlt, 1988, S. 15–60.

Warnes, Christopher: *Magical Realism and the Postcolonial Novel. Between Faith and Irreverence*, New York: Pallgrave Macmillan, 2009.

Warning, Rainer: »Chaos und Kosmos. Kontingenzbewältigung in der *Comé-die humaine*«, in: Warning, *Die Phantasie der Realisten*, München: Fink, 1999, S. 35–76.

– : »Der ironische Schein: Flaubert und die Ordnung der Diskurse«, in: Warning, *Die Phantasie der Realisten*, München: Fink, 1999, S. 150–184.

Wehle, Winfried: *Französischer Roman der Gegenwart. Erzählstruktur und Wirk-lichkeit im Nouveau Roman*, Berlin: Erich Schmidt, 1972.

Weinrich, Harald: *Linguistik der Lüge. Kann Sprache die Gedanken verbergen?*, Heidelberg: Lambert Schneider, [5]1974.

Wellek, René/Warren, Austin: *Theorie der Literatur*, Berlin: Ullstein, 1969.

Wezel, Johann Karl: »Vorrede zu ›Herrmann und Ulrike, ein komischer Roman‹«, in: Dieter Kimpl/Conrad Wiedemann (Hg.), *Theorie und Technik des Romans im 17. und 18. Jahrhundert*, 2 Bde., Tübingen: Niemeyer, 1970, Bd. 2, S. 23–27.

Zola, Émile: *Le Roman expérimental*, Paris: Garnier-Flammarion, 1971.

– : *Les Rougon-Macquart*, hg. v. Armand Lanoux und Henri Mitterand, 5 Bde., Paris: Gallimard (Pléiade), 1960–1967.

Personen- und Werkregister